Programmes modifiés 2018
CYCLE 2
CE1 • CE2

W0290763

1, 2, 3... PARCOURS
ÉTUDE DE LA LANGUE

Une pédagogie différenciée pour progresser en confiance !

Alice Brandicourt
Professeure des écoles, académie de Nantes

Aurélie Moriceau
Professeure des écoles
Directrice d'école, académie de Nantes

Marina Dillé
Professeure des écoles, académie de Nantes

Cet ouvrage est conforme à la nouvelle orthographe
www.orthographe-recommandee.info

éditions mdi

Direction éditoriale : Marjorie Marlein
Édition : Florence Maine
Conception graphique : Frédéric Jély
Couverture : Julie Lannes
Illustrations : Cyrielle
Recherche iconographique : Sylvie Leneveu
Mise en page : Patrick Droit
Fabrication : Cédric Mathieu

éditions mdi

055224

ISBN : 9782223113804

SOMMAIRE

ORTHOGRAPHE
Passer de l'oral à l'écrit

GRAMMAIRE
Se repérer dans la phrase simple

CONJUGAISON
Mémoriser l'orthographe grammaticale de base

VOCABULAIRE
Construire le lexique

Annexes

Proposition de programmation par période

La programmation que nous vous proposons dans ce fichier a été élaborée en appui sur **les recommandations des repères annuels de progression des programmes officiels**.

Nous avons opté pour **une programmation commune aux deux niveaux CE1 et CE2 afin de répondre aux besoins de différenciation**. L'enseignant pourra donc constituer des groupes de niveaux, qu'il soit en cours multiples ou non.
Des rituels et des activités communes pourront être menés sur les mêmes notions.

La progressivité des parcours permet aux élèves de **travailler cette même programmation pendant deux années consécutives**. Ainsi, l'élève pourra approfondir les notions et s'entrainer grâce au travail de reprise la seconde année.

<table>
<tr><th>Orthographe</th><th>Grammaire</th><th>Conjugaison</th><th>Vocabulaire</th></tr>
<tr><th colspan="4">Période 1</th></tr>
<tr><td>Les valeurs de la lettre g</td><td>Les types de phrases</td><td rowspan="3">Passé, présent, futur
Les temps simples et composés (CE2)</td><td rowspan="3">Le lexique : les champs lexicaux, les synonymes et antonymes, les familles de mots, les niveaux de langue : l'école</td></tr>
<tr><td>Les valeurs de la lettre s</td><td>Le verbe : nature, fonction, infinitif</td></tr>
<tr><td>Les valeurs de la lettre c</td><td>Le sujet</td></tr>
<tr><th colspan="4">Période 2</th></tr>
<tr><td>Les consonnes doubles</td><td>Le nom</td><td rowspan="3">Le présent</td><td rowspan="3">Le lexique : les champs lexicaux, les synonymes et antonymes, les familles de mots, les niveaux de langue : la vie quotidienne</td></tr>
<tr><td>Les accents é, è, ê</td><td>Les articles et autres déterminants</td></tr>
<tr><td>La lettre m devant m, b, p</td><td>Les mots invariables</td></tr>
<tr><th colspan="4">Période 3</th></tr>
<tr><td>Les mots en -ail, -eil, -euil, -ouil</td><td>Les pronoms personnels sujets</td><td rowspan="2">L'imparfait</td><td rowspan="2">Le dictionnaire</td></tr>
<tr><td>Les graphies proches : ien/ein, ian/ain, ion/oin</td><td>Les formes de phrases</td></tr>
<tr><th colspan="4">Période 4</th></tr>
<tr><td rowspan="2">Le genre des noms et des adjectifs</td><td>L'adjectif</td><td rowspan="2">Le futur</td><td rowspan="2">Le lexique : les champs lexicaux, les synonymes et antonymes, les familles de mots, les niveaux de langue : les émotions</td></tr>
<tr><td>Les compléments</td></tr>
<tr><th colspan="4">Période 5</th></tr>
<tr><td rowspan="2">Le nombre des noms et des adjectifs</td><td>Le groupe nominal : construction et accord</td><td>Le passé composé</td><td rowspan="2">Révisions</td></tr>
<tr><td>Identifier les classes grammaticales</td><td>Présent, imparfait, futur : les régularités</td></tr>
</table>

PÉRIODE 1

En début d'année, il est important de mettre l'accent sur le **renforcement de la lecture**, c'est pourquoi nous proposons de travailler sur **la valeur des lettres** à travers trois chapitres : les valeurs des lettres *s*, *c* et *g*.
Pour accompagner ce travail de lecture et de compréhension, nous proposons de débuter la grammaire avec **les types de phrases**, comme le préconisent les recommandations officielles. Ces connaissances seront à maitriser rapidement pour permettre aux élèves de produire des écrits ou de travailler la production d'écrits.
Les chapitres de la période 1 permettent aussi d'introduire la conjugaison avec deux éléments fondamentaux : **le verbe** et **le sujet**. Cette notion est aussi abordée grâce à la reconnaissance des différents temps à travers les chapitres sur **passé**, **présent**, **futur** et les **temps simples** et **composés**.
En vocabulaire, nous proposons de travailler sur un premier thème qui permet d'introduire les différentes notions de façon transversale : **l'école**.

PÉRIODE 2

L'étude des sons se poursuit avec les chapitres sur **les consonnes doubles**, **les accents** et la règle de **la lettre *m*** devant ***m***, ***b***, ***p***.
En grammaire, une part importante est laissée aux constituants du groupe nominal simple avec l'étude **du nom** et **des articles**. Nous proposons aussi un travail autour **des mots invariables**, qui feront l'objet d'un travail de mémorisation à poursuivre sur l'année. L'identification de ces mots permettra de faciliter la lecture et d'enrichir les productions d'écrits.
Une fois les notions nécessaires à la conjugaison abordées, les élèves peuvent apprendre à conjuguer les verbes **au présent**.
Un second thème de lexique permet de poursuivre le travail transversal proposé en période 1 : **la vie quotidienne**.

PÉRIODE 3

L'étude des sons se termine en période 3 avec les **sons complexes**.
En grammaire, nous poursuivons le travail d'identification des constituants de la phrase avec l'étude des **pronoms personnels sujets**. Nous vous proposons aussi d'aborder la notion de **formes de phrases** qui permettra aux élèves de se familiariser avec la construction de phrases diverses.
En conjugaison, nous avons fait le choix de poursuivre avec **l'imparfait**. Ce temps est très régulier et beaucoup employé dans les récits rencontrés par les élèves.
L'étude **du dictionnaire**, en raison des compétences qu'elle mobilise, est abordée ici, comme le conseillent les recommandations officielles. En effet, l'étude des sons est terminée, cela permet de faciliter la recherche dans le dictionnaire. Cette étude permet de réinvestir les découvertes réalisées dans les chapitres thématiques.

PÉRIODE 4

Nous débutons l'orthographe grammaticale avec l'étude **du genre des noms et des adjectifs**. Ce chapitre devra suivre l'étude du chapitre sur **l'adjectif**. Les élèves auront ainsi découvert toutes les classes grammaticales à connaitre en cycle 2.
En grammaire, nous abordons les **compléments.** En cycle 2, ils ne sont pas nommés mais seulement manipulés. L'objectif est de distinguer le caractère essentiel de certains compléments. Cette distinction facilitera l'identification des différents compléments en cycle 3.
En période 4, les élèves sont familiarisés avec la construction des formes verbales qui permet d'introduire un nouveau temps : **le futur**.
Enfin, nous clôturons le travail sur le lexique avec le troisième thème transversal : **les émotions**.

PÉRIODE 5

L'étude d'orthographe lexicale se poursuit avec **le nombre des noms et des adjectifs**. Cette notion sera essentielle et complémentaire du chapitre sur le **groupe nominal**.
En conjugaison, le **passé composé** sera introduit en priorisant l'étude des verbes construits avec l'auxiliaire *avoir*.
Enfin, deux chapitres permettent de réinvestir les différentes notions abordées au cours de l'année : **les classes grammaticales** et l'étude des **régularités en conjugaison** à tous les temps.

Correspondance entre les programmes modifiés 2018* et les notions abordées dans le fichier

Connaissances et compétences associées	Chapitres concernés
Passer de l'oral à l'écrit	
Connaitre : • les correspondances graphophonologiques ;	(1) Les consonnes doubles (6) Les mots en *-ail, -eil, -euil, -ouil* (7) Les accents *é, è, ê* (8) Les graphies proches : *ien/ein, ian/ain, ion/oin*
• la valeur sonore de certaines lettres (s - c - g) selon le contexte ;	(2) Les valeurs de la lettre *g* (3) Les valeurs de la lettre *s* (4) Les valeurs de la lettre *c*
• la composition de certains graphèmes selon la lettre qui suit (*an/am, en/em, on/om, in/im*).	(5) La lettre *m* devant *m, b, p*
Construire le lexique	
Mobiliser des mots en fonction des lectures et des activités conduites, pour mieux parler, mieux comprendre, mieux écrire.	*Compétence interdisciplinaire*
Savoir trouver des synonymes, des antonymes, des mots de la même famille lexicale, sans que ces notions ne constituent des objets d'apprentissage.	(30) Le lexique : les champs lexicaux, les synonymes et antonymes, les familles de mots, les niveaux de langue autour de trois thèmes : l'école, la vie quotidienne, les émotions
Percevoir les niveaux de langue familier, courant, soutenu.	
Être capable de consulter un dictionnaire et de se repérer dans un article, sur papier ou en version numérique.	(29) Le dictionnaire
S'initier à l'orthographe lexicale	
Mémoriser l'orthographe du lexique le plus couramment employé : • vocabulaire des activités scolaires et des domaines disciplinaires ; • vocabulaire de l'univers familier à l'élève : maison, famille, jeu, vie quotidienne, sensations, sentiments.	(30) Le lexique : les champs lexicaux, les synonymes et antonymes, les familles de mots, les niveaux de langue autour de trois thèmes : l'école, la vie quotidienne, les émotions
Mémoriser les principaux mots invariables.	(15) Les mots invariables
Être capable de regrouper des mots par séries (familles de mots, mots reliés par des analogies morphologiques).	(30) Le lexique : les champs lexicaux, les synonymes et antonymes, les familles de mots, les niveaux de langue autour de trois thèmes : l'école, la vie quotidienne, les émotions

* BO du 26.07.2018

Se repérer dans la phrase simple	
Identifier la phrase, en distinguer les principaux constituants et les hiérarchiser.	*Partie Grammaire*
Reconnaitre les principaux constituants de la phrase : • le sujet ;	18 Le sujet
• le verbe (connaissance des propriétés permettant de l'identifier) ;	19 Le verbe : nature, fonction, infinitif
• les compléments.	20 Les compléments
Différencier les principales classes de mots :	17 Identifier les classes grammaticales
• le nom ;	12 Le nom
• l'article défini, l'article indéfini ;	11 Les articles et autres déterminants
• l'adjectif ;	13 L'adjectif
• le verbe ;	19 Le verbe : nature, fonction, infinitif
• le pronom personnel sujet ;	14 Les pronoms personnels sujet
• les mots invariables.	15 Les mots invariables
Reconnaitre le groupe nominal.	16 Le groupe nominal : construction et accord
Reconnaitre les trois types de phrases : déclaratives, interrogatives et impératives.	21 Les types de phrases
Reconnaitre les formes négative et exclamative et savoir effectuer des transformations.	22 Les formes de phrases
Utiliser la ponctuation de fin de phrase (! ?) et les signes du discours rapporté (« »).	21 Les types de phrases 22 Les formes de phrases
Être capable de mobiliser les « mots de la grammaire » pour résoudre des problèmes d'orthographe, d'écriture et de lecture.	*Au sein des différents chapitres*

Maitriser l'orthographe grammaticale de base	
Comprendre : • le fonctionnement du groupe nominal dans la phrase ; • la notion de « chaine d'accords » pour déterminant/nom/adjectif (singulier/pluriel ; masculin/féminin).	16 Le groupe nominal : construction et accord
Utiliser : • des marques d'accord pour les noms et adjectifs épithètes : nombre (*-s*) et genre (*-e*) ; • d'autres formes de pluriel (*-ail/-aux ; -al/-aux*...) ; • des marques du féminin quand elles s'entendent dans les noms (*lecteur/lectrice*...) et les adjectifs (*joyeux/joyeuse*...) ;	9 Le genre des noms et des adjectifs 10 Le nombre des noms et des adjectifs
Identifier la relation sujet-verbe (identification dans des situations simples). Identifier le radical et la terminaison.	*Partie Conjugaison*
Trouver l'infinitif d'un verbe conjugué.	19 Le verbe : nature, fonction, infinitif
Mémoriser le présent, l'imparfait, le futur, le passé composé pour : • *être* et *avoir* ; • les verbes du 1er groupe ; • les verbes irréguliers du 3e groupe (*faire, aller, dire, venir, pouvoir, voir, vouloir, prendre*).	23 Le présent 24 L'imparfait 25 Le futur 26 Présent, imparfait, futur : les régularités 28 Le passé composé
Distinguer temps simples et temps composés.	27 Passé, présent, futur Les temps simples et composés (CE2)

Présentation du fichier

Un outil pédagogique fonctionnel et clé en main

Ce fichier photocopiable a été conçu comme un outil pédagogique clé en main pour accompagner l'enseignant dans sa mise en œuvre des programmes 2018 (BO du 26 juillet 2018) pour le cycle 2. Il s'adresse aux classes de CE1 et de CE2 à niveau unique ou multiniveaux. Il s'adapte à différentes organisations de classe en complément d'une méthode, d'un manuel ou des séquences conçues par l'enseignant.
Ce fichier a également été pensé pour être utilisé comme un outil d'école au sein du cycle, pour les enseignants assurant des compléments de service mais également pour des professeurs remplaçants.
Structuré en chapitres, il comprend les fiches pédagogiques s'adressant à l'enseignant ainsi que l'ensemble des fiches photocopiables (tests, parcours, évaluations) destinées aux élèves. Des propositions de leçons sont également faites en 2 formats : leçon classique et leçon illustrée.

Une pédagogie axée sur des rituels et des parcours différenciés

Ce fichier a pour objectif de proposer **un outil adapté à l'hétérogénéité des niveaux** entre les élèves d'une même classe, afin que chacun puisse acquérir progressivement et en confiance les compétences attendues à la fin de l'école primaire. Pour cela, **plusieurs types d'activités sont proposés** : des rituels pour réactiver les notions régulièrement, des tests diagnostiques, des parcours d'entrainement différenciés et des évaluations finales.

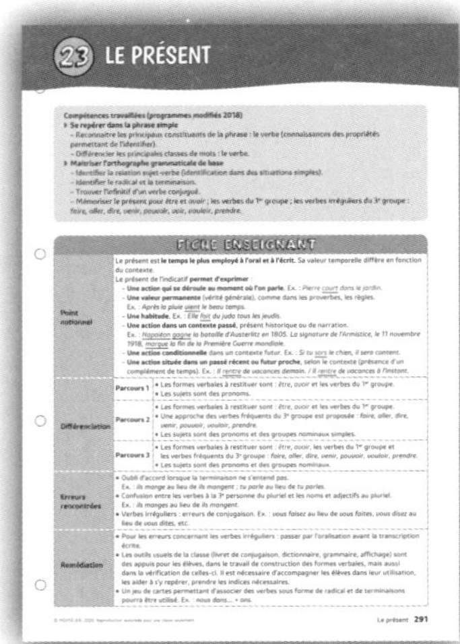

La fiche enseignant

Elle rassemble tous les éléments nécessaires pour l'enseignant. Les éléments du programme sont rappelés. Un point notionnel est proposé à l'enseignant. Pour chaque parcours d'exercices, des explications sont données sur le niveau de difficulté correspondant, au regard des repères de progressivité. S'ensuit une présentation des erreurs fréquemment rencontrées sur la notion traitée et les propositions d'activités et de supports de remédiation associés.

Les leçons : classiques et illustrées

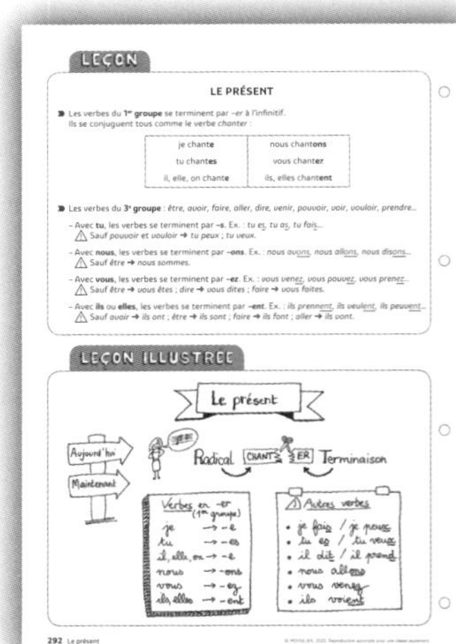

Au verso de la fiche enseignant, la leçon est proposée comme modèle possible pour l'enseignant (disponible aux formats Word et Open Office dans la version numérique). Une leçon illustrée est également proposée : elle permet de présenter la leçon sous une forme synthétique et visuelle. Ces leçons illustrées sont construites selon le principe du « sketchnoting », autrement appelé « prise de notes visuelle ». Il s'agit de transformer une leçon en représentation essentiellement graphique et visuelle afin de ne conserver que les éléments essentiels. Il nous parait toutefois intéressant de permettre aux élèves de construire leurs propres leçons. L'enseignant pourra dans ce cas utiliser cette leçon illustrée comme support dans son enseignement.

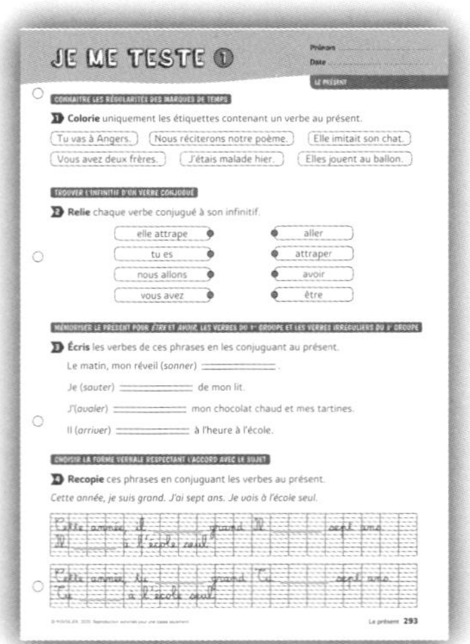

Les fiches « Je me teste »

Deux tests permettent d'estimer le niveau des élèves et leur degré de compréhension de la notion. Ils permettent à l'enseignant de réaliser un diagnostic rapide et ludique avant de déterminer/de confirmer le parcours d'entrainement de chaque élève ou groupe d'élèves. Ils peuvent être utilisés en autonomie ou en correction collective.

La fiche « Je me teste 1 » correspond au niveau CE1 et « Je me teste 2 » au niveau CE2 mais aucune indication n'est donnée sur ces fiches, afin que l'enseignant puisse adapter ces tests à sa classe.

Ces fiches pourront être l'occasion de mener un entretien avec l'élève afin de déterminer plus finement le parcours qu'il empruntera ensuite.

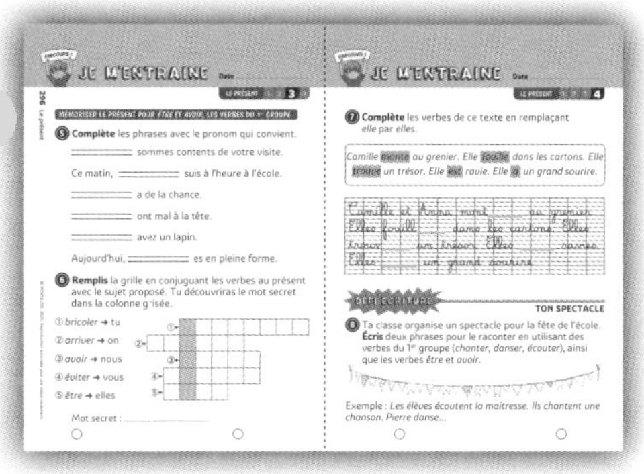

Les fiches « Je m'entraine »

Les trois parcours d'exercices proposés sont conçus pour travailler chaque compétence de manière progressive :

- **Le parcours 1** a pour objectif de **rassurer les élèves en difficulté** (élèves à besoins particuliers notamment) et de les amener vers la réussite : tâches d'écriture allégées (colorier, relier, entourer), consignes simples (une tâche à la fois), exercices allégés visuellement.
- **Le parcours 2** s'adresse à **un niveau intermédiaire** (attendus du CE1). Il peut néanmoins être proposé à des élèves de niveau CE2 qui auraient rencontré des difficultés dans la réalisation du « Je me teste 2 ».
- **Le parcours 3** correspond à **un niveau avancé** (attendus du CE2).

Il est possible d'adapter cette progression selon le niveau de la classe en créant des groupes de niveaux.
Les trames des parcours restent les mêmes afin de ne pas placer l'élève dans une difficulté supplémentaire : c'est la notion qui est évaluée, pas la tâche annexe de consigne.
Ces fiches d'entrainement sont prévues pour être corrigées individuellement, soit par l'élève grâce aux corrigés, soit par l'enseignant.
Chaque parcours est rythmé par des exercices progressifs répartis par compétences. Il se termine par une activité d'écriture sous forme de défi qui pourra être réalisé sur le support habituellement en usage dans la classe (feuille de classeur, cahier d'écrivain, cahier d'écriture...).

Les fiches « Évaluation »

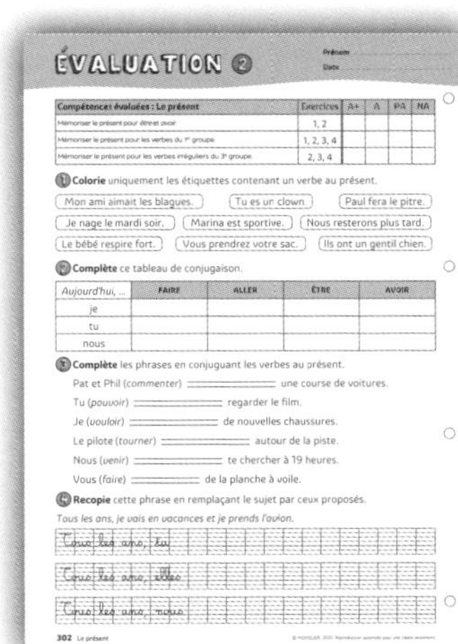

Deux évaluations finales sont intégrées à la fin de chaque chapitre. Elles permettent de tester l'acquisition des compétences, après les avoir travaillées dans les parcours. Ce sont des évaluations qui se veulent rassurantes et bienveillantes : elles reprennent le même type d'exercices que les parcours et tests, avec une présentation similaire. Pour permettre à l'enseignant la meilleure adaptation possible aux besoins de sa classe, ces fiches peuvent être modifiées ou complétées (aux formats Word et Open office dans la version numérique).

Sur chaque fiche, on retrouve un tableau présentant les compétences évaluées. Celui-ci permet une meilleure lisibilité de l'évaluation, aussi bien pour l'élève que pour l'enseignant. Le travail de saisie des livrets annuels en sera facilité.

Un fichier numérique vidéoprojetable

Accessible grâce au code d'activation unique présent au début du fichier, la version numérique incluse comprend **les corrigés** de tous les exercices en couleurs et toutes **les ressources** utiles pour adapter et compléter le fichier photocopiable :

- les livrets de leçons et leçons illustrées à imprimer,
- les leçons et fiches d'évaluation modifiables aux formats Word et Open Office,
- les défis écriture au format PDF,
- le livret de conjugaison (entrée par verbe modèle et par temps),
- des fiches à imprimer correspondant aux rituels, jeux et ateliers qui peuvent être utilisés pour découvrir, réactiver les différentes notions ou en proposer une remédiation.

Elles sont repérées dans les intercalaires de partie par le logo ci-contre. Biblio MANUELS

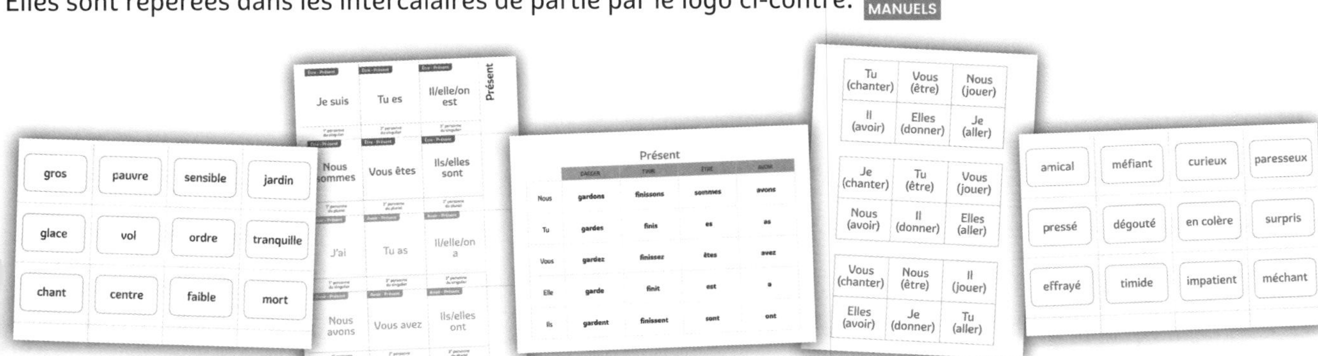

Jeux pour rituels et ateliers

Des jeux pour faire de l'étude de la langue

Pour entretenir les connaissances et compétences des élèves, remédier à certaines difficultés, nous proposons **une sélection de jeux**. Cette sélection n'est bien sûr pas exhaustive : il existe bien d'autres possibilités à explorer selon vos envies et le profil de votre classe.

Le jeu, sous ses différentes formes, a démontré son **bénéfice pédagogique**. Jouer en classe est une démarche qui peut répondre aux enjeux spécifiques en étude de la langue : **mémoriser, raisonner, modéliser**. Le jeu permet également une amélioration du climat de classe, favorise l'inclusion de tous, **l'émulation et la motivation**.

Des propositions de jeux par domaine

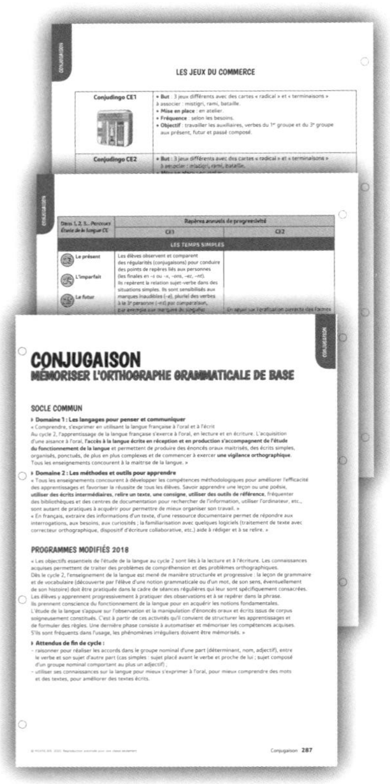

Sur l'intercalaire de chaque domaine, **à la suite** des repères liés aux programmes, vous trouverez **une sélection de jeux à mettre en place lors de rituels ou ateliers**. Chaque jeu a été choisi au regard des compétences qu'il propose de travailler. La plupart a été testée avec succès dans nos classes. Certains jeux recouvrent des notions qui recoupent plusieurs chapitres.

■ Parmi cette sélection, nous proposons une première catégorie de **jeux dits « à l'oral »**. Nous avons créé une partie de ces jeux. Pour la plupart, ils correspondent à des rituels à mettre en place lors des séances d'étude de la langue ou pour démarrer la journée ou demi-journée. Ils sont disponibles dans la version numérique et reconnaissables par ce pictogramme Biblio MANUELS. Chacun de ces jeux comprend **une fiche descriptive de l'activité** (règles du jeu, matériel nécessaire…) et est parfois complété par **des cartes ou plateaux de jeu** lorsque cela est nécessaire.

■ Nous avons souhaité également mettre en valeur **des jeux préexistants en ligne, sur des blogs de collègues enseignants**. Pour ces jeux, vous pourrez retrouver sous la dénomination « source » l'adresse du site sur lequel le jeu est à télécharger.

■ Enfin, la dernière catégorie de jeux sélectionnée concerne **des jeux existants dans le commerce**.

Des jeux variés pour différents moments d'apprentissage

Le panel de jeux proposés est varié. Pour chaque jeu, nous avons brièvement listé le but du jeu afin qu'il soit compris en quelques lignes et fait **des propositions d'utilisation** dans le cadre de la classe. Nous avons également ciblé **l'objectif du jeu au regard des programmes** afin de mettre en avant la notion qui est particulièrement travaillée au sein du jeu.

Parmi les diverses modalités de mise en œuvre, nous proposons **une utilisation collective sous forme de rituel hebdomadaire ou quotidien, un travail de groupe sous forme d'atelier**… Pour certains jeux, nous recommandons une fréquence régulière de type « rituels » (jeu du dictionnaire, phrase dictée du jour) et pour d'autres, une utilisation en fonction des besoins de la classe et de l'organisation de celle-ci. Les rituels sont à faire évoluer tout au long de l'année avec les variantes ou progression proposées.

Les jeux peuvent prendre place à différents moments de l'apprentissage : introduction à une notion, entrainement, remédiation. Ils trouveront parfaitement leur place lors des Activités Pédagogiques Complémentaires (APC).

Les défis écriture

Pour réinvestir les notions étudiées dans chaque chapitre

Chacun des trois parcours des 30 chapitres proposés se termine par un « défi écriture ».
Ce sont **des défis variés et progressifs**, pensés dans le but de **réinvestir les notions étudiées au sein de situations d'écrits**. Cette réutilisation des notions d'étude de la langue en écriture trouve sa place dans **les attendus de fin de cycle 2** :

« En rédaction de textes dans des contextes variés, maitriser les accords dans le groupe nominal (déterminant, nom, adjectif), entre le verbe et son sujet dans des cas simples (sujet placé avant le verbe et proche de lui, sujet composé d'un groupe nominal comportant, au plus, un adjectif ou un complément du nom ou sujet composé de deux noms, sujet inversé suivant le verbe) ainsi que l'accord de l'attribut avec le sujet. »

Pour répondre au mieux aux besoins de chaque classe, les défis écriture se trouvent également **sur la version numérique, sous deux formats différents :**

- le défi d'un parcours en deux exemplaires sur une même page avec un lignage Seyès pour permettre à l'élève d'écrire directement sur la feuille polycopiée,

- les défis des parcours 1, 2 et 3 réunis sur une même page, sans lignage Seyès à photocopier et coller dans le cahier du jour, de production d'écrits, à projeter ou même à utiliser regroupés dans un classeur en fond de classe pour un défi écriture en autonomie.

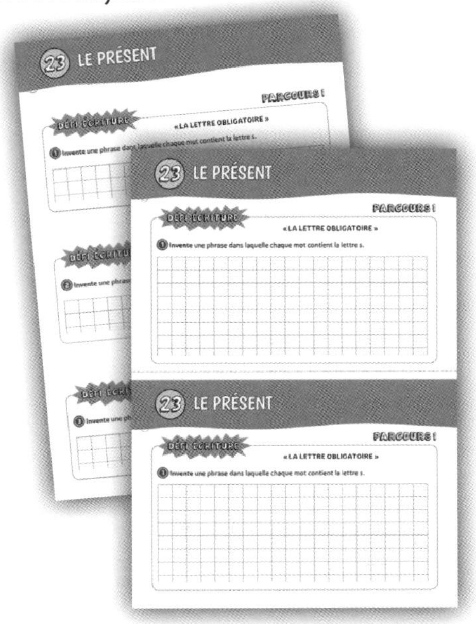

Quelques propositions pour travailler les situations d'écrits

Travail en groupes

Les élèves reçoivent la consigne d'écriture de leur groupe. L'enseignant propose de faire un premier jet sur une feuille de recherche, une ardoise...

Avant de se lancer sur papier, l'enseignant propose de lire quelques phrases afin de valider si les phrases sont correctement construites et si elles correspondent à l'énoncé. Ces phrases seront une aide pour les élèves qui en ont besoin. Les élèves partagent leurs idées et corrigent si besoin en fonction des remarques de l'enseignant et du groupe.

Une fois que le premier jet a été produit, l'élève donne son travail à relire à l'enseignant. L'enseignant peut utiliser le code de correction de la classe pour faciliter la révision du texte (par exemple, le code champion sur le blog « Maikresse72 »).

Le texte ainsi révisé et amélioré peut ensuite être copié sur la fiche parcours ou autre support utilisé dans la classe pour les productions d'écrits.

Rallye « Défi écriture »

En fond de classe, l'enseignant peut laisser à disposition un ou plusieurs porte-vues ou classeurs dans lesquels il aura réuni les défis écriture de tous les chapitres ou de chapitres sélectionnés pour tous les niveaux.

Lors de temps dédiés à l'écriture, ou lors de temps autonomes, les élèves sont invités à réaliser les défis sur le support dédié au sein de la classe. L'enseignant pourra prévoir une grille de suivi de la réalisation de ces défis.

Phrase dictée du jour : une activité ritualisée

« *Pour s'entrainer et automatiser, il faut mettre en place des* ***activités collectives courtes et régulières de réinvestissement*** *des règles de fonctionnement (par exemple écrire sous la dictée et analyser les graphies proposées, erronées ou non, et argumenter pour proposer des solutions alternatives plausibles).* » (Extrait de Principes généraux pour l'étude de la langue, Éduscol)

Cette activité de dictée permet aux élèves de construire des repères en étude de la langue. L'enseignant proposera d'abord des phrases à dicter en employant des faits de langue qu'il souhaite faire **mémoriser** à ses élèves : des mots fréquents dont l'écriture soulève éventuellement un problème orthographique, des marques verbales régulières ou encore le repérage de chaines d'accords dans le groupe nominal. Ces phrases seront ensuite le prétexte pour faire **raisonner** les élèves par la manipulation syntaxique (comparaison, substitution et remplacement) à l'oral ou à l'écrit, en s'entrainant à la transposition par exemple. Enfin, ces phrases seront l'occasion d'**utiliser** les outils usuels de la classe, construits ou non avec les élèves (traces écrites, livrets de conjugaison, dictionnaire…).

Voici notre proposition de programmation pour chaque période.

Orthographe	Grammaire (avec conjugaison)	Vocabulaire
Période 1		
Exemple de phrase possible : *La **maitresse** **trace** un **trait** avec une **règle**.*		
• Proposer des **mots fréquents** contenant les lettres *g*, *s* ou *c*. Ces mots sont issus de listes proposées aux élèves lors de collectes faites à partir des écrits de classe, et qu'on leur demande de mémoriser. On peut aussi utiliser la liste de fréquence lexicale Éduscol pour isoler les mots fréquents présentant ces graphies. • On utilise des mots contenant des lettres dont la valeur sonore est travaillée dans la période le *g* dans *règle*, le *s* dans *maitresse* et le *c* dans *trace* et *avec*.	• Dicter des phrases simples. • Repérer le **verbe** (l'entourer par exemple), faire chercher son infinitif en utilisant par exemple la formule « **il s'agit de** *tracer* ». Pour les CE2, nommer oralement le radical et sa terminaison (*trac-e*). • Identifier le **sujet** (le souligner par exemple) et le faire encadrer à l'oral par « **c'est** *la maitresse* **qui** *trace* ». • Identifier le temps de la phrase : est-elle au **présent**, au **passé** ou au **futur** ? Repérages (au moins à l'oral en CE1) des marques verbales (ici, le -e du présent) et des éventuels marqueurs temporels. Pour les CE2, on demande d'identifier si le verbe est conjugué à un **temps simple** ou à un **temps composé**. • Identifier (à l'oral) le **type de phrase** (*ici, elle est déclarative*). S'amuser à la transformer en jouant sur les variations orales (*La maitresse trace un trait avec la règle !*) ou en modifiant la syntaxe (*La maitresse trace-t-elle un trait avec la règle ?*).	• Les mots en gras sont issus du lexique de **l'école**, travaillé dans cette période. • On peut demander aux élèves de nommer d'autres outils permettant de tracer (*une équerre*). • On peut aussi leur demander de remplacer le mot « trait » par un mot de sens proche (*une droite, une ligne*) pour introduire la notion de **synonymie**.

Orthographe	Grammaire (avec conjugaison)	Vocabulaire
Période 2		
Exemple de phrase possible : *Une* ***sauterelle*** *entre* *par* *la* ***fenêtre*** *ouverte* *de* *ma* ***chambre***. D N V I D N D N		
• Proposer des mots fréquents contenant des **consonnes doubles** (*sauterelle*), des **accents** (*fenêtre*), ou un ***m* devant *m, b, p*** (*chambre*).	• Dicter des phrases simples, au **présent**. • Repérer le **verbe**, faire chercher son infinitif. Faire repérer les terminaisons du **présent**. • Identifier le **sujet**. • Identifier certaines natures de mots : les noms, les **déterminants** (notamment les articles) et les **mots invariables**. Pour cela on peut utiliser un code couleur connu des élèves ou des abréviations écrites sous les mots (V pour verbe, D pour déterminant, N pour nom, I pour mot invariable). Des étiquettes (aimantées ou projetées sur TBI) peuvent être directement placées par les élèves sous le mot correspondant.	• Les mots en gras sont issus du lexique de la **vie quotidienne** et des **jeux**, travaillés dans cette période. • On peut demander aux élèves de nommer d'autres insectes pour remplacer le mot *sauterelle* afin d'écrire un **champ lexical** des insectes.
Période 3		
Exemple de phrase possible : *Hier,* *mon* *chien* *regardait* *un* *petit* *écureuil.* I D N V D N		
• Proposer des mots fréquents terminés par ***-ail, -eil, -euil, -ouil,*** etc. (écureuil) ou les **graphies *ien/ein, ion/oin, ian/ain*** comme *chien*.	• Dicter des phrases simples, à l'**imparfait**. • Repérer le **verbe**, faire chercher son **infinitif**. Faire repérer les terminaisons de l'**imparfait**. • Transposer la phrase au **présent** (à l'oral et/ou à l'écrit). • Identifier le **sujet**. Demander aux élèves de le remplacer par un **pronom personnel**. • Identifier certaines natures de mots : les **noms**, les **déterminants**, les **verbes**, les **mots invariables** et les **pronoms personnels** (P). • Demander aux élèves de changer la **forme de la phrase**, par exemple la mettre à la forme négative : *Hier, mon chien ne regardait pas un petit écureuil.* Entourer les « lunettes » de la négation.	• Utiliser régulièrement le **dictionnaire** pour chercher la définition d'un mot, pour chercher le synonyme d'un mot (pour remplacer le verbe *regarder* par un verbe de même sens) ou encore pour identifier la classe grammaticale d'un mot.
Période 4		
Exemple de phrase possible : *Demain,* *le* *petit* *garçon* ***inquiet*** *appellera* *son* *papa.* I D A N A V D N		
• Réécrire les phrases dictées en transformant le **genre** de certains groupes nominaux de la phrase. Ex. : *Demain, la petite fille inquiète appellera son papa/sa maman.*	• Dicter des phrases simples, au **futur**. • Repérer le **verbe**, faire chercher son infinitif. Faire repérer les terminaisons du **futur**. • Réécrire au **présent** et à **l'imparfait** (au moins à l'oral). • Identifier le **sujet**. Demander aux élèves de le remplacer par un **pronom personnel**. • Identifier certaines natures de mots : les **noms**, les **déterminants**, les **verbes**, les **mots invariables**, les **pronoms personnels** et les **adjectifs**. • En CE2, après avoir repéré le verbe et le sujet, on peut repérer les groupes restants (les **compléments**) et distinguer ceux qui peuvent se déplacer ou se supprimer de ceux qui ne peuvent l'être.	• Le mot en gras est issu du lexique des **sentiments** et des **émotions**, travaillés dans cette période. • On peut utiliser le dictionnaire pour remplacer le mot *inquiet* par un synonyme, ou pour chercher des **mots de la même famille lexicale** (*inquiète, inquiétude*...).

Orthographe	Grammaire (avec conjugaison)	Vocabulaire
Période 5		
Exemple de phrase possible : *La* **D** *semaine* **N** *dernière,* **A** *elle* **P** *a adopté* **V** *une* **D** *lapine* **N** *blanche.* **A**		
• Récrire les phrases dictées en transformant le nombre de certains groupes nominaux de la phrase. Ex. : *La semaine dernière, elle a adopté des lapines blanches.*	• Dicter des phrases simples, au **passé composé**. • Repérer le **verbe**, faire chercher son **infinitif**. Expliquer la construction du **passé composé**. • Changer le temps de la phrase en utilisant les différents **temps simples** abordés dans l'année. • Identifier le **sujet**. • Identifier certaines natures de mots : les **noms**, les **déterminants**, les **verbes**, les **mots invariables**, les **pronoms personnels** et les **adjectifs**. • Repérer et compter les **groupes nominaux**. Demander aux élèves de dire s'ils sont au singulier ou au pluriel.	• On réinvestit régulièrement les notions de lexique travaillées dans l'année : recherche dans le dictionnaire, constitution de champs lexicaux (celui des couleurs, par exemple), transposition de la phrase dans un autre **niveau de langue**, etc.

ORTHOGRAPHE
PASSER DE L'ORAL À L'ÉCRIT

SOCLE COMMUN

Domaine 1 : Les langages pour penser et communiquer
« Comprendre, s'exprimer en utilisant la langue française à l'oral et à l'écrit.
Au cycle 2, l'apprentissage de la langue française s'exerce à l'oral, en lecture et en écriture. L'acquisition d'une aisance à l'oral, **l'accès à la langue écrite en réception et en production s'accompagnent de l'étude du fonctionnement de la langue** et permettent de produire des énoncés oraux maitrisés, des écrits simples, organisés, ponctués, de plus en plus complexes et de commencer à exercer **une vigilance orthographique**.
Tous les enseignements concourent à la maitrise de la langue. »

Domaine 2 : Les méthodes et outils pour apprendre
« Tous les enseignements concourent à développer les compétences méthodologiques pour améliorer l'efficacité des apprentissages et favoriser la réussite de tous les élèves. Savoir apprendre une leçon ou une poésie, **utiliser des écrits intermédiaires, relire un texte, une consigne, utiliser des outils de référence**, fréquenter des bibliothèques et des centres de documentation pour rechercher de l'information, utiliser l'ordinateur, etc., sont autant de pratiques à acquérir pour permettre de mieux organiser son travail. »
« En français, extraire des informations d'un texte, d'une ressource documentaire permet de répondre aux interrogations, aux besoins, aux curiosités ; la familiarisation avec quelques logiciels (traitement de texte avec correcteur orthographique, dispositif d'écriture collaborative, etc.) aide à rédiger et à se relire. »

PROGRAMMES MODIFIÉS 2018

« Les objectifs essentiels de l'étude de la langue au cycle 2 sont liés à la lecture et à l'écriture. Les connaissances acquises permettent de traiter des problèmes de compréhension et des problèmes orthographiques.
Dès le cycle 2, l'enseignement de la langue est mené de manière structurée et progressive : la leçon de grammaire et de vocabulaire (découverte par l'élève d'une notion grammaticale ou d'un mot, de son sens, éventuellement de son histoire) doit être pratiquée dans le cadre de séances régulières qui leur sont spécifiquement consacrées. Les élèves y apprennent progressivement à pratiquer des observations et à se repérer dans la phrase. Ils prennent conscience du fonctionnement de la langue pour en acquérir les notions fondamentales.
L'étude de la langue s'appuie sur l'observation et la manipulation d'énoncés oraux et écrits issus de corpus soigneusement constitués. C'est à partir de ces activités qu'il convient de structurer les apprentissages et de formuler des règles. Une dernière phase consiste à automatiser et mémoriser les compétences acquises. S'ils sont fréquents dans l'usage, les phénomènes irréguliers doivent être mémorisés. »

Attendus de fin de cycle :
- orthographier les mots les plus fréquents (notamment en situation scolaire) et les mots invariables mémorisés ;
- raisonner pour réaliser les accords dans le groupe nominal d'une part (déterminant, nom, adjectif), entre le verbe et son sujet d'autre part (cas simples : sujet placé avant le verbe et proche de lui ; sujet composé d'un groupe nominal comportant au plus un adjectif) ;
- utiliser ses connaissances sur la langue pour mieux s'exprimer à l'oral, pour mieux comprendre des mots et des textes, pour améliorer des textes écrits.

<table>
<tr><th rowspan="2">Dans 1, 2, 3… Parcours Étude de la langue CE</th><th colspan="2">Repères annuels de progressivité</th></tr>
<tr><th>CE1</th><th>CE2</th></tr>
<tr><th colspan="3">Les sons</th></tr>
<tr><td>1 Les consonnes doubles</td><td>Tout au long de l'année, les relations entre l'oral et l'écrit continuent à faire l'objet d'activités de consolidation et de structuration. Les élèves dégagent certaines règles dans les relations entre l'oral et l'écrit à partir des récurrences et des analogies relevées.</td><td>La consolidation des relations entre l'oral et l'écrit et l'institutionnalisation de règles se poursuivent.</td></tr>
<tr><td>2 Les valeurs de la lettre g</td><td rowspan="3">Les élèves renforcent leur attention sur certaines lettres dont la valeur sonore varie en fonction du contexte.</td><td rowspan="3">Les élèves orthographient des mots en respectant la valeur de certaines lettres selon leur contexte.</td></tr>
<tr><td>3 Les valeurs de la lettre s</td></tr>
<tr><td>4 Les valeurs de la lettre c</td></tr>
<tr><td>5 La lettre m devant m, b, p</td><td>Les élèves consolident l'appropriation des graphèmes complexes et prennent en compte le graphème selon la lettre qui suit (an/am, en/em…).</td><td>Les élèves observent et relèvent les phénomènes irréguliers rencontrés dans la fréquentation de textes afin de les mémoriser progressivement.</td></tr>
<tr><td>6 Les mots en -ail, -eil, -euil, -ouil</td><td rowspan="2">Tout au long de l'année, les relations entre l'oral et l'écrit continuent à faire l'objet d'activités de consolidation et de structuration. Les élèves dégagent certaines règles dans les relations entre l'oral et l'écrit à partir des récurrences et des analogies relevées.</td><td rowspan="2">La consolidation des relations entre l'oral et l'écrit et l'institutionnalisation de règles se poursuivent.</td></tr>
<tr><td>7 Les accents é, è, ê</td></tr>
<tr><td>8 Les graphies proches : ien/ein, ian/ain, ion/oin</td><td>Tout au long de l'année, les élèves consolident la distinction des phonèmes proches mais aussi des graphies particulières et plus complexes.</td><td>Tout au long de l'année, les élèves consolident l'ensemble des phonèmes du français et des graphèmes associés.</td></tr>
<tr><th colspan="3">Les accords</th></tr>
<tr><td>9 Le genre des noms et des adjectifs</td><td rowspan="2">Au CP, les élèves sont amenés à repérer et identifier les régularités audibles (masculin/féminin) puis visibles (singulier/pluriel) dans certaines chaines d'accord (genre et nombre pour le groupe nominal).
[Au CE1] les élèves renforcent leurs connaissances des régularités audibles ou visibles dans le groupe nominal et les élargissent à l'adjectif. Ils les mobilisent pour en dégager la règle. De nouvelles formes de pluriel sont relevées (ail/aux, al/aux…).</td><td rowspan="2">Tout au long de l'année, les élèves réactivent des raisonnements et formalisent des connaissances progressivement étendues à des cas particuliers. Ils les mobilisent pour marquer les accords dans le groupe nominal en situation de rédaction et de résolution de problèmes orthographiques.
À la fin de l'année, les élèves ont conscience que les éléments du groupe nominal fonctionnent ensemble.</td></tr>
<tr><td>10 Le nombre des noms et des adjectifs</td></tr>
</table>

JEUX POUR RITUELS ET ATELIERS

LES JEUX À L'ORAL

J'entends, je vois Biblio MANUELS	• **But :** repérer les mots correspondants à un phonème ou graphème donné. Le phonème est annoncé en début de partie. L'enseignant dit ou écrit des mots. Les élèves lèvent l'ardoise pour dire s'ils entendent/voient ou non le phonème/le graphème demandé. • **Mise en place :** en collectif. • **Fréquence :** rituel quotidien ou hebdomadaire. • **Objectif :** distinguer un phonème/graphème.
Dictées muettes Biblio MANUELS	• **But :** l'enseignant montre ou projette une image, l'élève doit réécrire le mot représenté. • **Mise en place :** en atelier ou collectif. • **Fréquence :** challenge rituel quotidien ou hebdomadaire. • **Objectif :** encoder des mots.

LES JEUX À IMPRIMER

Fleurs de sons 	• **But :** l'enseignant place un phonème au milieu de la fleur, l'élève doit trouver des images/des mots dans lesquels ce phonème est présent. • **Mise en place :** en atelier ou collectif. • **Fréquence :** challenge rituel quotidien ou hebdomadaire. • **Objectif :** repérer les phonèmes. **Source :** http://boutdegomme.fr/ateliers-de-sons-cp-et-ce1
Jeu du tapis 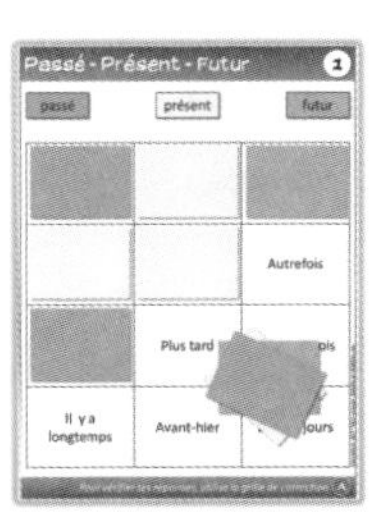	• **But :** l'élève place sur son « tapis » des étiquettes de couleur selon la consigne donnée. Une fois les étiquettes placées, il prend la fiche solution correspondante et vérifie l'ordre des couleurs. Une fiche de suivi est proposée pour l'élève. • **Mise en place :** en autonomie, en individuel. • **Fréquence :** selon les besoins. • **Objectif :** selon le contenu ciblé choisi : les accents ; la lettre *m* devant *m/b/p* ; les valeurs des lettres *s, c, g* ; les sons proches ; le pluriel des noms. **Source :** http://lutinbazar.fr/jeu-du-tapis-francais/
Gammes de lectures des sons complexes et sons proches 	• **But :** lire le plus rapidement possible et sans erreur les listes de mots proposés. Noter son temps sur chaque fiche pour garder trace de l'évolution. • **Mise en place :** en atelier. • **Fréquence :** challenge rituel quotidien ou hebdomadaire. • **Objectif :** s'entrainer à la lecture de sons proches, pour s'entrainer à les distinguer. **Source :** http://maisquefaitlamaitresse.com/gammes-de-lecture/

Mistigri féminin/masculin  	• **But :** on distribue toutes les cartes entre les joueurs. Tous posent devant eux les paires masculin/féminin qu'ils peuvent constituer. Chaque joueur fait tirer une carte de son jeu à son voisin de gauche, qui pose deux cartes s'il a réussi à réaliser une paire. Le joueur à qui, à la fin, il reste le Mistigri (la dernière carte sans équivalente) est le perdant. • **Mise en place :** en atelier. • **Fréquence :** selon les besoins. • **Objectif :** travailler les correspondances masculin/féminin. **Source :** http://lutinbazar.fr/mistigri-du-feminin-masculin/
Accordez... noms !  	• **But :** chaque joueur prend une carte accordéon. Puis le premier joueur lance le dé et tire la carte indiquée par le dé et répond à la consigne demandée. Il marque les accords dans le GN si nécessaire. S'il réussit, il ajoute une pièce à son puzzle-accordéon ; s'il échoue, il repose une pièce. Le gagnant est le premier à recomposer son accordéon ! • **Mise en place :** en atelier ou collectif. • **Fréquence :** challenge rituel quotidien ou hebdomadaire. • **Objectif :** travailler les accords dans le GN. **Source :** http://lutinbazar.fr/accordez-noms-jeu-sur-les-accords-dans-le-gn/

LES JEUX DU COMMERCE

Logico CE1 Phonologie / Orthographe  	• **But :** placer les pastilles de couleurs devant la bonne réponse en fonction de la consigne. Autocorrection en retournant la fiche dans le support. • **Mise en place :** en individuel. • **Fréquence :** selon les besoins. • **Objectif :** identifier les chaines d'accords, connaitre les règles d'orthographe pour le genre et le nombre dans le groupe nominal, différencier les homophones (*a/à, et/est, son/sont, on/ont*), accorder le verbe avec son sujet.
Logico CE2 Phonologie / Orthographe  	• **But :** associer les pastilles de couleurs devant la bonne réponse en fonction de la consigne. Autocorrection en retournant la fiche dans le support. • **Mise en place :** en individuel. • **Fréquence :** selon les besoins. • **Objectif :** connaitre les règles d'orthographe (féminin, pluriel) et d'accord du groupe nominal (féminin, pluriel) et du groupe verbal (relation sujet/verbe) et les appliquer. Mémoriser les principaux mots invariables.

1 LES CONSONNES DOUBLES

Compétences travaillées (programmes modifiés 2018)

- **Passer de l'oral à l'écrit**
  – Connaitre les correspondances graphophonologiques.
- **S'initier à l'orthographe lexicale**
  – Mémoriser l'orthographe du lexique le plus couramment employé.

FICHE ENSEIGNANT

Les consonnes doubles ne sont que rarement perceptibles à l'oral et les règles qui les régissent à l'écrit sont nombreuses et complexes. Un travail de mémorisation des mots fréquents est donc nécessaire en plus des parcours proposés dans ce chapitre. Une liste de mots à apprendre est proposée dans la version numérique du fichier.

Point notionnel	**Les consonnes qui doublent le plus souvent** sont : *c*, *f*, *l*, *m*, *n*, *p*, *r*, *s* et *t*. – Les consonnes doubles les plus nombreuses sont celles qui précèdent une finale comportant un -*e* muet. Ex. : *homme*, *femme*, *mille*, *terre*… – Dans la quasi totalité des cas, la consonne double se prononce comme la consonne simple. L'oral ne peut donc pas aider l'écrit. Ex. : *salle* et *sale* étant homophones, c'est leur orthographe qui permet de les distinguer. **Les consonnes qui doublent rarement** sont : *b*, *d*, *g* et *z*. Ex. : *abbé*, *addition*, *toboggan*, *pizza*… **Les consonnes qui ne doublent que très rarement** sont : *h* et *k*. On les trouve dans des mots empruntés à des langues étrangères. Ex. : *drakkar*, *trekking*, *wahhabisme*. (Ces mots ne sont pas à connaitre en cycle 2). **Enfin, certaines consonnes ne doublent jamais** : *j*, *q*, *v*, *w* et *x*.	
Différenciation	**Parcours 1**	• Les mots employés dans les exercices sont très fréquents. • L'élève doit compléter des mots dans des phrases. • L'élève doit écrire des mots contenant des consonnes doubles.
	Parcours 2	• Les mots employés dans les exercices sont fréquents. • Certains mots contiennent des voyelles doubles (Ex. : *coréenne*). • L'élève doit compléter des mots dans des phrases. • L'élève doit écrire des mots contenant des consonnes doubles dans une phrase.
	Parcours 3	• Les mots employés dans les exercices sont assez fréquents. • Certains mots contiennent des voyelles doubles (Ex. : *coréenne*). • L'élève doit compléter des mots dans un texte. • L'élève doit écrire des mots contenant des consonnes doubles dans une phrase.
Erreurs rencontrées	• Confusion entre les consonnes et les voyelles doubles (Ex. : *fée*). • Confusion entre les sons [e] et [ɛ] (Ex. : *cèdille* au lieu de *cédille*). • Ajout d'un accent devant des consonnes doubles (Ex. : *térreur* pour *terreur*).	
Remédiation	• Inviter les élèves à observer ces régularités lorsqu'on les rencontre dans les écrits de la classe. Faire le lien systématiquement entre les mots d'une même famille (Ex. : *terre* et *terrain* sont de la même famille, donc les deux s'écrivent avec deux *r*). • Élaborer des listes de référence (cf. en annexe à la fin du fichier), afin que les élèves s'y réfèrent autant que nécessaire. • Faire mémoriser l'orthographe des mots les plus fréquents, en proposer des dictées régulières. • Proposer d'avoir recours au dictionnaire pour vérifier les mots moins fréquents.	

LEÇON

LES CONSONNES DOUBLES

➤ Certains mots s'écrivent avec **une consonne double :**

cc : a**cc**epter	**ff :** a**ff**aire	**ll :** e**ll**e	**mm :** co**mm**e
nn : do**nn**er	**rr :** te**rr**e	**ss :** au**ss**i	**tt :** a**tt**endre

– La lettre *s* doublée entre deux voyelles permet d'obtenir **le son** (s).
Ex. : *elle pa**ss**e, il est a**ss**is.*

– La lettre *l* doublée derrière *i* permet d'obtenir **le son** (ill).
Ex. : *une fi**ll**e, la fami**ll**e.*

⚠ **Lorsqu'une consonne est double**, on ne met jamais d'accent sur le *e* qui précède. On obtient le son (è).

elle : b**elle**	**enne :** canadi**enne**	**erre :** pi**erre**
esse : maitr**esse**	**ette :** pouss**ette**	

⚠ **Après une voyelle accentuée**, la consonne n'est jamais double.
Ex. : *il gè**l**e, la crè**m**e, la fê**t**e, un bâ**t**on, mon pè**r**e, mû**r**...*

LEÇON ILLUSTRÉE

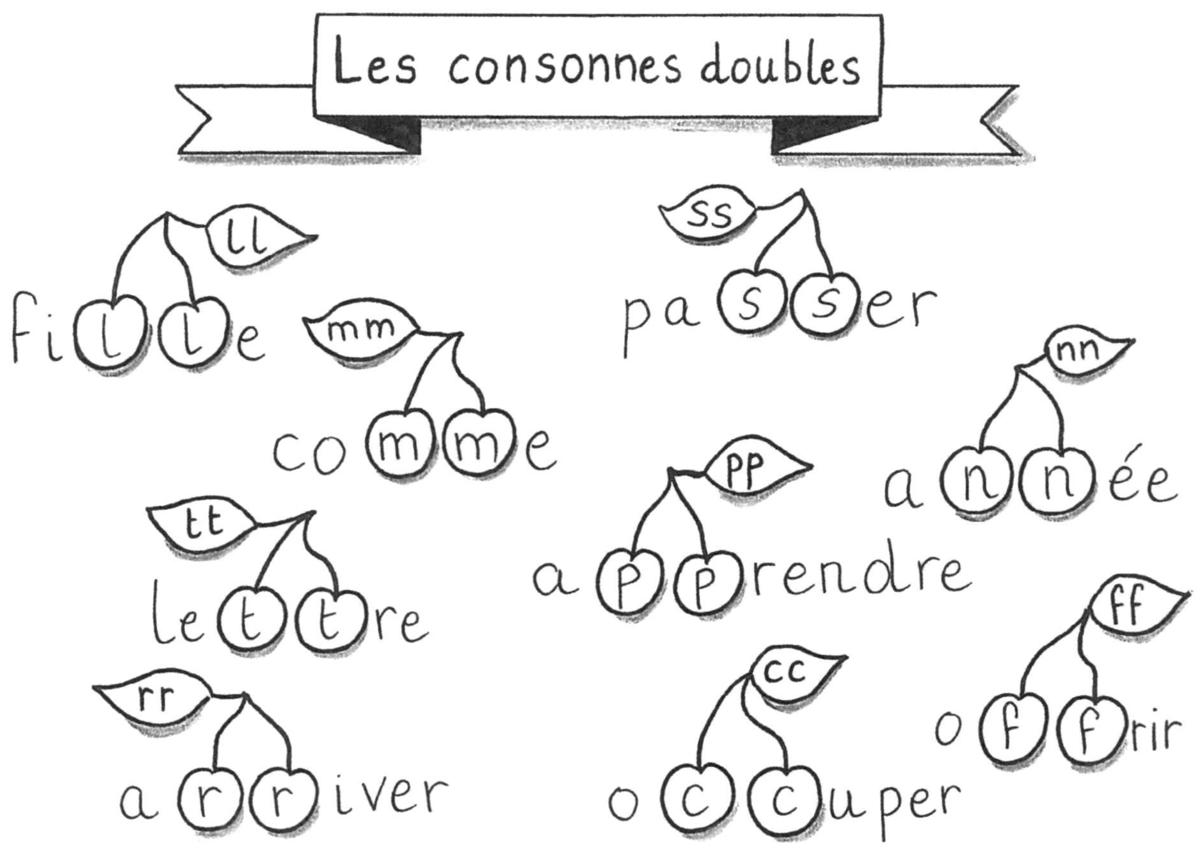

JE ME TESTE 1

Prénom ....

Date ....

RECONNAITRE LES MOTS CONTENANT DES CONSONNES DOUBLES

1 **Entoure** uniquement les mots contenant des consonnes doubles.

une pomme	mon cartable	les noisettes	
un ballon	les champions	la ficelle	le miel

2 **Barre** l'intrus dans chaque liste.

un meuble	un homme	commencer	immense
donner	la panne	une banane	bonne
une fille	une abeille	des jonquilles	une ile

RECONNAITRE LES SONS [s], [j] ET [ɛ] ÉCRITS AVEC DES CONSONNES DOUBLES

3 **Colorie** quand tu entends (s) comme dans *soleil*.

aussi	les chaussons	le raisin	impossible	grise

4 **Colorie** quand tu entends (ill) comme dans *rayon*.

une pile	une paille	un éléphant	des oreilles	ma famille

5 **Colorie** quand tu entends (è) comme dans *tête*.

la marelle	un genou	mon image	une chouette	une pierre

ÉCRIRE DES MOTS CONTENANT DES CONSONNES DOUBLES

6 **Complète** les mots de ces phrases avec une consonne double.

Cet ordinateur est cher ! Il coute mi ___ e euros.

J'ai marché dans la forêt et mes chaussures sont pleines de te ___ e.

Nous avons écrit une le ___ re à nos correspondants.

Émile a fait tomber sa trou ___ e, il doit tout ramasser.

Tu as téléphoné chez lui, mais perso ___ e n'a répondu.

JE ME TESTE 2

Prénom ....

Date ....

LES CONSONNES DOUBLES

RECONNAITRE LES MOTS CONTENANT DES CONSONNES DOUBLES

1 **Entoure** uniquement les mots contenant des consonnes doubles.

une galipette — la jetée — le bonhomme

mademoiselle — les ailes — ennemis — un poulpe

2 **Barre** l'intrus dans chaque liste.

une approche	s'échapper	une écharpe	un appartement
différent	le souffle	une fusée	mes affaires
la colère	la barrière	une équerre	arracher

RECONNAITRE LES SONS [s], [j] ET [ɛ] ÉCRITS AVEC DES CONSONNES DOUBLES

3 **Colorie** quand tu entends (s) comme dans ***s**oleil*.

la jeunesse	un bisou	puissant	peser	le passage

4 **Colorie** quand tu entends (ill) comme dans *ra**y**on*.

la ville	le meilleur	des films	réveiller	une feuille

5 **Colorie** quand tu entends (è) comme dans *t**ê**te*.

tellement	l'honneur	la terreur	la lutte	la pharmacienne

ÉCRIRE DES MOTS CONTENANT DES CONSONNES DOUBLES

6 **Complète** les mots de ces phrases avec une consonne double.

Dans ce vi ____ age, tous les élèves de l'école sont dans la même cla ____ e.

Le directeur demande aux élèves de se ra ____ embler pour l'a ____ el.

C'est di ____ icile de soigner tous les animaux abando ____ és.

Oriane a réu ____ i à écrire tous les mots sans aucune e ____ eur.

Utilise ta go ______ e pour e ____ acer ce calcul : il n'est pas correct.

RECONNAITRE LES CONSONNES DOUBLES

① **Entoure** les mots contenant des consonnes doubles.

elle	son mari	un homme
le cartable	la table	une trousse
la terre	une lettre	la chambre

② **Entoure** les mots suivants contenus dans cette grille.

APPELER • PIERRE • DESSUS • QUITTER • OFFRIR

E	T	D	E	S	S	U	S	O
A	P	P	E	L	E	R	O	F
R	E	M	A	C	E	L	I	F
Q	U	I	T	T	E	R	T	R
D	A	D	I	U	A	W	R	I
Q	O	P	I	E	R	R	E	R

③ **Barre** l'intrus dans chaque liste.

comme	une gomme	un pommier	la géométrie
assez	une course	passer	le dessin
un chêne	donner	une année	connaitre
une fille	le village	la salle	le sable

RECONNAITRE LES SONS [s], [j] ET [ɛ] ÉCRITS AVEC DES CONSONNES DOUBLES

④ **Colorie** les étiquettes selon le code couleur.

Son (s) de « soleil »	Son (ill) de « rayon »	Son (è) de « tête »
bleu	jaune	rouge

aussi	une bille	ailleurs
une pochette	un classeur	pousser
la famille	mettre	la guerre

JE M'ENTRAINE

Date ....

5 **Réponds** aux devinettes en t'aidant des étiquettes pour la terminaison. Tous les mots contiennent le son (è) !

-esse | -ette | -enne

- Je suis une petite boule. → une boul ______
- Je suis la sœur du prince. → une princ ______
- Je suis une habitante de Paris. → une parisi ______

ÉCRIRE DES MOTS CONTENANT DES CONSONNES DOUBLES

6 **Complète** les mots de ces phrases avec des consonnes doubles.

Mon frère va bientôt a ___ iver.

J'ai terminé mon tube de co ___ e.

Je n'aime pas trop a ___ endre.

Occupe-toi de tes a ___ aires !

Ce matin, il n'y a perso ___ e au portail.

JE M'ENTRAINE

Date ....

7 **Écris** les mots représentés par les images. Ils contiennent tous une consonne double !

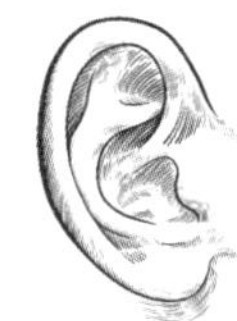

une ______

1 000

______

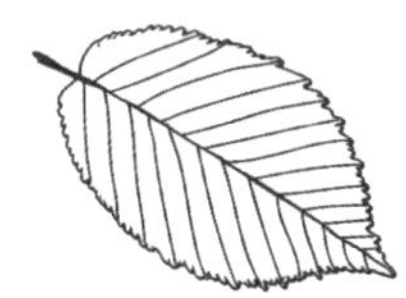

une ______

deux ______

un ______

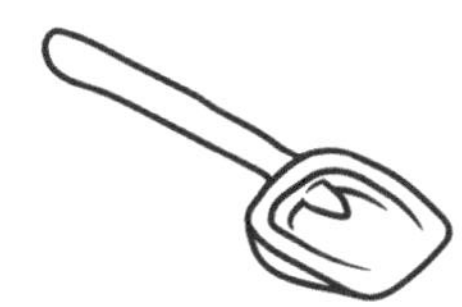

une ______

DÉFI ÉCRITURE

DES MOTS, UNE PHRASE

8 **Invente** des phrases en utilisant ces verbes :

arrêter • *occuper* • *serrer* • *embrasser*

RECONNAITRE LES CONSONNES DOUBLES

1 Entoure les mots contenant des consonnes doubles.

une cravate	commencer	la cheminée
une princesse	l'accueil	le sapin
la récréation	une abeille	falloir

2 Entoure les mots suivants contenus dans cette grille.

NOISETTE • EFFACER • PASSION
PERMETTRE • EFFORT • SOUFFRIR

P	E	R	M	E	T	T	R	E
A	O	U	T	F	I	E	L	F
S	O	U	F	F	R	I	R	F
S	A	U	T	O	N	S	C	A
I	M	I	T	R	E	U	R	C
O	S	C	I	T	T	E	F	E
N	O	I	S	E	T	T	E	R

3 Barre l'intrus dans chaque liste.

assis	nécessaire	le poison	ressembler
une femme	mimer	la grammaire	comment
une panne	travailler	des rillettes	des chatouilles
appris	frapper	une apparition	un papillon

RECONNAITRE LES SONS [s], [j] ET [ɛ] ÉCRITS AVEC DES CONSONNES DOUBLES

4 Classe dans le tableau les mots suivants :

brillante • *une coccinelle* • *terrible* • *la taille* • *ma classe*
habiller • *aussitôt* • *la trompette* • *une saucisse*

Son (s) de « soleil »	Son (ill) de « rayon »	Son (è) de « tête »
....	....	....
....	....	....
....	....	....

PARCOURS 2

JE M'ENTRAINE

Date ....

LES CONSONNES DOUBLES 1 2 **3** 4

5 **Réponds** aux devinettes en t'aidant des étiquettes pour la terminaison. Tous les mots contiennent le son (è) !

-elle -esse -ette -enne

- Je suis le féminin d'un maitre. → une ____________
- Je ne suis pas une consonne. → une ____________
- Je sers à promener les bébés. → une ____________
- Je suis une habitante du Canada.

→ une ____________

ÉCRIRE DES MOTS CONTENANT DES CONSONNES DOUBLES

6 **Complète** les mots de ces phrases avec des consonnes doubles.

Nous garons notre voiture de ___ ière la gare.

Cette girafe est vraiment i ___ ense !

Il a gagné hier mais ce soir tu vas le ba ___ re.

Un lion s'est écha ___ é du zoo !

Florian a gli ___ é sur une plaque de verglas.

Les enfants montent sur la banquette a ___ ière.

PARCOURS 2

JE M'ENTRAINE

Date ....

LES CONSONNES DOUBLES 1 2 3 **4**

7 **Écris** une phrase pour chaque image. Tous les mots contiennent une consonne double !

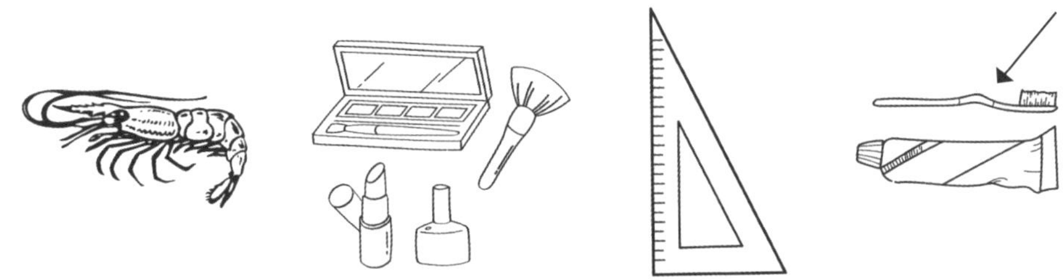

(a) (b) (c) (d)

(a) ____________

(b) ____________

(c) ____________

(d) ____________

DÉFI ÉCRITURE

DES MOTS, UNE PHRASE

8 **Invente** des phrases en utilisant ces verbes :

approcher • *accepter* • *annoncer* • *posséder* • *appuyer*

JE M'ENTRAINE

Date ....

RECONNAITRE LES CONSONNES DOUBLES

1 Entoure les mots contenant des consonnes doubles.

différent	du lilas	nous criions
la féérie	un vieillard	l'attention
l'expression	les tortues	une apparition

2 Entoure les mots suivants contenus dans cette grille.

SUFFIRE • DIFFICILE • LUTTE • PROMETTRE
ADRESSE • APPEL • IRRITER • ACCORD

L	S	U	F	F	I	R	E	R
F	U	S	E	E	R	S	P	A
A	R	T	E	R	R	U	T	D
P	R	E	T	E	I	A	O	R
P	R	O	M	E	T	T	R	E
E	M	E	U	D	E	Q	U	S
L	A	C	C	O	R	D	E	S
D	I	F	F	I	C	I	L	E

JE M'ENTRAINE

Date ....

3 Barre l'intrus dans chaque liste.

reconnaitre	un ananas	un honneur	abandonner
nommer	immobile	la somme	une momie
une attache	appartenir	une trappe	un supplément
accompagner	le succès	une patte	un raccourci

RECONNAITRE LES SONS [s], [j] ET [ɛ] ÉCRITS AVEC DES CONSONNES DOUBLES

4 Classe dans le tableau les mots suivants.

remettre • *une cédille* • *casser* • *impossible* • *tellement*
tailler • *une brouette* • *une pousse* • *un grillon*

Son (s) de « soleil »	Son (ill) de « rayon »	Son (è) de « tête »
....	....	....
....	....	....
....	....	....

JE M'ENTRAINE

PARCOURS 3

Date ....

LES CONSONNES DOUBLES 1 2 **3** 4

5 Réponds aux devinettes en t'aidant des étiquettes pour la terminaison. Tous les mots contiennent le son (è) !

-elle | -esse | -ette | -enne

- J'ai un écran tactile et je suis plus grande qu'un téléphone. → une ____________
- Je suis originaire de Corée. → une ____________
- Je ressemble à un parapluie et sers à faire de l'ombre. → une ____________
- Je suis la femme de l'ogre. → l' ____________

ÉCRIRE DES MOTS CONTENANT DES CONSONNES DOUBLES

6 Complète ce texte avec des consonnes doubles.

Les gue ___ iers vikings étaient réputés pour leur violence. On les disait très pui ___ ants. Ils a ___ aquaient certaines vi ___ es et les incendiaient : les fla ___ es détruisaient les bâtiments. Dans certaines légendes, on raconte qu'ils torturaient leurs e ___ emis. Ces histoires réu ___ i ___ aient à e ___ rayer les populations qu'ils envahi ___ aient.

JE M'ENTRAINE

PARCOURS 3

Date ....

LES CONSONNES DOUBLES 1 2 3 **4**

7 Écris une phrase pour chaque image.
Tous les mots contiennent une consonne double !

a b c d

(a) ____________

(b) ____________

(c) ____________

(d) ____________

DÉFI ÉCRITURE

DES MOTS, UNE PHRASE

8 Invente des phrases en utilisant ces verbes :
attacher • *étonner* • *dresser* • *installer* • *allumer*

ÉVALUATION 1

Prénom ....

Date ....

Compétences évaluées : Les consonnes doubles	Exercices	A+	A	PA	NA
Reconnaitre les consonnes doubles.	1, 2				
Reconnaitre les sons [s], [j] et [ɛ] écrits avec des consonnes doubles.	3				
Écrire des mots contenant des consonnes doubles.	4				

1 **Entoure** uniquement les mots contenant des consonnes doubles.

une caresse	un immeuble	la fusée
la famille	vilaine	importante

2 **Barre** l'intrus dans chaque liste.

collectif	suffisant	attentif
une balade	un effort	sa patte
tellement	difficile	une tartelette
une collègue	une flute	barrer

3 **Classe** dans le tableau les mots suivants :

elle • *travailler* • *mettre* • *un passage* • *une fille* • *aussi*

Son (s) de « soleil »	Son (ill) de « rayon »	Son (è) de « tête »
....	....	....
....	....	....

4 **Écris** une phrase pour chaque image.

(a)

(b)

(c)

(a) ....

(b) ....

(c) ....

ÉVALUATION 2

Prénom ....

Date ....

Compétences évaluées : Les consonnes doubles	Exercices	A+	A	PA	NA
Reconnaitre les consonnes doubles.	1, 2				
Reconnaitre les sons [s], [j] et [ɛ] écrits avec des consonnes doubles.	3				
Écrire des mots contenant des consonnes doubles.	4				

1 Entoure uniquement les mots contenant des consonnes doubles.

décisif	approcher	différent
mignon	l'échappement	un coquetier

2 Barre l'intrus dans chaque liste.

ramasser	un atelier	une annonce
le sommeil	atteinte	une somme
le sommet	l'attention	abandonner
commencer	attacher	étonner

3 Classe dans le tableau les mots suivants :

glisser • la clochette • vieillard • briller • terrible • aussitôt

Son (s) de « soleil »	Son (ill) de « rayon »	Son (è) de « tête »
....	....	....
....	....	....

4 Écris une phrase pour chaque image.

(a)

(b)

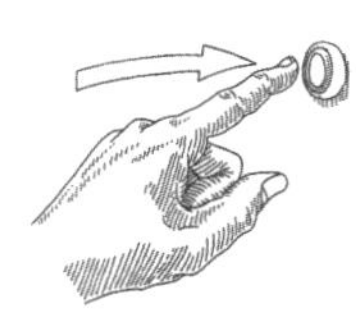

(c)

(a)

(b)

(c)

2 LES VALEURS DE LA LETTRE *G*

Compétences travaillées (programmes modifiés 2018)

- **Identifier des mots de manière de plus en plus aisée**
  – Savoir discriminer de manière auditive et savoir analyser les constituants des mots (conscience phonologique).
  – Savoir discriminer de manière visuelle et connaitre le nom des lettres ainsi que le son qu'elles produisent.
  – Établir les correspondances graphophonologiques ; combinatoire (produire des syllabes simples et complexes).
  – Mémoriser les composantes du code.

FICHE ENSEIGNANT

Dans ce dossier, il s'agit de revoir la valeur sonore de la lettre *g* qui varie selon le contexte. Il s'agit de s'appuyer sur l'environnement de la lettre notamment pour travailler l'orthographe des mots comportant un *g*.

Point notionnel	La lettre *g* n'a pas la même valeur sonore selon la position qu'elle occupe dans le mot. Pour obtenir la valeur de base de la lettre *g*, il faut parfois lui associer une lettre supplémentaire (*n*, *u*, *e*). – **On entend le son [g]** si elle est suivie d'une consonne (sauf *n*) ou des voyelles *a*, *o*, *u*. Ex. : ***gr****is*, ***ga****rçon*, ***go****rge*, *sin****gu****lier*. Pour que la lettre se prononce [g] devant *e*, *i* et *y*, il faut ajouter un *u*. Ex. : ***gu****épard*, *man****gu****e*, ***gu****irlande*, ***Gu****y*. – **On entend le son [ʒ]** si elle est suivie des voyelles *e*, *i*, *y*. Ex. : ***gé****ant*, ***gi****rafe*, ***gy****rophare*. Pour que la lettre se prononce [ʒ] devant *a* et *o*, il faut ajouter un *e*. Ex. : *oran****ge****ade*, *ca****ge****ot*. – **On entend le son [ɲ]** si elle est suivie de la consonne *n*. Ex. : *soi****gn****er*, *arai****gn****ée*, *si****gn****ature*. – **La lettre *g* peut aussi être muette**. Ex. : *doi****g****t*, *lon****g***, *san****g***.	
Différenciation	**Parcours 1**	• Identifier un phonème (grâce à une aide visuelle). • Identifier la valeur sonore de la lettre (à l'exception de la valeur muette du *g*). • Encoder des mots simples (en s'appuyant sur les syllabes).
	Parcours 2	• Identifier un phonème sans aide. • Classer des mots selon la valeur sonore de la lettre (à l'exception de la valeur muette du *g*). • Encoder des mots complexes.
	Parcours 3	• Identifier la graphie. • Classer des mots selon la valeur sonore de la lettre (y compris la valeur muette du *g*). • Écrire des mots avec la graphie correcte.
Erreurs rencontrées	• Oubli du *u* pour faire le son [g] devant *e*, *i*, *y*. • Oubli du *e* pour faire le son [ʒ] devant *a* et *o*. • Oubli du *g* lors de l'écriture d'un mot muet.	
Remédiation	• Faire oraliser les mots écrits en reprenant les valeurs des lettres et la règle de prononciation. • Associer le graphème au phonème. • Utiliser des gammes de lecture pour l'entrainement (cf. maisquefaitlamaitresse.com).	

LEÇON

LES VALEURS DE LA LETTRE *G*

La lettre *g* se prononce différemment selon les lettres qui la suivent.

On la prononce (g) :
– devant les consonnes. Ex. : *une **gr**ue, pra**gm**atique, une **gl**ace.*
– devant les voyelles *a, o, u*. Ex. : *une **ga**re, un **go**rille, une fi**gu**re.*
⚠ Pour que la lettre se prononce (g) devant *e, i* et *y*, il faut ajouter un *u*.
Ex. : *une **gu**êpe, une **gu**itare.*

On la prononce (j) :
– devant les voyelles *e, i, y*. Ex. : *une oran**ge**, une **gi**rouette, un **gy**mnase.*
⚠ Pour que la lettre se prononce (j) devant *a* et *o*, il faut ajouter un *e*.
Ex. : *un plon**ge**on, une oran**ge**ade.*

On la prononce (gn) :
– quand elle est suivie d'un *n*. Ex. : *mi**gn**on, un a**gn**eau, un champi**gn**on.*

En fin de mot :
– elle est souvent muette... Ex. : *un ran**g**, un poin**g**, un étan**g**.*
– ...mais se prononce parfois. Ex. : *un gon**g**, le pin**g**-pon**g**.*

LEÇON ILLUSTRÉE

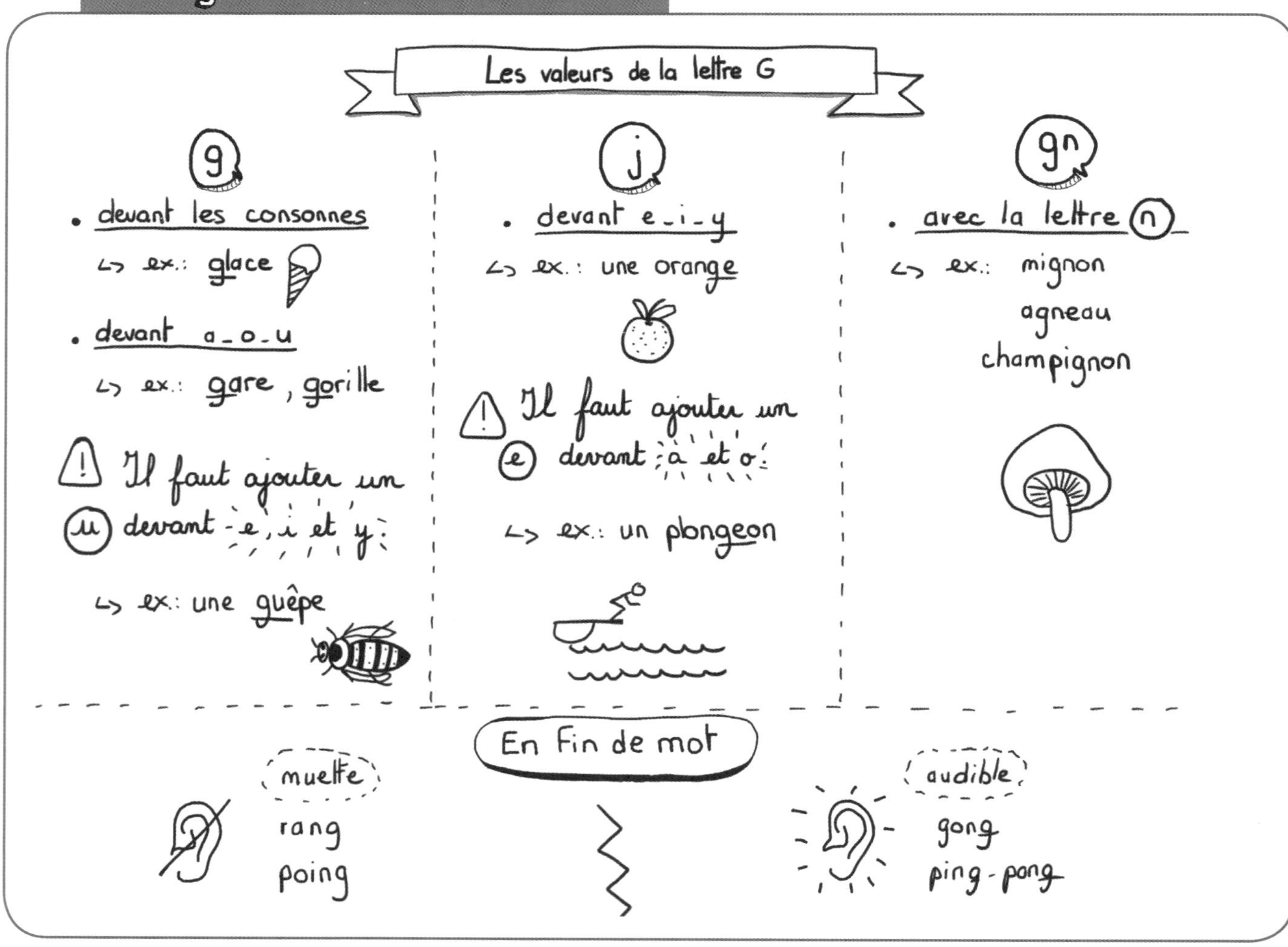

JE ME TESTE 1

Prénom ....

Date ....

IDENTIFIER LES PHONÈMES

1 Colorie les étiquettes selon le code couleur.

Son (g) de « gâteau »	Son (j) de « girafe »

bleu	rouge

une langue — un garçon — un gilet — manger

le gout — la gymnastique — naviguer — argent

ENCODER DES MOTS

2 Écris le mot sous chaque image. Aide-toi des syllabes (tu peux barrer celles que tu as déjà utilisées).

gue — ti — bou — ba — gie — ta — gre — re — gui

COMPLÉTER AVEC LA GRAPHIE CORRECTE

3 Complète avec *g* ou *gu* (tu dois entendre le son (g)).

- un ___ âteau
- une ___ êpe
- un ___ renier
- une vir ___ ule
- un han ___ ar
- un ___ ide
- ___ rand
- se dé ___ iser

4 Complète avec *g* ou *ge* (tu dois entendre le son (j)).

- rou ___ ir
- une na ___ oire
- une oran ___ e
- une cour ___ ette
- un plon ___ on
- une man ___ oire
- un collè ___
- une ___ irafe
- les ___ ens

JE ME TESTE ②

Prénom ....

Date ....

IDENTIFIER LES PHONÈMES

1 **Colorie** les étiquettes selon le code couleur.

Son (g) de « gâteau »	Son (j) de « girafe »	Son (gn) de « champignon »

bleu	orange	vert

une orangeade — un agneau — une guêpe — léger

une montagne — une grillade — gourmand — un pigeon

un gramme — égalité — une ligne

ENCODER DES MOTS

2 **Écris** le mot sous chaque image. Aide-toi des syllabes (tu peux barrer celles que tu as utilisées).

gué — na — de — es — re — guir — car — pard — geoi — got — lan

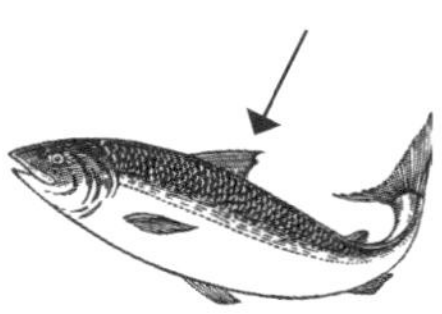

________ ________ ________ ________

COMPLÉTER AVEC LA GRAPHIE CORRECTE

3 **Complète** avec *g*, *gu*, *ge*.

- un ____ renier
- une oran ____ e
- une ____ irlande
- un plon ____ oir
- un sauveta ____ e
- un ____ orille
- un pi ____ on
- un ____ idon

4 **Complète** avec *gna*, *gne*, *gno* ou *gni*.

- une si ____ ture
- un rossi ____ l
- ma ____ fique
- une compa ____
- une cigo ____
- un pei ____
- un monta ____ rd
- une ca ____ tte

IDENTIFIER LES PHONÈMES

1 Colorie les étiquettes en bleu quand tu entends le son (g), comme dans « gâteau », et en orange quand tu entends le son (j), comme dans « girafe ».

ga	gi	ge	gue
gy	go	gu	geo

2 Entoure le mot si tu vois (gn).

- un signe
- un tigre
- une ligne
- une figue
- génial
- soigner
- une vague
- une grippe
- une frange
- un genou
- un linge
- une cage
- gagné
- cogner
- la neige
- une vigne
- Guignol
- mignon

IDENTIFIER UNE GRAPHIE CORRECTE

3 Colorie la bonne étiquette.

 singe | singue

 gépard | guépard

 alliguator | alligator

 pigeon | pigon

COMPLÉTER AVEC UNE GRAPHIE CORRECTE

4 Complète avec *g* ou *gu* pour toujours obtenir le son (g), comme dans « gâteau ».

 une ba ___ e

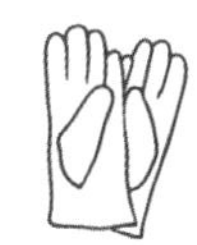 un ___ ant

 une ___ êpe

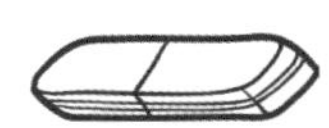 une ___ omme

 un ___ orille

 une an ___ ille

5 **Complète** avec *g* ou *ge* pour toujours obtenir le son (j), comme dans « girafe ».

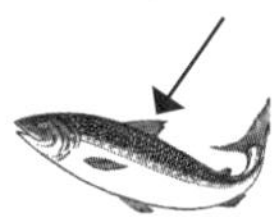
une na ____ oire

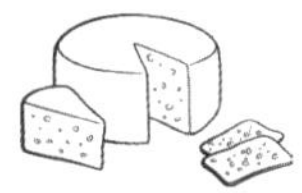
un froma ____ e

une bou ____ ie

un visa ____ e

une man ____ oire

une oran ____ e

IDENTIFIER LES PHONÈMES

6 **Recopie** les mots dans la bonne colonne.

un garçon • la campagne • une grue • un agneau
un plongeoir • une ligne • un galet • manger • une plage

Son (g) de « gâteau »	Son (j) de « girafe »	Son (gn) de « champignon »
....	....	....
....	....	....
....	....	....

ENCODER DES MOTS

7 **Écris** le mot sous chaque image. Aide-toi des syllabes (tu peux barrer celles que tu as déjà utilisées).

pi | ge | gle | cy | geon | ca | gne | ai

____

____

____

____

DÉFI ÉCRITURE

LE ZOO

8 **Liste** les animaux qui contiennent les sons (g) et (j).

JE M'ENTRAINE Date ....

PARCOURS 2

LES VALEURS DE LA LETTRE *G* 1 2 3 4

IDENTIFIER LES PHONÈMES

1 Colorie les syllabes selon le code couleur.

Son (g) de « gâteau »	Son (j) de « girafe »
bleu	orange

ga	gè	geur	gé	guai
ger	gri	gea	gon	ges
gyr	gi	gue	gir	gel
geai	géo	go	geon	ge

Quelle lettre vois-tu apparaitre ? ....

2 Barre l'intrus.

un grizzly	un singe	un kangourou	une grenouille
beige	rouge	gris	orange
une araignée	un aigle	une guenon	un sanglier
mignon	un champignon	un bourgeon	souligner

JE M'ENTRAINE Date ....

PARCOURS 2

LES VALEURS DE LA LETTRE *G* 1 2 3 4

IDENTIFIER UNE GRAPHIE CORRECTE

3 Colorie la bonne étiquette.

Une grenouille [nage] / [nague] dans un étang.

Dans la [grange] / [grangue] voisine, un bœuf se repose.

La mécanicienne travaille dans le [guarage] / [garage].

Au zoo, la [gazelle] / [guazelle] est bien soignée.

Il prend ses repas dans une [mangeoire] / [mangoire].

Nous sommes allés ramasser des [châtaines] / [châtaignes].

Papi range ses pommes dans des [cagots] / [cageots].

IDENTIFIER UNE GRAPHIE CORRECTE

4 Complète avec *g* ou *gu* pour toujours obtenir le son (g), comme dans « gâteau ».

- une lan ___ e
- un ___ ide
- un ___ ardien
- une ba ___ arre
- une ___ alerie
- ___ onfler
- un ___ idon
- une rè ___ le
- une ba ___ ette
- un ___ laçon
- une ___ ourde
- un ___ rillon

5 **Complète** avec *g* ou *ge* pour toujours obtenir le son (j), comme dans « girafe ».

- une ti ___ e
- un paysa ___ e
- un ___ ilet
- un ___ enou
- un sauva ___ on
- la ma ___ ie
- un bou ___ oir
- un villa ___ ois
- une ___ irafe
- une fou ___ ère
- un bour ___ on
- le parta ___ e

IDENTIFIER LES PHONÈMES

6 **Recopie** les mots dans la bonne colonne.

géant • *un dégât* • *un gouter* • *un gradin* • *une baignoire* *signer* • *une goutte* • *l'argent* • *un collage* • *un peigne* *un voyage* • *un chignon*

Son (g) de « gâteau »	Son (j) de « girafe »	Son (gn) de « chignon »
....	....	....
....	....	....
....	....	....
....	....	....

ENCODER DES MOTS

7 **Écris** le mot sous chaque image.

____

____

____

____

DÉFI ÉCRITURE

LA CARTE POSTALE

8 **Écris** une carte postale dans laquelle tu racontes tes dernières vacances avec des mots contenant la lettre *g*.

Mamie et Papi Gâteaux
3, allée des Guilis
50400 Granville

PARCOURS 3

JE M'ENTRAINE

Date ....

IDENTIFIER LES PHONÈMES

1 Colorie les mots selon le code couleur.

Son (g) de « gâteau »	Son (j) de « girafe »
bleu	orange

pur-sang	gorille	compagnon	brigade	faubourg
étang	grille	pignon	glissade	poing
hareng	gyrophare	partage	géant	seigneur
longtemps	orangeade	shampoing	fougère	brugnon

Quelle lettre vois-tu apparaitre ? ....

2 Recopie les mots dans le tableau.

une guêpe • un gâteau • gourmand • une girafe • la vigie • un guépard • un bougeoir • une algue • un mirage • dangereux • une grille • un gymnase

J'entends (g)		J'entends (j)	
Je vois *g*	Je vois *gu*	Je vois *g*	Je vois *ge*
....	....	....	....
....	....	....	....
....	....	....	....

PARCOURS 3

JE M'ENTRAINE

Date ....

IDENTIFIER UNE GRAPHIE CORRECTE

3 Trouve des mots de la même famille, comme dans l'exemple.

Exemple : *diriger* → *un dirigeant*

nager → ______

plonger → ______

manger → ______

patauger → ______

orange → ______

COMPLÉTER AVEC UNE GRAPHIE CORRECTE

4 Complète les mots avec *g*, *gu* ou *ge*.

- une piro ___ e
- une ___ erre
- une ___ lace
- un É ___ yptien
- un ___ renier
- un ___ éant
- une patau ___ oire
- une vir ___ ule
- un ___ arçon
- une vendan ___ e
- une ___ rue
- une ima ___ e
- une mar ___ erite
- un ___ arage
- un é ___ outtoir
- un bour ___ ois
- un ron ___ eur
- une ___ raine

IDENTIFIER LES PHONÈMES

5 **Colorie** les mots selon le code couleur.

Son (g) de « gâteau »	Son (j) de « girafe »	Son (gn) de « champignon »	*g* muet (g)
bleu	vert	orange	violet

une marguerite · un étang · du sang · une ligne

un rang · la sagesse · un hangar · du champagne

une rougeur · une gifle · un glacier · gentil

un poignet · une galerie · un barrage · soigner

ENCODER DES MOTS

6 **Complète** ce texte avec des mots de la famille de *plonger*.

Je fais de la natation depuis trois ans, je suis un bon ______________ . Cet été, j'ai découvert la ______________ sous-marine. Maintenant, je m'entraine à sauter du plus haut ______________ .

7 **Réponds** aux devinettes avec des mots contenant la lettre *g*.

Harry Potter la brandit pour jeter des sorts :
→ une ______________

Les randonneurs aiment grimper tout en haut :
→ une ______________

Tu peux l'allumer en cas de panne d'électricité :
→ une ______________

On en porte une au doigt quand on est marié :
→ une ______________

Cet animal vit dans une coquille et il aime la pluie :
→ un ______________

C'est un pays où on mange de la paella, et où on peut voir des corridas :
→ l' ______________

DÉFI ÉCRITURE

LA RECETTE DE CUISINE

8 **Écris** une courte recette de cuisine avec des mots contenant la lettre *g*.

ÉVALUATION 1

Prénom ....

Date ....

Compétences évaluées : Les valeurs de la lettre *g*	Exercices	A+	A	PA	NA
Identifier les valeurs de la lettre *g*.	1				
Encoder correctement la valeur de la lettre *g*.	2, 3, 4				

1 **Colorie** les étiquettes selon le code couleur.

J'entends (g)		J'entends (j)	
Je vois *g*	Je vois *gu*	Je vois *g*	Je vois *ge*
bleu	vert	orange	violet

gourmand — guidon — plongeoir — gâteau

neige — orangeade — guépard — bourgeon

baguette — bougie — fougère — glace

2 **Complète** avec *g* ou *gu*.

- un ___ arage
- une ___ irlande
- une merin ___ e
- ___ randir
- un ___ outer
- une ___ rillade
- ___ ider
- une ai ___ ille
- la lon ___ eur
- une ___ renouille
- la ___ lace
- une va ___ e

3 **Complète** avec *g* ou *ge*.

- un ___ ilet
- s'allon ___ er
- une na ___ oire
- un an ___ e
- un ___ éant
- un pi ___ on
- un piè ___ e
- chan ___ er
- un a ___ ent
- une man ___ oire
- une ___ irafe
- un ron ___ ur

4 **Écris** les mots contenant la lettre *g* sous les images.

____

____

____

____

ÉVALUATION 2

Prénom ....

Date ....

Compétences évaluées : Les valeurs de la lettre *g*	Exercices	A+	A	PA	NA
Identifier les valeurs de la lettre *g*.	1				
Encoder correctement la valeur de la lettre *g*.	2, 3, 4				

1 Colorie les étiquettes selon le code couleur.

Son (g) de « gâteau »	Son (j) de « girafe »	Son (gn) de « champignon »	*g* muet (g)
bleu	vert	orange	violet

mignon | un étang | une girafe | l'Allemagne | un bougeoir | un hareng

un compagnon | un angle | une vengeance | l'agriculture | un vinaigre

un cargo | rougeâtre | une figue | le courage | l'écologie | un magazine

2 Complète avec *g*, *ge*, *gu* ou *gn*.

- un pi ___ on
- une bla ___ e
- un poi ___ et
- un villa ___ ois
- un ___ ai
- du champa ___ e
- distin ___ er
- vo ___ er
- rédi ___ er
- navi ___ er
- un ___ yrophare
- une ca ___ oule
- une ___ outte
- une monta ___ e
- un mé ___ aphone
- un si ___ al

3 Complète ce texte avec des mots de la famille de *manger*.

Arthur remarque que les oiseaux en hiver n'ont plus rien à ______________ .
Il décide alors de construire une ______________ dans laquelle il met des graines. Un petit rouge-gorge vient, c'est un bon ______________ .

4 Écris les mots sous les images.

____

____

____

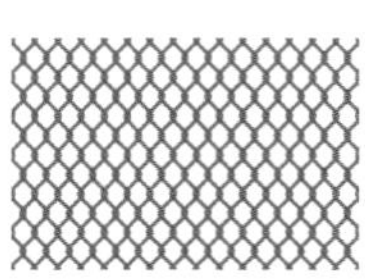

____

____

3 LES VALEURS DE LA LETTRE *S*

Compétences travaillées (programmes modifiés 2018)

- **Identifier des mots de manière de plus en plus aisée**
  – Savoir discriminer de manière auditive et savoir analyser les constituants des mots (conscience phonologique).
  – Savoir discriminer de manière visuelle et connaitre le nom des lettres ainsi que le son qu'elles produisent.
  – Établir les correspondances graphophonologiques ; combinatoire (produire des syllabes simples et complexes).
  – Mémoriser les composantes du code.

FICHE ENSEIGNANT

Ce chapitre va permettre de travailler les valeurs de la lettre *s*. Les élèves vont apprendre à utiliser l'environnement de la lettre afin d'identifier les différents phonèmes qu'elle produit.

Point notionnel	La lettre *s* n'a pas la même valeur sonore selon la position qu'elle occupe dans le mot et les autres lettres auxquelles elle est associée. – **La lettre *s* peut faire le son [s]** au début, à la fin ou au milieu du mot quand elle est entourée par une consonne et une voyelle. Ex. : ***s**oleil*, *ve**s**te*, *our**s***. – **La lettre *s* peut faire le son [z]** au milieu du mot quand elle est entourée par deux voyelles. Ex. : *mai**s**on*, *arro**s**oir*, *frai**s**e*. – **La lettre *s* doit être doublée entre deux voyelles pour faire le son [s].** Ex. : *ca**ss**er*, *de**ss**ert*, *cou**ss**in*. – **La lettre *s* peut aussi être muette.** Ex. : *dan**s***, *boi**s***. Lorsque la lettre *s* sert à indiquer le pluriel des noms et des adjectifs, elle est toujours muette. Ex. : *petit**s***, *des abri**s***.	
Différenciation	**Parcours 1**	• Identifier un phonème (grâce à une aide visuelle). • Identifier la valeur sonore de la lettre (à l'exception de la valeur muette du *s*). • Encoder des mots simples (en s'appuyant sur les syllabes).
	Parcours 2	• Identifier un phonème sans aide. • Classer des mots selon la valeur sonore de la lettre (y compris la valeur muette du *s*). • Encoder des mots complexes.
	Parcours 3	• Identifier la graphie correcte (*s* ou *ss*). • Classer des mots selon la valeur sonore de la lettre (y compris la valeur muette du *s*). • Écrire des mots avec la graphie correcte.
Erreurs rencontrées	• Oubli de doubler la lettre *s* entre deux voyelles. • Difficulté à identifier s'il s'agit du son [s] ou du son [z] au milieu du mot. • Oubli du *s* lors de l'écriture d'un mot muet.	
Remédiation	• Faire oraliser les mots écrits en reprenant les valeurs des lettres et la règle de prononciation. • Associer le graphème au phonème. • Utiliser des gammes de lecture pour l'entrainement (cf. maisquefaitlamaitresse.com).	

LEÇON

LES VALEURS DE LA LETTRE *S*

La lettre *s* se prononce différemment selon les lettres qui l'entourent.

On la prononce (s) :
- au début des mots. Ex. : *du **s**able, du **s**el, un **s**oleil.*
- entre une voyelle et une consonne. Ex. : *un e**s**cargot, un ma**s**que, un denti**s**te.*
- à la fin des mots. Ex. : *un bu**s**, un our**s**, un ly**s**.*

On la prononce (z) :
- entre deux voyelles. Ex. : *un la**s**er, du poi**s**on, un mu**s**ée.*

⚠ Pour que la lettre *s* se prononce (s) entre deux voyelles, il faut doubler le *s*.
Ex. : *un de**ss**in, des chau**ss**ettes, du poi**ss**on.*

Elle peut être muette en fin de mot.
Ex. : *gri**s**, le do**s**, des enfant**s**.*

LEÇON ILLUSTRÉE

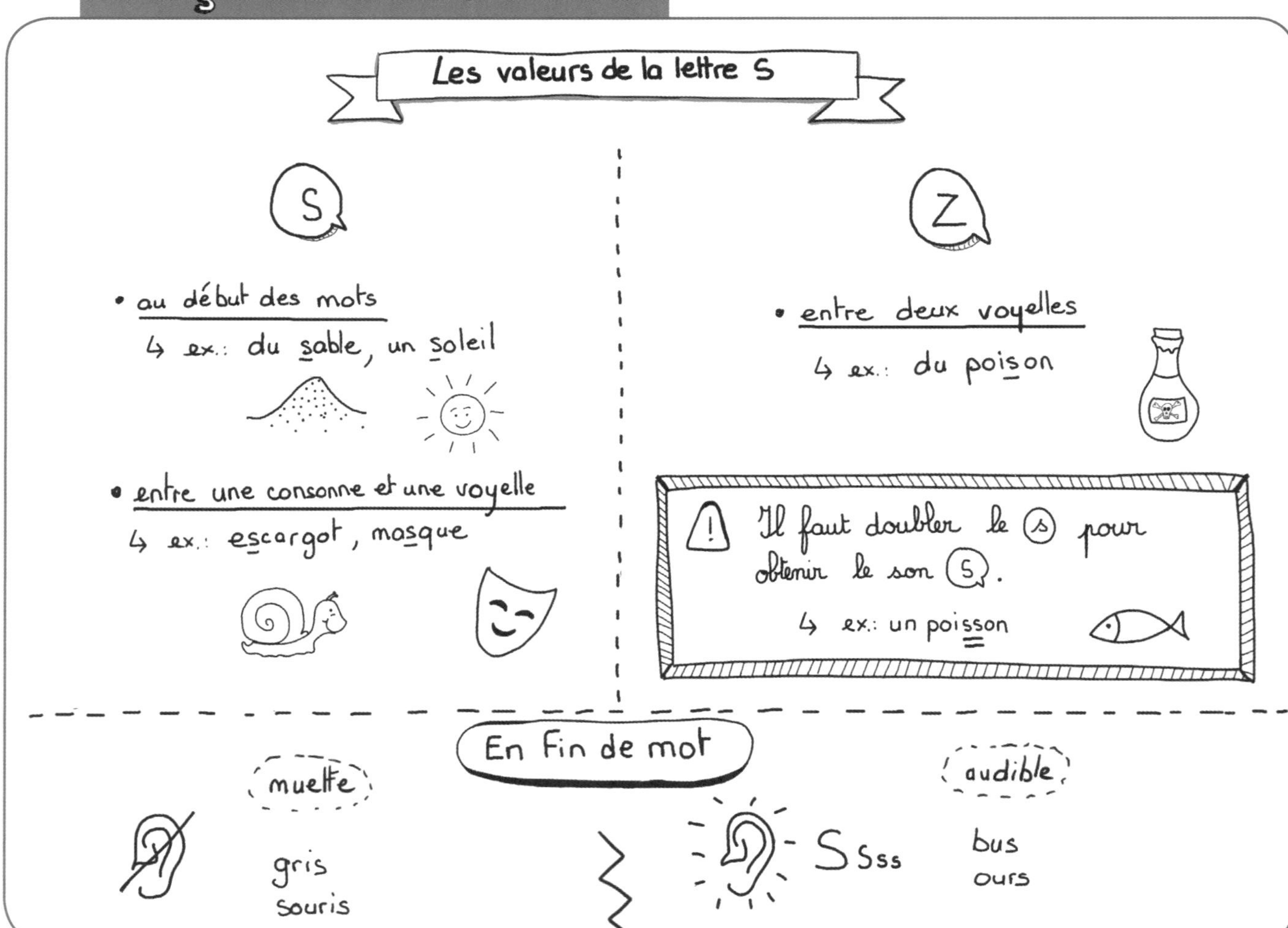

JE ME TESTE 1

Prénom ....

Date ....

IDENTIFIER LES PHONÈMES

1 Barre l'intrus dans chaque liste. C'est le mot dans lequel on n'entend pas le son (s) !

salon	chaussons	chose	trousse
cousine	tigresse	chasse	souris
os	tasse	lasso	valise
moustique	rasoir	six	saut

2 Colorie les étiquettes selon le code couleur.

Son (s) de « soleil »	
vert	

Son (z) de « rose »	
rose	

une salade | une classe | une valise | le soir | grise | un cousin

aussi | une maison | du poisson | le dentiste | une bêtise | un oiseau

SAVOIR UTILISER LE DOUBLE *S*

3 Complète avec *s* ou *ss* (tu dois entendre le son (s)).

- de la ___ oupe
- la po ___ te
- une boi ___ on
- la cla ___ e
- le tenni ___
- la ta ___ e
- une adre ___ e
- un ___ inge
- bon ___ oir
- un fo ___ é
- un our ___
- en ___ uite

ENCODER DES MOTS

4 Écris le mot sous chaque image. Aide-toi des syllabes (tu peux colorier celles que tu as déjà utilisées).

son | chaus | mai | chai | re | se | so | su | leil

____

____

____

____

JE ME TESTE 2

Prénom ....

Date ....

IDENTIFIER LES PHONÈMES

1 **Entoure** tous les mots dans lesquels on entend le son (s).

Solène s'assoit souvent près de la cheminée.

Je lis une histoire de souris et d'oiseaux.

L'ogresse cuisine des plats mystérieux.

2 **Colorie** les étiquettes selon le code couleur.

Son (s) de « soleil » 	Son (z) de « rose » 	S muet (s)
vert	rose	bleu

un escalier — un falaise — gris — une sonnerie — un anniversaire

un magasin — ramasser — du sirop — la vaisselle — la cuisine

une histoire — des feuilles — une ogresse — du raisin

SAVOIR UTILISER LE DOUBLE *S*

3 **Complète** avec *s* ou *ss*.

Le matin, je bois une ta ___ e de chocolat chaud. J'aime au ___ i manger du pamplemou ___ e et du rai ___ in. Je prépare mon ___ ac pour l'école sans oublier mes cla ___ eurs et mon ardoi ___ e . Je prends le bu ___ et je retrouve mes camarades tous déjà assis dans la cla ___ e .

ENCODER DES MOTS

4 **Écris** les mots représentés par les images.

________________ ________________ ________________ ________________

JE M'ENTRAINE Date ....

IDENTIFIER LES PHONÈMES

1 **Relie** chaque mot au son que tu entends.

sardine	j'entends (s) comme dans « soleil »
sapin	
visite	
poisson	j'entends (z) comme dans « rose »
ruse	

2 **Barre** l'intrus dans chaque liste.

chose	soupe	valise	case
astuce	aussi	soupir	cousin
salir	maison	espace	casser
fusée	bisou	prise	danse

JE M'ENTRAINE Date ....

MAITRISER L'UTILISATION DU *S* ET DU *SS*

3 **Entoure** les lettres qui font le son (s) dans chaque mot et **souligne** les lettres avant et après (s'il y en a).

Exemple : *a(ss)is.*

• salon	• souris	• ours	• atlas
• danse	• tasse	• maitresse	• princesse
• chasseur	• basse	• histoire	• chasseur

4 **Colorie** l'étiquette qui convient pour chaque image.

rose | rosse

trese | tresse

poison | poisson

clase | classe

JE M'ENTRAINE

Date ....

COMPLÉTER AVEC UNE GRAPHIE CORRECTE

⑤ Complète avec *s* ou *ss* pour obtenir le son (s) comme dans « soleil ».

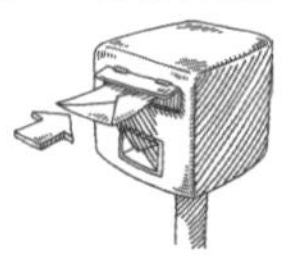

po ____ ter   bu ____   chau ____ ette

e ____ cargot   ve ____ te   cou ____ in

ENCODER DES MOTS

⑥ Complète la grille de mots croisés.
Ils contiennent tous la lettre *s*.

HORIZONTAL

① Animal doté d'ailes et de plumes.

② Contenant pour boire le thé ou le café.

③ Pièce que l'on fixe avec un tournevis.

VERTICAL

④ Récipient pour verser de l'eau sur les plantes.

⑤ Moyen de transport dans l'espace.

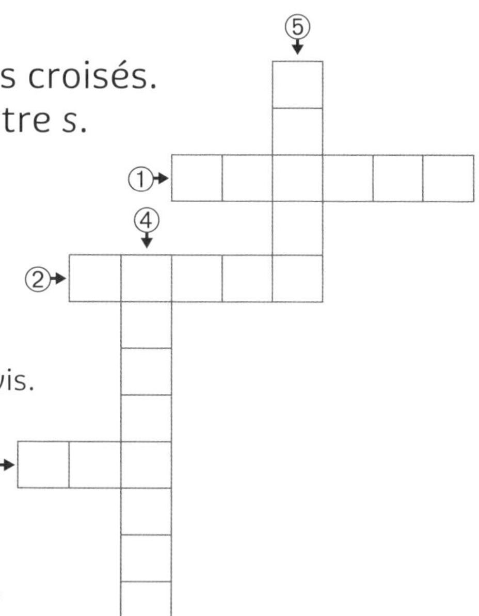

JE M'ENTRAINE

Date ....

⑦ Écris le mot sous chaque image. Aide-toi des syllabes (tu peux barrer celles que tu as utilisées).

son ge ris sin sou

ge vi pois sa

________________   ________________

________________   ________________

DÉFI ÉCRITURE

LES ANIMAUX

⑧ Trouve trois animaux dans lesquels tu entends le son (s) et **écris** une phrase pour présenter chaque animal.

JE M'ENTRAINE

PARCOURS 2

Date ....

IDENTIFIER LES PHONÈMES

① **Recopie** les mots dans la bonne colonne :

caserne • loisir • virus • adresse • mesure
motocross • soulier • plusieurs

Son (s) de « souris »	Son (z) de « rose »
....	....
....	....
....	....
....	....

② **Barre** l'intrus dans chaque liste.

capsule	adverse	vision	surface
ours	nous	cross	bus
hasard	cuisiner	usure	valse
astre	tendresse	saumon	raison

JE M'ENTRAINE

PARCOURS 2

Date ....

MAITRISER L'UTILISATION DU *S* ET DU *SS*

③ **Colorie** les étiquettes selon le code couleur.

Je vois s	Je vois ss
violet	vert

liste	traverser	saleté
ours	poussière	dessiner
sultan	tennis	baisser
passion	classique	risque

④ **Colorie** le mot qui convient dans chaque phrase.

Il a le bras [cassé] / [casé] .

Le prince lui donne un [baiser] / [baisser] .

Le chameau traverse le [dessert] / [désert] .

Le [chasseur] / [chaseur] armé [vise] / [visse] sa proie.

PARCOURS 2

JE M'ENTRAINE

Date ....

LES VALEURS DE LA LETTRE S 1 2 **3** 4

IDENTIFIER UNE GRAPHIE CORRECTE

5 **Complète** avec *s* ou *ss* pour obtenir le son (s) comme dans « soleil ».

- des moca ____ ins
- une ma ____ e
- une dan ____ e
- une a ____ iette
- un ____ aumon
- un pou ____ in
- ____ oudain
- du maï ____
- un atla ____
- l'arti ____ te
- de ____ ous
- le ba ____ in

ENCODER DES MOTS

6 **Complète** la grille de mots croisés.

HORIZONTAL

① Nez d'un animal.

② Animal doté de piquants.

③ Instrument pour se raser.

④ Permet de découper du papier.

VERTICAL

⑤ Faire mal.

⑥ Petit poisson en boite.

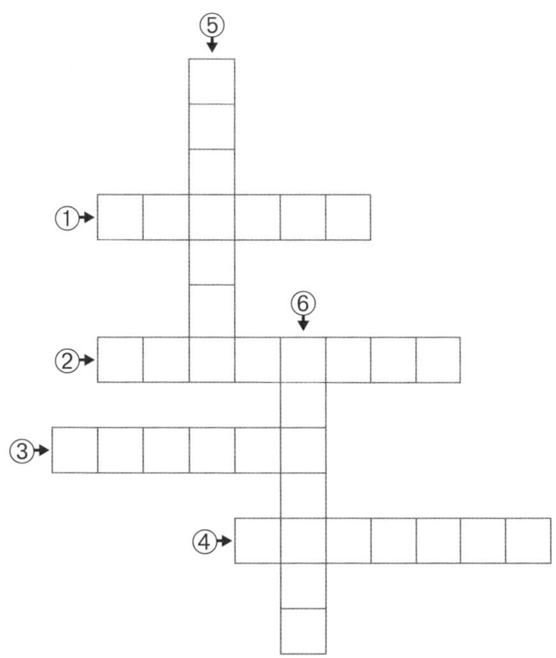

PARCOURS 2

JE M'ENTRAINE

Date ....

LES VALEURS DE LA LETTRE S 1 2 3 **4**

7 **Écris** les mots représentés par les images.

DÉFI ÉCRITURE

LA SUPER PHRASE

8 **Écris** une phrase avec le plus de mots possible contenant un double *s* !

Exemple : *Anissa dessine un poussin.*

JE M'ENTRAINE

PARCOURS 3

Date ....

IDENTIFIER LES PHONÈMES

1 **Recopie** les mots dans la bonne colonne :

une phrase • mais • une fraise • dehors
ma sœur • mon fils • une mésange • une caresse
des lutins • une bêtise • une bassine • très

Son (s) de « souris »	**Son (z) de « rose »**	**S muet (s)**
....	....	....
....	....	....
....	....	....
....	....	....

2 **Barre** l'intrus dans chaque liste.

une falaise	une fraise	de la vaisselle	un malaise
dévisser	défroisser	repasser	défriser
cuisine	piscine	ascenseur	discipline
grise	gros	chemise	saison

JE M'ENTRAINE

PARCOURS 3

Date ....

MAITRISER L'UTILISATION DU *S* ET DU *SS*

3 **Trace** le chemin en coloriant les mots contenant un double *s*.

→ maitresse	vaisselle	casquette	rossignol	poussière
ficelle	visser	dessus	mousson	assistant
serviette	chasuble	salissure	poissonnier	classique
vestige	toujours	surprise	asticot	assurer →

4 **Complète** chaque phrase avec le mot qui convient.

Je mange sur ma table (*basse/base*) ________________ .

Tu pars chez nos (*coussins/cousins*) ________________ .

Avant de s'évanouir, Blanche-Neige a mangé une pomme (*empoisonnée/empoissonnée*) ________________ .

La voiture a eu un accident : elle a quitté la route et elle a fini dans le (*fossé/fosé*) ________________ .

COMPLÉTER AVEC UNE GRAPHIE CORRECTE

5 **Complète** avec *s* ou *ss*.

- une permi ___ ion
- le tenni ___
- épou ___ er
- un me ___ age
- un éla ___ tique
- un e ___ calier
- une crevai ___ on
- une falai ___ e
- re ___ ter
- amu ___ ant
- la pou ___ ière
- le be ___ oin
- une surpri ___ e
- une ___ orcière
- délai ___ er

ENCODER DES MOTS

6 **Complète** la grille de mots croisés.

HORIZONTAL

① Permet de nettoyer la poussière.

② Habit que l'on met pour se déguiser.

③ Petit gâteau.

VERTICAL

④ Trace de vie sur une pierre.

⑤ Personne qui cuisine des gâteaux.

⑥ Petit fruit rouge.

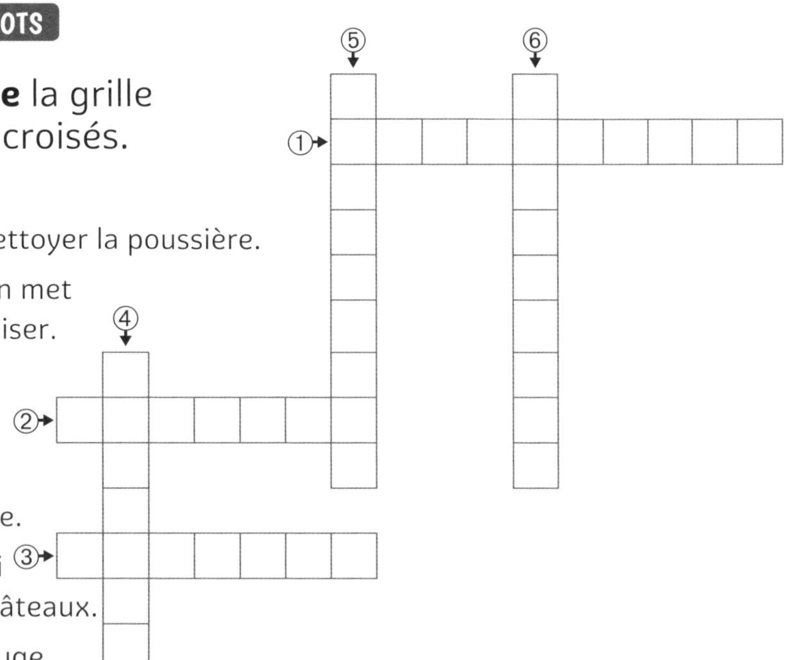

7 **Écris** les mots en remettant les lettres dans l'ordre.

p i s n o s o → ______________

r s n i a i → ______________

c m h i e e s → ______________

b s n o s i o → ______________

DÉFI ÉCRITURE

LE DÉFI DES S

8 **Écris** cinq phrases avec le plus de mots possible contenant un double *s*.

Exemple : *La sorcière essuie la poussière sur les assiettes.*

ÉVALUATION 1

Prénom ....

Date ....

Compétences évaluées : Les valeurs de la lettre s	Exercices	A+	A	PA	NA
Identifier les valeurs de la lettre *s*.	1				
Utiliser le dédoublement du *s* entre deux voyelles.	2, 3				
Encoder correctement la valeur de la lettre *s*.	4				

1 Classe dans le tableau les mots suivants :

un souvenir • un ruse • un message • un muscle • mars • une bêtise • un cuisinier • une mission • une usine • un buisson • du sable • baisser

J'entends (s)		J'entends (z)
Je vois s	**Je vois ss**	
....	....	....
....	....	....
....	....	....
....	....	....

2 Colorie le mot qui convient dans chaque phrase.

Mon [cousin] / [coussin] habite à Orléans.

Mon chien dort sur un [cousin] / [coussin] vert.

L'éclair au chocolat est mon [désert] / [dessert] préféré.

Dans le [désert] / [dessert] , il fait très chaud.

3 Complète avec s ou ss pour faire le son (s).

• le re ___ te • une pa ___ oire • une val ___ e • un a ___ ticot • a ___ ez

• un our ___ in • un pou ___ in • rama ___ er • un ___ erpent • du ___ ucre

4 Écris les mots représentés par les images.

______________________ ______________________ ______________________ ______________________

ÉVALUATION 2

Prénom ....

Date ....

Compétences évaluées : Les valeurs de la lettre s	Exercices	A+	A	PA	NA
Identifier les valeurs de la lettre *s*.	1				
Utiliser le dédoublement du *s* entre deux voyelles.	2, 3				
Encoder correctement la valeur de la lettre *s*.	4				

1 Classe dans le tableau les mots suivants. Attention aux intrus !

une brebis • une laisse • détester • un ours • des fruits • un message
rusé • un pâtissier • la course • cuisiner • artisan • soulager
désagréable • grossier • un intrus • une cuisse

J'entends (s)		J'entends (z)	S muet
Je vois s	Je vois ss		
....	....	....	....
....	....	....	....
....	....	....	....
....	....	....	....
....	....	....	....

2 Complète avec s ou ss.

- un ba ___ in
- con ___ truire
- des vi ___
- pou ___ er
- vi ___ iter
- la conjugai ___ on
- immen ___ e
- un croi ___ ant
- des sal ___ ifis
- une pi ___ cine
- la mou ___ on
- un bi ___ cuit
- une joueu ___ e
- des e ___ pèces
- une danseu ___ e
- un mou ___ quetaire

3 Complète ces phrases avec le mot qui convient.

La sorcière prépare un (*poison/poisson*) ______________ mortel.

Mon papa et moi avons péché un gros (*poison/poisson*) ______________ .

Au restaurant, tu prends toujours un (*désert/dessert*) ______________ .

Je vois un mirage dans le (*désert/dessert*) ______________ .

4 Écris les mots représentés par les images.

____

____

____

____

____

4 LES VALEURS DE LA LETTRE *C*

Compétences travaillées (programmes modifiés 2018)

- **Identifier des mots de manière de plus en plus aisée**
  – Savoir discriminer de manière auditive et savoir analyser les constituants des mots (conscience phonologique).
  – Savoir discriminer de manière visuelle et connaitre le nom des lettres ainsi que le son qu'elles produisent.
  – Établir les correspondances graphophonologiques ; combinatoire (produire des syllabes simples et complexes).
  – Mémoriser les composantes du code.

FICHE ENSEIGNANT

Comme pour les autres chapitres, les élèves vont être amenés à identifier la place du *c* et son environnement pour identifier le son qu'elle produit.

<table>
<tr><td>Point notionnel</td><td colspan="2">La lettre c n'a pas la même valeur sonore selon la position qu'elle occupe dans le mot et les autres lettres auxquelles elle est associée.

– La lettre c fait le son [k] quand elle est suivie des voyelles a, o et u et de n'importe quelle consonne.
Ex. : camion, classe, courrier.
Pour qu'elle fasse le son [k] avec les autres voyelles, il faut ajouter la lettre u. Ex. : cueillir.

– La lettre c fait le son [s] quand elle est suivie des voyelles e, i et y.
Ex. : cerise, citron, cygne.
Pour qu'elle fasse le son [s] avec les voyelles a, o et u, il faut ajouter une cédille. Ex. : un garçon.

– Souvent, la lettre c associée au h fait le son [ʃ] .
Ex. : chat, alchimie.
Dans certains cas, ce graphème peut aussi faire le son [k] . Ex. : une chorale.

– En fin de mot, elle peut :
• faire le son [k] . Ex. : parc, avec.
• être muette. Ex. : banc, blanc.</td></tr>
<tr><td rowspan="3">Différenciation</td><td>Parcours 1</td><td>• Identifier un phonème (grâce à une aide visuelle).
• Identifier la valeur sonore de la lettre.
• Compléter avec la graphie correcte.</td></tr>
<tr><td>Parcours 2</td><td>• Identifier un phonème sans aide.
• Classer des mots selon la valeur sonore de la lettre.
• Compléter avec la graphie correcte.</td></tr>
<tr><td>Parcours 3</td><td>• Identifier la graphie correcte.
• Classer des mots selon la valeur sonore de la lettre.
• Écrire des mots avec la graphie correcte.</td></tr>
<tr><td>Erreurs rencontrées</td><td colspan="2">• Oubli de la cédille pour faire le son [s] devant a, o, u.
• Confusion auditive du son [ʃ] et [k].</td></tr>
<tr><td>Remédiation</td><td colspan="2">• Faire oraliser les mots écrits en reprenant les valeurs des lettres et la règle de prononciation.
• Associer le graphème au phonème.
• Utiliser des gammes de lecture pour l'entrainement (cf. maisquefaitlamaitresse.com).</td></tr>
</table>

LEÇON

LES VALEURS DE LA LETTRE C

La lettre *c* se prononce différemment selon les lettres qui la suivent.

➤ **On la prononce (k) :**
- devant les voyelles *a*, *o*, *u*. Ex. : *une* ***ca****nne, un* ***co****chon, une* ***cu****re.*
- devant les consonnes. Ex. : *un* ***cra****be, des* ***cro****quettes, des* ***cla****quettes.*

⚠ Pour que la lettre *c* se prononce (k) devant *e* et *i*, il faut ajouter un *u*.
Ex. : ***cue****illir.*

➤ **On la prononce (s) :**
- devant les voyelles *e*, *i*, *y*. Ex. : *une* ***ce****rise, la* ***ci****me, un* ***cy****gne.*

⚠ Pour que la lettre *c* se prononce (s) devant *a* et *o*, il faut ajouter une cédille.
Ex. : *un gar****ço****n, un gla****ço****n, une fa****ça****de.*

➤ **On la prononce (ch) :**
- quand elle est suivie d'un *h*. Ex. : *un* ***ch****at, un* ***ch****ien, une é****ch****arpe.*

⚠ Parfois, on entend le son (k). Ex. : Chloé, une chorale.

➤ **En fin de mot :**
- elle se prononce souvent (k). Ex. : *un par****c****, un pi****c****, ave****c****.*
- ... mais elle est parfois muette. Ex. : *blan****c****, un tron****c****, du taba****c****.*

LEÇON ILLUSTRÉE

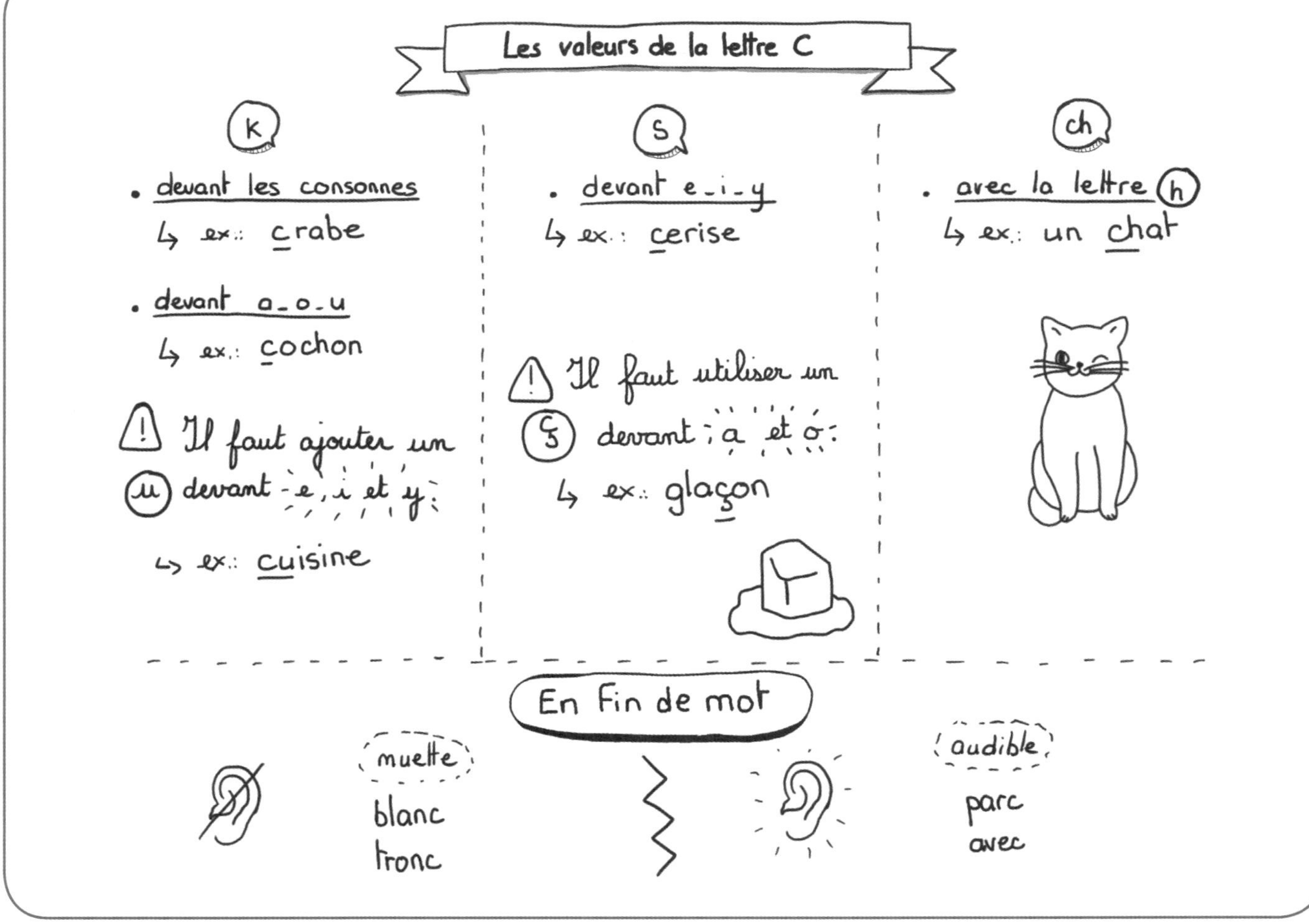

JE ME TESTE ①

Prénom ....
Date ....

IDENTIFIER LES PHONÈMES

1 **Recopie** les mots dans la bonne colonne :

un garçon • une cage • une glace • un cygne • un cactus
une grimace • un clou • un cartable

Son (k) de « canard »	Son (s) de « cible »
	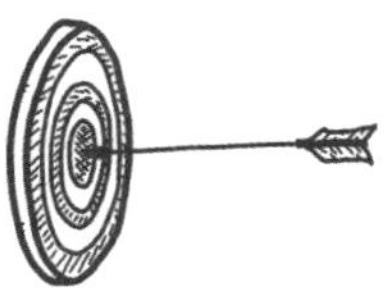
....	....

ENCODER DES MOTS

2 **Complète** avec *c* ou *ç*.

- un ___ ochon
- un arti ___ le
- un pou ___ e
- un ___ ygne
- un ___ arré
- une le ___ on
- une fa ___ ade
- un re ___ u
- le ___ iel

3 **Complète** avec *c* ou *ch*.

- un ___ at
- une é ___ ole
- un ___ emin
- dou ___ e
- ___ armant
- ___ auve
- du ___ ocolat
- ___ alme
- un pla ___ ard

4 **Écris** le mot sous chaque image. Aide-toi des syllabes (tu peux barrer celles que tu as utilisées).

val | ri | be | cu | ci | se | tron | che | ce

_______________ _______________ _______________ _______________

JE ME TESTE 2

Prénom ....
Date ....

IDENTIFIER LES PHONÈMES

1 **Recopie** les mots dans la bonne colonne :

un chameau • une grimace • une chorale • du café • du cirage • une cheminée
une hélice • courageux • un château • comme • la cuisine
une façon • une chenille • la bouche • un cerf

Son (k) de « canard »	**Son (s) de « cible »**	**Son (ch) de « chat »**
	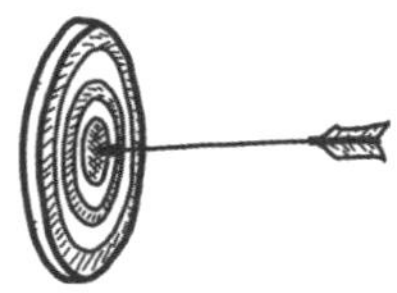	
....	....	....
....	....	....
....	....	....
....	....	....
....	....	....

ENCODER DES MOTS

2 **Complète** avec *c*, *ç*, *ch*.

- o ___ tobre
- la pla ___ e
- blan ___ e
- un cau ___ emar
- une ___ ouette
- des ___ iseaux
- un ___ oquillage
- une plan ___ e
- une pelu ___ e
- une su ___ ette
- une ___ asquette
- un ___ evalier
- fa ___ onner
- multi ___ olore
- en ___ ore
- ___ anter
- l'o ___ éan
- un cale ___ on

3 **Écris** les mots représentés par les images.

JE M'ENTRAINE

Date ....

IDENTIFIER LES PHONÈMES

1 **Relie** chaque mot au son que tu entends.

police	j'entends (k) comme dans « canard »
écouter	j'entends (s) comme dans « cible »
classe	
citron	
déçu	
colle	

2 **Entoure** les mots où tu vois *ch*.

- un chameau • du chocolat • une avalanche
- un clapier • une place • un chapeau
- un chignon • un haricot • le théâtre
- marcher • le chien • blanche
- un crabe • une corne • un avocat
- français • un hérisson • une horloge

JE M'ENTRAINE

Date ....

MAITRISER L'UTILISATION DU *C* ET DU *Ç*

3 **Entoure** les lettres qui font le son (s) dans chaque mot et **souligne** les lettres avant et après.

Exemple : (c)*erise*.

- garçon • leçon • déçu • glace
- décembre • balançoire • citron • cygne
- hameçon • policier • pièce • lacer

4 **Colorie** l'étiquette qui convient pour chaque image.

	glacon	glaçon
	balancoire	balançoire
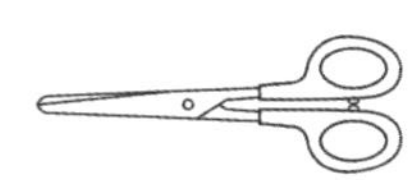	ciseaux	çiseaux
	calecon	caleçon

COMPLÉTER AVEC UNE GRAPHIE CORRECTE

5 **Complète** avec *c* ou ç pour obtenir le son (s) comme dans « cible ».

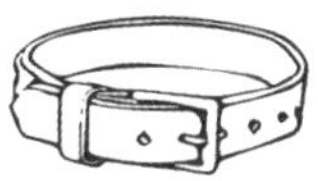
une ___ einture

50
___ inquante

un gar ___ on

le drapeau fran ___ ais

un ___ ygne

IDENTIFIER LES PHONÈMES

6 **Recopie** les mots dans la bonne colonne.

rinçage • champion • crudité • camion • pinçon
sucre • choisir • tracer • cheveu

Son (k) de « canard »	Son (c) de « cible »	Son (ch) de « chat »
....	....	....
....	....	....
....	....	....

7 **Écris** le mot sous chaque image. Aide-toi des syllabes (tu peux barrer celles que tu as utilisées).

car li su te che
cette ce mous ta ma

____

____

____

____

DÉFI ÉCRITURE

DES MOTS, UNE PHRASE

8 **Écris** deux phrases contenant les mots proposés :

classe • balançoire → ....
....

chevalier • leçon → ....
....

IDENTIFIER LES PHONÈMES

1 Recopie les mots dans la bonne colonne.

école • cigogne • course • cacao • cerf
cuivre • cinéma • façonner

Son (k) de « canard »	Son (c) de « cible »
....	....
....	....
....	....
....	....

2 Barre l'intrus dans chaque liste.

silence	voici	oncle	souci
chemin	marcheur	méchant	cent
content	cinq	hamac	abricot
chanteur	orchestre	machine	écharpe

MAITRISER L'UTILISATION DU C ET DU Ç

3 Colorie les étiquettes selon le code couleur.

Je vois c	Je vois ç
violet	vert

maçon	cerisier	merci
cédille	voici	glacière
parce que	balance	poinçon
hameçon	façade	certain

4 Colorie le mot qui convient dans chaque phrase.

Le dauphin nage dans l'[oçéan] / [océan] .

Ce crabe a deux grosses [pinces] / [pinçes] .

Les [maçons] / [macons] construisent notre maison.

J'[apercois] / [aperçois] un arc-en-ciel.

PARCOURS 2

JE M'ENTRAINE

Date ....

IDENTIFIER UNE GRAPHIE CORRECTE

5 **Complète** avec *c* ou ç pour obtenir le son (s) comme dans « cible ».

- une ran ____ on
- rin ____ er
- de la sau ____ e
- min ____ e
- inaper ____ u
- un gla ____ age
- ____ inq
- un tron ____ on
- une ger ____ ure

ENCODER DES MOTS

6 **Complète** la grille de mots croisés.

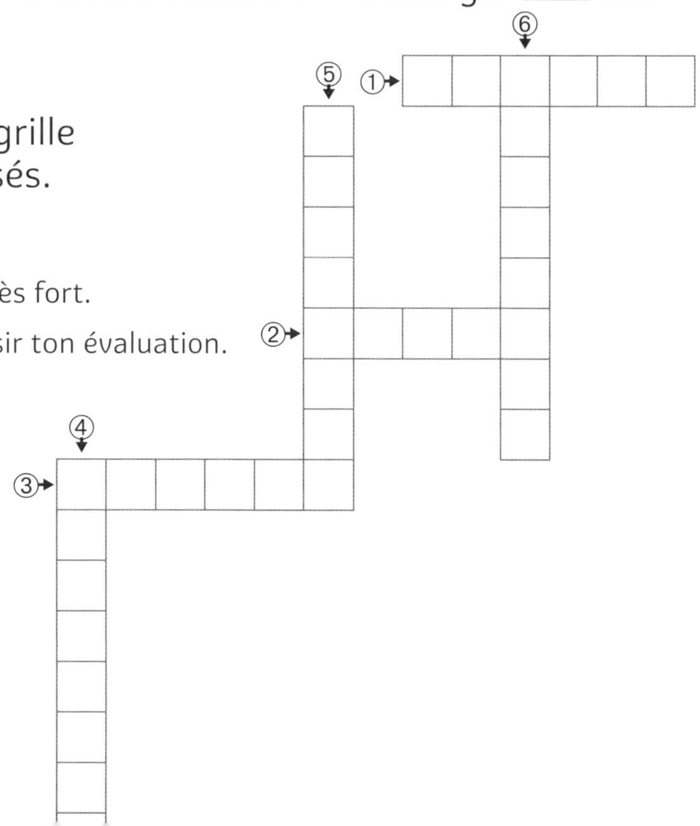

HORIZONTAL

① Plante qui pique très fort.

② À revoir pour réussir ton évaluation.

③ Agrume jaune.

VERTICAL

④ L'arc-en-ciel en possède sept.

⑤ Animal qui change de couleurs.

⑥ Si tu y mets une buche, elle chauffe la pièce.

PARCOURS 2

JE M'ENTRAINE

Date ....

7 **Écris** les mots représentés par les images.

____

____

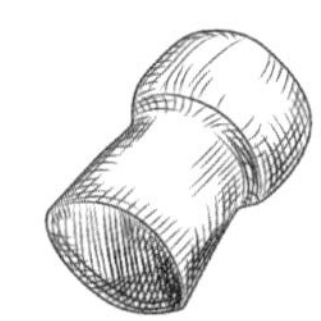
____

____

DÉFI ÉCRITURE

LES DEVINETTES

8 **Invente** une devinette pour faire deviner des mots contenant la lettre *c*.

Exemple : *Animal qui a des ailes et vit la nuit. Le jour, il dort la tête en bas (Réponse : la chauve-souris).*

JE M'ENTRAINE

Date ....

IDENTIFIER LES PHONÈMES

1 Recopie les mots dans la bonne colonne.

clavier • blanc • aperçu • chagrin • chalet • cuisine
tronçon • tronc • saucisse • cible • docteur
flanc • chorale • acheteur • estomac • pistache

Son (k) de « canard »	Son (s) de « cible »	Son (ch) de « chat »	c muet (c barré)
....	....	....	....
....	....	....	....
....	....	....	....
....	....	....	....

2 Barre l'intrus dans chaque liste.

chasuble	artichaut	écrou	écharpe
coque	pharmacie	cerise	façonner
château	haricot	chouette	bucheron
récréation	écureuil	handicap	astuce

JE M'ENTRAINE

Date ....

MAITRISER L'UTILISATION DU *C* ET DU *Ç*

3 Trace le chemin en coloriant les mots qui font le son (s).

creuser	cheminée	cassis	niçois	crayonner	curieux
couleur	morceau	rançon	récit	musicien	cylindre
→ grimace	cernes	octobre	action	acrobatie	rinçage →

4 Complète chaque phrase avec le mot qui convient.

Je prépare un (*glaçage/glacage*) ______________ pour le gâteau.

Il a (*aperçu/apercu*) ______________ un écureuil dans la forêt.

Joanne et Julien fêtent joyeusement leurs (*fiancailles/fiançailles*) ______________ .

Léon est (*déçu/décu*) ______________ d'avoir perdu.

COMPLÉTER AVEC UNE GRAPHIE CORRECTE

5 **Complète** avec *c*, *cu*, *ç* ou *ch*.

- a ___ ide
- aga ___ ant
- une bu ___ e
- un soup ___ on
- des ___ atons
- une ___ igogne
- le ___ auffage
- vergla ___ er
- une ___ isinière
- un ___ alcul
- ___ eillir
- les vacan ___ es

ENCODER DES MOTS

6 **Complète** la grille de mots croisés.

HORIZONTAL
① Crustacé doté de pinces.
② Homme né en France.
③ Mois pendant lequel on fête Noël.

VERTICAL
④ Pièce de la maison dans laquelle on dort.
⑤ Reptile carnivore qui a une grande mâchoire.
⑥ Meuble à tiroirs pour les vêtements.

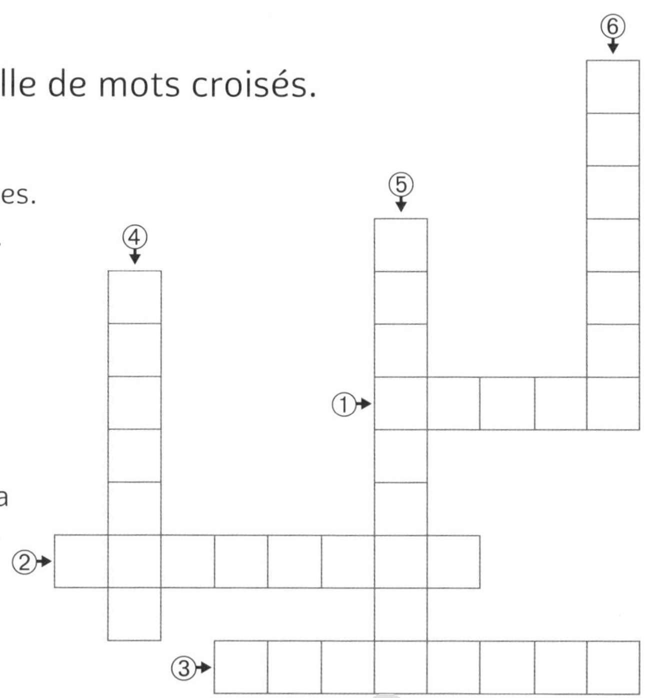

PARCOURS 3 JE M'ENTRAINE Date ....

7 **Écris** les mots en remettant les lettres dans l'ordre.

é l o c e → ______
c o l a c o h t → ______
c t r a b a l e → ______
c i a p h n g o m n → ______
c n é i a m → ______

DÉFI ÉCRITURE

LE DÉFI DES C

8 **Écris** une phrase avec uniquement des mots qui contiennent la lettre *c*.

Exemple : *Ce chat réclame cinq caresses.*

ÉVALUATION 1

Prénom ....

Date ....

Compétences évaluées : Les valeurs de la lettre c	Exercices	A+	A	PA	NA
Identifier les valeurs de la lettre *c*.	1				
Encoder correctement la valeur de la lettre *c*.	2, 3, 4				

1 Classe dans le tableau les mots suivants :

un colibri • une limace • un sachet • un cigare • un balcon • un miracle
rafraichir • un coffre • l'espace • un garçon • le chalet • acheter

Son (k) de « canard »	**Son (s) de « cible »**	**Son (ch) de « chat »**
	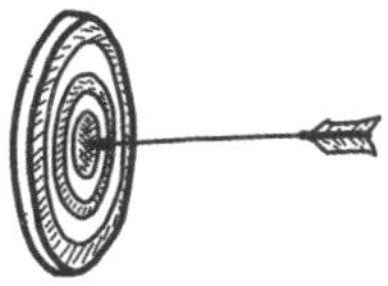	
....	....	....
....	....	....
....	....	....
....	....	....

2 Complète avec *c* ou *ç*.

- mon ___ ousin
- effa ___ able
- un be ___
- la ___ apitale
- le pou ___ e
- une mena ___ e
- fran ___ ais
- le ___ inéma
- nous tra ___ ons
- dé ___ orer
- la fa ___ ade
- la ___ afetière

3 Complète avec *c* ou *ch*.

- une ___ arte
- un ___ âteau
- un ___ lown
- la dou ___ e
- un ___ aton
- éplu ___ er
- un ___ offre
- les ___ eveux
- un ___ ygne
- une ma ___ ine
- la ___ aleur
- é ___ rire

4 Écris les mots représentés par les images.

___________ ___________ ___________ ___________

ÉVALUATION 2

Prénom ....

Date ....

Compétences évaluées : Les valeurs de la lettre c	Exercices	A+	A	PA	NA
Identifier les valeurs de la lettre *c*.	1				
Encoder correctement la valeur de la lettre *c*.	2, 3, 4				

1 Classe dans le tableau les mots suivants. Attention aux pièges !

un cintre • arracher • un chœur • franc • le chimiste • un centenaire
l'accueil • technique • un pinçon • ceinturer • des cristaux • la marcheuse
ancienne • des achats • un accordéon • blanc

Son (k) de « canard »	Son (s) de « cible »	Son (ch) de « chat »	c muet (c)
....	....	....	....
....	....	....	....
....	....	....	....
....	....	....	....
....	....	....	....

2 Complète avec *c*, *ç* ou *ch*.

- une re ___ ette
- une ___ lôture
- un ___ audron
- nous avan ___ ons
- enfon ___ er
- mali ___ ieux
- pro ___ ain
- une é ___ elle
- un ___ aniveau
- une per ___ euse
- i ___ i
- la le ___ ture
- une fa ___ on
- l'ar ___ éologie
- un spe ___ tacle
- un in ___ endie

3 Complète ce texte avec des mots de la famille de *balancer*.

Nous adorons aller au parc pour faire de la ____________________ . Nous nous ____________________ le plus haut possible. Après quelques minutes, il faut laisser la place à Zoé qui attend. À son tour, elle se ____________________ enfin !

4 Écris les mots représentés par les images.

____

____

____

____

5 LA LETTRE *M* DEVANT *M, B, P*

Compétences travaillées (programmes modifiés 2018)

- **Passer de l'oral à l'écrit**
  – Connaitre la composition de certains graphèmes selon la lettre qui suit (*an/am*, *en/em*, *on/om*, *in/im*).

FICHE ENSEIGNANT

En CP, les élèves ont rencontré des mots dont le graphème change en fonction de la lettre qui suit (par exemple, *am* au lieu de *an* dans *champion*, en raison de la présence de la lettre *p*). En cours élémentaire, cette régularité orthographique est travaillée de manière plus systématique afin d'être mémorisée.

Point notionnel	En français, **lorsque l'on veut écrire [ɑ̃], [ɛ̃] et [ɔ̃] devant un *m*, un *b* ou un *p***, on écrit : – *am* ou *em* pour [ɑ̃]. Ex. : fr**am**boise, **em**preinte... – *im* (ou *ym*) pour [ɛ̃]. Ex. : **im**prévu, s**ym**bole... – *om* pour [ɔ̃]. Ex. : c**om**pter... La présence du *m* s'explique par l'étymologie latine. Ex. : *plom**b*** vient de *plumbum*, *cam**p*** de *campus*... **Seule exception**, le mot ***bonbon*** n'ayant pas cette origine latine, échappe à cette règle. Le ***m*** permet parfois de distinguer **certains homophones lexicaux (et leurs dérivés)**. Ex. : *nom* est l'homophone de *non*, *comte* (*comtesse*) de *conte* et de *compte*, et *comté* de *conté* et *compté*.	
Différenciation	**Parcours 1**	• Les différents graphèmes sont introduits un par un. • Les mots employés dans les exercices sont fréquents. • L'élève doit compléter des mots. • L'élève doit écrire des mots à partir d'images.
	Parcours 2	• Les différents graphèmes sont à distinguer les uns des autres. • Les mots employés dans les exercices sont assez fréquents. • L'élève doit compléter des phrases. • L'élève doit écrire des phrases à partir d'images.
	Parcours 3	• Les différents graphèmes sont à distinguer les uns des autres. • Les mots employés dans les exercices sont moins fréquents. • L'élève doit compléter des phrases. • L'élève doit écrire des phrases à partir d'images.
Erreurs rencontrées	• Oubli de prise en compte de la présence d'un *m*, *b* ou *p* après le *m*. Ex. : *anbulance* pour *ambulance*. • Difficulté pour l'élève à calligraphier correctement le jambage du *m* pour le distinguer du *n*.	
Remédiation	• Inviter régulièrement les élèves à observer ces régularités lorsqu'on les rencontre dans les écrits de la classe. • Élaborer des listes de référence (cf. en annexe à la fin du fichier et dans la version numérique), selon un classement réalisé avec les élèves. Les conserver pour affichage, afin que les élèves s'y réfèrent autant que nécessaire. • Faire mémoriser l'orthographe des mots les plus fréquents, en proposer des dictées régulières. • Proposer d'avoir recours au dictionnaire pour vérifier les mots moins fréquents.	

LEÇON

LA LETTRE *M* DEVANT *M, B, P*

En général, les sons (an), (in) et (on) s'écrivent avec un *n* :

– (an) s'écrit *an* ou *en*. Ex. : ***an**ge, v**en**t*.

– (in) s'écrit *in*. Ex. : *lap**in**, r**in**cer*.

– (on) s'écrit *on*. Ex. : *citr**on**, **on**cle*.

Devant les lettres *m*, *b* ou *p*, ces sons s'écrivent avec un *m* :

– (an) s'écrit *am*. Ex. : *j**am**bon, **am**poule...*
em. Ex. : ***em**mêler, sept**em**bre, ex**em**ple...*

– (in) s'écrit *im*. Ex. : ***im**manquable, t**im**bre, **im**primeur...*

– (on) s'écrit *om*. Ex. : ***om**bre, p**om**pier...*

⚠ **Une exception** :
Le mot ***bonbon*** s'écrit avec un *n*.

LEÇON ILLUSTRÉE

JE ME TESTE 1

Prénom ....

Date ....

RECONNAITRE LES SONS [ɑ̃] ET [ɔ̃] DEVANT *M, B, P*

1 Entoure uniquement les mots dans lesquels le son (an) s'écrit *am*.

la chanson — un champion — le manche — flamber

sa chambre — une chance — une balance

2 Entoure uniquement les mots dans lesquels le son (on) s'écrit *om*.

sombre — contre — l'ombre — un combat

le nombre — raconter — compter — la honte

ÉCRIRE LES SONS [ɑ̃], [ɛ̃] ET [ɔ̃] DEVANT *M, B, P*

3 Complète ces mots avec *in* ou *im* pour écrire le son (in) comme dans *lapin*.

- gr ____ per
- un lut ____
- une t ____ bale
- ____ possible
- ____ terdit
- ____ bécile
- des pat ____ s
- du l ____ ge

4 Complète ces mots avec *en* ou *em* pour écrire le son (an) comme dans *vent*.

- ens ____ ble
- mon v ____ tre
- le t ____ ps
- ____ mener
- une t ____ te
- nov ____ bre
- une lég ____ de
- un d ____ tiste

5 Complète les phrases avec des mots en *am*, *im* ou *om*.

(a)

(b)

(c)

(a) Le petit garçon fait un puzzle dans sa ______________________.

(b) Il lèche le ______________________ avant de le coller.

(c) Le camion de ______________________ arrive à toute allure.

JE ME TESTE 2

Prénom ....

Date ....

RECONNAITRE LES SONS [ɑ̃], [ɛ̃] ET [ɔ̃] DEVANT *M, B, P*

1 **Entoure** uniquement les mots où le son (an) s'écrit *em*.

un membre — entre — emmener — prendre

l'empire — la concentration — emballer

2 **Entoure** uniquement les mots où le son (in) s'écrit *im*.

des timbres — un cintre — impatient — impossible

mince — l'intégration — impoli

ÉCRIRE LES SONS [ɑ̃], [ɛ̃] ET [ɔ̃] DEVANT *M, B, P*

3 **Complète** ces mots avec *on* ou *om* pour écrire le son (on) comme dans *citron*.

- une m ____ tre
- il se tr ____ pe
- un c ____ pas
- des m ____ stres
- s ____ bre
- des pige ____ s
- une r ____ de
- une col ____ be

4 **Complète** ces mots avec *an* ou *am* pour écrire le son (an) comme dans *maman*.

- une j ____ be
- une l ____ ce
- l' ____ poule
- un p ____ talon
- ma t ____ te
- la l ____ pe
- un g ____ t
- le c ____ ping

5 **Complète** les phrases avec des mots en *em*, *im* ou *om*.

(a)

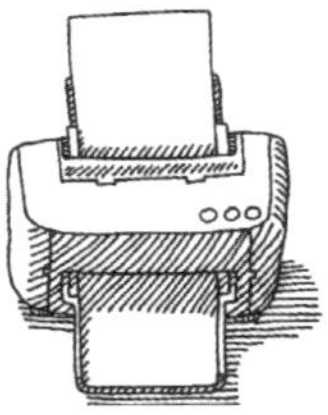

(b)

(c)

(a) Après l'hiver, c'est le ______________________.

(b) La feuille sort tout juste de l' ______________________.

(c) Il fait des ______________________ chinoises avec ses mains.

JE M'ENTRAINE Date ....

RECONNAITRE LES SONS [ɑ̃], [ɛ̃] ET [ɔ̃] DEVANT *M, B, P*

① **Colorie** uniquement les étiquettes dans lesquelles le son (an) s'écrit *am* ou *em*.

un toucan	le temps	une crampe
le champ	une dent	l'emploi

② **Colorie** uniquement les étiquettes dans lesquelles le son (in) s'écrit *im*.

un timbre	le lin	impossible
un lapin	simple	le chemin

③ **Barre** l'intrus dans chaque liste.

le pompier	mon oncle	la pompe	la compote
la tempête	novembre	le présent	trembler
un chant	un champion	une lampe	un campeur

JE M'ENTRAINE Date ....

ÉCRIRE LES SONS [ɑ̃], [ɛ̃] ET [ɔ̃] DEVANT *M, B, P*

④ **Relie** ces syllabes entre elles pour former des mots corrects.

	bulance
an	tenne
am	poule
	tilope

⑤ **Complète** ces mots avec *n* ou *m*.

- une o ___ bre
- un si ___ ge
- un ti ___ bre
- le fro ___ t
- une cha ___ son
- un la ___ pion
- une ti ___ bale
- un jardi ___

JE M'ENTRAINE

Date ....

LA LETTRE *M* DEVANT *M, B, P* 1 2 **3** 4

6 **Écris** les mots représentés par les images.
Ils contiennent tous la lettre *m* devant *m*, *b* ou *p* !

une ______________

un ______________

un ______________

un ______________

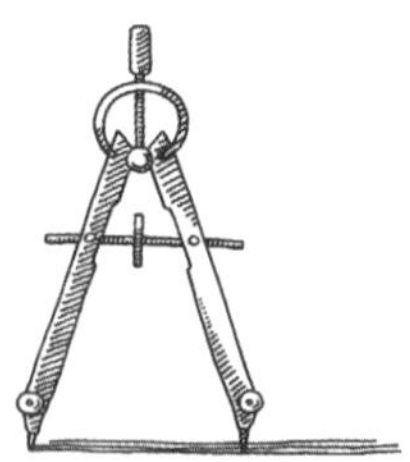

un ______________

une ______________

JE M'ENTRAINE

Date ....

LA LETTRE *M* DEVANT *M, B, P* 1 2 3 **4**

7 **Retrouve** les mots suivants contenus dans cette grille.

COMPOTE • EXEMPLE • AMPOULE • CAMPER • JAMBON

E	X	E	M	P	L	E	Z	C
X	J	A	M	B	O	N	R	A
W	C	O	M	P	O	T	E	M
Q	I	U	D	Z	T	Y	O	P
A	M	P	O	U	L	E	S	E
V	F	Z	B	S	N	J	S	R

DÉFI ÉCRITURE

DES MOTS, UNE PHRASE

8 **Invente** trois phrases contenant les mots proposés :

camion • *pompier* → ....

....

tambour • *violon* → ....

....

chambre • *ranger* → ....

....

PARCOURS 2 — JE M'ENTRAINE

Date ....

RECONNAITRE LES SONS [ɑ̃], [ɛ̃] ET [ɔ̃] DEVANT *M, B, P*

1 **Colorie** uniquement les étiquettes dans lesquelles la lettre *m* est devant un *m*, un *b* ou un *p*.

conseil	ambiance	imprimeur
décembre	mes parents	compter

2 **Classe** dans le tableau les mots coloriés de l'exercice 1.

Son (in) de « lapin »	Son (on) de « citron »	Son (an) de « vent »
....	....	....
....	....	....

3 **Barre** l'intrus dans chaque liste.

sombre	tomber	la longueur	bombarder
impeccable	impoli	une pintade	simplifier
longtemps	septembre	embêté	lente

PARCOURS 2 — JE M'ENTRAINE

Date ....

ÉCRIRE LES SONS [ɑ̃], [ɛ̃] ET [ɔ̃] DEVANT *M, B, P*

4 **Relie** ces syllabes entre elles pour former des mots corrects.

	ragé
en	pereur
	ballé
em	ceinte
	mener

5 **Complète** les mots de ces phrases avec *n* ou *m*.

Le serpe ___ t à sonnettes ra ___ pe sur le sable.

Cette po ___ pe à chaleur chauffe le grand bassi ___ .

Ces chi ___ panzés vivent dans des arbres géa ___ ts.

Le pauvre petit élépha ___ t tre ___ ble de peur.

Les e ___ fants ramassent des cha ___ pignons.

6 **Écris** une phrase pour chaque image. Tous les mots représentés contiennent la lettre *m* devant *m*, *b* ou *p* !

a

b

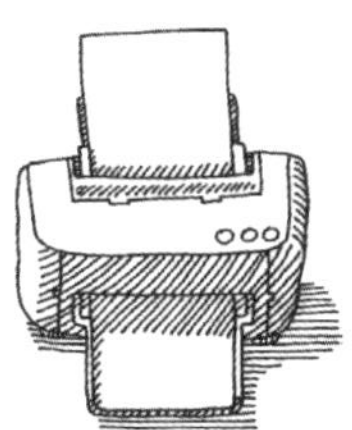
c

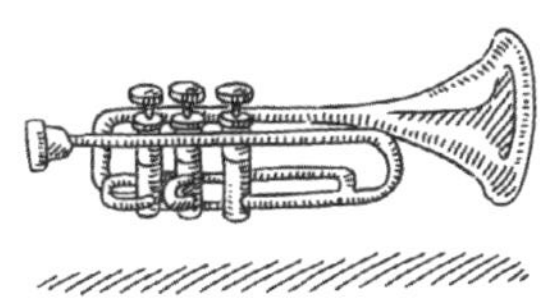
d

a ....

b ....

c ....

d ....

7 **Retrouve** les mots suivants contenus dans cette grille.

NOMBRE • TEMPÊTE • CHAMBRE • IMPORTANT
TIMBRE • EXEMPLE • CHAMP

T	F	N	O	M	B	R	E	U
I	M	P	O	R	T	A	N	T
M	N	B	V	C	X	W	O	M
B	S	D	F	C	H	A	M	P
R	E	X	E	M	P	L	E	L
E	Z	C	H	A	M	B	R	E
R	T	E	M	P	Ê	T	E	T

DÉFI ÉCRITURE

DES MOTS, UNE PHRASE

8 **Invente** trois phrases contenant les mots proposés :

concert • *complet* → ....

ressemblent • *enfants* → ....

tombé • *pansement* → ....

JE M'ENTRAINE

Date ....

RECONNAITRE LES SONS [ɑ̃], [ɛ̃] ET [ɔ̃] DEVANT *M, B, P*

1 **Colorie** uniquement les étiquettes dans lesquelles la lettre *m* est devant un *m*, un *b* ou un *p*.

des glands	embrasser	berlingot
nombreux	les impôts	foncer

2 **Classe** dans le tableau les mots coloriés de l'exercice 1.

Son (in) de « lapin »	Son (on) de « citron »	Son (an) de « vent »
....	....	....
....	....	....

3 **Barre** l'intrus dans chaque liste.

un membre	la dentition	un empire	emmêler
compter	une ombrelle	la colombe	un cornichon
interdit	impair	pimpant	imprudent

JE M'ENTRAINE

Date ....

ÉCRIRE LES SONS [ɑ̃], [ɛ̃] ET [ɔ̃] DEVANT *M, B, P*

4 **Relie** ces syllabes entre elles pour former des mots corrects.

in	mangeable
im	croyable
	bécile
	grédient
	précis

5 **Complète** les mots de ces phrases avec *n* ou *m*.

Au printe ___ ps, le ve ___ t souffle dans ce cha ___ p.

Elles vont ca ___ per à l'o ___ bre des sapi ___ s.

Avec sa tro ___ pette, il va nous percer les ty ___ pans !

Jean pre ___ d sa retraite, son fils repre ___ d le fla ___ beau.

Le trito ___ se classe parmi les a ___ phibiens.

JE M'ENTRAINE

PARCOURS 3

Date ....

LA LETTRE *M* DEVANT *M, B, P* 1 2 **3** 4

6 **Écris** une phrase pour chaque image. Tous les mots représentés contiennent la lettre *m* devant *m, b* ou *p* !

ⓐ

ⓑ

ⓒ

ⓓ

ⓐ

ⓑ

ⓒ

ⓓ

JE M'ENTRAINE

PARCOURS 3

Date ....

LA LETTRE *M* DEVANT *M, B, P* 1 2 3 **4**

7 **Retrouve** les mots suivants contenus dans cette grille.

AMPLE • TEMPE • REMBARDE • FLAMBER
SYMBOLE • TREMPER • EMPRUNT

E	P	F	S	M	L	O	I	U
M	A	L	Y	Z	E	R	T	Y
P	Q	A	M	P	L	E	C	T
R	E	M	B	A	R	D	E	E
U	S	B	O	X	W	L	K	M
N	D	E	L	F	G	H	J	P
T	T	R	E	M	P	E	R	E

DÉFI ÉCRITURE

DES MOTS, UNE PHRASE

8 **Invente** deux phrases contenant les mots proposés :

emmitouflé • *novembre* • *flocons* → ....

....

....

embrasser • *champion* • *félicitations* → ....

....

....

ÉVALUATION 1

Prénom ....

Date ....

Compétences évaluées : La lettre *m* devant *m, b, p*	Exercices	A+	A	PA	NA
Reconnaitre les sons [ɑ̃], [ɛ̃] et [ɔ̃] devant *m, b, p.*	1, 2				
Écrire les sons [ɑ̃], [ɛ̃] et [ɔ̃] devant *m, b, p.*	3, 4				

1 **Entoure** les mots dans lesquels le son (on) s'écrit *om*.

sombre	une raison	nombreux
la honte	une colombe	un bond

2 **Barre** l'intrus dans chaque liste.

une crampe	un timbre	la menthe
un champ	simple	le temps
un pélican	imprimer	un employé
une ampoule	un dindon	septembre

3 **Complète** ces mots avec la graphie qui convient.

on ou ***om***	***an*** ou ***am***	***in*** ou ***im***
une b ___ be	le ch ___ t	le chem ___
mon ___ cle	les ch ___ pions	une t ___ bale
une ___ bre	une ___ bulance	___ possible

4 **Écris** une phrase pour chaque image.

a

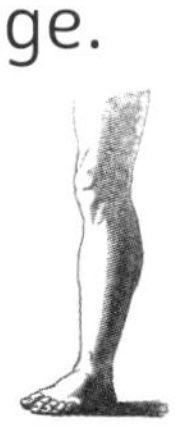

b

c

a

b

c

ÉVALUATION 2

Prénom ....

Date ....

Compétences évaluées : La lettre *m* devant *m, b, p*	Exercices	A+	A	PA	NA
Reconnaitre les sons [ɑ̃], [ɛ̃] et [ɔ̃] devant *m, b, p.*	1, 2				
Écrire les sons [ɑ̃], [ɛ̃] et [ɔ̃] devant *m, b, p.*	3, 4				

1 **Entoure** les mots dans lesquels le son (an) s'écrit *am* ou *em*.

remplacer	la tempête	le vent
une absence	le championnat	les vacances

2 **Barre** l'intrus dans chaque liste.

des ambassadeurs	du concombre	intelligent
une flambée	la rencontre	imperméable
tamponner	un dompteur	immanquable
l'ancre	une ombrelle	simplifier

3 **Complète** les mots avec la graphie qui convient.

en ou ***em***	***in*** ou ***im***	***on*** ou ***om***
____ prunter	____ terdire	les n ____ bres
la viol ____ ce	____ portant	une t ____ bola
le print ____ ps	les ____ pôts	les ____ gles

4 **Écris** une phrase pour chaque image.

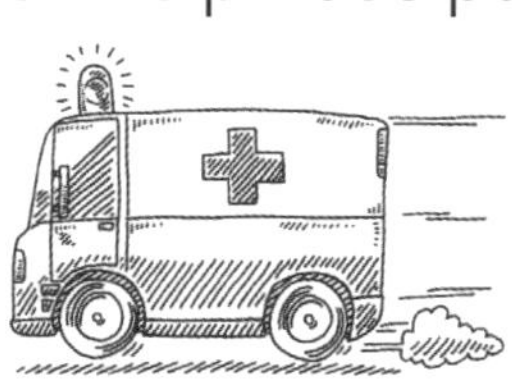
(a)

(b)

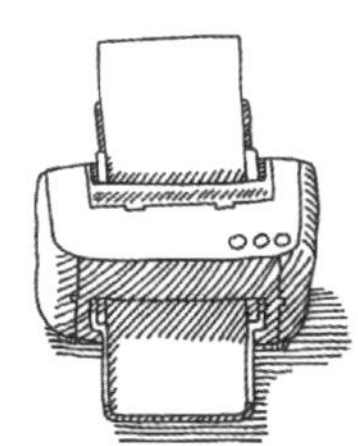
(c)

(a)

(b)

(c)

6 LES MOTS EN *-AIL, -EIL, -EUIL, -OUIL*

Compétences travaillées (programmes modifiés 2018)
- **Passer de l'oral à l'écrit**
  – Connaitre les correspondances graphophonologiques.
- **S'initier à l'orthographe lexicale**
  – Mémoriser l'orthographe du lexique le plus couramment employé.

FICHE ENSEIGNANT

Les graphèmes *-ail*, *-eil*, *-euil*, *-ouil* sont considérés comme complexes. Ils ont été découverts en CP, mais leur reconnaissance est à consolider en CE1 et en CE2. L'orthographe des mots fréquents contenant ces graphèmes doit être mémorisée.

Point notionnel	**Sont masculins :** – **Les noms en *-ail*.** Ex. : *le travail, le gouvernail, le chandail, un éventail.* – **Les noms en *-eil*.** Ex. : *un orteil, le soleil, un appareil, un conseil, le sommeil, le vermeil.* – **Les noms en *-euil*.** Ex. : *le fauteuil, un écureuil, le seuil, le bouvreuil, le chevreuil.* – **Les noms en *-ueil*.** Ex. : *un accueil, un cercueil, un écueil, un orgueil, le recueil.* **Sont féminins :** – **Les noms en *-aille*.** Ex. : *la médaille, la taille, la ferraille, la maille, la volaille.* Exceptions : le nom *braille*, issu d'un nom propre, et certains noms composés comme *carton-paille* et *hache-paille* sont masculins. – **Les noms en *-eille*.** Ex. : *la corbeille, une abeille, la bouteille, une oreille.* Exceptions : certains noms composés comme *ouvre-bouteille* sont masculins. – **Le seul nom féminin en *-euille* est *feuille*.** Les noms les plus courants formés à partir du nom *feuille* sont masculins. Ex. : *le chèvrefeuille, le millefeuille, le portefeuille.*	
Différenciation	**Parcours 1**	• L'élève doit distinguer le genre des noms. • L'élève doit compléter des mots. • L'élève doit écrire des mots à partir d'images.
	Parcours 2	• L'élève doit distinguer le genre des noms. • L'élève doit compléter des phrases. • L'élève doit écrire des phrases à partir d'images.
	Parcours 3	• L'élève doit distinguer les noms des verbes conjugués. • L'élève doit compléter des phrases. • L'élève doit écrire des phrases à partir d'images.
Erreurs rencontrées	• Confusion entre les graphies des sons [ɛj] et [œj] qui sont proches. Ex. : *un écureil* au lieu d'*un écureuil*. • Confusion entre le verbe conjugué au présent et le nom masculin. Ex. : *le recueil*, donc *il recueil* au lieu de *il recueille*.	
Remédiation	• Inviter régulièrement les élèves à observer que les noms masculins s'écrivent avec un seul *l* et ceux au féminin avec deux *l*. • Élaborer des listes de référence (cf. en annexe à la fin du fichier et dans la version numérique), selon un classement réalisé avec les élèves. Les conserver pour affichage, afin que les élèves s'y réfèrent autant que nécessaire. • Faire mémoriser l'orthographe des mots les plus fréquents, en proposer des dictées régulières. • Proposer d'avoir recours au dictionnaire pour vérifier les mots moins fréquents.	

LEÇON

LES MOTS EN *-AIL, -EIL, -EUIL, -OUIL*

- **Les noms masculins** qui se terminent par les sons (ail), (eil), (euil), (ouil) s'écrivent *-ail, -eil, -euil, -ouil.*
  Ex. : *le portail, un réveil, un écureuil, le fenouil.*

- **Les noms féminins** qui se terminent par les sons (ail), (eil), (euil), (ouil) s'écrivent *-aille, -eille, -euille, -ouille.*
  Ex. : *une paille, une abeille, une feuille, une grenouille.*

⚠ **Ne pas confondre** certains verbes conjugués au présent avec des noms masculins contenant les sons (ail), (eil), (euil), (ouil).

Noms masculins	Verbes conjugués au présent
le réveil	*je me réveille*
un travail	*elle travaille*
l'accueil	*il accueille*

LEÇON ILLUSTRÉE

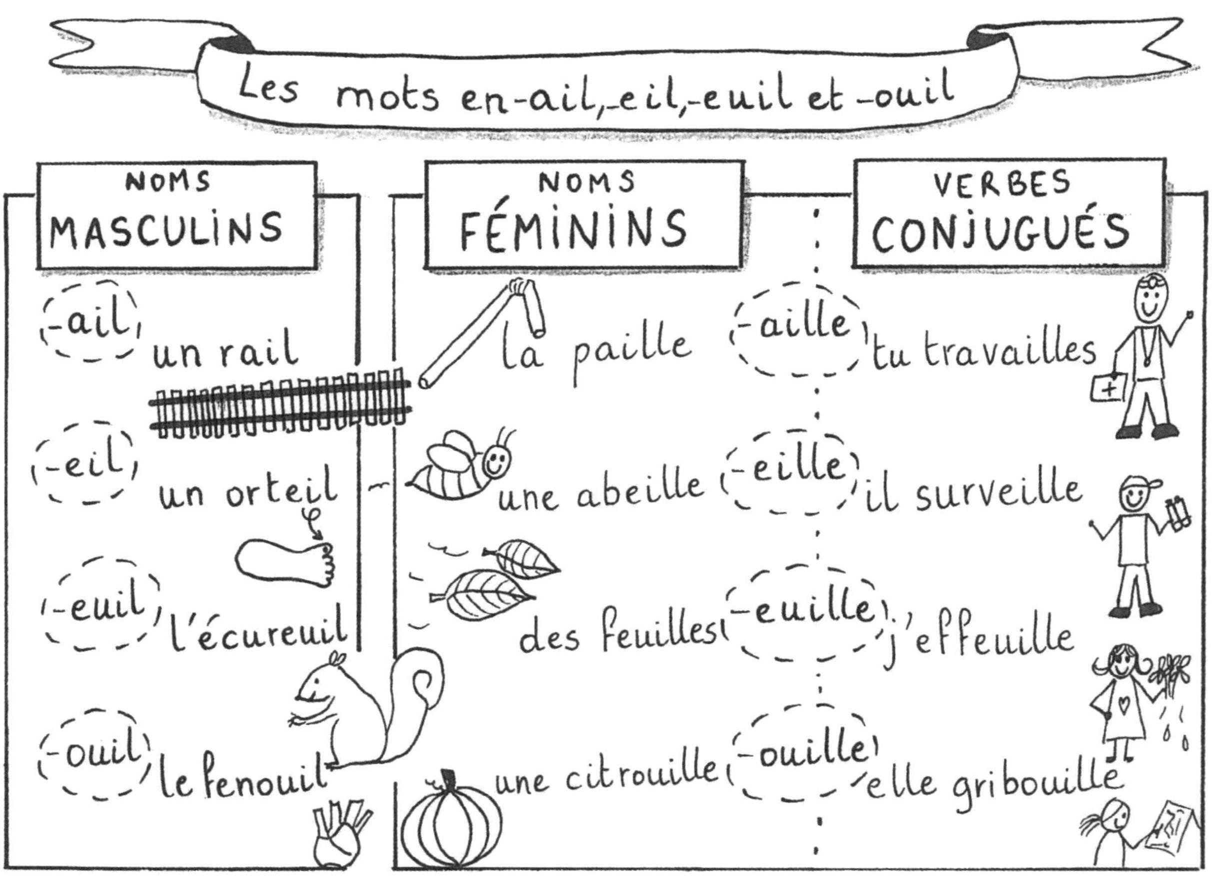

JE ME TESTE 1

Prénom ....

Date ....

RECONNAITRE LES MOTS CONTENANT *-AIL, -EIL, -EUIL, -OUIL*

1 **Entoure** les mots dans lesquels tu entends (ill).

le soleil	un gilet	il braille	ailleurs
un ballon	la débrouille	le travail	

2 **Barre** l'intrus dans chaque liste.

l'œil	l'orgueil	un écureuil	un fil
la pelle	une oreille	la veille	une abeille
une nouille	elle démoule	il mâchouille	des chatouilles

RECONNAITRE LE GENRE DES MOTS EN *-AIL, -EIL, -EUIL, -OUIL*

3 **Colorie** uniquement les noms au masculin.

un appareil	une grenouille	le fauteuil	la corbeille	du corail

4 **Colorie** uniquement les noms au féminin.

la marmaille	une vieille	la trouille	le seuil	un rail

ÉCRIRE DES MOTS EN *-AIL, -EIL, -EUIL, -OUIL*

5 **Complète** les mots de ces phrases avec la terminaison qui convient :

-ail • *-eil* • *-euil*

Le petit Simon attend sa maman à l'accu ________ !

Dans cette forêt, j'ai aperçu un chevr ________ .

La princesse secoue son évent ________ .

6 **Complète** les mots de ces phrases avec la terminaison qui convient :

-aille • *-eille* • *-euille* • *-ouille*

Cette jolie f ________ d'automne est rouge, orange et marron.

Ma copine fait presque la même t ________ que moi.

J'ai vu une patr ________ de police autour du marché de Noël.

Il a ouvert une bout ________ de jus de pomme.

JE ME TESTE ②

Prénom ....

Date ....

RECONNAITRE LES MOTS CONTENANT *-AIL, -EIL, -EUIL, -OUIL*

1 **Entoure** les mots dans lesquels tu entends (ill).

un conseil   un village   des vieillards   médical

le meilleur   il mouille   des bretelles

2 **Barre** l'intrus dans chaque liste.

elle travaille	il baille	elle installe	une bataille
le miel	vieil	le réveil	des orteils
le fenouil	elle gratouille	des nouilles	l'huile

RECONNAITRE LE GENRE DES MOTS EN *-AIL, -EIL, -EUIL, -OUIL*

3 **Colorie** uniquement les noms au masculin.

je cafouille | le seuil | la grisaille | l'ail | un bouvreuil

4 **Colorie** uniquement les noms au féminin.

la veille | des léchouilles | elle écrabouille | une volaille | le treuil

5 **Colorie** uniquement les verbes conjugués.

de l'oseille | il recueille | la gargouille | elle surveille | je bafouille

ÉCRIRE DES MOTS EN *-AIL, -EIL, -EUIL, -OUIL*

6 **Complète** les mots de ces phrases avec la terminaison qui convient :

-ail • *-euil* • *-eil* • *-aille* • *-eille* • *-ouille*

Une automobile et une voiture, c'est par ____________ !

Je déteste quand mon frère f ____________ dans mes affaires !

On confond souvent la corn ____________ et le corbeau.

Ce vitr ____________ du Moyen Âge a été restauré avec soin.

Maman a inscrit ma sœur à l'év ____________ musical.

Je me cham ____________ souvent avec mon petit frère.

JE M'ENTRAINE Date ....

RECONNAITRE LE SON [J] QUAND IL S'ÉCRIT AVEC *IL* OU *ILL*

① **Entoure** uniquement les mots dans lesquels tu entends (ill).

la bille	ailleurs	une lettre
meilleur	des libellules	de l'ail
la trouille	elle	des poules

RECONNAITRE LES SONS [ɛJ], [AJ] ET [UJ] ÉCRITS AVEC *IL* OU *ILL*

② **Barre** l'intrus dans chaque liste.

la poubelle	une oreille	la corbeille	la bouteille
la taille	glaciale	une muraille	la pagaille
un conseil	le sommeil	l'éveil	le ciel
des nouilles	une grenouille	un moule	la rouille

JE M'ENTRAINE Date ....

RECONNAITRE LE GENRE DES MOTS EN *-AIL, -EIL, -EUIL, -OUIL*

③ **Colorie** les étiquettes selon le code couleur.

NOM MASCULIN	NOM FÉMININ
bleu	jaune

un rail · le fenouil · la bataille

une feuille · la volaille · le travail

④ **Relie** chaque déterminant au nom qui convient.

le · la

gouvernail · pagaille · groseille · recueil

JE M'ENTRAINE Date ....

PARCOURS 1

LES MOTS EN -AIL, -EIL, -EUIL, -OUIL 1 2 **3** 4

ÉCRIRE DES MOTS EN -AIL, -EIL, -EUIL, -OUIL

5 **Complète** les mots de ces phrases avec la terminaison qui convient : *-ail*, *-eil* ou *-euil*.

Elle lui donne un cons ______ .

J'admire un vitr ______ de cette église.

Mon père a vu un chevr ______ dans les bois.

Ma sœur branche un appar ______ électrique.

6 **Complète** les mots de ces phrases avec la terminaison qui convient : *-aille*, *-eille*, *-euille* ou *-ouille*.

Elle prend un fruit dans la corb ______ .

Au Moyen Âge, on a construit cette mur ______ .

Mon oncle cuisine une ratat ______ .

Je prends une f ______ de papier.

JE M'ENTRAINE Date ....

PARCOURS 1

LES MOTS EN -AIL, -EIL, -EUIL, -OUIL 1 2 3 **4**

7 **Écris** les mots représentés par les images. Ils contiennent tous *il*.

un ______

un ______

un ______

un ______

une ______

une ______

DÉFI ÉCRITURE

LA PHRASE QUI RIME

8 **Complète** ces phrases pour qu'elles riment comme dans l'exemple.

Exemple : *Le sol**eil** me rév**eille**.*

La grenouille se ______ .

Le chevreuil mange des ______ .

PARCOURS 2

JE M'ENTRAINE

Date ....

RECONNAITRE LE SON [J] QUAND IL S'ÉCRIT AVEC *IL* OU *ILL*

① **Entoure** uniquement les mots dans lesquels tu entends (ill).

travailler	une ficelle	un régal
la semoule	la ville	le seuil
le bétail	veiller	la balle

RECONNAITRE LES SONS [ɛJ], [AJ] ET [UJ] ÉCRITS AVEC *IL* OU *ILL*

② **Barre** l'intrus dans chaque liste. Il ne contient pas le son (ill).

accueillir	un cercueil	un œil	seul
la sonnette	un vieillard	pareil	le soleil
du corail	j'étale	la paille	ailleurs
une citrouille	il roule	la bouille	il verrouille

PARCOURS 2

JE M'ENTRAINE

Date ....

RECONNAITRE LE GENRE DES MOTS EN -*AIL*, -*EIL*, -*EUIL*, -*OUIL*

③ **Classe** dans le tableau les noms suivants :

de l'ail • *le sommeil* • *une oreille* • *la trouille*
le cerfeuil • *une caille*

NOM MASCULIN	NOM FÉMININ
....	....
....	....
....	....

④ **Complète** ces phrases avec le déterminant qui convient : *le* ou *la*.

_____ bouvreuil est un petit oiseau.

En été, elle prépare de _____ ratatouille.

Nous aimons _____ travail bien fait.

_____ veille de Noël, j'aime cuisiner en famille.

Il a laissé un colis sur _____ seuil de la porte.

ÉCRIRE DES MOTS EN -*AIL*, -*EIL*, -*EUIL*, -*OUIL*

5 **Complète** les mots de ces phrases avec la terminaison qui convient : -*ail*, -*eil* ou -*euil*.

Elle se protège du sol ______ avec un parasol.

Ma mère rentre tard car elle a du trav ______ .

Je me suis cogné l'ort ______ dans le pied de la table.

L'écur ______ roux fait des réserves pour l'hiver.

6 **Complète** les mots de ces phrases avec la terminaison qui convient : -*aille*, -*eille*, -*euille* ou -*ouille*.

Cette ab __________ a du pollen sur ses pattes.

Mon petit cousin grib __________ sur le mur.

Cet homme a perdu son portef __________ .

Il pleut, j'en ai assez de la gris __________ !

7 **Écris** une phrase pour chaque image.
Les mots représentés contiennent tous *il*.

a b c d

a ______________________________

b ______________________________

c ______________________________

d ______________________________

DÉFI ÉCRITURE — **LA PHRASE QUI RIME**

8 **Complète** ces phrases pour qu'elles riment.

Ces groseilles sont __________________ .

Sur la muraille, __________________ .

PARCOURS 3

JE M'ENTRAINE

Date ....

LES MOTS EN *-AIL, -EIL, -EUIL, -OUIL* **1** 2 3 4

RECONNAITRE LE SON [J] QUAND IL S'ÉCRIT AVEC *IL* OU *ILL*

1 **Entoure** uniquement les mots dans lesquels tu entends (ill).

pareille	mille	la marmaille
du lilas	des gratouilles	une pile
une vieille	les bretelles	la bouilloire

RECONNAITRE LES SONS [ɛJ], [AJ] ET [UJ] ÉCRITS AVEC *IL* OU *ILL*

2 **Barre** l'intrus dans chaque liste.

recueillir	du miel	orgueilleux	une corneille

du bétail	la grisaille	jovial	elle mitraille

le seuil	un treuil	un écueil	l'éveil

une ampoule	une brouille	elle cafouille	mouiller

PARCOURS 3

JE M'ENTRAINE

Date ....

LES MOTS EN *-AIL, -EIL, -EUIL, -OUIL* 1 **2** 3 4

IDENTIFIER LA NATURE DES MOTS EN *-AIL, -EIL, -EUIL, -OUIL*

3 **Classe** dans le tableau les mots suivants :

des patrouilles • *elle sommeille* • *les fauteuils* • *les corneilles* *des pailles* • *je surveille* • *des cercueils* • *les rails* • *il taille*

NOM MASCULIN	NOM FÉMININ	VERBE CONJUGUÉ
....	....	....
....	....	....
....	....	....

4 **Complète** ces phrases avec le déterminant ou le pronom qui convient.

_____ veille attentivement sur sa petite sœur.

Pendant _____ bataille, les armées s'affrontent.

Le champion a reçu _____ médaille d'or.

_____ se débrouille assez bien tout seul.

Mon frère rit car Papa lui fait _____ chatouilles.

ÉCRIRE DES MOTS EN *-AIL, -EIL, -EUIL, -OUIL*

5 **Complète** les mots de ce texte avec la terminaison qui convient : *-ail*, *-euil*, *-aille*, *-eille*, *-euille* ,*-ouil* ou *-ouille*. Attention aux accords !

Dans son potager, ma tante Mir ________ fait pousser de l'os ______ et du cerf ______ : elle en fait des soupes délicieuses. Elle cultive aussi de l' _____ et du fen _____ qui sent un peu l'anis. Au fond du jardin, des énormes citr ________ prennent une belle couleur orangée. Parfois, ma tante me tend une corb ________ pour que je ramasse quelques gros ____________ .

6 **Écris** les noms correspondant aux verbes suivants.

Travailler → le ________________

Réveiller → un ________________

Conseiller → un ________________

Accueillir → l' ________________

7 **Écris** une phrase pour chaque image.
Tous les mots représentés contiennent *il* !

a

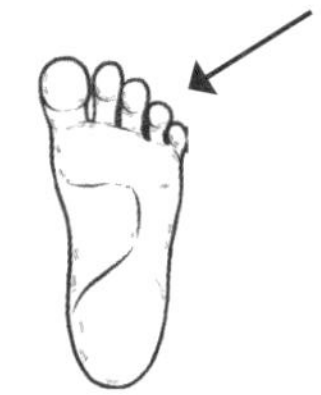
b

c

d

a

b

c

d

DÉFI ÉCRITURE

LA PHRASE QUI RIME

8 **Complète** ces phrases pour qu'elles riment.

L'épouvantail ....

Cette bouteille ....

ÉVALUATION 1

Prénom ....

Date ....

Compétences évaluées : Les mots en *-ail, -eil, -euil, -ouil*	Exercices	A+	A	PA	NA
Reconnaitre le son [j] quand il s'écrit avec *il* ou *ill*.	1				
Reconnaitre le genre des mots en *-ail, -eil, -euil, -ouil*.	2				
Écrire des mots en *-ail, -eil, -euil, -ouil*.	3, 4				

1 **Barre** l'intrus dans chaque liste. Il ne contient pas le son (ill).

un seuil l'accueil un écureuil une bulle	une malle la taille l'ail une bataille	une oreille une hirondelle pareille conseiller

2 **Classe** dans le tableau les noms suivants :

un conseil • la feuille • une paille • une corbeille • du travail • le sommeil

NOM MASCULIN	NOM FÉMININ
....	....
....	....
....	....

3 **Complète** ces mots avec les terminaisons qui conviennent.

-ail, -eil, -euil	*-aille, -eille, -ouille*
le faut ______ en cuir	une méd ______ d'or
un récif de cor ______	une gren ______ verte
un petit ort ______	une bout ______ en verre

4 **Écris** les mots représentés par les images.

____

____

____

ÉVALUATION 2

Prénom ....

Date ....

Compétences évaluées : Les mots en *-ail, -eil, -euil, -ouil*	Exercices	A+	A	PA	NA
Reconnaitre le son [j] quand il s'écrit avec *il* ou *ill*.	1				
Reconnaitre le genre des mots en *-ail, -eil, -euil, -ouil*.	2				
Écrire des mots en *-ail, -eil, -euil, -ouil*.	3, 4				

1 Barre l'intrus dans chaque liste. Il ne contient pas le son (ill).

pareil une ville le soleil un appareil	un éventail le gouvernail le vitrail mille	le recueil un chevreuil seul du cerfeuil

2 Classe dans le tableau les mots suivants :

elle travaille • des épouvantails • je veille • la pagaille • un treuil • les corneilles

NOM MASCULIN	NOM FÉMININ	VERBE CONJUGUÉ
....	....	....
....	....	....

3 Complète ces mots avec les terminaisons qui conviennent :

-ail • -aille • -eil • -eille • -ouil • -ouille

La maitresse surv ______ la cour.

Cette mur ______ entoure la ville.

Le vampire sort de son cercu ______ .

Son oncle est éleveur de bét ______ .

Mon petit frère a un somm ______ léger.

Mon chien réclame sa grat ______ .

4 Écris les mots représentés par les images.

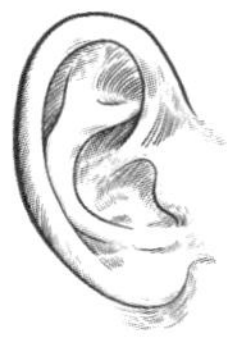

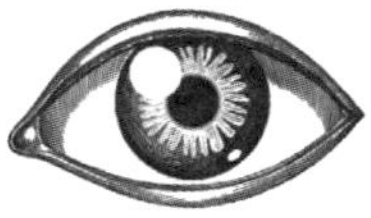

______________________ ______________________ ______________________

7 LES ACCENTS É, È, Ê

Compétences travaillées (programmes modifiés 2018)

- **Passer de l'oral à l'écrit**
  – Connaitre les correspondances graphophonologiques.

FICHE ENSEIGNANT

Ce chapitre traite des accents et de leur rôle dans l'écriture des sons [e] et [ɛ], ainsi que de leur présence dans les mots invariables sur d'autres lettres que le e. Les élèves ont à repérer la présence du signe dans les mots, puis progressivement, au fil des parcours, associer signe et nom (aigu, grave, circonflexe). Le tréma est présenté en parcours 3, mais la mémorisation de son nom n'est pas un attendu. Pour l'utilisation de l'accent circonflexe sur le *i* et le *u*, se référer à l'orthographe recommandée. La prise en compte de l'erreur reste à l'appréciation de l'enseignant.

<table>
<tr><td>Point notionnel</td><td colspan="2">Dans la langue française, on ajoute des signes auxiliaires pour modifier la prononciation de certaines voyelles ou apporter d'autres informations. Ce sont les accents, le tréma et la cédille.
On compte trois sortes d'accents :
– L'accent aigu, présent uniquement sur le e, permet d'indiquer le phonème [e] (timbre fermé). Ex. : une année, un bébé...
– L'accent grave se place sur les voyelles a, e, u.
Sur le e, il permet d'indiquer le phonème [ɛ] (timbre ouvert). Ex. : la mère, une sorcière...
Pour d'autres mots, il permet de distinguer des homophones et n'influe pas sur la prononciation. Ex. : la/là, où/ou...
Il est aussi présent sur des mots invariables. Ex. : déjà, voilà...
– L'accent circonflexe est présent sur les voyelles a, e, i, o, u, dans le but d'indiquer une prononciation plus longue, mais aussi en raison de son étymologie pour remplacer une voyelle ou un s qui a disparu depuis. Ex. : un hôpital, le gâteau...
Comme pour l'accent grave, il permet de distinguer des homophones. Ex. : sûr/sur, dû/du, tâche/tache...
Enfin, on le rencontre aussi en conjugaison pour distinguer l'imparfait du subjonctif du passé simple. Ex. : qu'il eût/il eut.
⚠ Dans les mots à consonnes doubles, malgré la prononciation en [ɛ], il ne faut placer aucun accent ! Ex. : une fillette, une pelle...</td></tr>
<tr><td rowspan="3">Différenciation</td><td>Parcours 1</td><td>• Repérer les différents accents. Identifier le phonème selon son accent.
• Utiliser les accents pour transcrire le phonème [e] ou le phonème [ɛ].
• Les accents ne concernent que la lettre e.</td></tr>
<tr><td>Parcours 2</td><td>• Classer des mots selon leur accent. Identifier le phonème selon son accent.
• Utiliser les accents pour transcrire le phonème [e] ou [ɛ].
• Les accents ne concernent que la lettre e.</td></tr>
<tr><td>Parcours 3</td><td>• Nommer les accents : aigu, grave, circonflexe.
• Identifier le phonème selon son accent. Utiliser les accents.
• Les accents concernent les lettres a, e, i, o, u (prise en compte de l'orthographe lexicale dans des mots connus, cf. la liste de référence pour le lexique au cycle 2).</td></tr>
<tr><td>Erreurs rencontrées</td><td colspan="2">• Oubli de prise en compte de la présence d'une consonne double et ajout d'un accent inutile (Ex. : fillètte au lieu de fillette).
• Confusion entre les accents due à une mauvaise prononciation (Ex. : prés au lieu de près).
• Ajout d'un accent inutile pour obtenir la bonne prononciation (Ex. : lés pour les).</td></tr>
<tr><td>Remédiation</td><td colspan="2">• Passer par l'oralisation avant la transcription écrite. Mobiliser l'appareil phonatoire pour faire ressentir les différences de prononciation.
• Associer l'écriture des accents à des mots repères et autres moyens mnémotechniques.
Ex. : fée = accent aigu comme la voix de la fée ; sorcière = accent grave comme celle de la sorcière.
• Recourir aux outils usuels de la classe (liste de mots, dictionnaire, affichage). Accompagner les élèves dans leur utilisation, les aider à s'y repérer, prendre les indices nécessaires.</td></tr>
</table>

LEÇON

LES ACCENTS *É, È, Ê*

On peut mettre des accents sur **les voyelles *a, e, i, o, u*.**

- Il existe trois sortes d'accents :

AIGU	GRAVE	CIRCONFLEXE
´	`	^

- Les accents modifient la prononciation des voyelles.

  – **Le son** (é) s'écrit ***é***. Ex. : *un b**é**b**é**.*

  – **Le son** (è) s'écrit **è** ou **ê**. Ex. : *le p**è**re, la for**ê**t.*

  – On trouve aussi l'accent grave ou circonflexe dans d'autres mots.
  Ex. : ***à***, *o**ù***, *h**ô**pital*, *g**â**teau.*

⚠ **Attention,** on ne met pas d'accent sur le *e* lorsqu'il est placé devant deux consonnes ou une consonne finale.
Ex. : *une fillette, un escalier*.

LEÇON ILLUSTRÉE

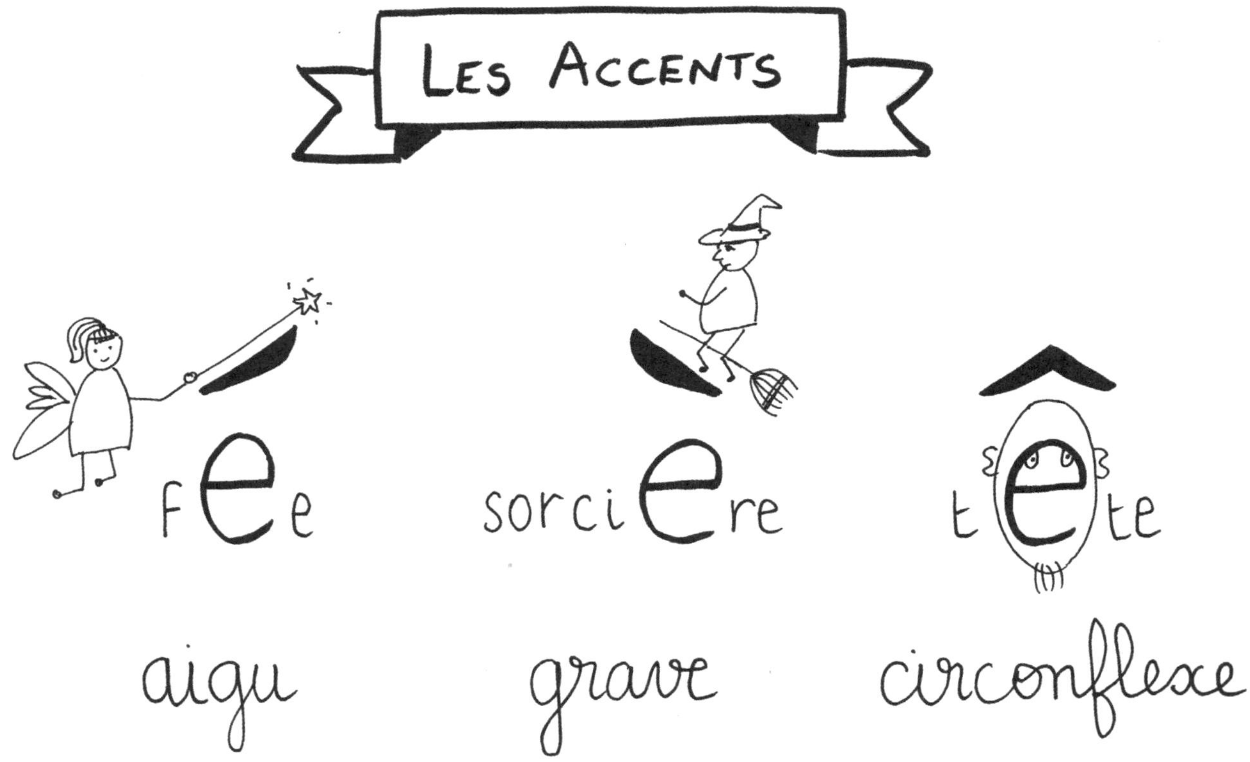

JE ME TESTE 1

Prénom ....

Date ....

REPÉRER LES DIFFÉRENTS ACCENTS

1 **Colorie** uniquement les étiquettes contenant un mot avec accent.

une pelle	la fête	mon frère
un écolier	un bec	un escargot

IDENTIFIER LE PHONÈME SELON L'ACCENT

2 **Relie** chaque mot au son produit par la lettre *e* accentuée.

un bébé		une guêpe
la tête	Son é de « fée »	une année
une flèche	Son è de « sorcière »	le passé
un légume		sa mère

UTILISER LES ACCENTS POUR TRANSCRIRE LE PHONÈME [E] OU [ɛ]

3 **Complète** les mots en ajoutant des accents aigus (´) ou graves (`).

- une regle
- un elephant
- la colere
- ton velo
- le debut
- un zebre
- le leopard
- un cafe

4 **Complète** ces phrases en ajoutant les accents manquants.

Sa fete a ete un enorme succes.

Dans la matinee, elle s'est baladee en foret.

JE ME TESTE 2

Prénom ....

Date ....

NOMMER LES ACCENTS : AIGU, GRAVE, CIRCONFLEXE

1 **Colorie** en bleu les étiquettes contenant un mot avec un accent aigu, en jaune celles contenant un mot avec un accent grave.

dès que	bouclé	bête
hériter	crêpe	vipère
galette	guépard	piège

IDENTIFIER LE PHONÈME SELON L'ACCENT

2 **Relie** chaque mot au son produit par la lettre *e* accentuée.

un pêcheur		cette opération
du métal	Son é	l'appétit
la rivière	Son è	des lèvres
étourdi		enquêter

UTILISER LES ACCENTS

3 **Complète** les mots en ajoutant les accents aigus, graves ou circonflexes.

- un eleve
- bientot
- le telephone
- legere
- le desert
- du the
- un hopital
- une poele
- deja
- preter
- un gateau
- les etoiles

4 **Réécris** ces phrases en ajoutant les accents manquants.

L'enqueteur a resolu ce mysterieux probleme.

Le zebre epuise s'arrete pres de la riviere.

PARCOURS 1

JE M'ENTRAINE

Date ....

REPÉRER LES DIFFÉRENTS ACCENTS

1 **Colorie** uniquement les étiquettes contenant un mot avec accent.

treize	un panier	des jouets
l'été	une dictée	violet
la mer	être	la fenêtre

2 **Entoure** les accents contenus dans chaque mot.

la grêle démêler

une bêtise une étoile

écrire débuter

la scène fidèle

PARCOURS 1

JE M'ENTRAINE

Date ....

IDENTIFIER LE PHONÈME SELON L'ACCENT

3 **Barre** l'intrus dans chaque liste.

un éléphant	un léopard	un héron	un aigle
une baignoire	la fenêtre	la bête	une arête
une vipère	un remède	un balai	une rivière

4 **Relie** chaque mot au son produit par la lettre *e*.

- un r**ê**ve
- la pâtissi**è**re
- une araign**é**e
- des panth**è**res
- son v**ê**tement
- nos cl**é**s

- Son (é) de « fée »
- Son (è) de « sorcière »

JE M'ENTRAINE

PARCOURS 1

Date ....

LES ACCENTS É, È, Ê 1 2 **3** 4

UTILISER LES ACCENTS POUR TRANSCRIRE LE PHONÈME [e]

5 **Complète** chaque mot en ajoutant la lettre manquante.

du th ___ une f ___ e la fum ___ e une ___ charpe

UTILISER LES ACCENTS POUR TRANSCRIRE LE PHONÈME [ɛ]

6 **Complète** chaque mot en ajoutant la lettre manquante.

la t ___ te la sorci ___ re la gu ___ pe la for ___ t

JE M'ENTRAINE

PARCOURS 1

Date ....

LES ACCENTS É, È, Ê 1 2 3 **4**

UTILISER LES ACCENTS POUR TRANSCRIRE LE PHONÈME [e] OU [ɛ]

7 **Réponds** aux devinettes. Tous les mots contiennent le son (é) ou (è) !

Un vent fort, rapide, avec des orages.

→ ______________________

On y fait du feu l'hiver.

→ ______________________

Un cousin du lapin, héros d'une célèbre fable.

→ ______________________

DÉFI ÉCRITURE

TOUS DÉGUISÉS

8 Le jour de ton anniversaire, tu décides de te déguiser. **Dresse** la liste de trois objets que tu vas utiliser pour ton costume. Attention, tous les mots doivent contenir au moins une des lettres *é*, *è* ou *ê*.

Exemple : *des souliers dorés, un masque coloré...*

PARCOURS 2

JE M'ENTRAINE

Date ....

REPÉRER LES DIFFÉRENTS ACCENTS

1 **Colorie** uniquement les étiquettes contenant un mot avec un accent.

une espèce	un galet	une échelle
une chèvre	un filet	une écurie
installer	la fête	arroser

2 **Relie** chaque mot à son accent.

un écureuil ●	
des bêtes ●	● accent aigu : é
cette panthère ●	● accent grave : è
le chimpanzé ●	● accent circonflexe : ê
les mésanges ●	

PARCOURS 2

JE M'ENTRAINE

Date ....

IDENTIFIER LE PHONÈME SELON L'ACCENT

3 **Barre** l'intrus dans chaque liste.

nièce	frère	terre	mère	arrière
tête	bêle	sorcier	gêne	grêle
Vendée	Ardèche	Ariège	Finistère	Isère

4 **Classe** dans le tableau les mots suivants selon que tu entends le son (é) ou (è).

le fossé ● *un chêne* ● *la moitié* ● *une fève*
la cuillère ● *la météo*

Son (é) de « fée »	Son (è) de « sorcière »
....	....
....	....
....	....

JE M'ENTRAINE

PARCOURS 2

Date ....

LES ACCENTS *É, È, Ê* 1 2 **3** 4

UTILISER LES ACCENTS POUR TRANSCRIRE LE PHONÈME [e] OU [ɛ]

5 **Complète** chaque mot en ajoutant la lettre manquante.

une cl ___ mentine

la past ___ que

une p ___ che

une cacahu ___ te

6 **Complète** chaque mot en ajoutant les accents manquants.

- un arret
- le succes
- le bebe
- la fougere
- la boulangere
- du cafe
- l'entree
- un eclair
- des crepes

JE M'ENTRAINE

PARCOURS 2

Date ....

LES ACCENTS *É, È, Ê* 1 2 3 **4**

7 **Réponds** aux devinettes. Tous les mots contiennent le son (é) ou (è) !

Ta température est élevée quand tu en as.

→ ______________________

C'est le petit de la grenouille. → ______________________

Le repas du midi. → ______________________

Instrument de mesure de longueur qui équivaut à 100 cm.

→ ______________________

DÉFI ÉCRITURE

LE BAL MASQUÉ

8 Un bal costumé est organisé à l'école pour le carnaval. **Écris** trois phrases pour décrire les déguisements de tes camarades. Tu peux utiliser les mots suivants : *masqué*, *déguisé*, *coloré*...

Exemple : *Yasmine a revêtu son costume de superhéroïne...*

NOMMER LES ACCENTS

1 **Colorie** uniquement les étiquettes contenant un mot avec un accent.

ambiguë	honnête	plongée
remède	canoë	amère
toilette	revêtir	athlétisme
comète	rêveuse	finesse

2 **Classe** dans le tableau les mots coloriés dans l'exercice 1. Attention aux pièges !

ACCENT AIGU	ACCENT GRAVE	ACCENT CIRCONFLEXE
....	....	....
....	....	....
....	....	....

IDENTIFIER LE PHONÈME SELON L'ACCENT

3 **Barre** l'intrus dans chaque liste.

Athènes	mystère	désert	théâtre
Jérusalem	pêcher	écailles	ancêtre
Lomé	misère	opération	grêlon
Séoul	près	température	fêlure
Pékin	diadème	canapé	bêche
Yaoundé	matière	problème	trêve

UTILISER LES ACCENTS

4 **Écris** les mots représentés par les images. Ils contiennent tous un accent !

____

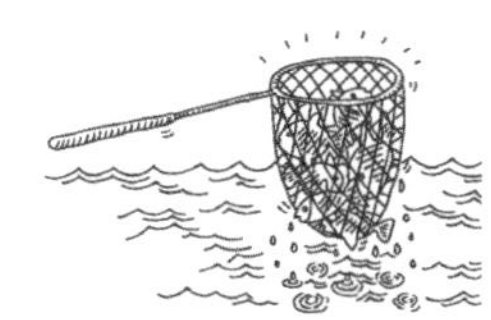
____

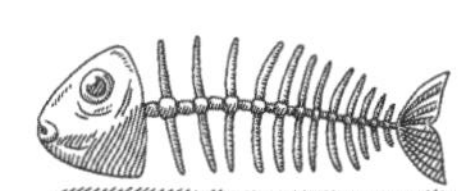
____

____

JE M'ENTRAINE

Date ....

5 **Complète** les mots en ajoutant les accents manquants. Attention aux pièges !

- un eleve
- le chateau
- deja
- derriere
- la laitiere
- un baton
- muette
- le pate
- une tablette

6 **Remplis** la grille avec des mots qui contiennent un accent ! Tu découvriras le mot secret dans la colonne grisée.

① Lieu avec des marchands de fruits, légumes, poissons…
② Le carré en a quatre.
③ Il se boit pour se réveiller.
④ Les policiers en mènent pour résoudre une affaire.
⑤ Animal charognard d'Afrique.
⑥ Lieu où on se fait soigner.

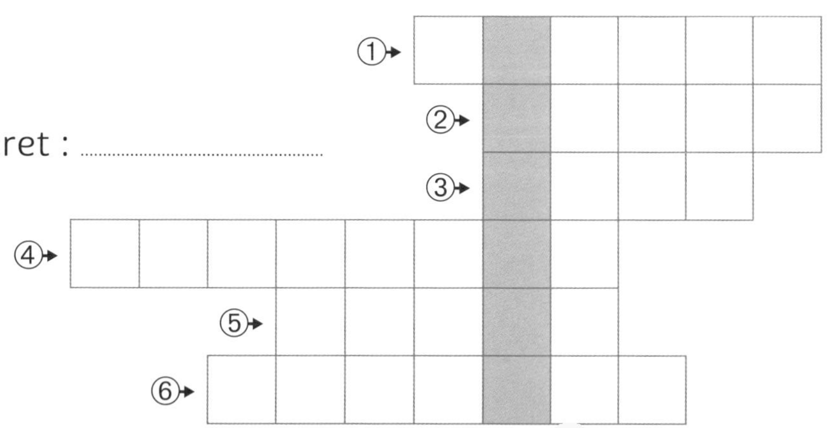

Mot secret : ....

JE M'ENTRAINE

Date ....

7 **Réécris** les phrases suivantes en ajoutant les accents manquants.

Mon pere rechauffe le roti a la poele.

Leo a refuse de faire ses exercices.

L'ecole est situee pres de l'eglise.

DÉFI ÉCRITURE

LA MAISON HANTÉE

8 Dans la maison hantée d'une fête foraine, tu rencontres des personnages et décorations effrayants. **Écris** trois phrases pour raconter ce que tu vois. Tu peux utiliser les mots suivants : *araignée, déguisé, doré, apeuré…*

Exemple : *En pénétrant dans la première salle, une énorme araignée est tombée du plafond…*

ÉVALUATION 1

Prénom ....

Date ....

Compétences évaluées : Les accents *é*, *è*, *ê*	Exercices	A+	A	PA	NA
Classer des phonèmes selon l'accent.	1				
Identifier le phonème selon son accent.	2				
Utiliser les accents pour transcrire le phonème [e] ou [ɛ].	3, 4				

1 **Relie** chaque mot à son accent.

déménager •	
école •	• accent aigu
crinière •	
rêve •	• accent grave
énergie •	
tempête •	• accent circonflexe
lumière •	

2 **Barre** l'intrus dans chaque liste.

le préau	une espèce	la trêve
du céleri	une règle	les rênes
un barème	la colère	la quête
une armée	une pâtissière	des jouets
la télévision	une épine	un prêtre

3 **Complète** les mots en ajoutant les lettres manquantes : é, è ou ê.

• m ___ chant • une poup ___ e • la for ___ t • l' ___ criture • une cavali ___ re

• ___ tre • le d ___ part • un d ___ tonateur • la po ___ le • une sir ___ ne

4 **Réponds** aux devinettes.

Saison la plus chaude de l'année. ➜ ____________________

Elle vole sur un balai, avec sa baguette ensorcelée. ➜ ____________________

Un endroit recouvert de sable où il fait très chaud. ➜ ____________________

On l'ouvre pour aérer la maison. ➜ ____________________

ÉVALUATION 2

Prénom ....

Date ....

Compétences évaluées : Les accents *é*, *è*, *ê*	Exercices	A+	A	PA	NA
Classer des phonèmes selon l'accent.	1				
Identifier le phonème selon son accent.	2				
Utiliser les accents pour transcrire le phonème [e] ou [ɛ].	3, 4				

1 **Classe** dans le tableau les mots suivants.

une émission • un guêpier • il gèle • empêcher • du gruyère
Valérie • intéressant • extrême • la bergère

ACCENT AIGU	ACCENT GRAVE	ACCENT CIRCONFLEXE
....	....	....
....	....	....
....	....	....

2 **Barre** l'intrus dans chaque liste.

après	l'hôpital	le cinéma
un mètre	un baptême	épais
dès que	une bêtise	une flèche
la couturière	la conquête	hélas
l'hiver	repêcher	la vallée

3 **Réécris** ces phrases en ajoutant les accents manquants.

A l'ecole, nous avons cuisine un gateau.

Les eleves ont joue une piece de theatre cette annee.

C'est trop tard pour empecher la fenetre de claquer.

8 LES GRAPHIES PROCHES : *IEN/EIN, IAN/AIN, ION/OIN*

Compétences travaillées (programmes modifiés 2018)

- **Identifier des mots de manière de plus en plus aisée**
  – Savoir discriminer de manière auditive et savoir analyser les constituants des mots (conscience phonologique).
  – Savoir discriminer de manière visuelle et connaitre le nom des lettres ainsi que le son qu'elles produisent.
  – Établir les correspondances graphophonologiques ; combinatoire (produire des syllabes simples et complexes).
  – Mémoriser les composantes du code.

FICHE ENSEIGNANT

Ce chapitre traite des graphies proches : *ien/ein, ian/ain, ion/oin...* Il va permettre aux élèves de s'entrainer à les différencier aussi bien dans la reconnaissance lors de lectures que dans la production d'écrits.

<table>
<tr><td>Point notionnel</td><td colspan="2">Le graphème est la plus petite unité de notre système graphique. Il permet de transcrire les phonèmes en utilisant une ou plusieurs lettres. On compte 130 graphèmes dans la langue française. Nina Catach a identifié 45 graphèmes de base appelés phonogrammes (cf. Éduscol : cache.media.education.gouv.fr/.../RA16_C2C3_FRA_4_Phonogrammes_636335.pdf)

Certaines graphies sont très proches, et on se doit de les approfondir avec les élèves afin qu'ils les différencient et évitent ainsi les confusions de sons et par conséquent de sens. Cela doit passer aussi bien par la distinction visuelle que par l'encodage.

Voici les graphies proches à retenir :
ia / ai | ie / ei | io / oi | ien / ein | ian / ain | ion / oin

On constate que la place du i est prépondérante, c'est elle qui détermine la façon dont les graphies seront prononcées :
– Si le i est en début de graphie, il émet sa valeur phonique [i] suivi du second phonème.
– Si le i est à la fin ou au milieu du graphème, il n'émet plus sa valeur initiale au profit d'un nouveau phonème.</td></tr>
<tr><td rowspan="3">Différenciation</td><td>Parcours 1</td><td>• Identifier les sons dans les mots.
• Compléter avec la graphie correcte (entre deux propositions).
• Encoder des mots avec des graphies proches (lexique simple).</td></tr>
<tr><td>Parcours 2</td><td>• Classer des mots selon la valeur sonore de la lettre.
• Compléter avec la graphie correcte (entre deux propositions).
• Encoder des mots avec des graphies proches (lexique simple).</td></tr>
<tr><td>Parcours 3</td><td>• Classer des mots selon la valeur sonore de la lettre.
• Compléter avec la graphie correcte (entre quatre propositions).
• Encoder des mots avec des graphies proches (lexique plus élaboré).</td></tr>
<tr><td>Erreurs rencontrées</td><td colspan="2">• Confusion des graphies proches, difficulté à les reconnaitre visuellement, ce qui entraine un problème de décodage, voire une confusion dans le sens. Ex. : lion /loin.
• Erreur de retranscription graphique : lettres inversées.</td></tr>
<tr><td>Remédiation</td><td colspan="2">• Faire oraliser les mots écrits en reprenant les valeurs des lettres et la règle de prononciation.
• Associer le graphème au phonème.
• Utiliser des gammes de lecture pour l'entrainement (cf. maisquefaitlamaitresse.com).</td></tr>
</table>

LEÇON

LES GRAPHIES PROCHES : *IEN/EIN, IAN/AIN, ION/OIN*

⚠ **En français, certaines graphies se ressemblent**. Or, selon leur ordre, les lettres forment **un son différent.** Ainsi, des mots peuvent parfois se ressembler, mais ils ne veulent pas dire la même chose ! Ex. : *lion* et *loin*.

- **Pour ne pas les confondre**, il faut prendre le temps d'**identifier les sons** et de **les dire à voix haute.**

ia	un p**ia**no	***ai***	une ch**ai**se
ie	du m**ie**l	***ei***	un p**ei**gne
io	une rad**io**	***oi***	un r**oi**
ien	un ch**ien**	***ein***	un p**ein**tre
ian	de la v**ian**de	***ain***	du gr**ain**
ion	un p**ion**	***oin***	l**oin**

- **On entend le *i*** seulement s'il est au début de la graphie.

LEÇON ILLUSTRÉE

JE ME TESTE 1

Prénom ....

Date ....

IDENTIFIER LES PHONÈMES

1 **Lis** les mots à voix haute, puis **colorie** les étiquettes selon le code couleur.

ien	ein	ian	ain	ion	oin
jaune	rose	bleu	vert	rouge	orange

chien — peintre — pion — poulain — pliant

copain — frein — lien — avion — foin

dessein — triangle — bien — point — plein

soin — main — musicien — rien — champion

ENCODER DES MOTS

2 **Écris** les mots représentés par les images avec les syllabes suivantes.
Tu peux barrer celles que tu as utilisées !

ai — pia — voi — no — re — dio — tu — le — ra

________________ ________________ ________________ ________________

3 **Complète** ces mots avec la graphie correcte : *ia* ou *ai*.

- un bal ___
- un ___ gle
- une ___ le
- cord ___ l
- un d ___ ble
- glac ___ l
- un rad ___ teur
- de la l ___ ne
- spéc ___ l
- une fal ___ se
- un pal ___ s
- une fr ___ se

4 **Complète** ces mots avec la graphie correcte : *ie* ou *ei*.

- un p ___ gne
- une r ___ ne
- une ab ___ lle
- b ___ ge
- le c ___ l
- un caval ___ r
- un atel ___ r
- f ___ r
- de la n ___ ge
- une bal ___ ne
- du m ___ l
- tr ___ ze

JE ME TESTE 2

Prénom ....

Date ....

LES GRAPHIES PROCHES : *IEN/EIN, IAN/AIN, ION/OIN*

IDENTIFIER LES PHONÈMES

1 **Lis** les mots à voix haute, puis **colorie** les étiquettes selon le code couleur.

ien	*ein*	*ian*	*ain*	*ion*	*oin*
jaune	rose	bleu	vert	rouge	orange

fiancé — recoin — camion — veines — sciences

étreinte — indien — romain — occasion — pointure

rejoindre — souriant — shampoing — client — alliance

forain — soustraction — teinture — actionner — urbain

ENCODER DES MOTS

2 **Écris** les mots représentés par les images.

3 **Complète** les mots par les graphies proposées.

io / oi	*ie / ei*	*ia / ai*	*ion / oin*	*ian / ain*
une rad ___	un gard ___ n	un ___ leron	la p ___ ture	un dépl ___ t
un ___ seau	un bél ___ r	colon ___ l	la pass ___	un f ___ cé
une ___ e	év ___ l	f ___ ble	un av ___	un gr ___
un ch ___ t	une ch ___ nne	se b ___ gner	m ___ s	méf ___ te
une p ___ re	fr ___ ner	un d ___ logue	un lamp ___	l'amb ___ ce
un tr ___	une boug ___	un color ___ ge	un mill ___	v ___ cre

JE M'ENTRAINE Date ....

LES GRAPHIES PROCHES : *IEN/EIN, IAN/AIN, ION/OIN* **1** 2 3 4

IDENTIFIER LES GRAPHÈMES CORRECTS

1 **Relie** chaque mot au son que tu entends.

choisir	
violent	
tiroir	j'entends (io)
croire	j'entends (oi)
chiot	
trio	

2 **Colorie** en bleu les mots qui font le son (ion) et en orange les mots qui font (oin).

moins	loin	avion	pion
foin	coin	groin	pointe
	camion	action	

JE M'ENTRAINE Date ....

LES GRAPHIES PROCHES : *IEN/EIN, IAN/AIN, ION/OIN* 1 **2** 3 4

3 **Entoure** uniquement les mots qui font le son (è).

araignée	piano	pied	policier
reine	quai	miauler	plaine
freiner	amie	neige	alliance

4 **Colorie** l'étiquette qui convient pour chaque image.

 ei | ie

 ain | ian

 oi | io

 ien | ein

 oin | ion

JE M'ENTRAINE

Date ....

COMPLÉTER AVEC UNE GRAPHIE CORRECTE

⑤ **Complète** les mots avec la graphie qui convient :

ien / ein • ian / ain • ion / oin

Le bébé prend son b ______ .

Avoir un lit pl ______ t est très pratique.

Nous sommes les champ ______ s !

Ce portrait est très anc ______ .

Il est l ______ de tout maintenant.

L'artiste p ______ t en plein air.

ENCODER DES MOTS AVEC LA BONNE GRAPHIE

⑥ **Complète** la grille de mots croisés.

HORIZONTAL

① Énorme mammifère marin.

② Nourriture préférée des chevaux.

③ Ennemi juré du cow-boy.

VERTICAL

④ Forme du crayon bien taillé.

⑤ Félin roi des animaux.

⑥ Le « meilleur ami de l'homme ».

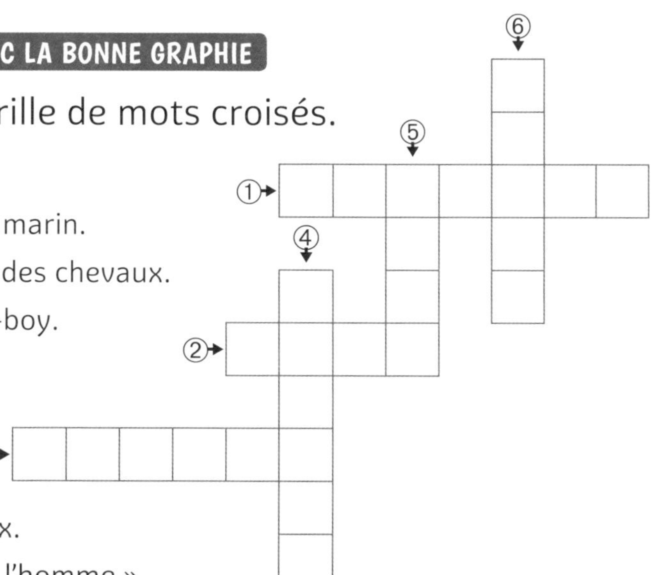

JE M'ENTRAINE

Date ....

⑦ **Écris** les mots représentés par les images avec les syllabes suivantes. Tu peux barrer celles que tu as utilisées !

lon | rei | pois | son | vio | main | ne

DÉFI ÉCRITURE

FAIS UNE PHRASE

⑧ **Invente** une phrase en utilisant chacun de ces mots :

magicien • violet • copain

IDENTIFIER LES PHONÈMES

1 **Recopie** les mots dans la bonne colonne :

pliante • un frein • bientôt • un triangle • des copains
un indien • peindre • un friand • un écrivain
éteindre • un gardien • la teinture • un terrain
un étudiant • un lien • le prochain

ien	*ein*	*ian*	*ain*
....	....	....	....
....	....	....	....
....	....	....	....
....	....	....	....

2 **Barre** l'intrus dans chaque liste.

violon	roi	mois	bois
beige	reine	amie	neige
maison	piano	traire	aigle
addition	action	poing	passion

3 **Entoure** seulement les mots qui font le son (è).

laine	diamant	peine	semaine
pliage	balai	sanglier	treize
veine	prairie	copie	mondial

4 **Colorie** l'étiquette qui convient pour chaque image.

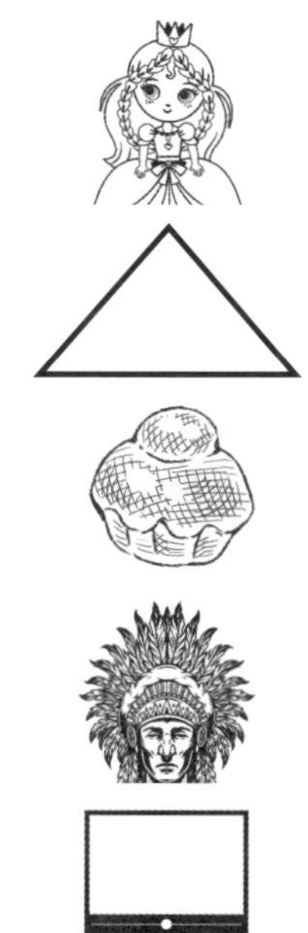

ei	ie
ain	ian
io	oi
ien	ein
oin	ion

JE M'ENTRAINE Date ....

COMPLÉTER AVEC UNE GRAPHIE CORRECTE

⑤ **Complète** les mots avec la graphie qui convient :

ion / oin • ian / ain • ien / ein • io / oi

- un tém ______ • un char ______ t • un mécanic ______
- proch ______ • méf ______ t • une quest ______
- maladr ______ t • un fr ______ • un refr ______

ENCODER DES MOTS

⑥ **Complète** la grille de mots croisés.

HORIZONTAL
① Signe à la fin d'une phrase.
② Pause à l'école dans la cour.

VERTICAL
③ Élève qui va au collège.
④ Accessoire pour tenir son pantalon.
⑤ Dessin que l'on colorie.
⑥ Animal avec 4 paires de pattes.

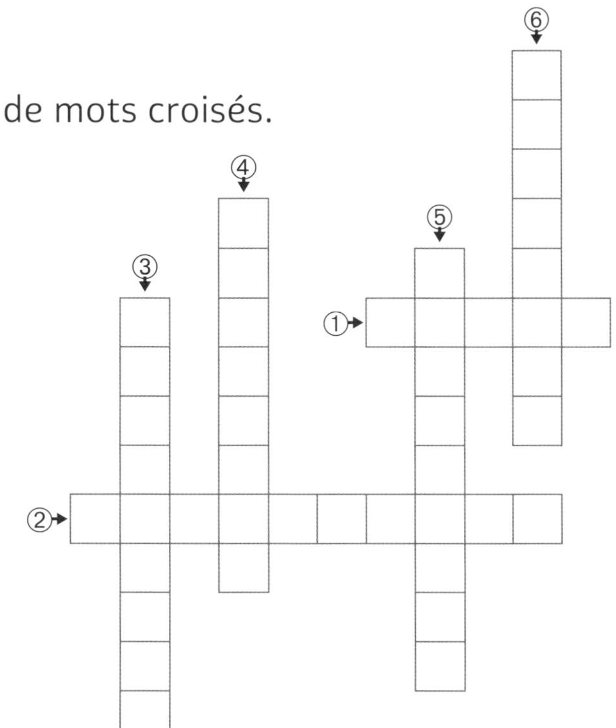

JE M'ENTRAINE Date ....

⑦ **Écris** les mots représentés par les images.

______

13

______

______

______

DÉFI ÉCRITURE

LES MOTS TROMPEURS

⑧ **Invente** deux phrases en utilisant chaque couple de mots qui se ressemblent :

lion • loin → ....

....

sein • sien → ....

....

IDENTIFIER LES PHONÈMES

① **Recopie** les mots dans la bonne colonne. Attention, deux intrus se sont glissés !

confiance • demain • atteindre • parisien
serviable • chirurgien • mendiant • peintes
il vient • musicien • dépliant • certain
maintenir • plaire

ien	ein	ian	ain
....	....	....	....
....	....	....	....
....	....	....	....
....	....	....	....

② **Barre** l'intrus dans chaque liste.

joie	moisir	radio	poire
shampoing	rejoindre	pointure	attention
moindre	exclamation	situation	affirmation
diagonale	maitresse	bégonia	gladiateur

③ **Trace** le chemin en coloriant des mots qui font le son (è).

aviateur	contraire	inclinaison	beignet	tiare
→ éveil	peine	diapositive	châtaigne	satisfait
fontaine	oreilles	biologie	violent	peiner
confiant	partie	raphia	science	punaise →

④ **Complète** ces phrases avec le mot qui convient.

Mamie tricote un pull en (*laine/liane*) ______________ .

Tarzan se balance à l'aide d'une (*laine/liane*) ______________ .

Gabriel avance son (*pion / point*) ______________ et marque un (*pion / point*) ______________ .

Paris se situe au bord de la (*Seine/sienne*) ______________ .

Ce n'est pas la tienne, c'est la (Seine/sienne) ______________ .

COMPLÉTER AVEC UNE GRAPHIE CORRECTE

5 **Complète** les mots avec la graphie qui convient :

ien / ein • ian / ain • io / oi

- dét ______ dre
- aér ______
- une enc ______ te
- comb ______
- une amb ______ ce
- ______ si
- vil ______
- contrar ______ t
- une f ______ le
- de l'av ______ ne
- v ______ let
- un p ______ reau

ENCODER DES MOTS

6 **Complète** la grille de mots croisés.

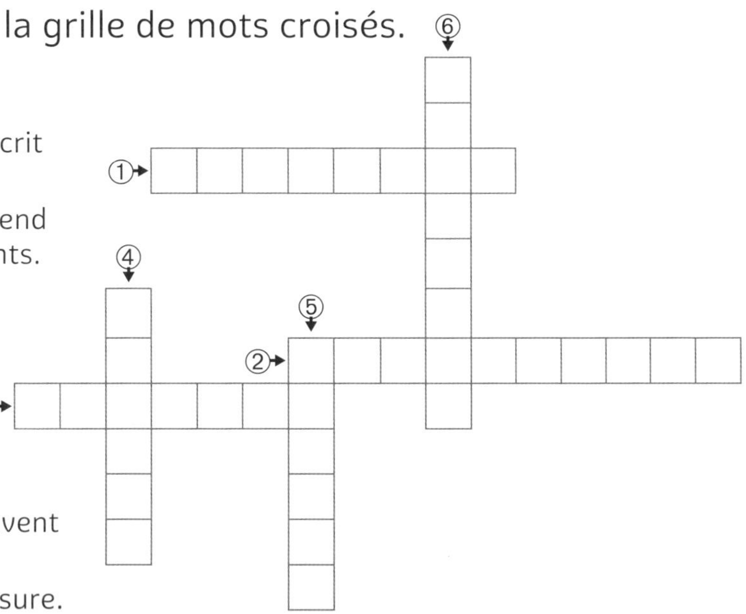

HORIZONTAL
① Personne qui écrit des livres.
② Personne qui vend des médicaments.
③ Du sirop et de la limonade.

VERTICAL
④ À semer dans la terre.
⑤ Condiment souvent associé au sel.
⑥ Taille de chaussure.

7 **Écris** les mots en remettant les lettres dans l'ordre.

v n o i o l → ______
j i a a m s → ______
d b i a l e → ______
c h i n p a m o → ______
m c h o o u i r → ______

DÉFI ÉCRITURE

LES DEVINETTES

8 **Invente** trois phrases pour faire deviner des mots contenant des graphies proches.

Exemple : *Félin qui vit dans la savane et dont on dit qu'il est le roi des animaux. (Réponse : le lion)*

ÉVALUATION 1

Prénom ....

Date ....

Compétences évaluées : Les graphies proches : ***ien/ein, ian/ain, ion/oin***	Exercices	A+	A	PA	NA
Identifier les graphies proches.	1				
Encoder correctement les mots avec des graphies proches.	2, 3, 4				

1 Classe dans le tableau les mots suivants :

des freins • un bain • peindre • un triangle • un train • une ceinture
l'ambiance • bien • des copains • un terrien • aérien • de la viande

J'entends (in)		J'entends (ien)	J'entends (ian)
Je vois ***ein***	Je vois ***ain***		
....	....	....	....
....	....	....	....
....	....	....	....

2 Complète ces mots avec la graphie qui convient : *io* ou *oi*.

- une s ___ rée
- l'esp ___ r
- de la br ___ che
- les b ___ s
- des p ___ res
- la b ___ logie
- une arm ___ re
- un v ___ lon
- parf ___ s
- une p ___ che
- v ___ lent
- la dr ___ te

3 Complète ces mots avec la graphie qui convient : *ion* ou *oin*.

- un tém ___
- une pass ___
- rej ___ dre
- un p ___
- un p ___ t
- un rec ___
- un bes ___
- attent ___
- un g ___ fre
- un av ___
- une addit ___
- un scorp ___

4 Écris les mots représentés par les images.

___ ___ ___ ___

ÉVALUATION 2

Prénom ....
Date ....

Compétences évaluées : Les graphies proches : *ien/ein, ian/ain, ion/oin*	Exercices	A+	A	PA	NA
Identifier les graphies proches.	1				
Encoder correctement les mots avec des graphies proches.	2, 3, 4				

1 **Classe** dans le tableau les mots suivants :

lointain • terrifiant • mécanicien • insouciante • teinturière
geindre • crainte • fiançailles • ceinturer • identifiant • certain
informaticien • atteindre • martien • coriandre • lendemain

J'entends (in) Je vois *ein*	J'entends (in) Je vois *ain*	J'entends (ien)	J'entends (ian)
....	....	....	....
....	....	....	....
....	....	....	....
....	....	....	....
....	....	....	....

2 **Complète** ces mots avec la graphie qui convient : *oi*, *io*, *ion* ou *oin*.

- un p ____ vron
- rej ____ dre
- un esp ____
- dr ____ tier
- une pot ____
- le p ____ tage
- de l'av ____ ne
- une adj ____ te
- l ____ tain
- fr ____ d
- b ____ nique
- n ____ rcir
- aud ____
- un empl ____
- une aérat ____
- la dentit ____

3 **Entoure** seulement les mots dans lesquels on entend le son (è).

fraicheur	seize	fiable	braise	enneigé	polie
abeilles	éveil	baleineau	alliage	acier	aimant

4 **Écris** les mots représentés par les images.

____

____

____

____

9 LE GENRE DES NOMS ET DES ADJECTIFS

Compétences travaillées (programmes modifiés 2018)

- **Maitriser l'orthographe grammaticale de base**
  Utiliser : des marques d'accord pour les noms et adjectifs épithètes : nombre (-*s*) et genre (-*e*) ; des marques du féminin quand elles s'entendent dans les noms (lecteur/lectrice...) et les adjectifs (joyeux/joyeuse...).

FICHE ENSEIGNANT

Dans ce chapitre, on aborde les marques (audibles et visibles) d'accord des noms et des adjectifs en genre.
La notion de chaine d'accord en nombre des noms et des adjectifs est proposée dans le chapitre 10.
La notion d'accord au sein du groupe nominal est étudiée dans le chapitre 16.

Point notionnel		Il existe en français **deux genres : masculin et féminin.** **Tout nom a un genre**. C'est généralement **le déterminant qui l'indique**. La règle générale prévoit que **le féminin des noms animés se marque à l'écrit par l'ajout d'un *e* à la fin du nom masculin**. Ex. : *un marchand* ➜ *une marchand***e**. **Cas particuliers :** – Cet ajout du *e* peut occasionner un doublement de consonne (Ex. : un *coque***t** ➜ une *coque***tte** ; un *champio***n** ➜ une *champio***nne**...) ou une modification de graphie des voyelles (Ex. : *un pâtissi***er** ➜ *une pâtissière*). – La prononciation peut aussi être modifiée et occasionne des changements de consonne finale. Ex. : *un épou***x** ➜ *une épou***se**, *un veu***f** ➜ *une veu***ve**, *un favor***i** ➜ *une favor***ite**. – Il existe également des modifications du suffixe. Ex. : *un ment***eur** ➜ *une ment***euse**, *un fact***eur** ➜ *une fact***rice**, *un tigr***e** ➜ *une tigr***esse**. – Certains noms ont un genre marqué par des noms différents (Ex. : *le coq* ➜ *la poule*) et d'autres ne varient pas en genre (Ex. : *un élève* ➜ *une élève*). **Concernant les noms inanimés, le genre est arbitraire, sans variation.** Celui-ci a une raison étymologique ou analogique (de forme). Ex. : *le tour, la tour*. **L'adjectif** prend le genre du nom auquel il se rapporte. De façon générale, **on obtient le féminin par ajout d'un *e*** ou par modification du suffixe. Néanmoins, certains adjectifs ont **une forme unique** : – Ils n'existent qu'au masculin (Ex. : *aquilin, saur*) ou qu'au féminin (Ex. : *enceinte, cochère*). – Ils ont la même forme pour les deux genres (Ex. : *kaki, filasse, cool*). L'ajout du *e* peut entrainer le même type de modifications que pour le nom.
Différenciation	**Parcours 1**	• Reconnaitre le genre d'un nom ou adjectif : masculin/féminin. • Utiliser les noms et adjectifs selon leur genre. • Connaitre et écrire le féminin des noms et adjectifs. • Les variations au féminin sont audibles.
	Parcours 2	• Reconnaitre le genre d'un nom ou adjectif : masculin/féminin. • Utiliser les noms et adjectifs selon leur genre. • Connaitre et écrire le féminin des noms et adjectifs. • Les variations au féminin sont audibles, le lexique plus complexe.
	Parcours 3	• Reconnaitre le genre d'un nom (sans article) ou adjectif : masculin/féminin. • Former le féminin des noms et adjectifs. • Connaitre et écrire le féminin des noms et adjectifs. • Les variations ne sont pas toujours audibles (Ex. : *joli/jolie*), le lexique est complexifié.
Erreurs rencontrées		• Oublis de marque du féminin, notamment lorsque le changement n'est pas audible (oubli du *e*). • Nombreuses erreurs chez les élèves qui procèdent par analogie. Ex. : *peureux/peureuse,* donc *facteur/facteuse* au lieu de *factrice*. Les erreurs sont généralement dues à un déficit lexical.
Remédiation		• Passer par l'oralisation des féminins, noms et adjectifs, pour entendre les changements et prendre conscience des « faux » féminins. Faire plusieurs essais, utiliser le dictionnaire en appui si besoin (dictionnaire proposant le féminin associé au masculin). • Le recours au support des exceptions (outil de classe, dans lequel on recense les mots exceptions) est encouragé, notamment pour une relecture.

LEÇON

LE GENRE DES NOMS ET DES ADJECTIFS

- Chaque nom a un **genre** : **masculin** ou **féminin**.
  – Le **nom** est de genre **masculin** lorsqu'il est précédé par les déterminants ***un***, ***le*** ou ***l'***.
  Ex. : *un garçon, le jeu, l'éléphant...*
  – Le **nom** est de genre **féminin** lorsqu'il est précédé par les déterminants ***une***, ***la*** ou ***l'***.
  Ex. : *une fille, la table, l'armoire...*

- Le **féminin des noms** désignant des personnes ou des animaux se forme le plus souvent en ajoutant un *e* au nom masculin. Ex. : *un ours* ➜ *une ourse*.

⚠ **Attention** :
– Les noms terminés en *-er* ont un féminin en *-ère*.
Ex. : *un boulanger* ➜ *une boulangère*.
– Les noms terminés par *-eur* ont un féminin en *-euse*.
Ex. : *un serveur* ➜ *une serveuse*.
– Des noms terminés en *-teur* ont un féminin en *-trice*.
Ex. : *un directeur* ➜ *une directrice*.
– Certains noms doublent la consonne finale avant le *-e*. Ex. : *un lion* ➜ *une lionne*.
– La dernière lettre peut changer. Ex. : *un loup* ➜ *une louve*.
– Des mots différents sont utilisés. Ex. : *un coq* ➜ *une poule*.
– Certains noms sont les mêmes. Ex. : *un élève* ➜ *une élève*.

- Le **féminin des adjectifs** se forme le plus souvent en ajoutant un *e* à l'adjectif masculin. L'adjectif s'accorde avec le nom.

LEÇON ILLUSTRÉE

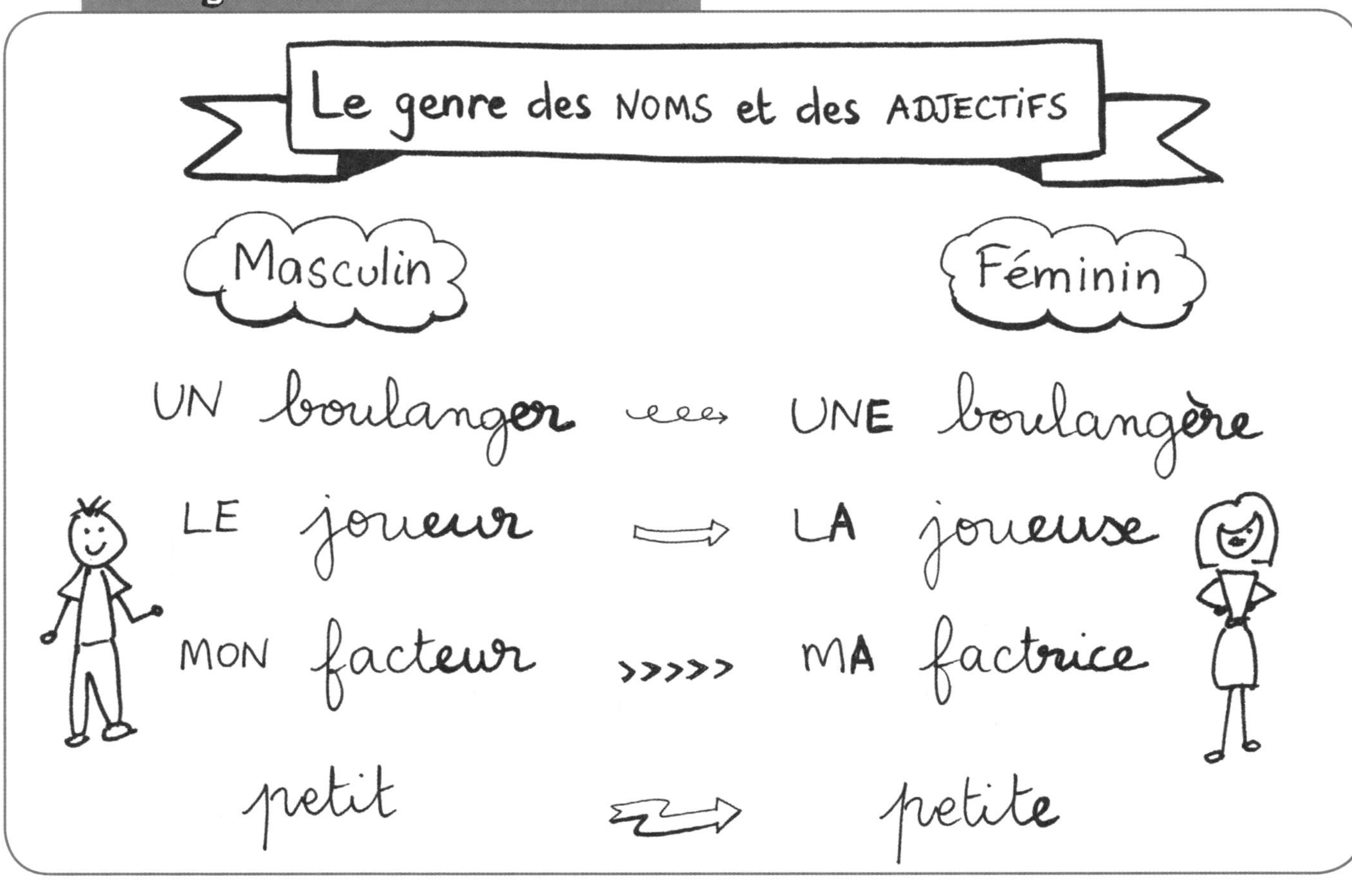

JE ME TESTE 1

Prénom ....

Date ....

RECONNAITRE LE GENRE DES NOMS : FÉMININ/MASCULIN

1 **Colorie** uniquement les étiquettes contenant un nom au féminin.

une framboise	une pomme	un abricot	un ananas
un citron	un kiwi	une banane	une fraise

CONNAITRE LE FÉMININ DES NOMS ET ADJECTIFS

2 **Relie** chaque nom masculin au nom féminin qui lui correspond.

un champion •	• une actrice
un acteur •	• une voisine
un écolier •	• une championne
un voisin •	• une écolière

3 **Complète** avec le déterminant qui convient : *un* ou *une*.

- ______ artichaut
- ______ radis
- ______ champignon
- ______ salade
- ______ chou
- ______ aubergine
- ______ poivron
- ______ betterave
- ______ tomate

4 **Colorie** l'adjectif qui convient.

- une boisson chaud / chaude
- un puzzle complet / complète
- une eau gazeux / gazeuse
- un robot intelligent / intelligente

JE ME TESTE 2

Prénom ....

Date ....

RECONNAITRE LE GENRE DES NOMS : FÉMININ/MASCULIN

1 **Colorie** uniquement les étiquettes contenant un nom au masculin.

l'avion | l'ami | l'hiver | l'ours

l'ourse | l'invitée | l'actrice | l'huitre

l'acteur | l'hélicoptère | l'amie | l'anorak

UTILISER DES NOMS ET ADJECTIFS SELON LEUR GENRE

2 **Complète** avec le déterminant qui convient : *un* ou *une*.

- ______ tasse
- ______ bol
- ______ cuillère
- ______ couteau
- ______ fourchette
- ______ assiette
- ______ verre
- ______ pichet
- ______ plat

CONNAITRE LE FÉMININ DES NOMS ET ADJECTIFS

3 **Complète** le tableau.

MASCULIN	FÉMININ
un maitre	
	une sorcière
	une aviatrice
un marchand	

4 **Écris** les adjectifs suivants au féminin.

- peureux → ______
- noir → ______
- bon → ______
- roux → ______

JE M'ENTRAINE

Date ....

RECONNAITRE LE GENRE DES NOMS : FÉMININ/MASCULIN

① **Colorie** uniquement les étiquettes contenant un nom masculin.

un homme | le jour

la vie | la mer

le temps | une main

le monde | une heure

un cœur

② **Barre** l'intrus dans chaque liste.

un père	un oncle	un frère	une sœur
le football	la danse	le basketball	le rugby
un agriculteur	une actrice	une aviatrice	une directrice
une abeille	un lion	un kangourou	un boa

JE M'ENTRAINE

Date ....

CONNAITRE LE FÉMININ DES NOMS ET ADJECTIFS

③ **Relie** chaque nom masculin au nom féminin qui lui correspond.

un marchand •	• une décoratrice
un coiffeur •	• une marchande
un décorateur •	• une ogresse
un ogre •	• une coiffeuse

④ **Relie** chaque adjectif masculin à l'adjectif féminin qui lui correspond.

beau •	• précieuse
précieux •	• belle
épais •	• méchante
méchant •	• épaisse

5 **Écris** les noms représentés par les images.

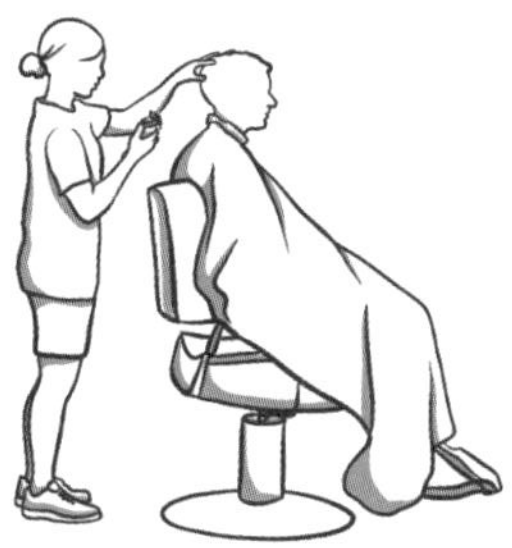

une ____________

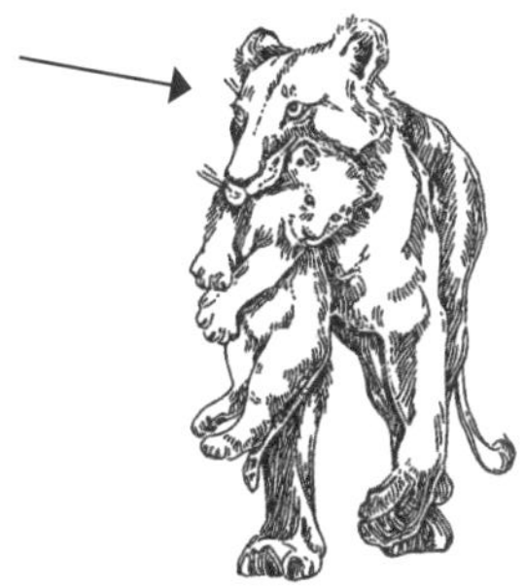

une ____________

une ____________

6 **Complète** avec le déterminant qui convient : *un* ou *une*.

- ______ grand champion
- ______ bouteille énorme
- ______ maison somptueuse
- ______ petit ourson
- ______ porte fermée
- ______ sportif célèbre
- ______ femme élégante
- ______ yaourt délicieux

ÉCRIRE DES NOMS AU FÉMININ

7 **Complète** ce texte en mettant les noms surlignés au féminin.

Ce matin, le facteur est passé. Le boulanger organise une fête. Tout le monde est invité : le musicien, le maitre, le fleuriste et mon père !

Ce matin, la fact______ est passée. La boulang______ organise une fête. Tout le monde est invité : la musicien______, la maitre______, la fleur______ et ma ______ !

DÉFI ÉCRITURE

SORTIE À LA FERME

8 Une sortie à la ferme est organisée. **Écris** la liste des animaux que tu t'attends à voir. Utilise des noms au féminin.

Exemple : *À la ferme, je verrai des poules, des oies...*

JE M'ENTRAINE

Date ....

RECONNAITRE LE GENRE DES NOMS : FÉMININ/MASCULIN

1 Colorie uniquement les étiquettes contenant un nom féminin.

l'air | le regard | l'esprit

la chambre | l'eau | une ville

le pied | une rue | le corps

2 Barre l'intrus dans chaque liste.

le karaté	la gymnastique	la lutte	la danse	la course

le bras	la cheville	la jambe	l'oreille	la main

un dresseur	un dompteur	un voltigeur	un porteur	une jongleuse

un policier	une infirmière	un charcutier	un pompier	un épicier

JE M'ENTRAINE

Date ....

CONNAITRE LE FÉMININ DES NOMS ET ADJECTIFS

3 Colorie le nom féminin qui correspond au nom masculin proposé.

un coiffeur → une coiffure / une coiffeuse

un loup → une louve / une loupe

un client → une clientèle / une cliente

un cuisinier → une cuisinière / une cuisine

4 Colorie chaque paire d'adjectifs avec une couleur différente.

nouveau | rousse | longue | roux

faux | blond | fou

molle | blonde | long | fausse

mou | nouvelle | folle

JE M'ENTRAINE

Date ....

CONNAITRE LE FÉMININ DES NOMS ET ADJECTIFS

5 **Retrouve** et **recopie** les cinq noms féminins contenus dans la grille.

A	V	O	C	A	T	E
T	C	L	I	E	N	T
A	K	F	I	L	L	E
N	É	P	O	U	S	E
T	T	I	G	R	E	Y
E	C	H	A	T	T	E

1 ______
2 ______
3 ______
4 ______
5 ______

6 **Complète** le tableau avec les adjectifs qui conviennent.

MASCULIN	FÉMININ
bas	
	mignonne
maladroit	
merveilleux	

JE M'ENTRAINE

Date ....

ÉCRIRE DES NOMS AU FÉMININ

7 **Complète** ce texte en mettant les noms et les adjectifs surlignés au féminin.

Dans la forêt, j'ai croisé un petit garçon, un prince charmant, un diable effrayant et même un sorcier maudit !

Dans la forêt, j'ai croisé ______

______

______

et même ______ !

DÉFI ÉCRITURE

C'EST NOËL !

8 Noël approche à grands pas et tu as hâte d'y être. **Écris** la liste des cadeaux que tu aimerais recevoir. Utilise des noms et des adjectifs au féminin.

Exemple : *Pour Noël, j'aimerais recevoir une grande poupée, une veste rouge...*

PARCOURS 3
JE M'ENTRAINE

Date ....

RECONNAITRE LE GENRE DES NOMS ET ADJECTIFS : FÉMININ / MASCULIN

1 **Colorie** en vert les noms féminins et en jaune les noms masculins.

année	bruit	lettre
fond	force	effet
milieu	idée	raison
lumière	parole	ombre

2 **Barre** l'intrus dans chaque liste.

immeuble	couloir	entrée	escalier	étage
poupée	puzzle	camion	cerceau	jouet
avenue	chemin	route	chaussée	ruelle
incendie	parapluie	génie	pâtisserie	zombie

PARCOURS 3
JE M'ENTRAINE

Date ....

UTILISER DES NOMS ET ADJECTIFS SELON LEUR GENRE

3 **Réponds** aux devinettes pour retrouver des noms féminins de métier.

Elle traduit des livres. → la ______________

Elle maquille les stars. → la ______________

Elle présente le journal. → la ______________

Elle sert dans les restaurants. → la ______________

4 **Mets** les adjectifs au féminin et **classe**-les dans le tableau selon leur terminaison.

majestueux ● *droitier* ● *original*
astucieux ● *obscur* ● *premier*

-e	-euse	-ère
....	....	....
....	....	....

PARCOURS 3

JE M'ENTRAINE

Date ....

CONNAITRE LE FÉMININ DES NOMS ET ADJECTIFS

5 **Complète** le tableau avec les noms qui conviennent.

MASCULIN	FÉMININ
un étranger	
	la lapine
un moniteur	
un râleur	
	une invitée

6 **Complète** le tableau avec les adjectifs qui conviennent.

MASCULIN	FÉMININ
captivant	
dernier	
	fraiche
radieux	
	pensive

PARCOURS 3

JE M'ENTRAINE

Date ....

ÉCRIRE DES NOMS AU FÉMININ

7 **Réécris** ce texte en mettant les noms et adjectifs surlignés au féminin. Attention aux déterminants !

Le conducteur imprudent renverse un cycliste roux. À l'hôpital, l'homme est pris en charge par un gentil infirmier. Au final, le facteur sportif n'a rien.

DÉFI ÉCRITURE

RÊVE EN GRAND !

8 Camille rêve et elle a de grands projets pour son avenir. **Écris** la liste des métiers qu'elle pourrait exercer. Utilise des noms et des adjectifs au féminin.

Exemple : *Plus tard, Camille pourra être une journaliste célèbre, une astronaute reconnue…*

ÉVALUATION 1

Prénom ....

Date ....

Compétences évaluées : Le genre des noms et des adjectifs	Exercices	A+	A	PA	NA
Repérer les marques d'accord pour les noms : le genre.	1				
Utiliser les marques du féminin audibles dans les noms.	2				
Repérer les marques d'accord pour les adjectifs : le genre.	3				
Utiliser les marques du féminin audibles dans les adjectifs.	4				

1 **Colorie** uniquement les étiquettes contenant un nom féminin.

une cliente | un commerçant | une vendeuse

un comédien | une aviatrice | un nageur

2 **Complète** ces phrases en mettant les noms au féminin.

Ma (*voisin*) ______________ est une femme adorable.

La (*facteur*) ______________ dépose un colis.

Cette (*sorcier*) ______________ mijote de terribles potions.

Plus tard, j'aimerais être une (*musicien*) ______________ .

La (*voyageur*) ______________ a perdu son bagage.

3 **Entoure** les adjectifs au féminin.

méchante bavard dernière élégante

doux créatif désert blanche

4 **Complète** ces phrases en mettant les adjectifs au féminin.

Plonger dans une eau (*froid*) ______________ est désagréable.

Je préfère diner dans une assiette (*creux*) ______________ .

Tu as une (*bon*) ______________ nouvelle à annoncer.

Repose-toi bien. La journée de demain sera (*long*) ______________ .

ÉVALUATION 2

Prénom ....

Date ....

Compétences évaluées : Le genre des noms et des adjectifs	Exercices	A+	A	PA	NA
Repérer les marques d'accord pour les noms : le genre.	1				
Utiliser les marques du féminin audibles dans les noms.	2				
Repérer les marques d'accord pour les adjectifs : le genre.	3				
Utiliser les marques du féminin audibles dans les adjectifs.	4				

1 **Colorie** uniquement les étiquettes contenant un nom féminin.

bergère | écrivain | écolière | coureur

retraitée | louve | cuisinier | masseur

2 **Réécris** ces phrases en mettant les noms au féminin.

Le sorcier pourchasse le prince.

L'élève et son père arrivent en retard.

Le gardien surveille le neveu du président.

3 **Entoure** les adjectifs au féminin.

sportive vif chaleureux réelle

épuisée ancienne fatal éprouvante

4 **Complète** ces phrases en mettant les adjectifs au féminin.

Marie est une élève (*curieux*) ____________ et (*poli*) ____________ .

C'est une famille (*nombreux*) ____________ et (*bruyant*) ____________ .

J'adore cette couverture (*neuf*) ____________ et (*doux*) ____________ .

Cette (*sombre*) ____________ et (*cruel*) ____________ histoire m'a fait peur.

10 LE NOMBRE DES NOMS ET DES ADJECTIFS

Compétences travaillées (programmes modifiés 2018)

- **Maitriser l'orthographe grammaticale de base**
  Utiliser :
  – des marques d'accord pour les noms et les adjectifs épithètes : nombre (*-s*) et genre (*-e*) ;
  – d'autres formes de pluriel (*-ail*, *-aux* ; *-al*, *-aux*...).

FICHE ENSEIGNANT

Dans ce chapitre, on aborde les marques audibles et visibles d'accord des noms et des adjectifs en nombre. L'accord en genre des noms et des adjectifs est travaillé dans le chapitre 9. La notion d'accord au sein du groupe nominal est étudiée dans le chapitre 16. Avec la leçon, il est important de proposer aux élèves un support recensant les exceptions existantes.

Point notionnel	Il existe en français **deux nombres** : **singulier et pluriel**. – **Le singulier** *désigne une seule entité ou un ensemble*. Ex. : *un crayon, un groupe* (*d'élèves*). – **Le pluriel** *désigne plusieurs entités ou ensemble d'entités*. Ex. : *six crayons, deux groupes* (*d'élèves*). La règle générale prévoit que **le pluriel des noms communs** se marque *à l'écrit par l'ajout d'un -s* à la fin du nom singulier, parfois d'un *-x*. Ex. : *un crayon* ➜ *des crayon***s**, *un jeu* ➜ *des jeu***x**... Il existe des exceptions : – **8 noms en *-ou*** (*bijou, caillou, chou, genou, hibou, joujou, pou, ripou*) prennent un *-x* au lieu d'un *-s* au pluriel ; – **9 noms en *-ail*** (*bail, corail, émail, fermail, soupirail, travail, vantail, ventail, vitrail*) prennent *-aux* au lieu de *-s* au pluriel ; – **5 noms en *-au* et *-eu*** (*landau, sarrau, bleu, pneu, lieu* (le poisson) et **7 noms en *-al*** (*bal, cal, carnaval, chacal, festival, récital, régal*) prennent un *-s* au lieu d'un *-x* au pluriel. **Les noms terminés par *-s*, *-x* ou *-z*** au singulier ne varient pas au pluriel. Pour le pluriel des noms composés, se référer au guide de la nouvelle orthographe recommandée. **L'adjectif** prend le nombre du nom auquel il se rapporte. De façon générale, on obtient le pluriel par ajout d'un *-s* ou *-x*. Néanmoins, certains adjectifs n'entendent ni ne voient de modifications.	
Différenciation	**Parcours 1**	• Reconnaitre le nombre d'un nom ou adjectif : singulier/pluriel. • Utiliser les noms et les adjectifs selon leur nombre. • Connaitre et écrire le pluriel des noms et des adjectifs (en *-s*, en *-x*). • Les variations au pluriel ne comportent pas d'exceptions.
	Parcours 2	• Reconnaitre le nombre d'un nom ou adjectif : singulier/pluriel. • Utiliser les noms et les adjectifs selon leur nombre. • Connaitre et écrire le pluriel des noms et des adjectifs (*-al, -ail, -aux*, sans variation). • Les variations au pluriel ne comportent pas d'exceptions.
	Parcours 3	• Reconnaitre le nombre d'un nom ou adjectif : singulier/pluriel. • Utiliser les noms et les adjectifs selon leur nombre. • Connaitre et écrire le pluriel des noms et des adjectifs. • Les variations au pluriel comportent des exceptions.
Erreurs rencontrées	• Oublis de marque du pluriel, lorsque le changement n'est pas audible (oubli du *-s* ou du *-x*). • Confusion entre *-s* et *-x*, notamment pour les exceptions. • Méconnaissance des mots appartenant à la liste des exceptions, dont certains sont peu courants, peu usités.	
Remédiation	• Passer par l'oralisation des pluriels, noms et adjectifs, pour entendre les changements lorsqu'ils existent. Faire plusieurs essais, utiliser le dictionnaire en appui si besoin. • Le recours au support des exceptions (outil de classe, dans lequel on recense les mots exceptions) est encouragé, notamment pour une relecture.	

LEÇON

LE NOMBRE DES NOMS ET DES ADJECTIFS

Chaque nom a un **nombre** : **singulier** ou **pluriel**.

- Le nom est **singulier** lorsqu'il désigne une seule personne, une seule chose.
  Ex. : *un chat, une voisine...*
- Le nom est **pluriel** lorsqu'il désigne plusieurs personnes, plusieurs choses.
  Ex. : *des chats, des voisines...*

Le **pluriel des noms** se forme le plus souvent en ajoutant un -*s* au nom singulier.
Ex. : *un crayon* ➜ *des crayons.*

> ⚠ **Attention** :
> – Les noms terminés par -*au*, -*eu*, -*eau* prennent un -*x* au pluriel.
> Ex. : *un gâteau* ➜ *des gâteaux, un lieu* ➜ *des lieux.*
> SAUF : *landau, sarrau, bleu, pneu, lieu* (le poisson).
> – Les noms terminés par -*ou* prennent un -*s* au pluriel. Ex. : *un clou* ➜ *des clous.*
> SAUF : *bijou, caillou, chou, genou, hibou, joujou, pou.*
> – Les noms terminés par -*ail* prennent un -*s* au pluriel. Ex. : *un éventail* ➜ *des éventails.*
> SAUF : *bail, corail, émail, fermail, soupirail, travail, vantail, ventail, vitrail.*
> – Les noms terminés par -*al* font -*aux* au pluriel. Ex. : *un cheval* ➜ *des chevaux.*
> SAUF : *bal, cal, carnaval, chacal, festival, récital, régal.*
> – Les noms terminés par -*s*, -*x*, -*z* ne changent pas.
> Ex. : *une souris* ➜ *des souris, un gaz* ➜ *des gaz, une perdrix* ➜ *des perdrix.*

Le **pluriel des adjectifs** se forme le plus souvent en ajoutant un -*s* ou un -*x* à l'adjectif singulier.
L'adjectif s'accorde avec le nom.

LEÇON ILLUSTRÉE

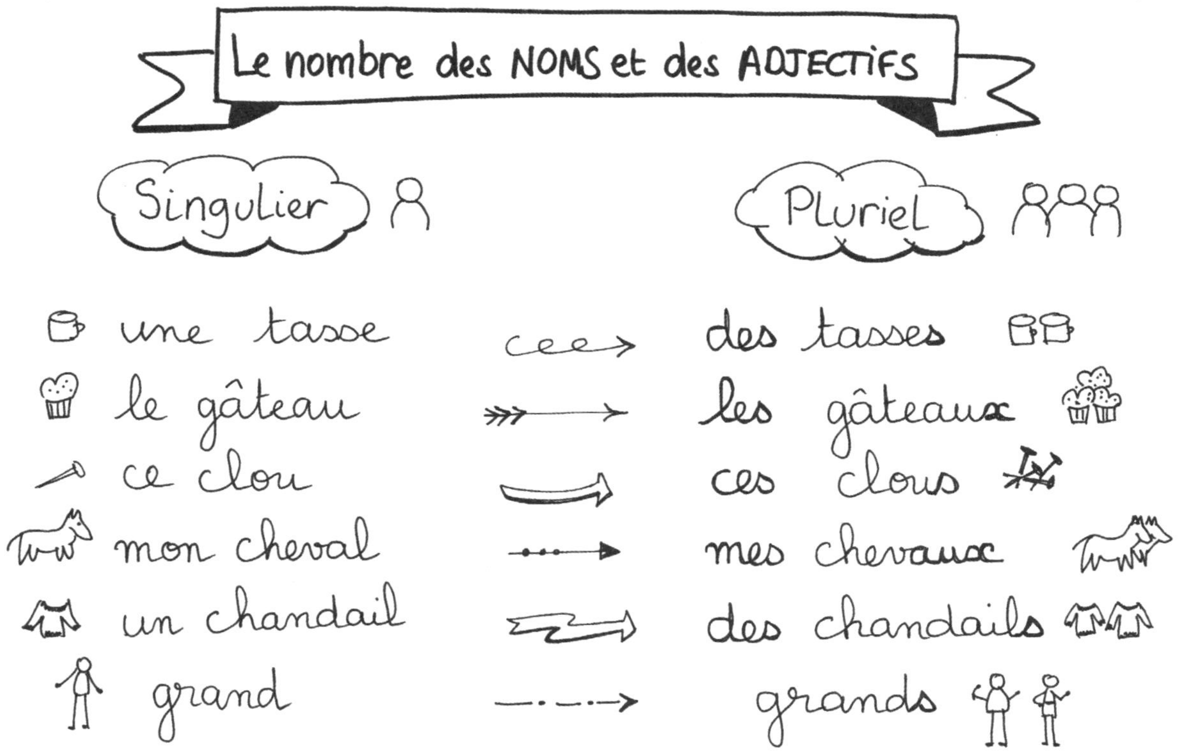

JE ME TESTE 1

Prénom ....

Date ....

RECONNAITRE LE NOMBRE DES NOMS : SINGULIER / PLURIEL

1 **Colorie** uniquement les étiquettes contenant un nom au singulier.

un crocodile | un poisson | des panthères | des bourdons

des grenouilles | des taureaux | un gorille | un requin

CONNAITRE LE PLURIEL DES NOMS ET ADJECTIFS

2 **Complète** ces phrases avec la terminaison qui convient : -*s* ou -*x*.

Ma sœur a les cheveu ___ bruns.

Camille adore ses gant ___ bleus.

Le chef utilise des couteau ___ tranchants.

Il adore les spectacle ___ comiques.

3 **Écris** les noms suivants au pluriel.

- un gâteau → ____________________
- un feu → ____________________
- une souris → ____________________
- un gaz → ____________________
- un nuage → ____________________
- une fleur → ____________________

4 **Colorie** l'adjectif qui convient.

- des volets fermé / fermés
- un bureau ancien / anciens
- des numéros original / originaux
- un trou profond / profonds

JE ME TESTE 2

Prénom ....

Date ....

RECONNAITRE LE NOMBRE DES NOMS : SINGULIER / PLURIEL

1 **Colorie** uniquement les étiquettes contenant un nom au pluriel.

portails	vélos	travail	fous
arbre	cheval	personnes	jardin
bijoux	carreaux	métal	canaux

UTILISER DES NOMS ET ADJECTIFS SELON LEUR NOMBRE

2 **Complète** ces phrases avec la terminaison qui convient, quand c'est nécessaire.

Dans le jardin, je fais pousser des salade ___ et des poireau ___ .

Les trou ___ sont nombreux sur ce chemin ___ .

J'ai un aperçu un ours ___ et ses petit ___ .

Avec mes neveu ___ , nous avons visité plusieurs zoo ___ .

CONNAITRE LE PLURIEL DES NOMS ET ADJECTIFS

3 **Complète** le tableau.

SINGULIER	PLURIEL
un enfant	
	des bocaux
	des vitraux
un jeu	

4 **Écris** les adjectifs en gras au pluriel.

- un voyage **spatial** → des voyages ______________
- le **beau** bateau → les ______________ bateaux
- le rideau **doré** → les rideaux ______________
- un geste **amical** → des gestes ______________

JE M'ENTRAINE

Date ....

LE NOMBRE DES NOMS ET DES ADJECTIFS 1 2 3 4

RECONNAITRE LE NOMBRE DES NOMS : SINGULIER/PLURIEL

① **Colorie** uniquement les étiquettes contenant un nom au singulier.

un ami	dix enfants	des voyous
deux crayons	un nid	la gomme
une cage	des oiseaux	une fête

② **Relie** chaque déterminant aux noms qui conviennent.

un	cape
	chapeaux
une	collants
	bottes
des	costume

JE M'ENTRAINE

Date ....

LE NOMBRE DES NOMS ET DES ADJECTIFS 1 2 3 4

UTILISER DES NOMS ET ADJECTIFS SELON LEUR NOMBRE

③ **Complète** ces noms avec la marque du pluriel qui convient : -s ou -x.

- le couteau → les couteau ___
- un siège → des siège ___
- un jeu → des jeu ___
- une bille → des bille ___

④ **Complète** ces adjectifs avec la marque du pluriel qui convient : -s ou -x.

- des motos rapide ___
- des nouveau ___ copains
- des châteaux gigantesque ___
- de beau ___ livres

JE M'ENTRAINE
PARCOURS 1

Date ....

LE NOMBRE DES NOMS ET DES ADJECTIFS 1 2 3 4

CONNAITRE LE PLURIEL DES NOMS ET ADJECTIFS

5 **Écris** les noms représentés par les images.

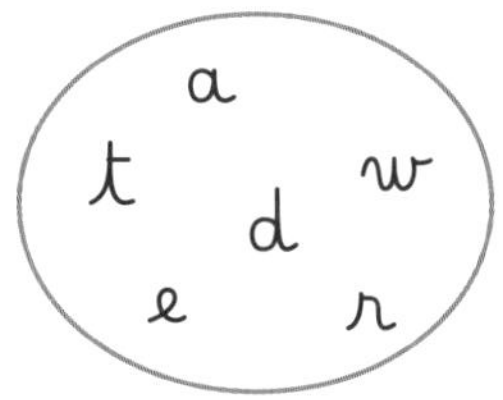

deux ______________ des ______________

trois ______________

6 **Retrouve** et **recopie** les cinq adjectifs au pluriel contenus dans la grille.

L	C	H	A	U	D	S
É	B	O	N	N	E	L
G	L	O	N	G	S	E
E	P	E	T	I	T	N
R	D	O	U	C	E	T
S	S	A	L	E	S	S

① ______________

② ______________

③ ______________

④ ______________

⑤ ______________

JE M'ENTRAINE
PARCOURS 1

Date ....

LE NOMBRE DES NOMS ET DES ADJECTIFS 1 2 3 4

ÉCRIRE DES NOMS AU PLURIEL

7 **Complète** ce texte en mettant les mots surlignés au pluriel.

À la fête foraine, j'ai acheté une sucette, un sirop sucré, une boisson chaude, un bonbon emballé.

À la fête foraine, j'ai acheté des sucette__, des sirop__ sucré__, des boisson__ chaude__, des bonbon__ emballé__.

DÉFI ÉCRITURE — UN INVENTAIRE EXTRAORDINAIRE

8 Dans le grenier de tes grands-parents, tu découvres une malle remplie de trésors. **Décris** ce que tu vois en utilisant au moins trois noms et des adjectifs au pluriel.

Exemple : *Dans la malle, j'ai trouvé* : *deux écharpes rouges, trois petits avions...*

JE M'ENTRAINE Date ....

RECONNAITRE LE NOMBRE DES NOMS ET ADJECTIFS : SINGULIER/PLURIEL

1 Colorie uniquement les étiquettes contenant un nom au pluriel.

règles	trousse	livres
cahiers	table	feutre
cartable	crayons	chaises

2 Barre l'intrus dans chaque liste.

petit	neuf	bruyant	noirs	ouvert
mental	original	amical	hivernal	verticaux
facile	merveilleux	délicieux	dangereux	heureux
fatigué	amusants	drôle	sombre	court

JE M'ENTRAINE Date ....

UTILISER DES NOMS ET ADJECTIFS SELON LEUR NOMBRE

3 Complète ces noms avec un déterminant singulier ou pluriel.

- ______ marteau
- ______ chameaux
- ______ hôpital
- ______ noyau
- ______ vitraux
- ______ bocal
- ______ tableau
- ______ manteaux

4 Complète ces adjectifs avec la terminaison qui convient : *-al* ou *-aux*.

- des gestes amic ______
- un jeu géni ______
- des traits horizont ______
- un hiver glaci ______
- un jouet infern ______
- des bijoux roy ______
- un animal idé ______
- des résultats norm ______

PARCOURS 2

JE M'ENTRAINE

Date ....

CONNAITRE LE PLURIEL DES NOMS ET ADJECTIFS

5 **Écris** les noms suivants au pluriel.

- le sac → ____________
- une histoire → ____________
- le travail → ____________
- un tribunal → ____________
- un écrou → ____________

6 **Complète** le tableau.

SINGULIER	PLURIEL
peureux	
	épais
horizontal	
spécial	

PARCOURS 2

JE M'ENTRAINE

Date ....

ÉCRIRE DES NOMS AU PLURIEL

7 **Complète** ce texte en mettant les noms et les adjectifs surlignés au pluriel.

Samira est allée au zoo. Elle a vu un ours blanc, un cheval gris, un chameau joyeux et une loutre charmante.

Samira est allée au zoo. Elle a vu des ____________, des ____________, des ____________ et des ____________.

DÉFI ÉCRITURE — UN INVENTAIRE EXTRAORDINAIRE

8 En jetant un œil dans la maison d'une petite souris, tu découvres des merveilles. **Décris** ce que tu vois en utilisant au moins quatre noms et des adjectifs au pluriel.

Exemple : *Dans le placard, j'ai trouvé : deux minuscules tasses, trois fourchettes édentées…*

RECONNAITRE LE GENRE DES NOMS ET ADJECTIFS : SINGULIER/PLURIEL

① **Colorie** en vert les noms au singulier et en jaune les noms au pluriel.

rails	clé	ordinateur	stylos
corail	vœux	singe	poux
cadeaux	squelette	fous	plumes

UTILISER DES NOMS ET ADJECTIFS SELON LEUR NOMBRE

② **Réponds** aux devinettes pour retrouver des noms en *-ail* ou *-al*. **Réécris**-les en les mettant au pluriel.

- C'est un lieu où on soigne les gens.
  → un ______________ / des ______________
- C'est une fête où l'on peut danser.
  → un ______________ / des ______________
- C'est un pull ou gilet tricoté.
  → un ______________ / des ______________
- Décor en verre, il décore les églises.
  → un ______________ / des ______________

③ **Complète** ces adjectifs avec la terminaison qui convient : *-als*, *-s*, *-x* ou *-aux*.

- des colis post ______
- des enfants ennuyeu ______
- des yeux dou ______
- des combats nav ______
- des brises légère ______
- des nuages gri ______
- des jours heureu ______
- des rires amicau ______

CONNAITRE LE PLURIEL DES NOMS ET ADJECTIFS

④ **Barre** l'intrus dans chaque liste.

cheveu	pneu	vœu	jeu	feu
chacal	récital	régal	hôpital	carnaval
gros	épais	bas	frais	rusés
pou	hibou	fou	joujou	bijou

PARCOURS 3 — JE M'ENTRAINE

Date ....

LE NOMBRE DES NOMS ET DES ADJECTIFS 1 2 **3** 4

5 Complète ces phrases en mettant les noms au pluriel.

Ces (*bocal*) ____________ de confiture ont l'air délicieux.

Cet étang est bordé de (*roseau*) ____________ .

J'adore lire les (*journal*) ____________ .

Ma fille s'intéresse à tous les (*détail*) ____________ .

Il fait ses (*adieu*) ____________ avant de partir.

Les plongeurs admirent les beaux (*corail*) ____________ .

6 Complète le tableau.

SINGULIER	PLURIEL
	vieux
bleu	
normal	
	précieux
performant	

PARCOURS 3 — JE M'ENTRAINE

Date ....

LE NOMBRE DES NOMS ET DES ADJECTIFS 1 2 3 **4**

ÉCRIRE DES NOMS AU PLURIEL

7 Réécris ce texte en mettant les noms et adjectifs surlignés au pluriel. Attention aux accords !

Le général inquiet envoie un signal. Le jeune caporal note le travail à entreprendre. Ils devront emprunter un sentier boueux ou un canal étroit.

DÉFI ÉCRITURE — UN INVENTAIRE EXTRAORDINAIRE

8 En ouvrant le sac d'un magicien, tu fais de drôles de découvertes. **Décris** ce que tu vois en utilisant au moins cinq noms et des adjectifs au pluriel.

Exemple : *Dans le sac du magicien, j'ai trouvé : deux serpents entrelacés, trois gros corbeaux...*

ÉVALUATION 1

Prénom ....

Date ....

Compétences évaluées : Le nombre des noms et des adjectifs	Exercices	A+	A	PA	NA
Utiliser les marques d'accord pour les noms : le nombre.	1				
Utiliser les marques d'accord pour les adjectifs : le nombre.	2				
Utiliser d'autres formes de pluriel (*-ail/-aux, -al/-aux...*).	3, 4				

1 **Colorie** uniquement les étiquettes contenant un nom au pluriel.

journaux	renard	trous	portail
grillages	neveu	carnaval	feux

2 **Entoure** les adjectifs au pluriel.

neuves hauts long nationaux

joyeuses nouveau simple cérébral

3 **Complète** ces phrases en mettant les noms au pluriel.

J'ai emporté des (*serviette*) ______________ pour la plage.

Le chat court après les (*souris*) ______________ .

Les (*carreau*) ______________ de ce carrelage sont superbes.

Émilie a les (*cheveu*) ______________ longs.

Ces (*voiture*) ______________ foncent sur la piste.

4 **Complète** ces phrases en mettant les adjectifs au pluriel.

Les loups (*affamé*) ______________ chassent.

Les animaux (*peureux*) ______________ se cachent.

Elle emporte des (*gros*) ______________ bagages.

Nous traçons des traits (*vertical*) ______________ dans notre cahier.

ÉVALUATION 2

Prénom ....

Date ....

Compétences évaluées : Le nombre des noms et des adjectifs	Exercices	A+	A	PA	NA
Utiliser les marques d'accord pour les noms : le nombre.	1				
Utiliser les marques d'accord pour les adjectifs : le nombre.	2				
Utiliser d'autres formes de pluriel (*-ail/-aux, -al/-aux...*).	3, 4				

1 Colorie uniquement les étiquettes contenant un nom au pluriel.

généraux	saison	hiboux	écrou	cartes
tableau	chacals	affaire	émails	rail

2 Entoure les adjectifs au pluriel.

festifs perçant chaleureuse équipés fou

magique nationaux précises infernal

3 Complète ces phrases en mettant les noms au pluriel.

Les (élève) ____________ observent les (*végétal*) ____________ .

Les (*travail*) ____________ ont sali les (*tapis*) ____________ de la maison.

Les (*prix*) ____________ des (*jouet*) ____________ ont augmenté.

Les (*sportif*) ____________ ont touché les (*poteau*) ____________ .

4 Complète ces phrases en mettant les adjectifs au pluriel.

Ces tableaux sont (*exceptionnel*) et (*monumental*).

Des incidents (*sérieux*) se sont produits sur les chemins (*givré*).

Ils construisent de (*nouveau*) et (*gros*) immeubles ici.

GRAMMAIRE
SE REPÉRER DANS LA PHRASE SIMPLE

SOCLE COMMUN

Domaine 1 : Les langages pour penser et communiquer
« Comprendre, s'exprimer en utilisant la langue française à l'oral et à l'écrit.
Au cycle 2, l'apprentissage de la langue française s'exerce à l'oral, en lecture et en écriture. L'acquisition d'une aisance à l'oral, **l'accès à la langue écrite en réception et en production s'accompagnent de l'étude du fonctionnement de la langue** et permettent de produire des énoncés oraux maitrisés, des écrits simples, organisés, ponctués, de plus en plus complexes et de commencer à exercer **une vigilance orthographique**.
Tous les enseignements concourent à la maitrise de la langue. »

Domaine 2 : Les méthodes et outils pour apprendre
« Tous les enseignements concourent à développer les compétences méthodologiques pour améliorer l'efficacité des apprentissages et favoriser la réussite de tous les élèves. Savoir apprendre une leçon ou une poésie, **utiliser des écrits intermédiaires, relire un texte, une consigne, utiliser des outils de référence**, fréquenter des bibliothèques et des centres de documentation pour rechercher de l'information, utiliser l'ordinateur, etc., sont autant de pratiques à acquérir pour permettre de mieux organiser son travail. »
« En français, extraire des informations d'un texte, d'une ressource documentaire permet de répondre aux interrogations, aux besoins, aux curiosités ; la familiarisation avec quelques logiciels (traitement de texte avec correcteur orthographique, dispositif d'écriture collaborative, etc.) aide à rédiger et à se relire. »

PROGRAMMES MODIFIÉS 2018

« Les objectifs essentiels de l'étude de la langue au cycle 2 sont liés à la lecture et à l'écriture. Les connaissances acquises permettent de traiter des problèmes de compréhension et des problèmes orthographiques.
Dès le cycle 2, l'enseignement de la langue est mené de manière structurée et progressive : la leçon de grammaire et de vocabulaire (découverte par l'élève d'une notion grammaticale ou d'un mot, de son sens, éventuellement de son histoire) doit être pratiquée dans le cadre de séances régulières qui leur sont spécifiquement consacrées.
Les élèves y apprennent progressivement à pratiquer des observations et à se repérer dans la phrase. Ils prennent conscience du fonctionnement de la langue pour en acquérir les notions fondamentales.
L'étude de la langue s'appuie sur l'observation et la manipulation d'énoncés oraux et écrits issus de corpus soigneusement constitués. C'est à partir de ces activités qu'il convient de structurer les apprentissages et de formuler des règles. Une dernière phase consiste à automatiser et mémoriser les compétences acquises.
S'ils sont fréquents dans l'usage, les phénomènes irréguliers doivent être mémorisés. »

Attendus de fin de cycle :
- Orthographier les mots les plus fréquents (notamment en situation scolaire) et les mots invariables mémorisés ;
- raisonner pour réaliser les accords dans le groupe nominal d'une part (déterminant, nom, adjectif), entre le verbe et son sujet d'autre part (cas simples : sujet placé avant le verbe et proche de lui ; sujet composé d'un groupe nominal comportant au plus un adjectif) ;
- utiliser ses connaissances sur la langue pour mieux s'exprimer à l'oral, pour mieux comprendre des mots et des textes, pour améliorer des textes écrits.

Dans *1, 2, 3... Parcours Étude de la langue CE*	Repères annuels de progressivité	
	CE1	**CE2**
	La classe grammaticale	
11 Les articles et autres déterminants	Les élèves enrichissent les corpus commencés au CP (noms, verbes, **déterminants**...) et nomment leur classe grammaticale.	À partir des critères construits tout au long du cycle, les élèves réinvestissent leurs connaissances des classes grammaticales (noms, **déterminants**, adjectifs qualificatifs, verbes, pronoms personnels sujets, mots invariables) dans le cadre de séances spécifiques. Ils distinguent **l'article défini de l'article indéfini**.
12 Le nom	Progressivement, les élèves reconnaissent **un nom commun** (ils en indiquent le genre et le nombre). Ils identifient **les noms propres**.	À partir des critères construits tout au long du cycle, les élèves réinvestissent leurs connaissances des classes grammaticales (**noms**, déterminants, **adjectifs** qualificatifs, verbes, **pronoms personnels sujets**, **mots invariables**) dans le cadre de séances spécifiques.
13 L'adjectif	*Au CP, ils constituent des corpus (**adjectifs qualificatifs, mots invariables, pronoms personnels sujets**) à partir des textes étudiés.* Les élèves enrichissent les corpus commencés au CP (noms, verbes, déterminants...) et nomment leur classe grammaticale.	
14 Les pronoms personnels sujets		
15 Les mots invariables		
16 Le groupe nominal : construction et accord	Les élèves renforcent leurs connaissances des régularités audibles ou visibles dans **le groupe nominal** et les élargissent à l'adjectif. Ils les mobilisent pour en dégager la règle.	Ils les mobilisent pour marquer les accords dans **le groupe nominal** en situation de rédaction et de résolution de problèmes orthographiques.
17 Révisions : identifier les classes grammaticales	Les élèves enrichissent les corpus commencés au CP (noms, verbes, déterminants...) et nomment leur **classe grammaticale**.	À partir des critères construits tout au long du cycle, les élèves réinvestissent leurs connaissances des **classes grammaticales** (noms, déterminants, adjectifs qualificatifs, verbes, pronoms personnels sujets, mots invariables) dans le cadre de séances spécifiques.
	La fonction	
18 Le sujet	Ils observent puis comprennent les propriétés permettant d'identifier **le sujet** et **le verbe** afin de mieux comprendre les relations des groupes au sein de la phrase. Ils reconnaissent un verbe notamment grâce aux variations de celui-ci (personnes, temps). Les élèves apprennent à trouver l'infinitif d'un verbe à l'oral.	Ils reconnaissent les principaux constituants de la phrase : **sujet**, **verbe**, **compléments**. Ils identifient le radical et la terminaison. Ils trouvent l'infinitif d'un verbe conjugué.
19 Le verbe : nature, fonction, infinitif		
20 Les compléments		Ils reconnaissent les principaux constituants de la phrase : sujet, verbe, **compléments**.
	La phrase	
21 Les types de phrases	Tout au long de l'année, ils consolident leur connaissance des **trois types de phrases**. Ils marquent la ponctuation de fin de phrase dans leurs écrits.	Ils opèrent des transformations sur les phrases : affirmatives/négatives ; **déclaratives/interrogatives**. Ils utilisent la ponctuation de fin de phrase (., !, ?) et les signes du discours rapporté (« »).
22 Les formes de phrases	En appui sur les textes étudiés en lecture, ils découvrent **les formes négatives et exclamatives** de la phrase.	Ils opèrent des transformations sur les phrases : **affirmatives/négatives** ; déclaratives/interrogatives.

JEUX POUR RITUELS ET ATELIERS

LES JEUX À L'ORAL

Pigeon-vole

- **But :** attraper les mots correspondant à une nature donnée. La nature est annoncée en début de partie. Les élèves ferment les yeux. L'enseignant énonce des mots. Si le mot entendu correspond à la nature demandée, ils lèvent la main pour « attraper » le mot. Les élèves peuvent garder trace de leur score sur leurs doigts ou le reporter sur ardoise.
- **Mise en place :** en collectif.
- **Fréquence :** rituel quotidien ou hebdomadaire.
- **Objectif :** repérer les mots appartenant à une nature donnée.

Phrase dictée du jour

- **But :** mettre en place un rituel évolutif sur des phrases dictées chaque jour afin de travailler les différentes parties d'étude de la langue. L'activité s'enrichit au fur et à mesure de l'année.
- **Mise en place :** en collectif.
- **Fréquence :** rituel quotidien.
- **Objectif :** variable selon les périodes.

LES JEUX À IMPRIMER

Switch

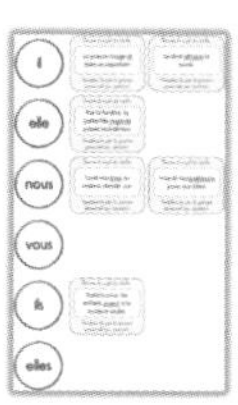

- **But :** chercher le sujet du verbe souligné. Remplacer ce sujet par le pronom personnel qui convient. Pour cela, l'élève aligne devant lui les jetons « pronoms personnels » en colonne. Il tire une carte, et après avoir effectué les actions 1 et 2, place la carte en face du bon pronom.
- **Mise en place :** en atelier.
- **Fréquence :** selon les besoins.
- **Objectif :** travailler la pronominalisation du sujet.

Source : http://lutinbazar.fr/switch-jeu-sur-la-pronominalisation-du-sujet/

Uno nature de mots

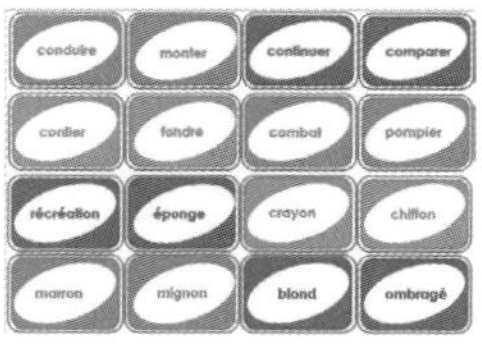

- **But :** se débarrasser de ses cartes en les posant à tour de rôle sur le tas commun selon un des critères retenus : même son, même nature (à énoncer !) ou même couleur.
- **Mise en place :** en atelier.
- **Fréquence :** selon les besoins.
- **Objectif :** repérer des mots possédant la même nature (nom, adjectif, verbe).

Source : http://jeuxremuemeninge.blogspot.com/2017/08/jeu-de-uno-nature-de-mots-et.html

Domino des GN 1 et 2

- **But :** à tour de rôle, les élèves doivent poser un domino, en respectant l'accord en genre et en nombre entre le déterminant et le nom. Si un élève est dans l'impossibilité de poser un domino, il pioche et l'élève suivant joue. Le gagnant est celui qui a posé le premier tous ses dominos.
- **Mise en place :** en atelier.
- **Fréquence :** selon les besoins.
- **Objectif :** repérer le genre et le nombre du déterminant et du nom. Faire correspondre le déterminant et le nom pour accorder en genre et en nombre.

Source : http://www.chezmonsieurpaul.fr/jeu-de-domino-du-gn-1-a108830952

Les lunettes

- **But :** se joue comme un memory, à deux. On retourne deux cartes. Si les cartes retournées correspondent à la forme affirmative et à la forme négative d'une même phrase, les cartes sont gagnées et l'élève rejoue. Si ce n'est pas le cas, on les replace, et c'est au tour du joueur suivant.
- **Mise en place :** en binôme ou individuel.
- **Fréquence :** selon les besoins.
- **Objectif :** associer phrase affirmative et phrase négative.

Source : https://lespetitsbrouillons.wordpress.com/2016/12/23/les-lunettes-phrases-affirmatives-et-negatives/

Jeu de l'oie types de phrases 	• **But :** on lance les dés pour arriver sur une case « symbole ». Une carte du même symbole est piochée. L'élève répond à la question posée par la carte. S'il a juste, il reste sur sa case. Dans le cas contraire, il retourne d'où il vient. • **Mise en place :** en atelier. • **Fréquence :** challenge rituel quotidien ou hebdomadaire. • **Objectif :** repérer les types de phrases. Mettre le ton. **Source :** http://ritamoutarde.eklablog.com/jeu-de-l-oie-des-types-de-phrases-a71080081
Hexaccords 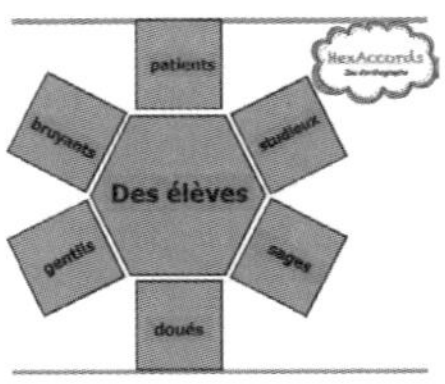	• **But :** sur la base hexagonale du plateau, une partie d'un groupe nominal est écrite. Parmi les neuf cartes de la pioche, il y a six propositions correctes à retrouver. Chacun à leur tour, les élèves piochent une carte pour compléter le groupe nominal à condition que celle-ci s'accorde avec lui. • **Mise en place :** en individuel, jusqu'à trois en atelier. • **Fréquence :** selon les besoins. • **Objectif :** accorder les groupes nominaux. **Source :** http://www.lecoledailleurs.fr/hexaccords-jeu-dorthographe/

LES JEUX DU COMMERCE

Le Petit Bac 	• **But :** jeter les dés et trouver un nom commun ou un nom propre appartenant à chaque catégorie commençant par la lettre fixée par les dés. • **Mise en place :** en atelier. • **Fréquence :** selon les besoins. • **Objectif :** trouver un nom commun ou un nom propre.
Dessine-moi un mot Les invariables CP-CE1-CE2 	• **But :** répondre à des petites questions d'observation sur la carte pour fixer l'orthographe des mots invariables. Avec les illustrations et le questionnement, l'élève fixe des repères pour mémoriser l'orthographe. • **Mise en place :** en autonomie, en individuel. • **Fréquence :** selon les besoins. • **Objectif :** mémoriser l'orthographe des mots invariables.
Tam Tam je retiens Les mots invariables Cycle 2 	• **But :** se débarrasser le plus rapidement possible de ses cartes en retrouvant la paire entre deux cartes-mots. • **Mise en place :** en atelier. • **Fréquence :** selon les besoins. • **Objectif :** retenir l'orthographe des mots invariables.
Logico CE1 Grammaire / conjugaison 	• **But :** placer les pastilles de couleurs devant la bonne réponse en fonction de la consigne. Autocorrection en retournant la fiche dans le support. • **Mise en place :** en individuel. • **Fréquence :** selon les besoins. • **Objectif :** identifier la phrase et la ponctuation, reconnaitre les formes de phrases, retrouver le verbe et son sujet dans une phrase, connaitre les classes des mots, accorder en genre et en nombre le groupe nominal, remplacer le groupe nominal par un pronom personnel sujet.
Logico CE2 Grammaire / conjugaison 	• **But :** placer les pastilles de couleurs devant la bonne réponse en fonction de la consigne. Autocorrection en retournant la fiche dans le support. • **Mise en place :** en individuel. • **Fréquence :** selon les besoins. • **Objectif :** identifier la phrase, en distinguer les principaux constituants, les reconnaitre et les hiérarchiser (sujet, verbe, compléments). Différencier les principales classes de mots (nom, article, adjectif, mots invariables).

11 LES ARTICLES ET AUTRES DÉTERMINANTS

Compétences travaillées (programmes modifiés 2018)

- **Se repérer dans la phrase simple**
  – Différencier les principales classes de mots : l'article défini, l'article indéfini.

FICHE ENSEIGNANT

En cycle 2, le travail de reconnaissance des déterminants se fait essentiellement à travers les articles. La distinction article défini/article indéfini est abordée en CE2. On rencontre aussi les déterminants possessifs et démonstratifs, sans les nommer ainsi.

Point notionnel	**Parmi les déterminants**, se trouvent **les articles**. On distingue deux sortes d'articles : article défini et article indéfini. **L'article défini** se place devant un nom dont le sens est déterminé. Ex. : *le garage de papy, la maison de Léa, les vacances d'été...* Devant un mot commençant par une voyelle ou un *h* muet, on utilise l'article élidé. Ex. : *l'aspirateur, l'horloge...* L'article est contracté lorsqu'il fusionne avec les prépositions *à* et *de*. Ex. : *au prochain croisement, aux aurores, du soda, la porte des toilettes...* **L'article indéfini** se place devant un nom non précisé, pas encore connu, non déterminé. Ex. : *une lettre, un individu, des fruits...* **Les déterminants possessifs** (ou adjectifs possessifs) sont utilisés principalement pour déterminer une appartenance. Ex. : *mon ami, ses affaires, leurs cahiers...* **Les déterminants démonstratifs** (ou adjectifs démonstratifs) sont utilisés pour marquer que l'on « montre » les êtres ou objets désignés par le nom. Ex. : *Regarde ce château. Comment s'appelle cette fille ?*	
Différenciation	**Parcours 1**	• Reconnaitre et utiliser les articles. • Identifier les articles dans des groupes nominaux simples. • Manipuler les déterminants : compléter un GN dont le genre/nombre est audible. • Distinguer les articles des noms, verbes et mots invariables. • Classer les articles selon leur nombre.
	Parcours 2	• Reconnaitre et utiliser les déterminants (principalement des articles). • Identifier les déterminants dans des phrases. • Manipuler les déterminants : compléter un GN avec un déterminant. • Distinguer les articles selon leur genre et leur nombre. • Classer les articles selon leur genre.
	Parcours 3	• Reconnaitre et utiliser différents déterminants. • Identifier les déterminants dans un texte. • Manipuler les déterminants : compléter un GN avec un déterminant. • Distinguer les articles des autres déterminants. • Différencier les articles définis des articles indéfinis.
Erreurs rencontrées	• Confusion avec les autres « petits mots » (prépositions, pronoms, déterminants, conjonctions). Les élèves gardent en tête que les articles ou les autres déterminants sont des « petits mots » et utilisent une stratégie erronée. • Difficulté à écrire l'article élidé *l'* (Ex. : l'élève écrit *laigle* au lieu de *l'aigle*). • Confusion entre l'article défini et le pronom. L'élève ne prend pas en compte que le déterminant accompagne le nom.	
Remédiation	• Pour aider l'élève à distinguer les déterminants des autres « petits mots », on lui propose d'employer le mot qui interroge avec un nom. Ex. : *le mot* → article ; *de mot* → pas article).	

LEÇON

LES ARTICLES ET AUTRES DÉTERMINANTS

Le déterminant accompagne le nom. Il a **le même genre** (masculin ou féminin) et **le même nombre** (singulier ou pluriel) **que le nom qu'il précède**.

<table>
<tr><th></th><th>MASCULIN SINGULIER</th><th>FÉMININ SINGULIER</th><th>PLURIEL</th></tr>
<tr><td>Article défini</td><td>l', le</td><td>l', la</td><td>les</td></tr>
<tr><td>Article indéfini</td><td>un</td><td>une</td><td>des</td></tr>
<tr><td rowspan="3">Autres déterminants</td><td>ce, cet</td><td>cette</td><td>ces</td></tr>
<tr><td>mon, ton, son</td><td>ma, ta, sa/son</td><td rowspan="2">mes, tes, ses
nos, vos, leurs</td></tr>
<tr><td colspan="2">notre, votre, leur</td></tr>
</table>

- **Les articles définis** se placent devant un nom dont on a déjà parlé, qu'on connait de manière précise. Ex. : *la voiture (de maman).*
- **Les articles indéfinis** se placent devant un nom dont on n'a pas encore parlé, qu'on ne connait pas. Ex. : *une voiture (qui passe).*
- **Certains déterminants** indiquent à qui appartient le nom qu'ils accompagnent. Ex. : *ma voiture (la mienne), sa voiture (la sienne).*

LEÇON ILLUSTRÉE

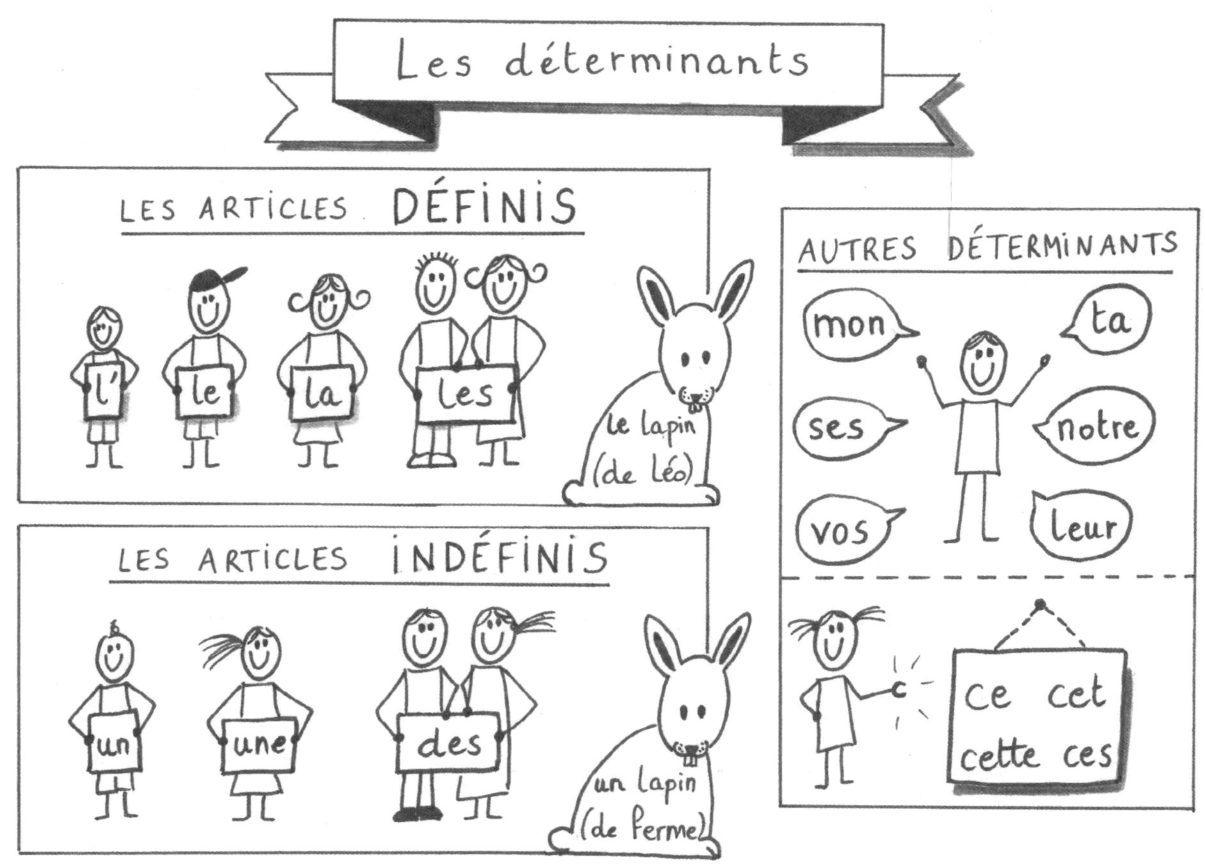

JE ME TESTE 1

Prénom ....

Date ....

RECONNAITRE LES ARTICLES

1 **Colorie** uniquement les articles.

une | narine | avoir | les | petit

sonner | le | des | Violette

DISTINGUER LE GENRE DES DÉTERMINANTS

2 **Colorie** en bleu les articles féminins et en orange les articles masculins.

la lune	mon frère	un tigre
une assiette	le pays	sa maitresse

CHOISIR UN ARTICLE ADAPTÉ

3 **Relie** chaque article au groupe nominal qui convient.

une •	• chevaux
l' •	• ceinture
le •	• ballon
les •	• abricot

ÉCRIRE DES ARTICLES CORRESPONDANT À UN GROUPE NOMINAL

4 **Complète** chaque phrase avec l'article qui convient :

un • des • la • l'

______ dictionnaire est utile pour trouver la définition d'un mot.

J'inviterai ______ copains pour mon anniversaire.

______ escargot Petit-Gris possède 14 000 petites dents !

Papa fait ______ vaisselle tous les soirs.

JE ME TESTE 2

Prénom ....

Date ....

RECONNAITRE LES DÉTERMINANTS

1 **Colorie** uniquement les déterminants.

cuisiner | l' | gorille | mince | ton

cette | un | Hector | les | notre

DISTINGUER LE GENRE DES DÉTERMINANTS

2 **Colorie** en bleu les déterminants féminins et en orange les déterminants masculins.

le chemin	son vélo	une chaussette
la voiture	un magasin	cette pizza

CHOISIR UN DÉTERMINANT ADAPTÉ

3 **Complète** chaque phrase avec un déterminant qui convient.

Dépêchez-vous de sortir ______ affaires !

Nathan a eu ______ console qu'il voulait.

______ taxi est venu chercher Maxime.

Je me suis cogné ______ orteil dans la porte.

PERCEVOIR LA DISTINCTION ENTRE ARTICLE DÉFINI ET INDÉFINI

4 **Relie** chaque phrase à la nature de son article en gras.

Le chat de Marion est gris et blanc. •

J'ai entendu **un** motard passer. •

Elle a raconté **des** histoires qui font peur. •

L'arrivée a lieu sur les Champs-Élysées. •

• Article défini (on sait de qui/quoi on parle)

• Article indéfini (on ne sait pas de qui/quoi on parle)

JE M'ENTRAINE

Date ....

LES ARTICLES ET AUTRES DÉTERMINANTS 1 2 3 4

IDENTIFIER DES ARTICLES

1 **Colorie** uniquement les étiquettes contenant des articles.

manger	le	maman
violet	une	des

IDENTIFIER DES ARTICLES DANS UN GROUPE NOMINAL

2 **Entoure** les articles contenus dans ces groupes.

- le Père Noël
- des dents
- un taille-crayon
- l'étoile

JE M'ENTRAINE

Date ....

LES ARTICLES ET AUTRES DÉTERMINANTS 1 2 3 4

ASSOCIER DES ARTICLES À DES NOMS

3 **Relie** chaque article avec le nom qui convient.

le	chevaux
une	crayon
des	lionne
l'	animal

DIFFÉRENCIER LES ARTICLES DES AUTRES CLASSES DE MOTS

4 **Barre** l'intrus dans chaque liste.

la	un	les	avion
chanter	une	la	le
une	joli	le	un
un	une	enfin	les

5 **Écris** S pour chaque article en gras au singulier ou P pour chaque article en gras au pluriel.

Les écoliers jouent au loup. → ....

Apolline accroche **une** guirlande. → ....

Nous regardons **l'**éléphant. → ....

Papy épluche **des** oignons. → ....

La mer monte. → ....

UTILISER LES ARTICLES

6 **Remplace** chaque article en gras par un autre qui convient.

La marmotte sort de son terrier.

→ ______ marmotte sort de son terrier.

Je mange **des** bonbons.

→ Je mange ______ bonbons.

Un livre est tombé.

→ ______ livre est tombé.

7 **Complète** sous chaque image chaque nom avec l'article qui convient.

______ chaussures

______ tour Eiffel

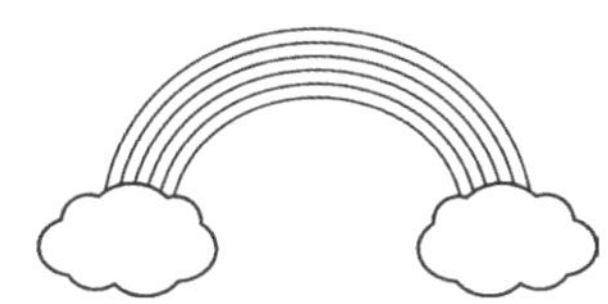

______ arc-en-ciel

______ bijoux

DÉFI ÉCRITURE

MA LISTE DE CADEAUX

8 Romane est en train de préparer son anniversaire.
Écris la liste des cadeaux qu'elle aimerait recevoir.

Un livre, des rollers,...

JE M'ENTRAINE

Date ....

IDENTIFIER DES DÉTERMINANTS

1 **Colorie** uniquement les étiquettes contenant des déterminants.

bougie — amener — la

ile — mes — chat

les — être

IDENTIFIER DES DÉTERMINANTS DANS UNE PHRASE

2 **Entoure** les déterminants contenus dans ces phrases.

Éléonore plante des radis.

Ses chaussettes sont trouées !

L'école n'est pas loin.

Vous détestez les artichauts.

JE M'ENTRAINE

Date ....

ASSOCIER DES DÉTERMINANTS À DES NOMS

3 **Relie** chaque déterminant avec le groupe nominal qui convient.

l'	cousine Émilie
ta	joueur professionnel
les	escalier de secours
un	fleurs bleues

IDENTIFIER LE GENRE ET LE NOMBRE DES DÉTERMINANTS

4 **Barre** l'intrus dans chaque liste. C'est celui qui n'a pas le même nombre que les autres !

tes	un	des	les

mes	la	une	le

un	une	le	les	la

une	le	mon	un	ses

PARCOURS 2

JE M'ENTRAINE

Date ....

LES ARTICLES ET AUTRES DÉTERMINANTS 1 2 **3** 4

5 **Classe** dans le tableau les déterminants suivants selon leur genre :

un • ma • une • ton • le • sa • la • mon

FÉMININ	MASCULIN

UTILISER LES ARTICLES

6 **Réécris** ces phrases en remplaçant chaque déterminant en gras par un article qui convient.

Ta fermeture est coincée !

Elle achète **cet** agenda jaune.

Le maitre veut voir **nos** parents.

PARCOURS 2

JE M'ENTRAINE

Date ....

LES ARTICLES ET AUTRES DÉTERMINANTS 1 2 3 **4**

7 **Complète** ces phrases avec le nom et son article qui convient.

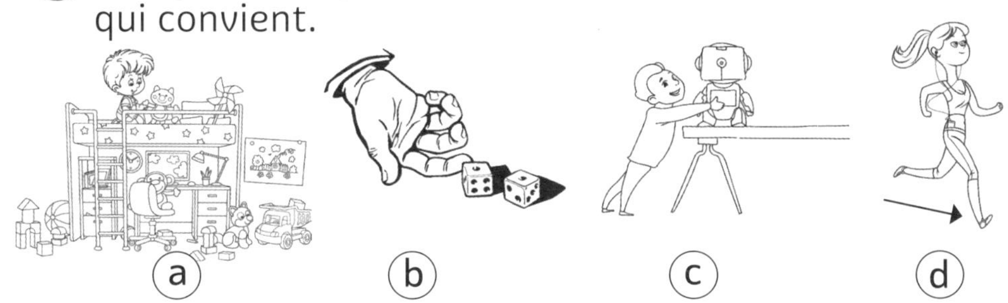

a Je suis dans

b Il jette

c Il choisit

d Elle a mis

DÉFI ÉCRITURE

MA TENUE DU JOUR

8 **Écris** trois phrases pour décrire comment tu es habillé aujourd'hui.

Exemple : *Je porte des chaussettes blanches. Mon pull est rayé...*

PARCOURS 3 — JE M'ENTRAINE

Date ....

LES ARTICLES ET AUTRES DÉTERMINANTS 1 2 3 4

IDENTIFIER DES DÉTERMINANTS

1 **Colorie** uniquement les étiquettes contenant des déterminants.

cette	Jack	mon
alors	ta	dire
votre	haut	la

IDENTIFIER DES DÉTERMINANTS DANS UNE PHRASE

2 **Entoure** les déterminants contenus dans ce texte.

Marco enfile son short. Il met ensuite un maillot neuf. Des chaussettes recouvrent ses protège-tibias. Ses coéquipiers sont prêts. Ils attendent l'entrée sur le terrain. Les supporters répètent leurs chants préférés. Ces chants résonnent dans le stade.

PARCOURS 3 — JE M'ENTRAINE

Date ....

LES ARTICLES ET AUTRES DÉTERMINANTS 1 2 3 4

ASSOCIER DES DÉTERMINANTS À DES NOMS

3 **Complète** chaque phrase avec un article comme indiqué.

article indéfini → Mon frère a perdu ______ dent.

article défini → ______ maman de Lucas est là !

article indéfini → J'ai aperçu ______ papillon de nuit.

article indéfini → Papi achète ______ bonbons.

article défini → Mamie aime ______ biscuits à la cannelle.

4 **Barre** l'intrus dans chaque liste.

le	l'	la	un	
un	la	des	une	
une	ma	ta	sa	
les	un	des	la	mes

PARCOURS 3

JE M'ENTRAINE

Date ....

LES ARTICLES ET AUTRES DÉTERMINANTS 1 2 3 4

5 **Classe** dans le tableau les articles suivants :

l' • *des* • *les* • *un* • *la* • *le* • *une*

ARTICLES DÉFINIS	ARTICLES INDÉFINIS

UTILISER LES ARTICLES

6 **Réécris** ces phrases en remplaçant chaque déterminant en gras par un article qui convient.

Exemple : ***Ces*** *élèves apprennent* ***leur*** *poésie.*
→ *Les élèves apprennent la poésie.*

Demain, **cet** enfant verra **son** ami.

Votre voisine a eu **sa** petite fille.

PARCOURS 3

JE M'ENTRAINE

Date ....

LES ARTICLES ET AUTRES DÉTERMINANTS 1 2 3 4

7 **Réécris** ce texte en mettant les articles en gras au singulier. Attention aux accords !

Je monte sur **les** trampolines. **Des** enfants sautent très haut. Je vois **des** petites motos et **des** vélos ! Maman m'appelle et me propose **des** gâteaux.

DÉFI ÉCRITURE

COMMANDE AU FAST-FOOD

8 Tes parents t'emmènent au fast-food et tu passes ta commande. **Écris** la liste de ce que tu choisis pour ton menu, en utilisant des articles indéfinis.

Exemple : *Je veux une grande portion de frites...*

ÉVALUATION 1

Prénom ....

Date ....

Compétences évaluées : Les articles et autres déterminants	Exercices	A+	A	PA	NA
Reconnaitre les déterminants dans une phrase.	1				
Identifier le genre et le nombre d'un déterminant.	2				
Manipuler les déterminants : choisir un déterminant adapté.	3, 4				

1 **Entoure** les articles contenus dans ces phrases.

Le cinéma est fermé. Je fais la sieste. Roger prend une nouvelle raquette.

Elle porte des cheveux longs. Les nuages gris sont menaçants.

2 **Coche** pour indiquer le genre et le nombre de chaque déterminant en gras.

	FÉMININ	MASCULIN	SINGULIER	PLURIEL
Le facteur est passé à 11 heures.				
Mon cochon d'Inde est **une** femelle.				
Ton jardin est envahi par les ronces.				
J'ai encore **des** jours de congés.				

3 **Complète** ces phrases par le déterminant qui convient : *les, un, la* ou *l'*.

La maitresse va chercher ______ agenda d'Elliott dans la classe.

J'ai ______ cousin qui habite en Australie.

______ voiture de mamie est en panne.

______ cartes du Mémory sont retournées, face cachée.

4 **Écris** une phrase pour chaque image.

a

b

c

a

b

c

ÉVALUATION 2

Prénom ....

Date ....

Compétences évaluées : Les articles et autres déterminants	Exercices	A+	A	PA	NA
Reconnaitre les déterminants dans un texte.	1				
Distinguer les articles définis et indéfinis.	2				
Manipuler les déterminants : choisir un déterminant adapté.	3, 4				

1 Entoure les déterminants contenus dans ce texte.

La maitresse nous demande de sortir nos affaires. « Nous allons écrire une phrase dans le cahier rouge », dit-elle. « N'oubliez pas la majuscule ! ». Je m'applique, puis je relis ma phrase. Ensuite, Rayan et Lana ramassent les cahiers.

2 Coche pour indiquer la nature de chaque déterminant en gras.

	ARTICLE DÉFINI	ARTICLE INDÉFINI
Elle a enlevé **les** petites roulettes de son vélo.		
Papa débranche **la** guirlande électrique.		
Le grand frère de Colombe a **un** portable.		
Il reste **des** pâtes dans le frigo.		

3 Complète avec l'article indiqué.

article défini → La cousine de Gaëlle rêve d'apprendre ____ piano.

article défini → Je vais nourrir les chats de ____ voisine.

article indéfini → Il y a ____ longue file de voitures devant la station-service.

article indéfini → ____ touristes prennent la pose devant la pyramide du Louvre.

4 Écris une phrase pour chaque image.

a 

b 

c 

a ....

b ....

c ....

12 LE NOM

Compétences travaillées (programmes modifiés 2018)

- **Se repérer dans la phrase simple**
  – Identifier la phrase, en distinguer les principaux constituants et les hiérarchiser.
  – Différencier les principales classes de mots : le nom.

FICHE ENSEIGNANT

Dans ce chapitre, les élèves vont apprendre à reconnaitre le nom sur le plan grammatical. Un travail sur le genre et le nombre des noms est proposé dans les chapitres 9 et 10, ainsi les problèmes orthographiques ne sont pas spécifiquement abordés dans celui-ci. Les connaissances sur le nom acquises dans ce chapitre seront enrichies dans le chapitre 16 consacré au groupe nominal.

Point notionnel		**Les noms** sont **des mots** qui servent **à désigner des êtres, des choses, des idées**. Ils sont souvent **précédés d'un déterminant**. Ils possèdent **leur propre genre**. Le nom est **le noyau du groupe nominal**. Les noms peuvent être : – **des noms communs** : des noms animés (les êtres vivants, humains ou non) et des noms non animés (objets, qualités, émotions…), des noms concrets ou abstraits (propriétés, qualités…) ; – **des noms propres** : ils désignent le plus souvent des noms de personnes ou de lieux et commencent par une majuscule. Certains sont employés avec un déterminant. Ex. : *l'Italie*.
Différenciation	**Parcours 1**	• Les noms à identifier concernent des personnes, des objets ou des animaux. • Les noms sont à distinguer des verbes (1er groupe). • Les phrases où il faut identifier un nom sont très simples.
	Parcours 2	• Les noms à identifier concernent des personnes, des objets, des animaux ou des lieux. • Les noms sont à distinguer des verbes (1er groupe et fréquents du 3e groupe). • Les phrases où il faut identifier un nom sont simples.
	Parcours 3	• Les noms à identifier concernent des personnes, des objets, des animaux, des lieux ou des sentiments et émotions. • Les élèves doivent identifier des noms dans des phrases plus longues ou dans un court texte.
Erreurs rencontrées		• Confusion dans la distinction des noms propres et des noms communs, et oubli de la majuscule pour les noms propres. • Difficulté à repérer les noms dans des phrases. • Confusion entre les noms terminés en *-er* avec des verbes du 1er groupe (Ex. : *boulanger, pâtissier, etc.*).
Remédiation		• Apprendre à distinguer les noms des verbes terminés par *-er* en tentant de les conjuguer ou en ajoutant un déterminant. • Remplacer le nom problématique par un autre nom connu de l'élève. • Organiser un jeu : petit bac simplifié (personne, objet, lieu, animal…).

LEÇON

LE NOM

Les noms sont divisés en deux catégories : **les noms communs** et **les noms propres**.

- **Les noms communs** désignent : un être vivant (une personne, un animal), un objet, un lieu, une idée, une émotion ou un sentiment, une qualité…
  Chaque nom commun a **un genre** (masculin ou féminin) et **un nombre** (singulier ou pluriel) généralement indiqué par le déterminant qui le précède.
  Ex. : *Une présidente, le lion, les casseroles, la ville, des histoires, la peur, la gentillesse…*

- **Les noms propres** désignent : un être vivant (une personne, un animal), un lieu, les habitants d'un pays, une chose…
  Ils commencent par une **majuscule**.
  Ex. : *Timéo, Nala, Rouen, l'Allemagne, les Français…*

Pour reconnaitre un nom, on peut placer un article (*un, une, des…*) devant lui.
Ex. : *boulanger* → *un boulanger* : boulanger *est un nom.*
danser → ~~*un*~~ *danser* : danser *n'est pas un nom.*

LEÇON ILLUSTRÉE

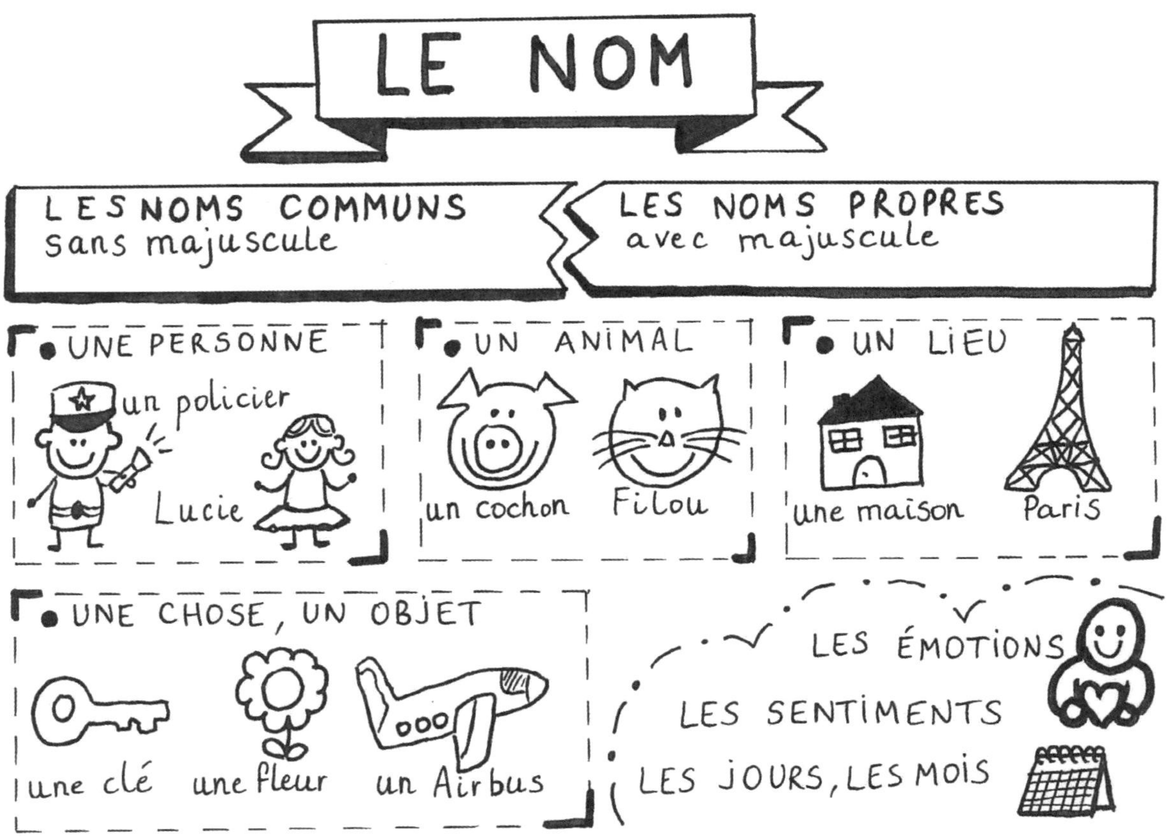

JE ME TESTE 1

Prénom ....

Date ....

RECONNAITRE LES NOMS

1 **Colorie** uniquement les noms.

parent | nager | piscine | seau | jeter | voir | jardin

creuser | enfant | Bastien | poisson | deviner

2 **Entoure** le nom dans chaque phrase.

Le chat miaule. Leeloo chante. Les camions démarrent.

La cheminée fume. Les joueurs s'entrainent.

DISTINGUER LES NOMS PROPRES DES NOMS COMMUNS

3 **Classe** les noms suivants dans le tableau :

Lille • une robe • le sapin • le collier • Lucie • la Normandie
le village • une planète • Fouad • le Portugal

NOMS COMMUNS	NOMS PROPRES
....	....
....	....
....	....
....	....
....	....

IDENTIFIER LES NOMS PROPRES

4 **Réécris** ces phrases en mettant les majuscules aux noms propres.

Ma chanteuse préférée est angèle.

L'équipe de france est championne du monde.

Le papa de paul travaille à paris.

JE ME TESTE 2

Prénom ....

Date ....

LE NOM

RECONNAITRE LES NOMS

1 Colorie uniquement les étiquettes contenant des noms.

l'éléphant | accepter | tourner | la Grèce

l'hôpital | un train | lancer | le renard | Ethan

une minute | oublier | se coiffer

2 Entoure les noms contenus dans ce texte.

Boucle d'Or ne retrouve plus le chemin de sa maison. Elle trouve une cabane dans la forêt. Elle ouvre la porte et découvre une grande table. La petite fille goute la soupe. Ensuite, elle voit une chambre et elle s'endort dans un petit lit.

DISTINGUER LES NOMS PROPRES DES NOMS COMMUNS

3 Classe les mots suivants dans le tableau :

le Japon • les roses • la poule • Nina • la montagne
Milo • une note • ton pantalon • Marseille

NOMS COMMUNS	NOMS PROPRES
....	....
....	....
....	....
....	....
....	....

IDENTIFIER LES NOMS PROPRES

4 Réécris ces phrases en mettant les majuscules aux noms propres.

La reine d'angleterre habite à londres.

C'est un tableau de pablo picasso.

Ta cousine carla habite à nantes.

JE M'ENTRAINE

Date ....

IDENTIFIER LES NOMS

1 Colorie uniquement les étiquettes contenant un nom.

trousse — Lina — mouton

marcher — crayon — dessiner

2 Barre l'intrus dans chaque liste. Ce mot n'est pas un nom !

lapin	sauter	ballon	veste
une	garçon	casquette	voiture
Ethan	Maëlle	Raïssa	tricher

3 Colorie uniquement les cases contenant des noms.

renard	téléphone	danseuse
casserole	manger	bouger
avion	piano	crocodile
téléphoner	danser	marteau
château	cartable	poupée

Quelle lettre vois-tu apparaitre ? ....

JE M'ENTRAINE

Date ....

4 Entoure les noms dans ces phrases, comme dans l'exemple.

Exemple : *Mon (frère) a perdu sa (dent).*

La maitresse présente un tableau.

Elyas range sa chambre.

Mon papa lave les assiettes.

IDENTIFIER LES NOMS PROPRES

5 Colorie l'écriture qui convient.

nolhan / Nolhan mangera à la cantine.

Mon chat / Chat dort sur un coussin rouge.

Ma tante habite à paris / Paris.

DISTINGUER LES NOMS PROPRES ET LES NOMS COMMUNS

6 Relie chaque nom à la catégorie qui lui correspond.

Gaspard •

escargot • — • nom commun

lunettes • — • nom propre

Nantes •

JE M'ENTRAINE

Date ....

UTILISER LES NOMS

7 **Indique** la catégorie de chaque nom selon le code indiqué.

PERSONNE	ANIMAL	OBJET
P	A	O

un couteau : .... le lama : .... la reine : ....

un gardien : .... une girafe : .... une couverture : ....

8 **Réponds** aux devinettes pour trouver des noms.

Bijou que l'on met autour du doigt. → une _ _ _ _ _

Animal qui miaule. → un _ _ _ _

Petit objet qui sert à effacer. → une _ _ _ _ _

9 **Relie** chaque nom commun au nom propre correspondant.

un personnage •	• L'Italie
une ville •	• Tintin
un pays •	• Bordeaux

JE M'ENTRAINE

Date ....

10 **Écris** les cinq noms d'animaux dans la grille.
Tu découvriras le mot secret dans la colonne grisée.

① 

② 

③ 

④ 

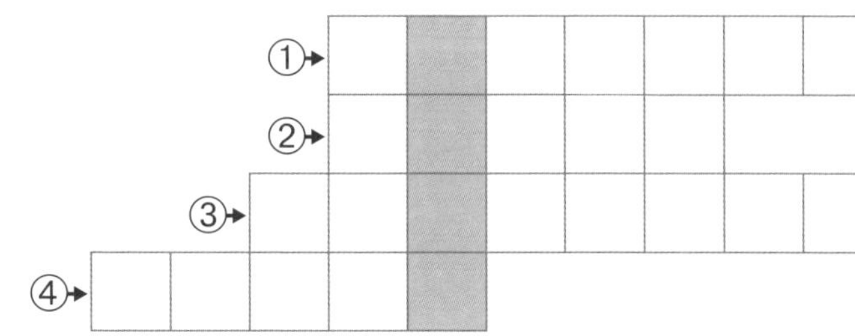

Mot secret : ....

DÉFI ÉCRITURE

DEUX NOMS, UNE PHRASE

11 **Invente** trois phrases contenant les noms suivants.

gâteau • bougies

monstres • planète

cheval • course

PARCOURS 2

JE M'ENTRAINE

Date ....

IDENTIFIER LES NOMS

1 Colorie uniquement les étiquettes contenant un nom.

un musée	visiter	la pomme	Jules
hurler	des livres	Grenoble	cacher

2 Barre l'intrus dans chaque liste.

pilote	hôtesse	hublot	piloter	aileron
pie	ile	le	dé	sac
Mattéo	artiste	Lana	Noé	Nathan

3 Colorie uniquement les cases contenant des noms.

tulipe	oncle	mairie
tableau	faire	Marcel
Lille	carte	lunettes
canapé	venir	gronder
professeur	les	prendre

Quelle lettre vois-tu apparaitre ? ....

PARCOURS 2

JE M'ENTRAINE

Date ....

IDENTIFIER LES NOMS PROPRES

4 Souligne les noms propres, puis **réécris** ces phrases en mettant les majuscules.

Mon frère alexandre est malade.

Cet été, je suis allé en espagne.

Sa cousine s'appelle mariam.

DISTINGUER LES NOMS PROPRES ET LES NOMS COMMUNS

5 Relie chaque nom à la catégorie qui lui correspond.

- un policier
- Mathis
- Toulouse
- la ville
- un timbre

- nom commun
- nom propre

JE M'ENTRAINE

PARCOURS 2

Date ....

LE NOM 1 2 **3** 4

6 **Entoure** les noms propres et les noms communs dans ces phrases.

Hanna a préparé un dessert.

Le Portugal a gagné une coupe.

Le repas est préparé par Aline.

UTILISER LES NOMS

7 **Classe** les noms suivants dans la bonne colonne :

Russie • *saumon* • *Manon* • *lampe* • *pigeon* • *école* • *dé* • *directeur*

PERSONNE	OBJET	ANIMAL	LIEU

8 **Relie** chaque nom commun au nom propre qui lui correspond.

une chanteuse •	• Marseille
un sportif •	• la Grèce
un pays •	• Mbappé
une ville •	• Shakira

JE M'ENTRAINE

PARCOURS 2

Date ....

LE NOM 1 2 3 **4**

9 **Écris** les cinq noms de fruits dans la grille.
Tu découvriras le mot secret dans la colonne grisée.

①
②
③
④
⑤

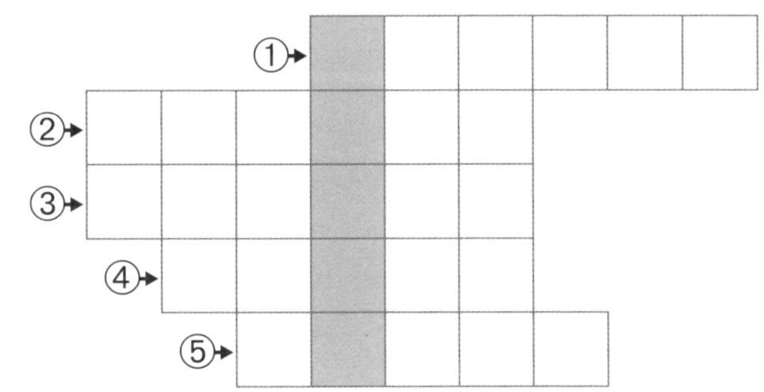

Mot secret : ....

DÉFI ÉCRITURE

DEUX NOMS, UNE PHRASE

10 **Invente** trois phrases contenant les noms suivants.

forêt • *Boucle d'or*

manoir • *Bretagne*

sorcière • *Mathilda*

PARCOURS 3

JE M'ENTRAINE

Date ....

IDENTIFIER LES NOMS

1 Colorie uniquement les étiquettes contenant un nom.

un chantier | garder | voir | un arrosoir
l'Argentine | faire | le fer | le dégout

2 Barre l'intrus dans chaque liste.

un volcan	la montagne	un sommet	les Alpes	une crête
ma sœur	mon père	Louisa	son oncle	ton bébé
Romane	un élève	Solal	Anaïs	Paco
une étoile	la comète	la planète	la Terre	la galaxie

3 Colorie uniquement les cases contenant des noms.

Tintin	l'honnêteté	ma tasse	le Japon
des fusées	tenter	geler	venir
une datte	vouloir	cette rue	une avenue
sa vie	prendre	jongler	le gel
des paroles	une règle	un cri	la langue

Quelle lettre vois-tu apparaitre ? ....

PARCOURS 3

JE M'ENTRAINE

Date ....

IDENTIFIER LES NOMS PROPRES

4 Souligne les noms propres, puis **réécris** ces phrases en mettant les majuscules.

françois Ier a bâti le château de chambord.

la capitale de l'allemagne est berlin.

ce poème est de jacques prévert.

DISTINGUER LES NOMS PROPRES ET LES NOMS COMMUNS

5 Relie chaque nom à la catégorie qui lui correspond.

un Airbus
Perpignan
l'avion
les jours
un aimant

nom commun
nom propre

6 **Entoure** les noms contenus dans ce texte.

C'est la rentrée. Manon porte un cartable neuf et son pantalon préféré. Ses parents font un signe de la main. Manon reconnait son amie Héloïse, elle sourit.
La sonnerie retentit. Les élèves se rangent.

UTILISER LES NOMS

7 **Classe** les noms suivants dans la bonne colonne :

la tendresse • le camping • l'amitié • l'Alaska
César • le maire • la chaise • le cartable

PERSONNE	OBJET	SENTIMENT	LIEU

8 **Relie** chaque nom commun au nom propre qui lui correspond.

une reine •	• la Seine
un fleuve •	• Cléopâtre
une région •	• la Bretagne
une ville •	• Orléans

9 **Écris** les six noms d'objets dans la grille.
Tu découvriras le mot secret dans la colonne grisée.

① ② ③ ④ ⑤ ⑥

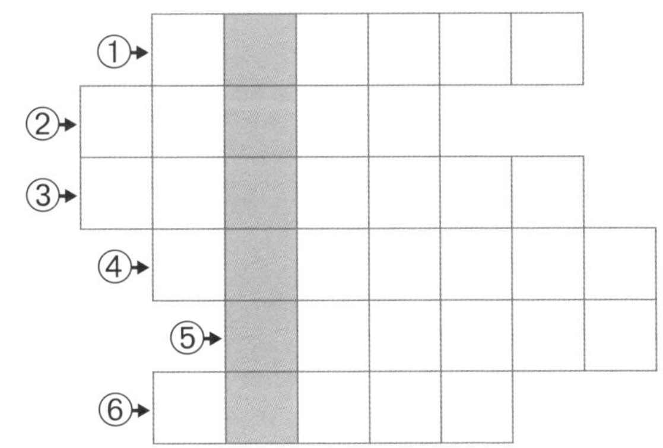

Mot secret : ....

DÉFI ÉCRITURE — **TROIS NOMS, UNE PHRASE**

10 **Invente** trois phrases contenant les noms suivants.

bébé • biberon • Daphné

récréation • ballon • Paris

pion • plateau • Samuel

ÉVALUATION 1

Prénom ....

Date ....

Compétences évaluées : Le nom	Exercices	A+	A	PA	NA
Identifier les noms.	1, 2				
Distinguer les noms propres et les noms communs.	3				
Utiliser les noms.	4				

1 **Colorie** uniquement les étiquettes contenant des noms.

hérisson | arroser | poussin | friteuse

briller | Antoine | infirmière | plage | tomber

2 **Entoure** le nom contenu dans chaque phrase.

Mon frère joue.

Je prends ma trousse.

Ce koala grignote.

Maëlys dessine.

La voiture démarre.

Il porte son cartable.

3 **Classe** dans le tableau les mots suivants :

Laure • Léa • des cadeaux • une guitare • Oscar • une règle
un lézard • l'Angleterre

NOMS COMMUNS	NOMS PROPRES
....	....
....	....
....	....
....	....

4 **Complète** le tableau avec des noms de ton choix. Mets les majuscules si besoin.

PERSONNES	LIEUX	ANIMAUX

ÉVALUATION 2

Prénom ....

Date ....

Compétences évaluées : Le nom	Exercices	A+	A	PA	NA
Identifier les noms.	1, 2				
Distinguer les noms propres et les noms communs.	3				
Utiliser les noms.	4				

1 Barre l'intrus dans chaque série.

hiver	voyage	Espagne	bateau	plage	village

libellule	mare	siffler	rivière	nénufar	eau

un	cactus	hyène	tabouret	balai	râteau

canard	château	parc	fauteuil	mon	fontaine

2 Entoure les noms contenus dans ce texte.

Ma chère Louise,
Je suis à la montagne. Hier, mes parents et moi avons fait une randonnée. Nous avons vu des marmottes. Nous sommes montés sur un sommet. Maman portait le sac et nous avons mangé des sandwichs. J'ai eu mal aux pieds !
Des bisous,
Jeanne

3 Classe dans le tableau les mots suivants :
un bras • Camille • Angers • le puits • ton frère • Jupiter • Lucas • un stylo

NOMS COMMUNS	NOMS PROPRES
....	....
....	....
....	....
....	....

4 Complète le tableau avec des noms de ton choix. Mets les majuscules si besoin.

PERSONNES	LIEUX	ANIMAUX	OBJETS

13 L'ADJECTIF

Compétences travaillées (programmes modifiés 2018)

- **Se repérer dans la phrase simple**
  – Identifier la phrase, en distinguer les principaux constituants et les hiérarchiser.
  – Différencier les principales classes de mots : l'adjectif qualificatif.

FICHE ENSEIGNANT

Ce chapitre permet de continuer l'exploration de la phrase. Après avoir appris à identifier les déterminants, les noms, les élèves vont se concentrer sur l'adjectif qualificatif. Les objectifs principaux de ce chapitre sont l'identification et l'utilisation des adjectifs. Les notions d'accord seront développées dans les chapitres : 16 (Le groupe nominal), 9 (Le genre des noms et adjectifs) et 10 (Le nombre des noms et adjectifs).

Point notionnel	**Les adjectifs se rapportent à un nom (ou pronom), dont ils précisent le sens.** **Ils appartiennent** : – **au groupe nominal** : ils sont alors associés au nom (en étant juxtaposés ou détachés), ce sont des constituants facultatifs du groupe nominal. Lorsqu'ils sont juxtaposés au nom (ce sont alors des expansions du nom), ils sont dits « épithètes » du nom. Ex. : *un chat noir*. Lorsqu'ils sont détachés du nom, ils sont dits « apposés » au nom. Ex. : *Elle s'était levée, chancelante, et avait ouvert la porte*. – **au groupe verbal** : ils sont reliés au nom (ou pronom) par un verbe d'état ou attributif (*être, paraitre, sembler*...) et sont un constituant obligatoire du groupe verbal. Ex. : *Cet homme parait malade*. (attribut du sujet)	
Différenciation	**Parcours 1**	• Les adjectifs à identifier sont des adjectifs courants (*grand*, *petit*, *blanc*...). • Les adjectifs sont à identifier en opposition à une seule catégorie grammaticale. • Les phrases où il faut identifier un adjectif sont simples.
	Parcours 2	• Les adjectifs à identifier sont moins courants. • Les adjectifs sont à identifier en opposition à deux catégories grammaticales (verbes, noms ou articles). • Les phrases où il faut identifier un adjectif sont plus complexes.
	Parcours 3	• Les adjectifs choisis appartiennent à des domaines plus vastes dont des notions plus abstraites comme les sentiments. • Les élèves doivent identifier des adjectifs dans des phrases plus longues ou dans un texte.
Erreurs rencontrées	• Difficulté à repérer les adjectifs dans des phrases, due à une confusion grammaticale ou à un manque de lexique. • Difficulté à identifier les adjectifs qui précèdent le nom et confusion avec les articles et les autres déterminants. • De nombreux adjectifs peuvent aussi être des noms, cela peut apporter des confusions et des erreurs d'identification (Ex. : *le loup méchant* ; *le méchant de cette histoire*).	
Remédiation	• Amener les élèves à déterminer les mots facultatifs, ceux que l'on peut supprimer dans un groupe nominal sans en changer le sens. • Développer le lexique grâce à des listes (cf. en annexe à la fin du fichier et dans la version numérique) ou fleurs de vocabulaire autour des adjectifs. • Travailler les différentes natures d'un mot et bien insister sur le fait qu'un adjectif accompagne un nom. Sans contexte, on ne peut pas identifier certaines natures de mots.	

LEÇON

L'ADJECTIF

- L'adjectif est un mot qui permet de qualifier (donner des informations sur) un nom. Il peut être **placé devant ou derrière le nom**.
  Ex. : *un **petit** chien, un chien **noir**, un chien **dangereux**, un **gentil** chien...*
  A N N A N A A N

- L'adjectif appartient au groupe nominal, mais il n'est **pas obligatoire** : **on peut le supprimer** sans changer le sens de la phrase.
  Ex. : *Le **petit** chien **blanc** aboie.* ➜ *Le chien aboie.*
  GN GN

- L'adjectif **s'accorde en genre et en nombre** avec le nom.
  Ex. : *un **petit** chien* ➜ *une **petite** chienne* (accord en genre : masculin/féminin).
  Ex. : *un **petit** chien* ➜ *des **petits** chiens* (accord en nombre : singulier/pluriel).
  Ex. : *un **petit** chien* ➜ *des **petites** chiennes* (accord en genre et en nombre).

LEÇON ILLUSTRÉE

JE ME TESTE 1

Prénom ....

Date ....

RECONNAITRE LES ADJECTIFS

1 **Colorie** uniquement les étiquettes contenant des adjectifs.

joli	acheter	jaune	grand
lourd	beau	jardin	avancer
tomber	doux	horrible	gentil

2 **Entoure** l'adjectif contenu dans chaque phrase.

Ton petit frère joue.

Les élèves attentifs écoutent.

Le clown rigolo salue les enfants.

La petite bête se sauve.

Nous traversons la sombre forêt.

UTILISER DES ADJECTIFS

3 **Écris** l'adjectif au bon endroit.

fraiche → une ______________ boisson ______________

multicolore → un ______________ pull ______________

bon → un ______________ repas ______________

petits → des ______________ poussins ______________

neuf → un ______________ manteau ______________

4 **Ajoute** un adjectif à chaque groupe nominal.

une robe → ______________________________

un monstre → ______________________________

un tableau → ______________________________

JE ME TESTE 2

Prénom ....

Date ....

RECONNAITRE LES ADJECTIFS

1 **Colorie** uniquement les étiquettes contenant des adjectifs.

timide	énorme	serpent	quartier
intelligent	vert	courir	maison
sympathique	courte	vieux	bavarder

2 **Entoure** les adjectifs contenus dans ce texte. Tu peux en trouver huit !

Milo dessine un gros monstre vert sur sa feuille. Il ajoute deux grands yeux globuleux, des boutons hideux et des oreilles poilues. Il le montre à son petit frère Antoine. Il s'exclame : « Quel affreux monstre ! »

UTILISER DES ADJECTIFS

3 **Recopie** chaque groupe nominal en remplaçant l'adjectif en gras par celui proposé. Attention, il peut changer de place !

Exemple : *une boisson* ***chaude*** → *une* ***délicieuse*** *boisson*

une barbe **blanche** → (*grande*) ______________________________

une **belle** journée → (*ensoleillée*) ______________________________

des **petites** lunettes → (*noires*) ______________________________

IDENTIFIER LES ADJECTIFS

4 **Réécris** ces phrases en supprimant les adjectifs.

Je mange une délicieuse tarte.

Le petit chemin traverse la grande forêt sombre.

La lune ronde brille dans le ciel étoilé.

JE M'ENTRAINE

Date ....

IDENTIFIER LES ADJECTIFS

1 **Colorie** uniquement les étiquettes contenant des adjectifs.

danser	beau	forte
voler	grand	jouer

2 **Barre** le mot qui n'est pas un adjectif dans chaque liste.

petite chaud poli chanter	terrible mignon des heureux	rapidité lent froid calme

3 **Colorie** uniquement les adjectifs.

noir	peureux	neuf
plante	gourmand	journée
orage	pointu	dessin
gâteau	violent	tigre
tempête	magnifique	voiture

Quelle lettre vois-tu apparaitre ? ....

JE M'ENTRAINE

Date ....

4 **Entoure** les adjectifs contenus dans ces phrases.

Il admire un beau tableau.

Les skieurs dévalent une piste dangereuse.

La sorcière a une baguette magique.

IDENTIFIER LA PLACE CORRECTE D'UN ADJECTIF

5 **Colorie** l'étiquette lorsque l'adjectif est bien placé.

des rideaux jaunes / des jaunes rideaux

un petit chat / un chat petit

une plante belle / une belle plante

SUPPRIMER UN ADJECTIF DANS UN GROUPE NOMINAL

6 **Barre** les adjectifs contenus dans ces groupes nominaux.

- une salle bruyante
- une étrange histoire
- un château abandonné
- un plaid chaud
- de la sauce piquante
- une large route

JE M'ENTRAINE

Date ....

L'ADJECTIF 1 2 **3** 4

UTILISER LES ADJECTIFS

7 **Relie** les adjectifs qui ont le même sens.

une histoire amusante •	• étroit
une tarte délicieuse •	• bonne
un petit chemin •	• grand
un arbre immense •	• drôle

8 **Complète** les phrases avec des adjectifs suivants :

chaude • *abandonné* • *sauvage* • *rouge* • *magique*

Papa aimerait visiter un château ______________ .

Le lion est un animal ______________ .

La sorcière a une baguette ______________ .

Après le sport, je prends une douche ______________ .

Clara porte une jupe ______________ .

JE M'ENTRAINE

Date ....

L'ADJECTIF 1 2 3 **4**

9 **Remplis** la grille avec l'adjectif contraire.
Tu découvriras le mot secret dans la colonne grisée.

petit →
large →
ancien →
rempli →
froid →
propre →

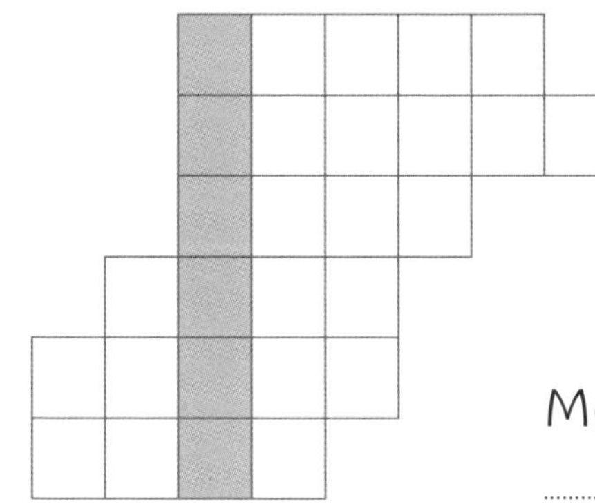

Mot secret : ....

DÉFI ÉCRITURE

UN ADJECTIF, UNE PHRASE

10 **Invente** trois phrases contenant ces adjectifs :

gigantesque → ....

....

joyeux → ....

....

rouge → ....

....

JE M'ENTRAINE

Date ....

IDENTIFIER LES ADJECTIFS

1 **Colorie** uniquement les étiquettes contenant un adjectif.

déguster | verte | nouveau | plante | coton | sérieux | maison

2 **Barre** l'intrus dans chaque liste.

long cartable frisés court	mauvais propre passionnant livre	détruire cassé violent vilain

3 **Colorie** uniquement les adjectifs.

baguette	difficile	hôtel
couleur	grande	marcher
lent	bon	magnifique
refroidir	clair	train
casque	élégant	être

Quel signe vois-tu apparaitre ? ....

JE M'ENTRAINE

Date ....

4 **Entoure** les adjectifs contenus dans ces phrases.

Le jardinier arrache les mauvaises herbes.

Les assiettes creuses sont dans le placard.

Maman a planté de jolies fleurs dans le jardin.

IDENTIFIER LA PLACE CORRECTE D'UN ADJECTIF

5 **Écris** l'adjectif au bon endroit.

première → la ______ place ______

vieil → un ______ ami ______

mûr → un ______ fruit ______

SUPPRIMER UN ADJECTIF DANS UN GROUPE NOMINAL

6 **Barre** les adjectifs contenus dans ces phrases.

Les jeunes élèves réalisent un exercice difficile.

La nouvelle maitresse roule sur un beau vélo bleu.

Cette petite graine donnera bientôt une belle plante verte.

JE M'ENTRAINE

Date ....

L'ADJECTIF 1 2 **3** 4

UTILISER LES ADJECTIFS

⑦ **Colorie** de la même couleur les adjectifs qui ont le même sens.

vilains · obscure · énorme · malin

sombre · bon · rusé · méchants

gros · délicieux

⑧ **Complète** ces phrases avec un adjectif qui convient.

Baxter est un ______________ chien.

Ce ______________ monstre vit dans une grotte.

J'ai froid, je vais me servir une boisson ______________ .

Le prince réveille la princesse ______________ .

À la mer, Esteban a ramassé de ______________ coquillages.

JE M'ENTRAINE

Date ....

L'ADJECTIF 1 2 3 **4**

⑨ **Remplis** la grille avec l'adjectif contraire.
Tu découvriras le mot secret dans la colonne grisée.

aigu →							
présente →							
perdant →							
positif →							
allumés →							

Mot secret : ....

DÉFI ÉCRITURE — **DEUX ADJECTIFS, UNE PHRASE**

⑩ **Invente** trois phrases avec ces paires d'adjectifs :

fleuri • *grand* → ....

....

crochu • *noir* → ....

....

charmant • *magique* → ....

....

JE M'ENTRAINE

Date ....

IDENTIFIER LES ADJECTIFS

1 Colorie uniquement les étiquettes contenant un adjectif.

carnivore | puis | demain | parfait

inattendu | porte | connu | prendre

2 Barre l'intrus dans chaque liste.

capricieux caprice têtu colérique	exceptionnel super génial bravo	donc volant humain masqué	Terre terrestre volcanique spatial

3 Colorie seulement les cases contenant un adjectif :

jaune	mystère	cactus	courageuse
aller	allongé	splendide	attention
cette	bizarre	bavard	pourquoi
drôle	prendre	calmer	facile

Quel signe vois-tu apparaitre ? ....

JE M'ENTRAINE

Date ....

4 Entoure les adjectifs contenus dans ces phrases.

Mon grand frère travaille dans sa chambre.

Les petits canards avancent dans les épais roseaux.

Notre aimable voisin aide une dame à porter son lourd cabas.

Cet oiseau rare a de magnifiques plumes vertes et bleues.

IDENTIFIER LA PLACE CORRECTE D'UN ADJECTIF

5 Écris quatre phrases avec ces couples de nom et adjectif. Attention à la place de l'adjectif !

fruit • mûr → ....

garçon • jeune → ....

tarte • bonne → ....

spectacle • amusant → ....

SUPPRIMER UN ADJECTIF DANS UN GROUPE NOMINAL

6 **Barre** les adjectifs, puis **réécris** les phrases sans eux.
Attention aux autres changements !

Le grand pâtissier a préparé une délicieuse tarte sucrée.

Cet affreux monstre vit dans une grotte sombre et froide.

UTILISER LES ADJECTIFS

7 **Complète** ce texte avec des adjectifs.

Le ____________ héros rentre dans une ____________ rue pour enfiler son costume ____________. Des ____________ enfants courent un ____________ danger. Il saute dans sa voiture ____________ et arrive juste à temps pour les sauver des griffes de cet ____________ monstre. Mais qui se cache derrière ce héros ____________ ?

8 **Remplis** la grille avec l'adjectif contraire.
Tu découvriras le mot secret dans la colonne grisée.

bas →
maladroit →
riche →
clair →
silencieux →
fort →

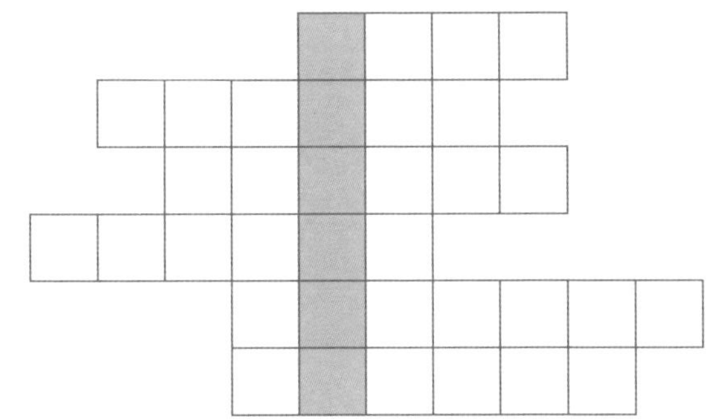

Mot secret : ....

DÉFI ÉCRITURE

LE MONSTRE

9 **Écris** un court texte de cinq phrases décrivant un monstre en utilisant au moins cinq adjectifs.
Tu peux le dessiner pour t'inspirer !

ÉVALUATION 1

Prénom ....

Date ....

Compétences évaluées : L'adjectif	Exercices	A+	A	PA	NA
Identifier un adjectif.	1, 2				
Utiliser les adjectifs.	3, 4				

1 **Colorie** uniquement les étiquettes contenant un adjectif.

forte	pâtisserie	gentil	trouver	facteur
mince	courageux	prince	danser	rouge

2 **Souligne** l'adjectif dans chaque groupe nominal.

- une nappe blanche
- un disque rayé
- une longue lettre
- une voiture rapide
- une princesse espiègle
- un garçon timide
- un animal sauvage
- un immense château
- un puits profond

3 **Complète** les phrases avec les adjectifs suivants :

important • *meilleur* • *frais* • *difficile* • *nouvelle*

Théo invite son ____________ ami pour son anniversaire.

La maitresse confie un message ____________ à la directrice.

Bonjour, je vous présente Nour, une ____________ élève.

Je n'arriverai jamais à résoudre ce problème ____________ .

Un petit vent ____________ souffle près de la mer.

4 **Ajoute** un adjectif différent à chaque nom. Attention aux accords !

- un ____________ chat
- des cheveux ____________
- un chevalier ____________
- des châteaux ____________
- une ____________ ville
- une ____________ peinture

ÉVALUATION 2

Prénom ....

Date ....

Compétences évaluées : L'adjectif	Exercices	A+	A	PA	NA
Identifier un adjectif.	1, 2				
Utiliser les adjectifs.	3, 4				

1 Colorie uniquement les étiquettes contenant un adjectif.

nombre — puissant — affreux — avoir — cette

bleu — train — immobile — encore — mais — inconnu

roux — partir — curieux — tourner — ouvert

2 Souligne tous les adjectifs contenus dans ce texte.

Un gros monstre poilu est caché sous mon lit. Il a de grandes dents pointues, des pattes velues et un long nez boutonneux. Sa longue queue verte dépasse sous la couette. Vite je me réveille, ouf, ce n'était qu'un horrible cauchemar !

3 Ajoute un adjectif ou plusieurs à chaque nom.

- le ____________ dragon
- une ____________ sœur
- de ____________ montagnes
- une ____________ fleur ____________
- des ____________ chiens ____________
- un spectacle ____________

4 Écris une phrase contenant chaque adjectif proposé.

vieux →

heureux →

terrible →

étrange →

14 LES PRONOMS PERSONNELS SUJETS

Compétences travaillées (programmes modifiés 2018)

Se repérer dans la phrase simple

- Reconnaitre les principaux constituants de la phrase :
  - le sujet ;
  - le verbe (connaissance des propriétés permettant de l'identifier).
- Différencier les principales classes de mots :
  - le pronom personnel sujet.

FICHE ENSEIGNANT

En cycle 2, les élèves découvrent les pronoms. Dès le CE1, ils apprennent à les identifier quand ils sont en position de sujet. La substitution (passage d'un GN sujet à un pronom et inversement) est surtout abordée en CE2.

Point notionnel

Les pronoms personnels marquent la personne grammaticale. Ils désignent des êtres.

- Les pronoms de 1re personne sont utilisés par celui qui parle : *je, nous.*
- Les pronoms de 2e personne concernent celui à qui l'on s'adresse : *tu, vous.*
- Les pronoms de 3e personne concernent celui dont on parle : *il, elle, on, ils, elles.*

Les pronoms personnels ont la même fonction que le nom qu'il remplace : sujet ou complément d'objet.

- Sujet. Ex. : *Ces collégiens sont absents.* ➜ *Ils sont absents.*
- COD. Ex. : *Elle achète un livre.* ➜ *Elle l'achète.*
- COI. Ex. : *Je téléphone à Aurélie.* ➜ *Je lui téléphone.*

Ils varient selon la personne, le genre, le nombre, la fonction et leur place.

Les pronoms réfléchis sont utilisés dans les verbes dits « pronominaux ».
Ils représentent le sujet du verbe. Ex. : *Nous nous regardons. Elles se lavent.*

		SUJET	COMPLÉMENT		RÉFLÉCHI
SINGULIER	1re personne	*je, j'*	*me, m'*	*moi*	*me*
	2e personne	*tu,*	*te, t'*	*toi*	*te*
	3e personne	*il, elle, on,*	*le, la, lui, l'*	*lui, elle*	*se, soi*
PLURIEL	1re personne	*nous*	*nous*	*nous*	*nous*
	2e personne	*vous*	*vous*	*vous*	*vous*
	3e personne	*ils, elles*	*les, leur*	*eux, elles*	*se, soi*

Différenciation

Parcours 1
- Reconnaitre les pronoms personnels sujets.
- Manipuler les pronoms personnels : remplacer un GN sujet simple (déterminant-nom ou nom propre) par un pronom (3e personnes du singulier et du pluriel).
- Repérer des pronoms personnels sujets dans des phrases très simples.

Parcours 2
- Reconnaitre les pronoms personnels sujets.
- Manipuler les pronoms personnels : remplacer un GN sujet simple (déterminant-nom ou nom propre) par un pronom (3e personnes du singulier et du pluriel).
- Repérer des pronoms personnels sujets dans des phrases.

Parcours 3
- Reconnaitre les pronoms personnels sujets.
- Manipuler les pronoms personnels : remplacer un GN sujet (déterminant-nom-adjectif ou nom propre) par un pronom (3e personnes du singulier et du pluriel), et inversement.
- Repérer des pronoms personnels sujets dans un texte.

Erreurs rencontrées

- Erreur dans le choix du pronom personnel : confusion de genre, de nombre, de personne.
- Confusion entre les pronoms et d'autres « petits mots » comme les articles.

Remédiation

- Oraliser les phrases, faire chercher le lien entre le pronom personnel et le GN de départ. Repérer le genre et le nombre du GN.

LEÇON

LES PRONOMS PERSONNELS SUJETS

- Le **pronom personnel** remplace un **nom** ou un **groupe nominal**.
  Ex. : *Simba a peur des hyènes.* ➜ *Il a peur des hyènes.*
  Est-ce que tes parents viennent te chercher ? ➜ *Est-ce qu'ils viennent te chercher ?*

  Le pronom personnel permet d'**éviter les répétitions**.
  Ex. : *Jérémy démarre sa voiture. Jérémy allume les essuie-glaces.*
  Jérémy démarre sa voiture. Il allume les essuie-glaces.

- Le pronom personnel a **les mêmes genre et nombre ainsi que la même fonction** que le nom ou groupe nominal qu'il remplace.

SINGULIER	**1re personne**	je, j'
	2e personne	tu
	3e personne	il, elle, on
PLURIEL	**1re personne**	nous
	2e personne	vous
	3e personne	ils, elles

LEÇON ILLUSTRÉE

JE ME TESTE 1

Prénom ....

Date ....

RECONNAITRE LES PRONOMS PERSONNELS SUJETS

1 **Colorie** uniquement les pronoms personnels.

chat | nous | grand | il | Marcel

je | gouter | superbe | elles

MANIPULER LES PRONOMS PERSONNELS : CHOISIR UN PRONOM ADAPTÉ

2 **Barre** les phrases dont le sujet en gras n'est pas un pronom.

Tu peux venir avec moi.

Maman change l'ampoule de la salle de bain.

Elle raconte toujours des blagues très amusantes.

Des enfants ont découvert un passage secret.

MANIPULER LES PRONOMS PERSONNELS : CHOISIR UN PRONOM ADAPTÉ

3 **Complète** chaque phrase avec le pronom personnel qui convient :

Je • *Nous* • *Vous* • *Elles*

__________ marchez sur la pointe des pieds.

__________ sont vraiment très rapides à la course.

__________ ferai mes devoirs avant le diner.

__________ jouons à cache-cache avec des amis.

MANIPULER LES PRONOMS PERSONNELS : REMPLACER LE GN SUJET PAR UN PRONOM

4 **Relie** chaque groupe nominal au pronom qui peut le remplacer.

Noémie et Capucine •	• il
une fille •	• elle
le Père Noël •	• ils
des hommes •	• elles

JE ME TESTE 2

Prénom ....

Date ....

RECONNAITRE LES PRONOMS PERSONNELS SUJETS

1 **Colorie** uniquement les pronoms personnels.

vous | les | il | Léa | une

je | lune | elles | lapin

MANIPULER LES PRONOMS PERSONNELS : CHOISIR UN PRONOM ADAPTÉ

2 **Barre** les phrases dont le sujet n'est pas un pronom.

Olivia aime les dessins animés.

Tu invites tes amis à ton gouter d'anniversaire.

Il porte des vêtements trop grands.

Les animaux ne sont pas autorisés dans ce parc.

MANIPULER LES PRONOMS PERSONNELS : CHOISIR UN PRONOM ADAPTÉ

3 **Complète** chaque phrase avec le pronom personnel qui convient :

Ils • Nous • Elle • Tu

__________ mettons la table pour le diner.

__________ portera un chapeau pour ce mariage.

__________ regarderas le spectacle des jongleurs.

__________ vont répéter plusieurs fois leur poésie pour la mémoriser.

MANIPULER LES PRONOMS PERSONNELS : REMPLACER LE GN SUJET PAR UN PRONOM

4 **Relie** chaque phrase au pronom qui peut remplacer son sujet en gras.

Le grand arbre commence à perdre ses feuilles. •	• Ils
Selma aime nourrir les petits oiseaux. •	• Elle
Martin et son frère habitent à la campagne. •	• Il
Les infirmières s'occupent des blessés. •	• Elles

IDENTIFIER LES PRONOMS

① **Colorie** uniquement les étiquettes contenant des pronoms.

tu	mouton	il
casser	elles	une

② **Colorie** seulement les cases contenant des pronoms.

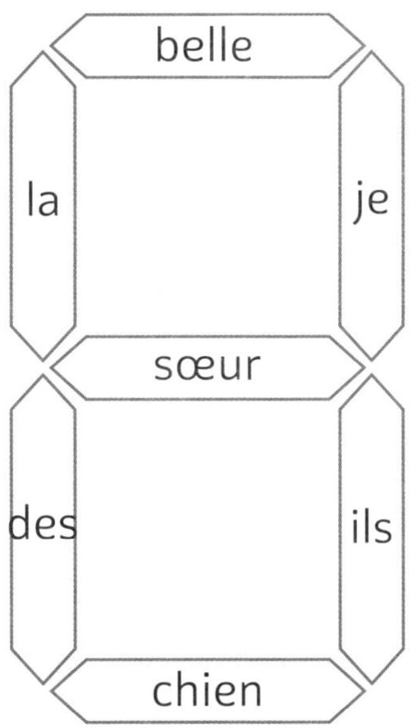

Quel chiffre vois-tu apparaitre ? ....

③ **Entoure** les pronoms contenus dans ces phrases.

Exemple : *Hier, (je) suis parti le dernier.*

Tu ouvres les yeux.

Demain, elle préparera des crêpes.

Ils ramassent les feuilles d'automne.

ASSOCIER DES PRONOMS À DES GROUPES NOMINAUX

④ **Barre** les étiquettes quand les pronoms utilisés ne sont pas corrects.

Mes cousins ont mal à la tête. **Ils** se reposent.
L'arbre est au milieu de la cour. **Elle** perd ses feuilles.
Les policiers s'arrêtent. **Elles** bloquent la circulation.
Nathan joue au foot. **Il** fait des passes.

JE M'ENTRAINE

PARCOURS 1

Date ....

LES PRONOMS PERSONNELS SUJETS 1 2 **3** 4

5 **Relie** chaque groupe nominal au pronom qui convient.

Samuel •	• ils
des lions •	• elle
les lunettes •	• il
maman •	• elles

UTILISER LES PRONOMS

6 **Complète** ces phrases avec un des pronoms personnels suivants :

Vous • Elles • Il • Nous

_______ enfilent un gros pull.

_______ mange un pain au chocolat.

_______ débarrassons la table.

_______ collectionnez ces cartes.

JE M'ENTRAINE

PARCOURS 1

Date ....

LES PRONOMS PERSONNELS SUJETS 1 2 3 **4**

7 **Écris** la lettre de la phrase correspondant à l'image.

A Il colorie. B Elle colorie.

C Ils colorient. D Elles colorient.

Lettre : ....

Lettre : ....

Lettre : ....

Lettre : ....

DÉFI ÉCRITURE

LA ROUTINE DU MATIN

8 **Écris** trois phrases pour raconter tout ce que tu fais le matin avant de partir à l'école.

Exemple : *Je me lève, j'enlève mon pyjama...*

JE M'ENTRAINE

Date ....

LES PRONOMS PERSONNELS SUJETS 1 2 3 4

IDENTIFIER LES PRONOMS

1 **Colorie** uniquement les étiquettes contenant des pronoms.

Astrid	je	des
elle	des ours	ils

2 **Colorie** seulement les cases contenant des pronoms.

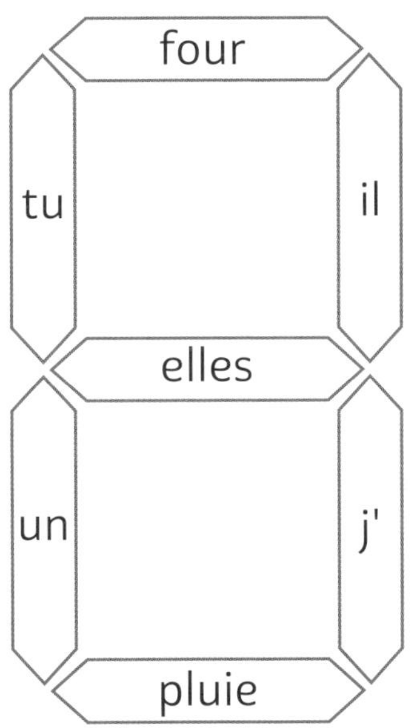

Quel chiffre vois-tu apparaitre ? ....

JE M'ENTRAINE

Date ....

LES PRONOMS PERSONNELS SUJETS 1 2 3 4

3 **Entoure** les pronoms contenus dans ces phrases.

Exemple : *Hier, (je) suis parti le dernier.*

Le lundi, il va à son cours de danse.

Elles font une partie de Monopoly.

Comment allez-vous ?

Demain, je rangerai mes vêtements dans mon armoire.

ASSOCIER DES PRONOMS À DES GROUPES NOMINAUX

4 **Barre** les étiquettes quand les pronoms utilisés ne sont pas corrects.

Louis et Gabriel sont à la plage. **Il** creuse le sable.

Mes voisines vont à l'école. **Elles** prennent le bus.

Le vent souffle fort. **Il** secoue les branches des arbres.

Les joueurs entrent sur le terrain.
Elles portent un maillot bleu.

5 **Relie** chaque groupe nominal au pronom qui convient.

mon oncle •	• il
l'armoire •	• elles
Emma et Léa •	• ils
des livres •	• elle

UTILISER LES PRONOMS

6 **Complète** ces phrases avec un des pronoms personnels suivants :

Ils • J' • Nous • Vous

______ distribuez les cartes.

______ montrent leur carte au contrôleur.

______ étale de la crème solaire.

______ demandons l'avis du médecin.

PARCOURS 2 JE M'ENTRAINE Date ....

LES PRONOMS PERSONNELS SUJETS 1 2 3 4

7 **Recopie** la phrase correspondant à chaque image.

Elle travaille. Il travaille.

Elles travaillent. Ils travaillent.

a

b

c

d

DÉFI ÉCRITURE

LA DÉCOUVERTE DE L'ÉCOLE

8 **Écris** trois phrases pour expliquer à ton petit frère ou ta cousine tout ce qu'il faut faire à l'école.

Exemple : *Tu enlèves ton manteau. Tu écris tes devoirs.*

IDENTIFIER LES PRONOMS

① **Colorie** uniquement les étiquettes contenant des pronoms.

j'	elles	mou
nous	des ailes	un jeu

② **Colorie** seulement les cases contenant des pronoms.

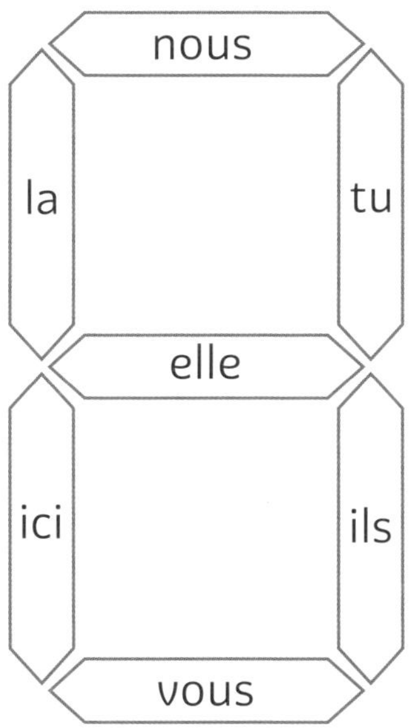

Quel chiffre vois-tu apparaitre ? ....

③ **Entoure** les pronoms contenus dans ce texte.

Exemple : *Hier, (je) suis parti le dernier.*

À la mort de son père, Cendrillon doit vivre avec sa belle-mère et ses filles. Elles disent à Cendrillon : « Tu seras notre servante ! » Cendrillon doit faire le ménage, elle doit préparer les repas, s'occuper du linge... Un jour, ses sœurs disent : « Demain, nous irons au bal. Tu prépareras nos robes ! » Cendrillon pense : « Je voudrais tant y aller ! »

ASSOCIER DES PRONOMS À DES GROUPES NOMINAUX

④ **Relie** chaque groupe nominal au pronom qui convient.

les violons •	• il
Antoine •	• elle
des infirmières •	• nous
Mamie •	• elles
Hermine et moi •	• ils

JE M'ENTRAINE

Date ....

UTILISER LES PRONOMS

5 **Complète** ces phrases avec un des pronoms personnels suivants :

Elle • Tu • Nous • Ils • Vous

_______ nettoies le lavabo de la salle de bain.

_______ dévorez des romans d'aventure.

_______ achetons une brosse à dent à la pharmacie.

_______ prend une douche tous les matins.

_______ notent des rendez-vous dans leur agenda.

6 **Complète** chaque phrase en remplaçant le sujet en gras par un pronom qui convient.

Les marins montent sur leur bateau, _______ vont partir en mer.

Anna va bientôt se coucher, _______ met son pyjama.

Mes copines viennent chez moi, _______ resteront pour le gouter.

Le président fixe la caméra, _______ va prononcer son discours.

JE M'ENTRAINE

Date ....

7 **Recopie** la phrase correspondant à chaque image.

Ils font du sport. Il fait du sport.

Elles font du sport. Elle fait du sport.

a

b

c

d

DÉFI ÉCRITURE

LA DISPUTE

8 Tu te disputes avec ton/ta meilleur(e) ami(e).
Écris trois phrases pour raconter vos échanges.

Exemple : *– Tu m'as menti ! – Je te jure que non !*

ÉVALUATION 1

Prénom ....

Date ....

Compétences évaluées : Les pronoms personnels sujets	Exercices	A+	A	PA	NA
Reconnaitre le pronom personnel sujet dans une phrase.	1				
Manipuler les pronoms personnels : pronominalisation de GN sujet.	2				
Manipuler les pronoms personnels : choisir un pronom adapté.	3, 4				

1 **Entoure** les pronoms personnels sujets contenus dans ces phrases.

Je ne veux pas aller à la piscine.

Vous mangez trop vite !

Elles sont allées au cinéma.

Il téléphone à Gabrielle.

Elle fera la sieste en début d'après-midi.

Ils sont en retard.

2 **Colorie** les pronoms qui peuvent remplacer le sujet en gras dans chaque phrase.

Les chats miaulent la nuit. → il | ils | elles

Ces jolies fleurs sentent très bon. → elle | elles | il

Manon regarde une émission. → elles | ils | elle

Ton copain est malade. → il | elle | ils

3 **Complète** chaque phrase avec le pronom personnel qui convient :

Vous • Nous • Ils • Je

______ vais montrer ma collection de cartes à Lila.

______ portent des vêtements chauds.

______ nagez comme des poissons !

______ partons en vacances samedi prochain.

4 **Écris** pour chaque image une phrase qui doit commencer par *il, elle, ils* ou *elles*.

a 

b 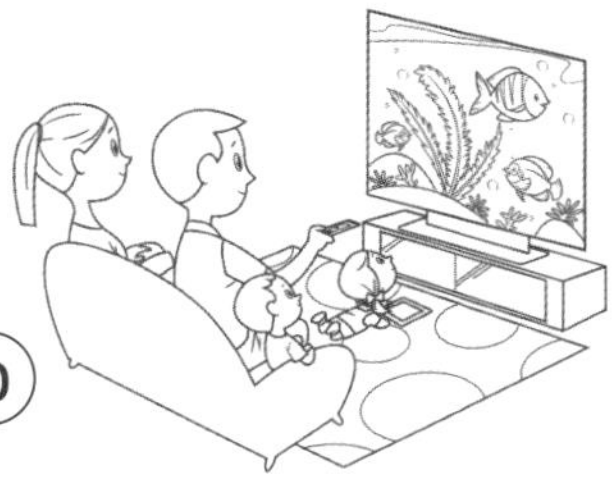

a

b

ÉVALUATION 2

Prénom ....

Date ....

Compétences évaluées : Les pronoms personnels sujets	Exercices	A+	A	PA	NA
Reconnaitre le pronom personnel sujet dans une phrase.	1				
Manipuler les pronoms personnels : choisir un pronom adapté.	2				
Manipuler les pronoms personnels : pronominalisation de GN sujet et inversement.	3, 4				

1 **Entoure** les pronoms personnels sujets contenus dans ces phrases.

Après le cross, ils sont essoufflés.

Nous écrivons notre prénom en bas de la lettre.

Ta trousse est tombée, tu devrais ramasser tes crayons.

Ce matin le soleil brille déjà : il illumine la cuisine.

2 **Complète** chaque phrase avec le pronom personnel qui convient :

Tu • Vous • Nous • Elles • Il

______ ne sait pas à quoi jouer. ______ déjeunons à la cantine à midi.

______ rentrerez après l'étude. ______ trouvent des cadeaux sous le sapin.

______ empruntes souvent le vélo de Louis.

3 **Complète** les phrases en remplaçant le sujet en gras par un pronom personnel.

La pluie est tombée toute la nuit, ______ a fait déborder la rivière.

Vincent et Mourad sont à la piscine, ______ veulent sauter du plongeoir.

Mon petit frère est enrhumé, mais ______ ne sait pas bien se moucher.

Tes cousines viennent ce soir, ______ vont dormir dans ta chambre.

4 **Recopie** pour chaque phrase le groupe nominal qui convient pour remplacer le pronom personnel en gras :

la directrice • mes parents • Papi • Jeanne et Elina

Sur l'autoroute, **ils** paient le péage avec leur carte. → ______________________

Il ronflait dans son vieux fauteuil. → ______________________

Elles dessinent sur la table. → ______________________

Dans son bureau, **elle** appelle la mairie. → ______________________

15 LES MOTS INVARIABLES

Compétences travaillées (programmes modifiés 2018)

- **S'initier à l'orthographe lexicale**
  – Mémoriser les principaux mots invariables.
- **Se repérer dans la phrase simple**
  – Différencier les principales classes de mots : les mots invariables.

FICHE ENSEIGNANT

Les mots invariables les plus fréquents sont à mémoriser au cours du cycle 2, sans opérer de distinction de classe grammaticale. Le fichier *1, 2, 3... Parcours Étude de la langue CE* propose trois listes de mots invariables classés par niveau de difficulté (cf. en annexe à la fin du fichier et dans la version numérique).

Point notionnel	Les **mots invariables** sont des mots qui **ne varient ni en genre ni en nombre**. Ils ne **s'accordent pas** avec les autres mots de la phrase. Parmi les mots invariables, on retrouve les **adverbes**, les **prépositions**, les **conjonctions** et les **interjections**. **Les adverbes :** – On compte une trentaine d'**adverbes simples.** Ex. : *aussi, comme, dehors, encore, hier, etc...* – De nombreux adverbes sont formés **par dérivation**, par l'ajout du suffixe *-ment*. Ex. : *fort* → *fort**e*** → *forte**ment*** ; *vif* → *vi**ve*** → *vive**ment***. – On trouve aussi des **locutions adverbiales**. Ex. : *tout de suite, tout à coup, avant-hier...* **Les conjonctions de coordination :** Ex. : *mais, ou, et, donc, or, ni, car.* **Les conjonctions de subordination :** Ex. : *que, quand, comme, si...* **Les prépositions :** Ex. : *à, dans, par, pour, en, vers, avec, sans, sous...* **Les interjections :** Ex. : *ah, oh, eh, hélas...*	
Différenciation	**Parcours 1**	• Les mots invariables sont ceux de la liste de niveau 1*. • Reconnaitre les mots invariables dans des listes. • Orthographier et utiliser les mots invariables.
	Parcours 2	• Les mots invariables sont ceux de la liste de niveau 2*. • Reconnaitre les mots invariables dans des listes et dans des phrases. • Orthographier et utiliser les mots invariables.
	Parcours 3	• Les mots invariables sont ceux de la liste de niveau 3*. • Reconnaitre les mots invariables dans des listes et dans un texte. • Orthographier et utiliser les mots invariables.
Erreurs rencontrées	• Oublis de lettres finales muettes dans les adverbes (Ex : *encor* au lieu de *encore*). • Confusion parmi les homophones (Ex. : *ou* au lieu de *où*).	
Remédiation	• Travailler l'orthographe illustrée pour mettre en avant une mémorisation visuelle des particularités des mots invariables fréquents. (cf. la collection de livres « Un petit dessin » au Robert ou celles à télécharger sur www.mescartesmentales.fr).	

LEÇON

LES MOTS INVARIABLES

- Les **mots invariables** sont des **mots dont l'orthographe ne change jamais**.
  Ils ne s'accordent ni en genre (masculin/féminin), ni en nombre (singulier/pluriel).
- Les mots invariables sont nombreux. Il faut impérativement **les mémoriser**.

  En voici quelques-uns :

à	par	après	quand	ailleurs	longtemps
alors	pas	autrefois	sans	ainsi	lorsque
assez	pour	avant	sous	aujourd'hui	parce que
avec	que	avec	souvent	aussitôt	parfois
comme	si	beaucoup	surtout	chez	pendant
dans	sur	bientôt	tôt	comment	près
en		demain	toujours	d'abord	presque
et		hier	très	dehors	puis
ici		jamais	voici	déjà	vers
mais		plus		depuis	voilà
ne		pourquoi		donc	

LEÇON ILLUSTRÉE

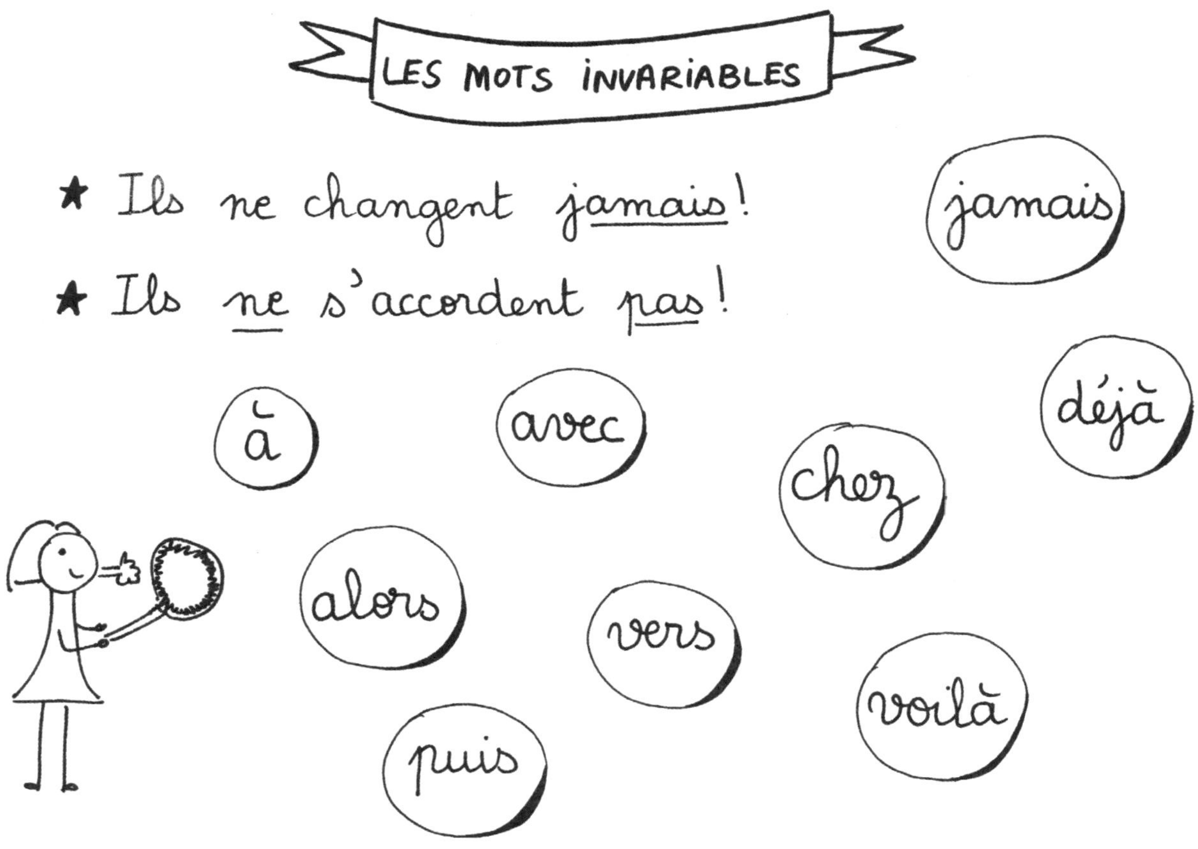

JE ME TESTE 1

Prénom ....

Date ....

RECONNAITRE LES MOTS INVARIABLES

1 **Colorie** uniquement les étiquettes contenant un mot invariable.

alors | faire | dans | lit

mouchoir | beaucoup | un | jamais

2 **Souligne** les mots invariables contenus dans ces phrases.

Il fait chaud ici.

Comme tu es beau !

Tu feras tes leçons demain.

Pourquoi pleures-tu ?

ORTHOGRAPHIER LES MOTS INVARIABLES

3 **Complète** la fin des mots invariables contenus dans ces phrases.

Tom a ass ______ de crayons dans sa trousse.

Il neige touj ______ à la montagne en hiver.

Autref ______ , les hommes chassaient le mammouth.

Elle partait ave ______ moi le matin.

UTILISER LES MOTS INVARIABLES

4 **Complète** ces phrases avec les mots invariables suivants :

pour • *enfin* • *quand* • *sous*

Tu me préviens ____________ arrivent tes grands-parents ?

Virginie et Sarah ont ____________ fini leur assiette.

Il reste de la place ____________ ranger tes affaires.

Le chaton joue ____________ la table du salon.

JE ME TESTE 2

Prénom ....

Date ....

RECONNAITRE LES MOTS INVARIABLES

1 Colorie uniquement les étiquettes contenant un mot invariable.

encore	marché	autrement	joli
dire	aussi	endormi	soudain
elle	maintenant	sac	chez

2 Souligne tous les mots invariables contenus dans ces phrases.

Le vent souffle depuis une heure déjà.

Aussitôt, les enfants sont partis devant la grille de l'école.

Depuis ce matin, Simon reste près de ses copains.

Selon la météo, il fera moins froid la semaine prochaine.

ORTHOGRAPHIER LES MOTS INVARIABLES

3 Complète la fin des mots invariables contenus dans ces phrases.

Tu devrais plut ______ enfiler ton anorak.

Parf ______ , tu joues à la poupée.

Comm ______ joue-t-on à ce jeu ?

Aujourd' ______ , les enfants vont à la piscine.

UTILISER LES MOTS INVARIABLES

4 Complète ces phrases avec les mots invariables suivants :

peu • ainsi • ailleurs • longtemps

Cela fait ______________ que nous t'attendons.

Tu achèteras des moufles ______________ qu'un bonnet.

L'an prochain, nous partirons ______________ .

Il y a ______________ de chance que ta mère change d'avis.

JE M'ENTRAINE

Date ....

RECONNAITRE LES MOTS INVARIABLES

1 **Colorie** uniquement les étiquettes contenant un mot invariable.

ne — à — mais

couloir — pas — danser

journée — si — petit

2 **Barre** l'intrus dans chaque liste.

avion	voiture	vélo	ici
bouche	oreille	œil	et
en	joie	peur	bonheur
par	pour	pas	pluie

PARCOURS 1

JE M'ENTRAINE

Date ....

ORTHOGRAPHIER LES MOTS INVARIABLES

3 **Complète** la fin des mots invariables contenus dans ces phrases.

Nous passerons pa __ ce chemin.

Dan __ cette rue, il fait sombre.

Alor __ tu diras la vérité.

Je n'aime pa __ les épinards.

4 **Trouve** les quatre mots invariables en remettant les lettres dans l'ordre.

s a o l r → ____________

m m e o c → ____________

s d n a → ____________

v a e c → ____________

UTILISER LES MOTS INVARIABLES

5 **Relie** chaque phrase au mot invariable qui convient.

Il faut ... tu écoutes ton maitre.	ne ... pas
Tu seras fort ... tu manges bien !	que
Mamie téléphone ... sa petite fille.	si
Tu ... dois ... sauter dans les flaques.	à

6 **Colorie** le mot invariable qui convient pour chaque phrase.

Il raconte des blagues pour / par faire rire ses amis.

Son animal est sage comme / sur une image.

Ton frère partira et / en Afrique bientôt.

7 **Écris** une phrase avec les mots invariables indiqués.

à

et

DÉFI ÉCRITURE

DRÔLES D'EXPRESSIONS

8 **Invente** de drôles d'expressions, en utilisant les mots invariables suivants : *comme*, *dans*, *pour*, *sur*...

Exemples : *Il est troué comme une passoire.*
Elle pédale dans le bain.

JE M'ENTRAINE

Date ....

RECONNAITRE LES MOTS INVARIABLES

① **Colorie** uniquement les étiquettes contenant un mot invariable.

rouge · voici · demain

toujours · allongé · dur

jouer · tard · cheval

② **Souligne** les mots invariables contenus dans ces phrases.

L'enfant ne veut plus de soupe.

Tu dévores ta pomme, car tu es très gourmand.

Héloïse sourit quand elle est avec ses amis.

Hier, Madison courait autour du stade.

JE M'ENTRAINE

Date ....

ORTHOGRAPHIER LES MOTS INVARIABLES

③ **Complète** la fin des mots invariables contenus dans ces phrases.

Louis aime beauc _____ jouer dehors.

Il a plu souv _____ ces derniers mois.

Pourq _____ as-tu peur ?

Pars sa _____ moi, je rentrerai à 19 heures.

④ **Trouve** quatre mots invariables en associant les étiquettes deux par deux.

ja · sur · tôt · coup

beau · bien · tout · mais

JE M'ENTRAINE

PARCOURS 2

Date ....

LES MOTS INVARIABLES 1 2 **3** 4

UTILISER LES MOTS INVARIABLES

5 **Complète** ces phrases avec le mot invariable qui convient :

bien • entre • tôt

Pose ton cartable ____________ la table et la chaise.

____________ ou tard, tu devras apprendre ton poème.

Il faut ____________ s'entrainer pour progresser.

6 **Colorie** le mot invariable qui convient pour chaque phrase.

L'été vient [avant] / [après] l'automne.

Tu peux t'allonger [sur] / [sous] le canapé.

Nous avons [enfin] / [assez] arrêté de bouger les tables.

JE M'ENTRAINE

PARCOURS 2

Date ....

LES MOTS INVARIABLES 1 2 3 **4**

7 **Écris** une phrase avec les mots invariables indiqués.

autrefois

toujours

DÉFI ÉCRITURE

HISTOIRE DÉSORDONNÉE

8 **Invente** quatre phrases pour raconter une histoire, en utilisant les mots invariables suivants pour chacune : *tard*, *demain*, *bientôt*, *avant*. Ensuite, mets tes phrases dans le désordre, comme dans l'exemple, pour rendre ton histoire plus drôle !

Exemple : *Je me suis endormie tard. Je serai bientôt debout. Avant, j'ai diné. Vivement demain !*

PARCOURS 3

JE M'ENTRAINE

Date ....

LES MOTS INVARIABLES **1** 2 3 4

RECONNAITRE LES MOTS INVARIABLES

1 **Colorie** uniquement les étiquettes contenant un mot invariable.

encore	nez	aussitôt
enfant	dehors	autant
chez	plateau	jouer
souris	presque	ampoule

2 **Entoure** les mots invariables contenus dans ce texte.

Lorsque je suis arrivée, Émilie tremblait. Elle semblait ailleurs. Pourtant, elle souriait. Comment était-ce possible ? J'ai d'abord pris sa main, puis elle m'a expliqué. Maintenant, tout est rentré dans l'ordre.

PARCOURS 3

JE M'ENTRAINE

Date ....

LES MOTS INVARIABLES 1 **2** 3 4

ORTHOGRAPHIER LES MOTS INVARIABLES

3 **Trouve** les quatre mots invariables en remettant les lettres dans l'ordre.

o l g t n e s p m → ______________

l o n e s → ______________

a e r t m u t e n → ______________

s i u d a o n → ______________

4 **Retrouve** et **recopie** les sept mots invariables contenus dans la grille.

A	U	S	S	I	M
D	X	P	E	U	O
É	D	O	N	C	I
J	P	R	È	S	N
À	V	E	R	S	S

1 ______________

2 ______________

3 ______________

4 ______________

5 ______________

6 ______________

7 ______________

JE M'ENTRAINE

Date ....

UTILISER LES MOTS INVARIABLES

⑤ **Complète** ces phrases avec le mot invariable qui convient :

pendant • plutôt • ainsi

Il a mis une doudoune, ____________ il a bien chaud.

Je préfère les pêches ____________ que les poires.

____________ ce temps, il continue ses bêtises.

⑥ **Colorie** le mot invariable qui convient pour chaque phrase.

Il vient seulement / autrement de commencer.

Nous pourrons ensuite / soudain préparer nos valises.

Voilà / Parfois le vent qui se lève !

Le soleil brille fort avant / depuis ce matin.

JE M'ENTRAINE

Date ....

⑦ **Écris** une phrase contenant les deux mots invariables indiqués.

parce que • devant

parfois • loin

DÉFI ÉCRITURE

DRÔLE D'HISTOIRE

⑧ **Invente** cinq phrases avec le plus de mots invariables possible.

Exemples de mots à utiliser : *seulement, autrement, parce que, lorsque...*

ÉVALUATION 1

Prénom ....

Date ....

Compétences évaluées : Les mots invariables	Exercices	A+	A	PA	NA
Différencier les principales classes de mots : les mots invariables.	1, 2				
Mémoriser les principaux mots invariables.	3, 4				

1 **Colorie** uniquement les étiquettes contenant un mot invariable.

plus	flaque	bien	pluie
sauter	jamais	botte	pour

2 **Entoure** les mots invariables contenus dans ces phrases.

Ce sera bientôt la fin du film.

Prends le chemin entre les deux buissons.

Voici mon frère.

Elles arrivent après le spectacle.

3 **Complète** la fin des mots invariables contenus dans ces phrases.

Viens me voir plus t ______ la prochaine fois.

Le chat ne doit surt ______ pas grimper sur le canapé.

Dem ______ , le danseur participera à un grand spectacle.

Les élèves courent aut ______ du stade.

4 **Complète** chaque phrase avec un mot invariable qui convient.

Je ne veux ______________ jouer dehors.

______________ , tu as fêté ton anniversaire avec tes amis.

Nous arriverons ______________ chez nos grands-parents.

______________ elle prend son bain, elle est heureuse.

ÉVALUATION 2

Prénom ....

Date ....

Compétences évaluées : Les mots invariables	Exercices	A+	A	PA	NA
Différencier les principales classes de mots : les mots invariables.	1, 2				
Mémoriser les principaux mots invariables.	3, 4				

1 **Colorie** uniquement les étiquettes contenant un mot invariable.

seulement	pourtant	vêtement
gant	pendant	longtemps
patient	comment	élégant

2 **Entoure** les mots invariables contenus dans ce texte.

Ma sœur a encore mal aux dents. Depuis une semaine, elle pleure. Aujourd'hui, ma mère l'emmène chez le dentiste. Ensuite, elle prendra des médicaments à la pharmacie. Après, elle aura moins mal.

3 **Complète** la fin des mots invariables contenus dans ces phrases.

Aussit ______ qu'il a vu sa copine, il a sauté de joie.

Soud ______ , Johanne a compris son erreur.

Les élèves ont souri lors ______ la maitresse est arrivée.

Va plutôt jouer de ______ !

4 **Complète** chaque phrase avec un mot invariable qui convient.

Tu dois ______________ commencer par t'habiller.

Je t'ouvre la porte ______________ tu as oublié tes clés.

______________ mes parents qui arrivent à l'école.

Elle a attendu son bus ______________ 10 minutes.

16 LE GROUPE NOMINAL

Compétences travaillées (programmes modifiés 2018)

- **Se repérer dans la phrase simple**
  – Reconnaitre le groupe nominal.
  – Maitriser l'orthographe grammaticale de base.
- **Comprendre** :
  – Le fonctionnement du groupe nominal dans la phrase.
  – La notion de « chaine d'accords » pour déterminant/nom/adjectif (singulier/pluriel ; masculin/féminin).
- **Utiliser** :
  – Des marques d'accord pour les noms et adjectifs épithètes : nombre(s) et genre(s).

FICHE ENSEIGNANT

Après avoir étudié les différents constituants de la phrase, ce chapitre va permettre de travailler la construction des groupes nominaux, en insistant sur la notion d'accord dans le groupe nominal.

Point notionnel	Le **groupe nominal** est **un groupe dont le noyau est un nom**. Ex. : *un petit* *renard*. Le **groupe nominal le plus simple** est formé du **nom seul**. Ex. : *Louis* *travaille*. Le **groupe nominal** peut être **formé de divers éléments**, parmi lesquels certains sont obligatoires, d'autres facultatifs. – **Les éléments obligatoires** sont **le nom et les déterminants** (avec certaines exceptions pour lesquelles on peut l'omettre : l'attribut, l'apposition, le nom en apostrophe, certains compléments du nom et des noms propres...). – **Les éléments facultatifs** sont de trois types : • **les adjectifs** (épithètes ou en apposition) : Ex. : *Louis prend son crayon bleu*. • **les compléments du nom**, la plupart du temps introduits par une préposition : Ex. : *Louis dessine avec un crayon de bois*. • **les subordonnées relatives :** Ex. : *Louis qui aime dessiner adore les cours d'arts visuels*. ⚠ En cycle 2, seuls les adjectifs épithètes seront étudiés. Les accords de groupe nominal doivent s'effectuer selon le nom-noyau.	
Différenciation	**Parcours 1**	• Les groupes nominaux à construire sont simples (déterminant + nom). • Les phrases proposées sont simples. • Les transpositions sont guidées.
	Parcours 2	• Les groupes nominaux sont complexes (déterminant + nom + adjectif). • Les accords proposent des chaines audibles pour les féminins. (Ex. : *petit* ➔ *petite*). • Les phrases sont plus complexes (dans la construction et le lexique). • Il n'y a plus d'aide pour les transpositions.
	Parcours 3	• Les groupes nominaux sont complexes (déterminant + nom + adjectif). • Les accords proposent des chaines qui ne s'entendent pas forcément. • Les phrases et le lexique sont plus complexes (dans la construction et le lexique).
Erreurs rencontrées	• Difficultés à repérer le nom noyau dans le groupe nominal. • Les noms qui se terminent par *-er* peuvent entrainer des confusions avec des verbes. • La chaine des accords peut être incomplète ou oubliée.	
Remédiation	• S'entrainer à réduire les groupes nominaux pour ne garder que le nom. Passer par l'oral pour faciliter ce travail de repérage. • S'entrainer à travailler la chaine des accords par des exercices réguliers et routiniers et en marquant les accords lors des corrections systématiques des dictées, par exemple.	

LEÇON

LE GROUPE NOMINAL

➤ Le groupe nominal (GN) est obligatoirement constitué d'un **nom** (mot principal) et d'un **déterminant**.
Ex. : *un **renard**.*
D N

➤ Il peut aussi être complété par un ou plusieurs **adjectifs**.
Ex. : *un petit **renard**, un petit **renard** rusé.*
D A N D A N A

⚠ Attention, le groupe nominal s'accorde en genre (masculin ou féminin) et en nombre (singulier ou pluriel).
Ex. : *un petit renard* ➜ *des petits renards.*
un petit renard ➜ *une petite renarde.*
un petit renard ➜ *des petites renardes.*

LEÇON ILLUSTRÉE

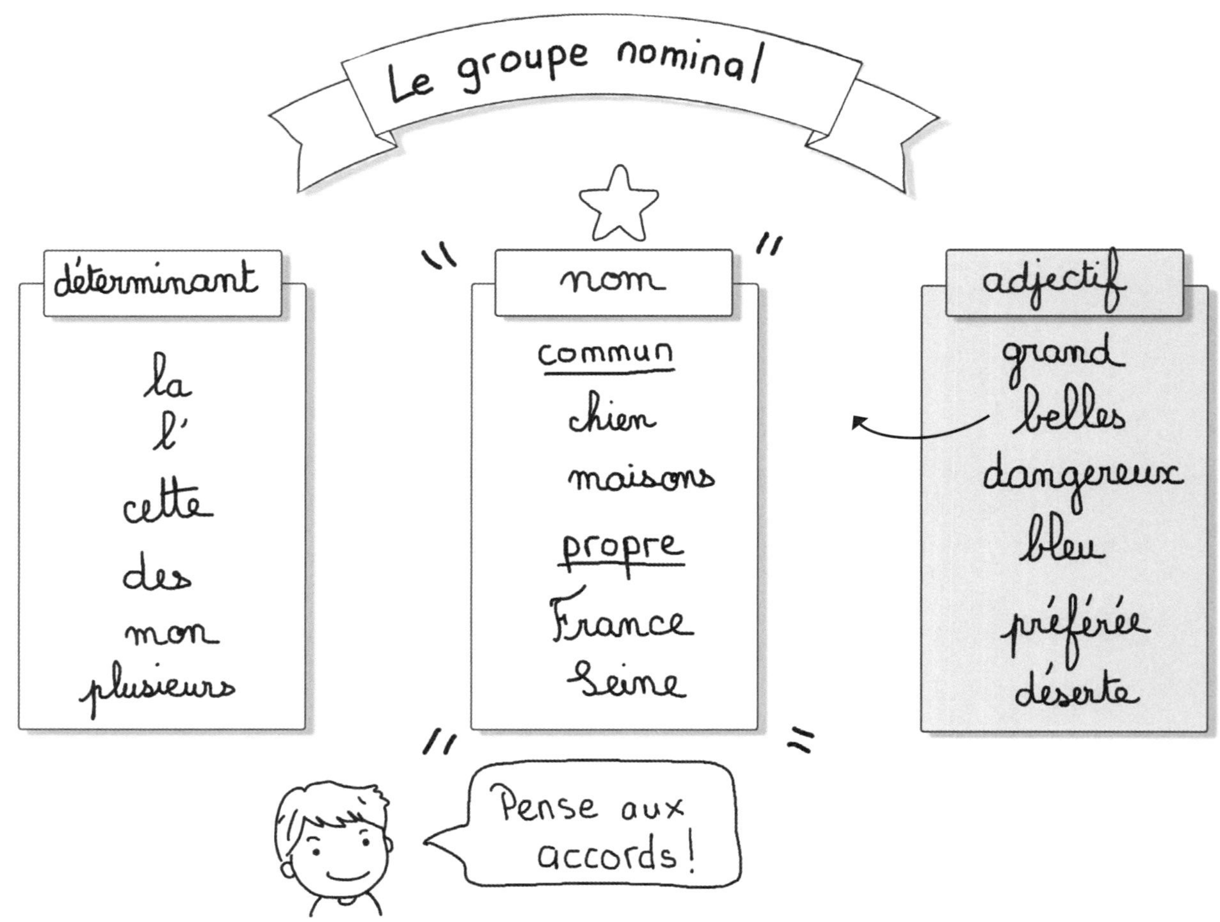

JE ME TESTE 1

Prénom ....

Date ....

IDENTIFIER UN GROUPE NOMINAL

1 **Colorie** uniquement les étiquettes contenant des groupes nominaux.

ma voiture | un avion | parler | un chien noir | danser

la petite fille | des arbres | chaque | avoir

IDENTIFIER LES COMPOSANTS DU GROUPE NOMINAL

2 **Encadre** le nom dans chaque groupe nominal, puis **écris** D sous les articles ou déterminants et A sous les adjectifs.

Exemple : *des petites* *fleurs*
D A

- ton petit frère
- des délicieux gâteaux
- une histoire amusante
- un gros chat noir
- la grande cour

CONSTRUIRE DES GROUPES NOMINAUX

3 **Relie** les mots pour former des groupes nominaux.

un	grande	arbre
la	long	chaussures
l'	immense	fées
les	vieilles	maison
des	gentilles	chemin

ACCORDER DES GROUPES NOMINAUX

4 **Réécris** les groupes nominaux en les mettant au pluriel.

un pantalon rouge → des

la grande maison → les

5 **Réécris** les groupes nominaux en les mettant au féminin.

un chat peureux → une

des chiens intelligents → des

JE ME TESTE 2

Prénom ....

Date ....

LE GROUPE NOMINAL

IDENTIFIER UN GROUPE NOMINAL

1 **Colorie** uniquement les étiquettes contenant des groupes nominaux.

appelle Pierre | une tache rouge | je parle | aucun

soudain tu vois | parce que | l'agneau | la jeune fille

une pomme empoisonnée | nos nouveaux voisins | Léon danse

IDENTIFIER LES COMPOSANTS DU GROUPE NOMINAL

2 **Encadre** les groupes nominaux dans ces phrases, puis **écris** N sous les noms, D sous les déterminants ou articles et A sous les adjectifs.

Exemple : *Mon petit frère* *dort dans* *le canapé*.
D A N — D N

Le footballeur marque un beau but.

Mon petit frère aime mes histoires drôles.

Le vieil arbre a perdu ses feuilles.

L'ardoise cassée ira dans la poubelle.

CONSTRUIRE DES GROUPES NOMINAUX

3 **Invente** un groupe nominal pour chaque nom.

chien → ______________________

baguette → ______________________

garçon → ______________________

jardin → ______________________

photo → ______________________

fille → ______________________

ACCORDER DES GROUPES NOMINAUX

4 **Réécris** les groupes nominaux en les mettant au pluriel.

un château abandonné → des

un regard malicieux → des

5 **Réécris** les groupes nominaux en les mettant au féminin.

un horrible sorcier → une

des lions affamés → des

JE M'ENTRAINE Date ....

IDENTIFIER UN GROUPE NOMINAL

① **Colorie** uniquement les étiquettes contenant des groupes nominaux (déterminant + nom).

le cheval | dormir | demain | des écoliers | devant

la semaine | partager | les voitures | ce papillon

② **Barre** l'intrus dans chaque liste.

le bus	un poisson	voler	un avion
la chaussure	un landau	une trousse	bientôt
regarder	un ballon	le chocolat	son cartable
je bavarde	mon travail	le journal	un tableau

IDENTIFIER LES COMPOSANTS DU GROUPE NOMINAL

③ **Entoure** les déterminants et **souligne** les noms.

- un éléphant
- le cerceau
- ta poupée
- ces livres
- du fromage
- des tracteurs
- la mer
- l'arbre
- la cheminée

JE M'ENTRAINE Date ....

CONSTRUIRE DES GROUPES NOMINAUX

④ **Écris** le groupe nominal qui correspond à chaque image. Attention, certains sont au pluriel !

ACCORDER DES GROUPES NOMINAUX

⑤ **Relie** chaque déterminant au nom qui lui correspond.

ma	télévision
des	ordinateur
la	chambre
un	copains

JE M'ENTRAINE

Date ....

6 **Trace** le chemin en coloriant les groupes nominaux féminins.

une souris	la douche	des trains	un car	les villages
un tapis	ta veste	une ferme	ma sœur	des bagues
le ciel	les filles	sa place	mon oncle	une moto
mon sac	une règle	des voitures	les serpents	des toupies

7 **Écris** ces groupes nominaux au pluriel.
N'oublie pas la marque du pluriel !

un jour → des ______

la chanson → les ______

une moustache → des ______

la chaise → les ______

le ballon → les ______

ton feutre → tes ______

JE M'ENTRAINE

Date ....

8 **Complète** cette phrase en mettant les groupes nominaux grisés au pluriel.

Mon chat joue avec la balle.

Mes ______ jouent avec les ______.

La dame rentre dans le car.

Les ______ rentrent dans les ______.

DÉFI ÉCRITURE

MON SAC À DOS

9 Tu prépares ton sac à dos pour les vacances d'été. **Complète** cette liste avec trois choses que tu souhaites emporter, en utilisant uniquement des groupes nominaux.

Exemple : *Dans mon sac, je mets ma casquette...*

JE M'ENTRAINE Date ....

IDENTIFIER UN GROUPE NOMINAL

1 **Colorie** uniquement les étiquettes contenant des groupes nominaux.

une belle nappe | un arbre | j'attends

de longues journées | lentement | arroser

des fleurs roses | pourquoi | ce joli paysage

2 **Barre** l'intrus dans chaque liste.

l'avalanche	un garage	tu as joué	des billes

un ouragan	presque	une tour	un ami

Marie dort	un crayon	un nuage	une blessure

mon bureau rangé	ce grand palmier	ils ont bavardé	un feutre rouge

JE M'ENTRAINE Date ....

IDENTIFIER LES COMPOSANTS DU GROUPE NOMINAL

3 **Entoure** les déterminants, **souligne** les noms et **écris** A sous les adjectifs.

- du saucisson sec
- un panda géant
- un vieil arbre
- des grands lits
- un écureuil roux
- un cheval blanc
- l'étoile brillante
- des plantes carnivores

CONSTRUIRE DES GROUPES NOMINAUX

4 **Écris** le groupe nominal qui correspond à chaque image. Utilise un article, un nom, un adjectif. Attention, certains groupes nominaux sont au pluriel !

JE M'ENTRAINE

Date ....

ACCORDER DES GROUPES NOMINAUX

5 **Relie** les déterminants, noms et adjectifs pour former des groupes nominaux.

la	flamants	soigneuse
les	gentille	zoologique
le	girafes	roses
des	parc	impressionnantes

6 **Trace** le chemin en coloriant les groupes nominaux féminins.

les maillots bleus	un trottoir haut	ce beau paysage	les sorcières	les tortues lentes →
→ une vieille maison	un banc public	l'étoile polaire	la petite guenon	l'avion
des belles années	une infirmière	ma trousse	un gros orage	des ballons gonflables

JE M'ENTRAINE

Date ....

7 **Réécris** ces phrases en mettant les groupes nominaux grisés au pluriel. Attention aux accords avec le verbe !

Dans le magnifique parc, le jardinier arrose la plante verte. Une pie joyeuse chante.

DÉFI ÉCRITURE

LE SUPERHÉROS

10 **Écris** quatre phrases pour décrire un superhéros ou une superhéroïne de ton choix, en utilisant des groupes nominaux, comme dans l'exemple. N'oublie pas les adjectifs !

Exemple : *Mon superhéros a un costume bleu et rouge...*

PARCOURS 3
JE M'ENTRAINE

Date ....

IDENTIFIER UN GROUPE NOMINAL

1 **Souligne** les groupes nominaux contenus dans ces phrases.

Tu prépares le repas.

Les feuilles mortes tombent de l'arbre.

Il a perdu son ballon.

Demain, j'irai voir un film avec mon meilleur ami.

2 **Barre** l'intrus dans chaque liste.

plus petit	un phoque	un renard rusé	un petit mulot
une pluie violente	bien dormi	le mercredi	des beaux buts
la soirée chaude	le vent frais	plus tard	mon animal préféré
nous volons	la semaine prochaine	un tablier sale	un arbre fruitier

PARCOURS 3
JE M'ENTRAINE

Date ....

IDENTIFIER LES COMPOSANTS DU GROUPE NOMINAL

3 **Entoure** les déterminants, **souligne** les noms et **écris** A sous les adjectifs.

- un belle princesse charmante
- ce merveilleux tableau
- un bruit étrange et grave
- un zèbre noir et blanc
- des minuscules souris grises
- une peur terrible

CONSTRUIRE DES GROUPES NOMINAUX

4 **Écris** trois groupes nominaux avec les mots proposés :

cette • *plusieurs* • *l'* • *route* • *arbre* • *élèves*
punis • *fruitier* • *dangereuse*

JE M'ENTRAINE

Date ....

ACCORDER DES GROUPES NOMINAUX

5 **Trace** le chemin en coloriant les groupes nominaux masculins.

un vaillant chevalier	l'ours brun	des larges chemins	l'incroyable illusion	des nuits étoilées
→ des amis sympas	une violente vague	des lacs gelés	trois histoires vraies	la brise marine
des amies proches	l'artiste connue	ce ciel étoilé	des zèbres rayés	des objets métalliques →
une jupe blanche	des chevelures rousses	un arc-en-ciel	des jolis arbustes	des rivières gelées

6 **Complète** ces groupes nominaux avec l'adjectif proposé.

VERT	JOLI
des arbustes	un .... manteau
une feuille	des .... fleurs
un crayon	les .... tableaux
des lumières	un .... collier

JE M'ENTRAINE

Date ....

7 **Réécris** ce texte en le mettant au pluriel.

La montagne offre beaucoup d'activités. Le guide propose une grande randonnée sur un sentier sauvage. La touriste émerveillée admire le beau paysage.

DÉFI ÉCRITURE

LES JUMEAUX

8 Tu rencontres des jumeaux, un garçon et une fille, qui sont à l'opposé l'un de l'autre. **Écris** cinq phrases pour faire leur portrait, en utilisant des groupes nominaux.

Exemple : *Léa a de longs cheveux blonds. Gaspard a des cheveux noirs et courts.*

ÉVALUATION 1

Prénom ....

Date ....

Compétences évaluées : Le groupe nominal	Exercices	A+	A	PA	NA
Identifier un groupe nominal et ses composants.	1, 2				
Construire des GN en respectant la chaine des accords.	3, 4				

1 **Colorie** uniquement les étiquettes contenant un groupe nominal.

faire | un cahier propre | le canapé | maintenant

les oiseaux | changer | des nuages gris

un petit bouton | danser | l'espace

2 **Souligne** le nom, **entoure** le déterminant et **écris** A sous les adjectifs dans chaque groupe nominal.

- un joli cadeau
- des larges allées
- un dessin animé
- du chocolat chaud
- les mauvaises herbes
- les enfants bavards
- un chien peureux
- ma meilleure idée
- le ciel gris

3 **Complète** ces phrases avec des groupes nominaux, en utilisant les mots proposés. Attention, n'oublie pas de faire les accords !

noms : *château* • *frère* • *filles* • *tarte*
adjectifs : *magnifique* • *petit* • *grand* • *délicieux*

Les élèves visitent ________________________________ .

________________________________ regarde la télévision.

________________ mangent ________________ .

4 **Réécris** chaque groupe nominal avec le déterminant proposé.

la souris grise ➜ les

le train rapide ➜ les

ces grandes girafes ➜ cette

ma belle chemise ➜ mes

des grands classeurs ➜ un

ma meilleure amie ➜ mes

ÉVALUATION 2

Prénom ....

Date ....

Compétences évaluées : Le groupe nominal	Exercices	A+	A	PA	NA
Identifier un groupe nominal et ses composants.	1, 2				
Construire des GN en respectant la chaine des accords.	3, 4				

1 **Entoure** les groupes nominaux contenus dans ce texte.

Ce matin, la maitresse prépare un nouvel exercice. Les élèves studieux apprennent à écrire les belles majuscules. L'horloge indique bientôt la récréation. Mehdi est pressé de retrouver ses meilleurs copains dehors dans la cour.

2 **Souligne** le nom, **entoure** le déterminant et **écris** A sous les adjectifs dans chaque groupe nominal.

- un grand renard roux
- une haute pyramide égyptienne
- une cage étroite
- un énorme poisson
- des erreurs oubliées
- cette leçon difficile
- du calcul mental
- une épaisse fourrure blanche
- le grand lion sauvage

3 **Ajoute** le même adjectif dans chaque groupe nominal. Attention aux accords !

BLANC	NEUF
une robe	des crayons ....
un cheval	un pantalon ....
des coussins	une robe ....
des montagnes	des boucles d'oreilles ....

4 **Réécris** ces phrases en changeant le nom en gras par celui proposé.

La tempête a emporté le vieux **chêne**. → *cabanes*

L'homme a conduit ce **camion** noir à toute vitesse. → *voitures*

17 IDENTIFIER LES CLASSES GRAMMATICALES

Compétences travaillées (programmes modifiés 2018)

Se repérer dans la phrase simple

– Différencier les principales classes de mots :
- le nom ;
- l'article défini, l'article indéfini ;
- l'adjectif ;
- le verbe ;
- le pronom personnel sujet ;
- les mots invariables.

– Reconnaitre le groupe nominal.

FICHE ENSEIGNANT

Ce chapitre a pour objectif de reprendre toutes les classes grammaticales abordées au cours de l'année : c'est pour cela qu'il figure dans la période 5 de la programmation proposée. Dans le point notionnel ci-dessous sont indiqués les numéros des chapitres permettant d'approfondir chaque notion.

<table>
<tr><td>Point notionnel</td><td colspan="2">Les classes (natures) de mots désignent les catégories grammaticales auxquelles les mots appartiennent. La classe ou nature d'un mot ne varie jamais, contrairement à sa fonction.

LES MOTS VARIABLES
Les noms : Ex. : fée, bol, Léa... (chapitre 12)
Les adjectifs : Ex. : vert, belle... (chapitre 13)
Les verbes : Ex. : danser, faire, aller, dire, venir, prendre... (chapitre 17)
Les déterminants (dont articles) : Ex. : le, la, les, un, une, des, mon, ta, ses, notre, cette... (chapitre 11)
Les pronoms : Ex. : je, tu, il, elle, nous, vous, ils, elles... (chapitre 14)

LES MOTS INVARIABLES
Les adverbes : Ex. : aussi, comme dehors, fortement, vivement... (chapitre 15)
Les conjonctions de coordination : Ex. : mais, ou, et, donc, or, ni, car... (chapitre 15)
Les conjonctions de subordination : Ex. : que, quand, comme, si... (chapitre 15)
Les prépositions : Ex. : à, de, pour, sans, sur, dans... (chapitre 15)
Les interjections : Ex. : ah, oh, eh, hélas... (chapitre 15)</td></tr>
<tr><td rowspan="3">Différenciation</td><td>Parcours 1</td><td>• Les natures travaillées sont les noms, verbes et articles (repérage, tri...).
• Les adjectifs sont proposés dans les corpus de mots mais ne font pas l'objet d'un classement.</td></tr>
<tr><td>Parcours 2</td><td>• Les natures travaillées sont les noms, verbes, articles et adjectifs.
• On introduit les mots invariables par opposition aux classes précédentes.</td></tr>
<tr><td>Parcours 3</td><td>• Les natures travaillées sont les noms, verbes, déterminants, adjectifs et les mots invariables.
• Parmi les déterminants, on distingue les articles définis et indéfinis.
• On introduit les pronoms par opposition aux classes précédentes.</td></tr>
<tr><td>Erreurs rencontrées</td><td colspan="2">• Pour chaque notion qui pose problème à l'élève, se référer au chapitre concerné.
• Par exemple, pour des erreurs sur les adjectifs, consulter le chapitre 13.</td></tr>
<tr><td>Remédiation</td><td colspan="2">• Des pistes de remédiations sont proposées dans les chapitres des notions concernées.</td></tr>
</table>

LEÇON

IDENTIFIER LES CLASSES GRAMMATICALES

LES DÉTERMINANTS	LES PRONOMS
Les articles : Ex. : *le, la, les, un, une, des...*	**Les pronoms personnels sujets :** Ex. : *je, tu, il, elle, nous, vous, ils, elles...*

LES NOMS	LES VERBES
Les noms propres : Ex. : *Louise, Ethan, la France, Nice...* **Les noms communs :** Ex. : *enfant, cartable, chien, peur...*	**Les verbes du 1er groupe :** Ex. : *chanter, jouer, avancer...* **Les verbes du 2e groupe :** Ex. : *finir, choisir, nourrir...* **Les verbes du 3e groupe :** Ex. : *faire, aller, dire, venir, pouvoir, voir, vouloir, prendre, être, avoir...*

LES ADJECTIFS	LES MOTS INVARIABLES
Ex. : *blanc, lourd, violet...* *blanche, lourde, violette...* *blancs, lourds, violets...* *blanches, lourdes, violettes...*	Ex. : *à, alors, assez, avec, comme, dans, en, et, ici, mais, ne, par, pas, pour, que, si, sur...*

LEÇON ILLUSTRÉE

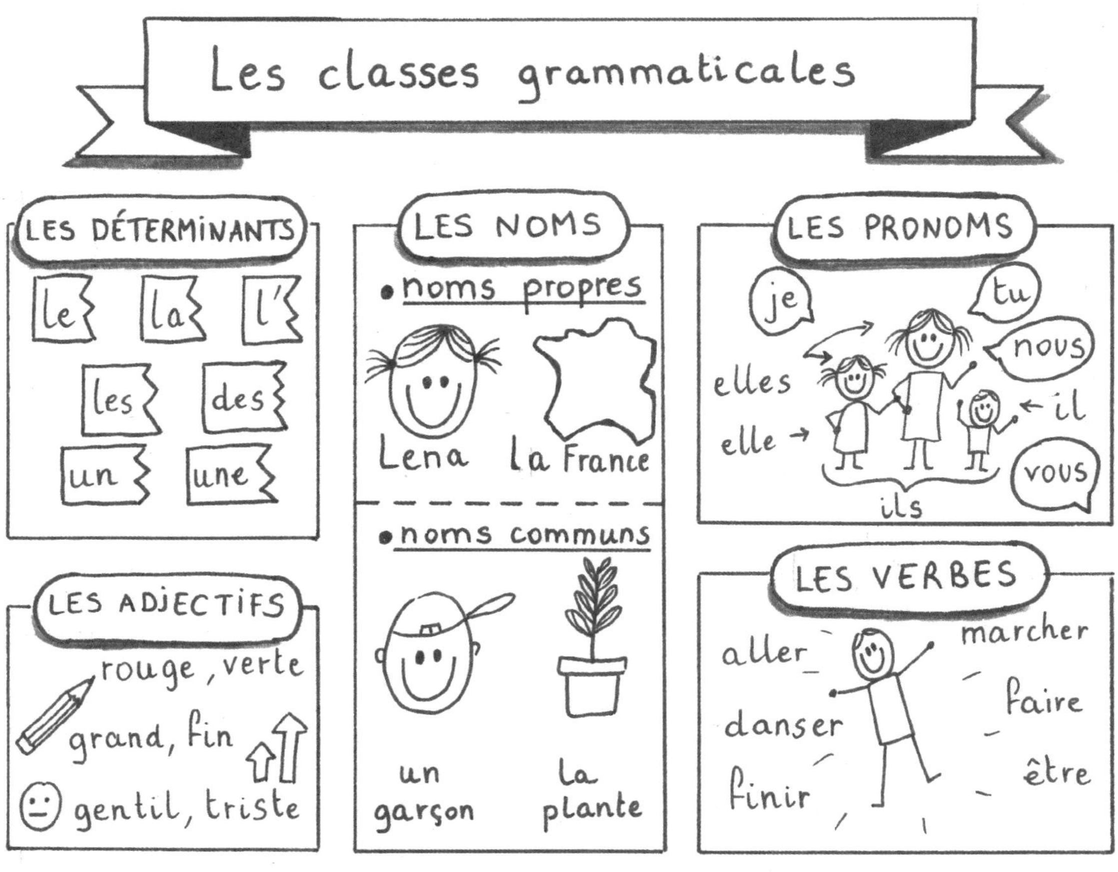

JE ME TESTE 1

Prénom ....

Date ....

IDENTIFIER DES NOMS ET DES ADJECTIFS

1 **Colorie** uniquement les étiquettes contenant des noms et **barre** celles contenant des adjectifs.

bougie | bleu | ciseaux | savon

la | gentille | Lisa | manger | des

REPÉRER LE VERBE CONJUGUÉ DANS UNE PHRASE SIMPLE

2 **Entoure** le verbe conjugué contenu dans chaque phrase.

Les voyageurs prennent le train.

Les skieurs glissent sur la piste rouge.

Elle a un cartable bleu.

Les élèves sortent leur trousse.

ÉCRIRE DES ARTICLES CORRESPONDANTS À UN GROUPE NOMINAL

3 **Complète** chaque phrase avec l'article qui convient : *une* • *les* • *le* • *l'*.

Je vois un chat qui grimpe dans ______ arbre du voisin.

Dans cette forêt, on a vu ______ famille de hérissons.

______ bébé est réveillé, il pleure.

______ cahiers du jour sont sur le bureau de la maitresse.

CONNAITRE LES NOMS, LES VERBES ET LES ARTICLES

4 **Indique** pour chaque phrase si c'est VRAI ou FAUX.

Les noms peuvent être conjugués. ➜ ....

Les noms peuvent être masculin ou féminin. ➜ ....

Les noms propres ont une majuscule. ➜ ....

Devant un verbe, il y a toujours un article. ➜ ....

IDENTIFIER TOUTES LES CLASSES DE MOTS DANS UNE PHRASE SIMPLE

5 **Écris** la classe grammaticale de chaque mot selon le code indiqué.

NOM	VERBE	DÉTERMINANT
N	V	D

Des .... élèves .... visitent .... un .... château. ....

Mamie .... tricote. ....

Colombe .... brosse .... le .... poney. ....

La .... lumière .... brille. ....

JE ME TESTE 2

Prénom ....

Date ....

IDENTIFIER DES NOMS ET DES ADJECTIFS

1 **Colorie** en rouge les noms et en bleu les adjectifs.

les | lion | casquette | jouer | une

petit | gris | joyeuse | cirque | être

REPÉRER LE VERBE CONJUGUÉ DANS UNE PHRASE SIMPLE

2 **Entoure** le verbe conjugué contenu dans chaque phrase.

Mon grand-père partira en randonnée samedi. Elle n'aime pas le chocolat noir.

Nous apprenons à faire nos lacets. Hier, Sophie rangeait sa chambre.

ÉCRIRE DES ARTICLES CORRESPONDANTS À UN GROUPE NOMINAL

3 **Complète** ce texte avec les déterminants qui conviennent. Attention, ils doivent tous être différents !

Sur ______ plage, je ramasse ______ coquillages. Je les mets dans ______ seau rouge. J'enlève ______ sable avec ______ peu d'eau. À la rentrée, je les montrerai à ______ copains.

CONNAITRE LES NOMS, LES VERBES ET LES ARTICLES

4 **Indique** pour chaque phrase si c'est VRAI ou FAUX.

On peut changer le temps d'un adjectif. → ....

L'adjectif s'accorde avec le nom. → ....

Les verbes s'écrivent toujours avec une majuscule. → ....

Parmi les déterminants, il y a les articles. → ....

IDENTIFIER TOUTES LES CLASSES DE MOTS DANS UNE PHRASE SIMPLE

5 **Écris** la classe grammaticale de chaque mot selon le code indiqué.

NOM	VERBE	DÉTERMINANT	ADJECTIF
N	V	D	A

Mon père plie ses pantalons.
....

La brillante musicienne répète.
....

Victor habite une maison ancienne.
....

Gustave lit.
....

JE M'ENTRAINE Date ....

DIFFÉRENCIER LES CLASSES DE MOTS : LES NOMS

① **Colorie** uniquement les cases contenant des noms.

homme	le	trouver
cheval	faire	une
bateau	rouge	croire
enfant	gomme	maison

Quelle lettre vois-tu apparaitre ? ....

DISTINGUER LES NOMS PROPRES DES NOMS COMMUNS

② **Relie** chaque nom à la catégorie qui lui correspond.

- lettre
- femme
- Olivia
- Bordeaux

- nom commun
- nom propre

JE M'ENTRAINE Date ....

DIFFÉRENCIER LES CLASSES DE MOTS : LES VERBES

③ **Trace** le chemin vers la sortie. Tu ne dois passer que dans les cases contenant un verbe !

Jeanne	trousse	chat	aller →
→ être	dire	Ethan	pouvoir
cuillère	donner	parler	passer

DIFFÉRENCIER LES CLASSES DE MOTS : LES ARTICLES

④ **Entoure** les articles contenus dans ces groupes nominaux.

Exemple : (le) *vélo bleu*

- la grande roue
- les auto-tamponneuses
- une peluche
- des barbes à papa
- le manège
- un train fantôme

PARCOURS 1

JE M'ENTRAINE

Date ....

IDENTIFIER LES CLASSES GRAMMATICALES 1 2 **3** 4

DIFFÉRENCIER LES CLASSES DE MOTS

5 **Coche** la nature du mot en gras dans chaque phrase.

	NOM	VERBE	ARTICLE
Mon père s'occupe **des** rosiers.			
Je porte une **robe** rouge.			
Les enfants **mangent** du poulet.			
Elle prend **une** douche.			
Maëva aide sa sœur à s'habiller.			
Elles **choisissent** un film.			

IDENTIFIER DES MOTS DE DIFFÉRENTES CLASSES GRAMMATICALES

6 **Colorie** en vert les noms, en rouge les verbes et en jaune les articles.

fille — lapin — grand

avoir — regarder — jaune

un — les — robot

Que sont les mots restants ? ....

PARCOURS 1

JE M'ENTRAINE

Date ....

IDENTIFIER LES CLASSES GRAMMATICALES 1 2 3 **4**

IDENTIFIER TOUTES LES CLASSES DE MOTS DANS UNE PHRASE SIMPLE

7 **Écris** la classe grammaticale de chaque mot selon le code indiqué.

NOM	VERBE	ARTICLE
N	V	D

Elyne pose le livre. Une lionne chasse.

....

Les élèves attendent le bus. Papi ronfle.

....

DÉFI ÉCRITURE — CONSTRUIS DES PHRASES

8 **Écris** les phrases avec les éléments proposés.

article + nom + verbe

nom propre + verbe + article + nom

DIFFÉRENCIER LES CLASSES DE MOTS : LES NOMS

① **Colorie** uniquement les cases contenant des noms.

manette	crayon	carotte
pierre	beau	aimer
chien	Cassie	faire
voiture	les	demander
Paris	rire	avec

Quelle lettre vois-tu apparaitre ? ....

DISTINGUER LES NOMS PROPRES DES NOMS COMMUNS

② **Classe** les noms suivants dans la bonne colonne :

Raphaël • un pays • mon frère • l'Espagne
Adèle • des souris

NOM COMMUN	NOM PROPRE
....	....
....	....
....	....

DIFFÉRENCIER LES CLASSES DE MOTS : LES VERBES

③ **Trace** le chemin vers la sortie. Tu ne dois passer que dans les cases contenant un verbe !

	une	entrer	porter	chercher
	noir	prendre	nouveau	voir →
→	rester	avoir	Manon	crocodile

DIFFÉRENCIER LES CLASSES DE MOTS : LES ARTICLES

④ **Entoure** les articles contenus dans ces phrases.

Exemple : *Elle achète (un) vélo bleu.*

Mamie accroche un cadre.

Je préfère la peinture.

Des fourmis envahissent la cuisine.

Aimes-tu le Monopoly ?

Les collégiens discutent.

Elle prend une serviette.

PARCOURS 2

JE M'ENTRAINE

Date ....

IDENTIFIER LES CLASSES GRAMMATICALES 1 2 **3** 4

DIFFÉRENCIER LES CLASSES DE MOTS

5 **Coche** la nature du mot en gras dans chaque phrase.

	NOM	VERBE	ARTICLE	ADJECTIF
Il raconte **des** histoires !				
Ma maman **part** à l'hôpital.				
Le plombier change le **tuyau**.				
Il a acheté un canapé **blanc**.				
Ici, on **entend** de la musique.				

IDENTIFIER DES MOTS DE DIFFÉRENTES CLASSES GRAMMATICALES

6 **Colorie** en vert les noms, en rouge les verbes, en jaune les articles et en violet les adjectifs.

alors   vouloir   rouge   petit

la   monsieur   jardin   long

ranger   jamais   les   dans

Que sont les mots restants ? ....

PARCOURS 2

JE M'ENTRAINE

Date ....

IDENTIFIER LES CLASSES GRAMMATICALES 1 2 3 **4**

IDENTIFIER TOUTES LES CLASSES DE MOTS DANS UNE PHRASE SIMPLE

7 **Écris** la classe grammaticale de chaque mot selon le code indiqué.

NOM	VERBE	ARTICLE	ADJECTIF
N	V	D	A

La petite étoile brille.   Maman court.

....

Nora appelle une amie.   Swann lance le ballon.

....

DÉFI ÉCRITURE

CONSTRUIS DES PHRASES

8 **Écris** les phrases avec les éléments proposés.

article + nom + adjectif + verbe

nom propre + verbe + article + nom + adjectif

JE M'ENTRAINE

Date ....

IDENTIFIER LES CLASSES GRAMMATICALES **1** 2 3 4

DIFFÉRENCIER LES CLASSES DE MOTS : LES NOMS

① **Colorie** uniquement les cases contenant des noms.

yeux	monde	ami
ciel	jeter	pied
chambre	papier	gens
oiseau	violet	amour
flore	finir	tigre

Quelle lettre vois-tu apparaitre ? ....

DISTINGUER LES NOMS PROPRES DES NOMS COMMUNS

② **Classe** les noms suivants dans la bonne colonne.

les garçons • Astérix • Juliette • Nantes
une oreille • des fenêtres

NOM COMMUN	NOM PROPRE
....	....
....	....
....	....

JE M'ENTRAINE

Date ....

IDENTIFIER LES CLASSES GRAMMATICALES 1 **2** 3 4

DIFFÉRENCIER LES CLASSES DE MOTS : LES VERBES

③ **Trace** le chemin vers la sortie. Tu ne dois passer que dans les cases contenant un verbe !

→ venir	votre	haute	oie
arrêter	Mario	crier	jouer →
marcher	revoir	finir	assez

DIFFÉRENCIER LES CLASSES DE MOTS : LES ARTICLES DÉFINIS ET INDÉFINIS

④ **Entoure** les articles définis et **souligne** les articles indéfinis contenus dans ces phrases.

Exemple : *Une lune rousse brille dans (le) ciel.*

La trompette fait un bruit bizarre.

Papa enlève la poussière sur les étagères.

Je prends une douche après le sport.

Elle emprunte des livres à la bibliothèque.

Barnabé doit utiliser des béquilles.

La boulangerie ouvre dans une heure.

PARCOURS 3

JE M'ENTRAINE

Date ....

IDENTIFIER LES CLASSES GRAMMATICALES 1 2 **3** 4

DIFFÉRENCIER LES CLASSES DE MOTS

5 **Coche** la nature du mot en gras dans chaque phrase.

	DÉTERMINANT	ADJECTIF	INVARIABLE
Elle cuisine **avec** une spatule.			
Le plus **petit** mois est février.			
Mon oncle arrose **son** gazon.			
Romane a une trousse **verte**.			
Elles vont **à** la piscine.			

IDENTIFIER DES MOTS DE DIFFÉRENTES CLASSES GRAMMATICALES

6 **Colorie** en vert les noms, en rouge les verbes, en jaune les déterminants, en violet les adjectifs et en bleu les mots invariables.

comme — doux — il — défaire

mer — ton — prévoir — je

tortue — mais — immense — votre

Que sont les mots restants ? ....

PARCOURS 3

JE M'ENTRAINE

Date ....

IDENTIFIER LES CLASSES GRAMMATICALES 1 2 3 **4**

IDENTIFIER TOUTES LES CLASSES DE MOTS DANS UNE PHRASE SIMPLE

7 **Écris** la classe grammaticale de chaque mot selon le code indiqué.

NOM	VERBE	DÉTERMINANT	ADJECTIF	INVARIABLE
N	V	D	A	I

Son grand frère prend souvent le bus.

....

Des monstres attaquent cette planète minuscule.

....

Léo fabrique des jeux pour ses copains.

....

DÉFI ÉCRITURE

CONSTRUIS DES PHRASES

8 **Écris** les phrases avec les éléments proposés.

nom + verbe + déterminant + adjectif + nom

article défini + nom + verbe + mot invariable

ÉVALUATION 1

Prénom ....

Date ....

Compétences évaluées : Les classes grammaticales	Exercices	A+	A	PA	NA
Différencier les noms et les verbes.	1				
Différencier les noms, les articles et les verbes.	2				
Différencier les noms, les articles, les verbes et les adjectifs.	3, 4				

1 **Relie** chaque phrase à la nature de l'élément en gras.

- Je mets une **bouteille** d'eau dans mon sac. •
- Vous **écoutez** de la musique dans la voiture. •
- Alice **regardera** une série en anglais. •
- Les enfants nettoient la litière du **chat**. •

- • nom
- • verbe

2 **Recopie** chaque mot en gras dans la case correspondant à sa nature.

Quand on perd une **dent**, on dit qu'il faut la **placer** sous son oreiller. Une fois que l'enfant est bien endormi, **une** petite souris passe. Quand la dent est propre, la petite **souris** est contente. Elle **prend** la dent et laisse une petite pièce à **la** place.

NOMS	

VERBES	

ARTICLES	

3 **Coche** la nature du mot en gras dans chaque phrase.

	NOM	VERBE	ARTICLE	ADJECTIF
Mon **petit** frère joue à la console.				
Il se sert d'une **manette**.				
Il préfère **les** jeux d'aventure.				
Il **gagne** des objets magiques.				

4 **Écris** la classe grammaticale de chaque mot selon le code indiqué.

NOM	VERBE	ARTICLE	ADJECTIF
N	V	D	A

Le serveur apporte un petit café. Hugo enfile un bonnet noir.

....

ÉVALUATION 2

Prénom ....

Date ....

Compétences évaluées : Les classes grammaticales	Exercices	A+	A	PA	NA
Différencier les noms, les déterminants et les verbes.	1				
Différencier les noms, les articles, les verbes et les adjectifs.	2				
Différencier les noms, les articles, les verbes, les adjectifs et les mots invariables.	3, 4				

1 **Relie** chaque phrase à la nature de l'élément en gras.

Tu **pars** dans les bois pour courir. •   • nom

J'aime ce titre, c'est ma **chanson** préférée. •   • verbe

Elle a accroché un **grand** poster sur le mur. •   • adjectif

2 **Recopie** chaque mot en gras dans la case correspondant à sa nature.

Pour envoyer un **colis**, il faut d'abord mettre l'objet à **envoyer** dans une boite **solide**. On **utilise** une **balance** pour connaitre le poids du colis et **son** prix.
Il faut ensuite écrire **l'**adresse dans des **petites** cases.

NOMS	VERBES	DÉTERMINANTS	ADJECTIFS

3 **Coche** la nature du mot en gras dans chaque phrase.

	NOM	VERBE	DÉTERMINANT	ADJECTIF	INVARIABLE
Sa sœur est partie en classe de neige.					
Elle prend le car pour un **long** voyage.					
Elle fera du ski **pour** la première fois.					
Elle dévale la **piste** bleue.					
Elle **est** très contente de son séjour.					

4 **Écris** la classe grammaticale de chaque mot selon le code indiqué.

NOM	VERBE	DÉTERMINANT	ADJECTIF	MOT INVARIABLE
N	V	D	A	I

Ma mamie aime la grande musique.

....

Fiona dort avec son doudou.

....

Rachel nourrit son beau bébé.

....

18 LE SUJET

Compétences travaillées (programmes modifiés 2018)

- **Se repérer dans la phrase simple**
  - Identifier la phrase, en distinguer les principaux constituants et les hiérarchiser.
  - Reconnaitre les principaux constituants de la phrase : le sujet.
- **Maitriser l'orthographe grammaticale de base**
  - Identifier la relation sujet-verbe (identification dans des situations simples).

FICHE ENSEIGNANT

Le travail de repérage du sujet est au cœur de ce chapitre, en lien avec l'identification du verbe, abordé dans le chapitre 19. Il s'agit principalement d'apprendre à repérer le sujet d'un verbe sur le plan grammatical. Les règles de régularité repérées dans ce chapitre seront réinvesties dans des activités d'écriture.

Point notionnel	**Pour repérer le sujet d'un verbe**, on peut : – Le pronominaliser : remplacer le sujet par un pronom personnel sujet. Ex. : *Le fils de Marina partira en classe de mer.* ➜ *Il partira en classe de mer.* – Poser la question « *Qui est-ce qui ?* » + verbe : Ex. : *Qui est-ce qui partira ? Le fils de Marina.* – Ajouter « *c'est… qui* » pour encadrer le sujet : Ex. : *C'est le fils de Marina qui partira en classe de mer.* **Le sujet peut être** : – Un groupe nominal, un nom propre ou un pronom : Ex. : *Son petit garçon aime voyager. Aurélie court. Elles vont nager.* – Un verbe à l'infinitif ou une proposition (qui ne sont pas à identifier en cycle 2) : Ex. : *Nager me fait beaucoup de bien. Qui dort dine.* **En général, le sujet précède le verbe** (c'est ainsi qu'il est à identifier en cycle 2). Ex. : *Les enfants jouent. Hier, Gustave et Camille ont joué.* – Il peut en être séparé par des compléments circonstanciels : Ex. : *La petite fille, dans le parc, ramasse des bâtons.* – Le sujet peut aussi suivre le verbe : Ex. : *Dans ce village sont nés mes grands-parents.* – Le sujet est inversé dans certaines structures de phrases : propositions incises, interrogatives… Ex. : *« J'ai faim ! » dit-il. Comment allez-vous ?*	
Différenciation	**Parcours 1**	• Le sujet est un pronom ou un GN simple (déterminant-nom ou nom propre seul). • L'élève doit identifier le sujet d'un verbe déjà repéré. • Les sujets sont à associer à des verbes dont la terminaison du pluriel est audible. • Les noms que les élèves ont à écrire sont très fréquents. • Le sujet est toujours en première position dans la phrase.
	Parcours 2	• Le sujet est un pronom ou un GN simple (déterminant-nom ou nom propre) ou un GN constitué de deux noms. • L'élève doit identifier le sujet d'un verbe non repéré. • Les noms que les élèves ont à écrire sont fréquents. • Le sujet est toujours en première position dans la phrase.
	Parcours 3	• Le sujet est un pronom ou un GN plus complexe (déterminant-nom, déterminant-nom-adjectif ou nom propre) ou un GN constitué de deux noms. • L'élève doit identifier le sujet d'un verbe non repéré. • Les noms que les élèves ont à écrire sont moins fréquents. • Le premier groupe de la phrase est parfois un complément circonstanciel. • Les élèves ont à classer des sujets selon leur nature (GN ou pronom).
Erreurs rencontrées	• Mauvaise identification du sujet : désignation d'un autre nom (souvent un nom propre) de la phrase. • Marque de terminaison d'un verbe dont le sujet est au pluriel avec un -s, par analogie avec le pluriel des noms et des adjectifs.	
Remédiation	• Mettre en place quotidiennement des exercices ritualisés pour repérer le verbe et le sujet dans une phrase, du type « phrase dictée du jour ». • Proposer différentes manières d'identifier le sujet (cf. celles citées dans le point notionnel) et le verbe.	

LEÇON

LE SUJET

- **Le sujet indique de qui ou de quoi on parle dans une phrase.**
  Ex. : *Le gorille attrape une banane. Le feu détruit les arbres.*
  On peut retrouver le sujet :
  – en posant la question « Qui ? », « Qui est-ce qui ? » ou « Qu'est-ce qui ? ».
  Ex. : *Qui attrape la banane ? Qui est-ce qui attrape la banane ?* ➜ *le gorille.*
  Qu'est-ce qui détruit les arbres ? ➜ *le feu.*
  – en répondant à la question, les mots « c'est... qui » encadrent le sujet.
  Ex. : *Qui est-ce qui attrape la banane ?* ➜ *C'est le gorille qui attrape la banane.*
  Qu'est-ce qui détruit les arbres ? ➜ *C'est le feu qui détruit les arbres.*

- **Le sujet commande l'accord du verbe.**
  Ex. : *Un singe grimpe.* ➜ *Deux singes grimpent.*

- **Le sujet peut être :**

un groupe nominal	**un nom commun avec ou sans adjectif** Ex. : *un lapin, des chats gris...*	**un nom propre** Ex. : *Mathis, la France...*
un pronom	*je, tu, il, elle, nous, vous, ils, elles, on.*	

LEÇON ILLUSTRÉE

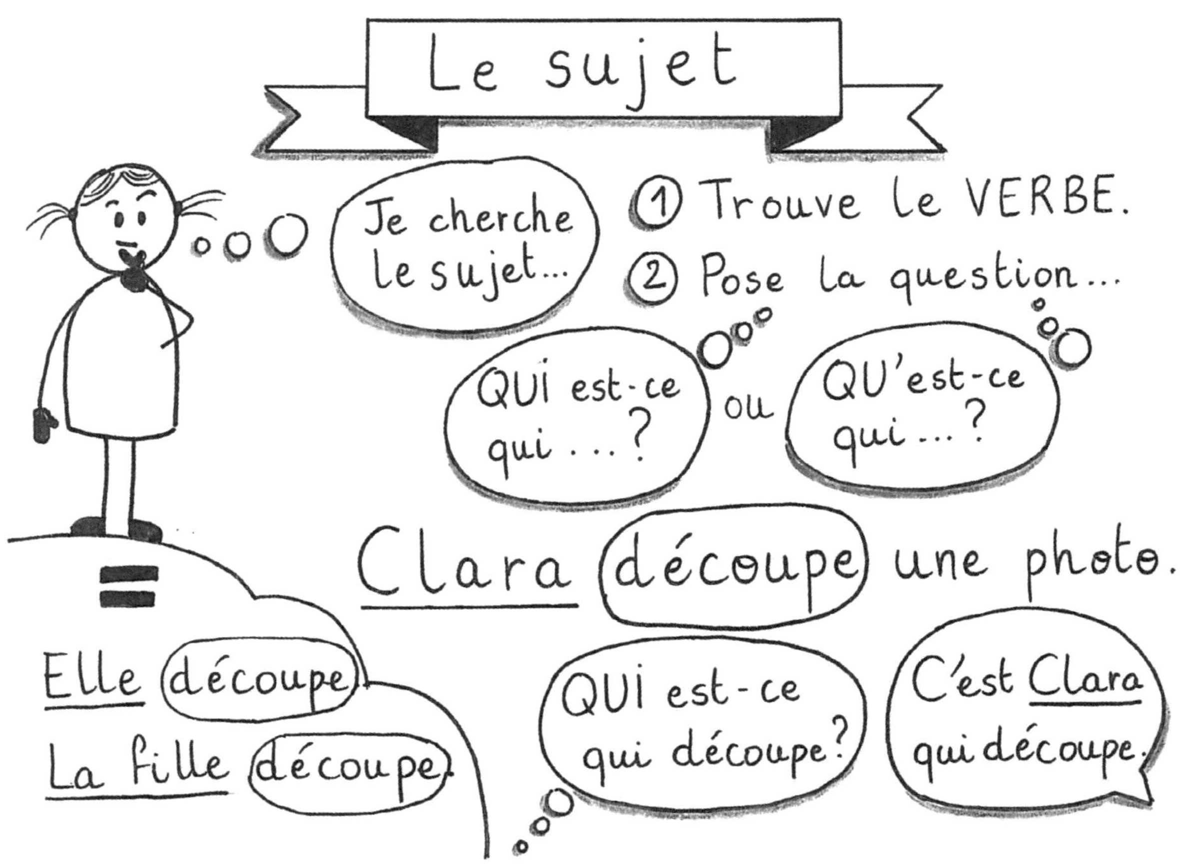

JE ME TESTE 1

Prénom ....

Date ....

RECONNAITRE LE SUJET

1 **Colorie** uniquement les étiquettes contenant des phrases dont le sujet est en gras.

Le lièvre court dans la forêt.	Elle déchire **sa feuille**.	**Tu** es arrivé tôt.
Sofia a peur **du noir**.	La licorne **s'envole**.	**Achille** skie en Autriche.

REPÉRER LE SUJET D'UN VERBE CONJUGUÉ

2 **Souligne** le sujet dans chaque phrase. Tu peux t'aider du verbe encadré !

Les portes [s'ouvrent] lentement.

Charles [travaille] dans une boulangerie.

Nous [écrirons] une carte de vœux.

Les plongeurs [réalisent] des magnifiques figures.

TROUVER LE SUJET D'UN VERBE CONJUGUÉ

3 **Relie** chaque phrase au sujet qui convient.

... ne circulent pas à cause du verglas.	Mon voisin
... prépare des lasagnes.	Les bus
... repeint les volets de sa maison.	Mes amis
... ont promis de venir me voir.	La cuisinière

ORDONNER LES GROUPES DANS LA PHRASE (SUJET, VERBE, COMPLÉMENT)

4 **Écris** deux phrases correctes en t'aidant des étiquettes.

Exemple : *attrape* | *le poisson* | *l'ours* → *L'ours attrape le poisson.*

boit | grignotent | les souris | le bébé | le fromage | son biberon

JE ME TESTE 2

Prénom ....

Date ....

LE SUJET

RECONNAITRE LE SUJET (À L'INFINITIF)

1 **Colorie** uniquement les étiquettes contenant des phrases dont le sujet est en gras.

Papa prépare **le diner**.

Demain, **nous** prendrons le bateau.

Elles **pensent** à leurs vacances.

L'alarme s'est déclenchée à midi.

Diane grimpe sur le mur.

Le coureur italien franchit la ligne en tête.

REPÉRER LE SUJET D'UN VERBE CONJUGUÉ

2 **Souligne** le sujet dans chaque phrase. Tu peux entourer le verbe pour t'aider !

Les piétons traversent la rue avec prudence.

Les spectateurs ravis applaudissent le numéro de jonglage.

L'Italie est un pays du sud de l'Europe.

Gabin et Lilou retrouvent leurs amis au parc.

REMPLACER UN PRONOM PAR UN GN

3 **Relie** chaque phrase au sujet qui peut remplacer le pronom sujet.

Il récupère le courrier de sa voisine. •	• Ambre et Maelis
Elle décore ma chambre. •	• Les bisons
Ils vivent dans des grands espaces. •	• Une grande affiche
Elles impriment des coloriages. •	• Vincent

ÉCRIRE UN SUJET DE LA NATURE DEMANDÉE

4 **Complète** ces phrases avec un sujet de la nature demandée.

groupe nominal → ______________________ remportent la finale.

groupe nominal → ______________________ enterre son os dans le jardin.

pronom → __________ ouvre la boite aux lettres.

pronom → __________ ramassons les déchets dans le parc.

JE M'ENTRAINE Date ....

LE SUJET **1** 2 3 4

RECONNAITRE LE SUJET

1 Colorie les étiquettes des phrases dont le sujet est en gras.

- **Le jongleur** entre en scène.
- Elle dort **déjà**.
- Constance **chante**.
- **Ils** dansent.
- La maitresse appelle **Noa**.
- **Le bus** s'arrête.

VÉRIFIER L'IDENTIFICATION DU SUJET

2 Coche pour indiquer si le groupe en gras est bien le sujet. Tu peux t'aider de la phrase transformée avec les mots « c'est... qui » !

	VRAI	FAUX
Mamie plante des rosiers. → C'est **mamie** qui plante des rosiers.		
L'oiseau chante sur **la branche**. → C'est **la branche** qui chante.		
La directrice fait l'appel. → C'est **la directrice** qui fait l'appel.		
Mes parents nettoient **la voiture**. → C'est **la voiture** qui nettoie.		

JE M'ENTRAINE Date ....

PARCOURS 1

LE SUJET 1 **2** 3 4

IDENTIFIER LE SUJET DE LA PHRASE

3 Souligne le sujet. Tu peux t'aider du verbe encadré !

Adam [se lave] ses mains.

Un cerisier [pousse] dans le jardin.

Ils [enfilent] leur maillot de bain.

Papa [a préparé] un poulet rôti.

Tu [restes] longtemps sous la douche !

ASSOCIER UN GROUPE SUJET À UN VERBE

4 Relie chaque sujet avec le groupe verbal qui convient.

Le koala	joue aux dés avec moi.
Les pompiers	mange des feuilles.
Ma copine	font un concert.
Des chanteurs	éteignent le feu.

JE M'ENTRAINE

Date ....

COMPLÉTER DES PHRASES AVEC LE SUJET

5 **Complète** chaque phrase avec un des sujets suivants :

la lune • le feu • l'eau • la reine • Papa

__________ me lit une histoire tous les soirs.

__________ a coulé dans la baignoire.

__________ brillera dans le ciel.

__________ a mis sa couronne.

__________ brule dans la cheminée.

6 **Complète** en remettant le sujet à sa place pour que la phrase ait un sens.

Exemple : *Le poisson attrape l'ours*
→ *L'ours attrape le poisson.*

La porte ferme maman.

→ __________ ferme __________ .

La lumière allume Papi.

→ __________ allume __________ .

Le trottoir balaie l'homme.

→ __________ balaie __________ .

JE M'ENTRAINE

Date ....

IDENTIFIER LE NOMBRE DU SUJET

7 **Écris** S si le sujet en gras est au singulier ou P s'il est au pluriel.

Exemple : ***Mon mari*** *est rentré de bonne heure.* → S

La mer monte depuis ce midi. → ....

Tes mains sont très sales ! → ....

Une petite fille rentre dans la boulangerie. → ....

Mes yeux sont verts. → ....

DÉFI ÉCRITURE

LA MAISON DÉTRAQUÉE

8 Dans la maison, tout va de travers : l'herbe coupe la tondeuse, les chaussettes lavent la machine à laver… **Invente** à ton tour trois choses étranges, en t'aidant des débuts de phrases suivants :

La pizza prépare

La baignoire remplit

Le linge repasse

JE M'ENTRAINE

Date ....

RECONNAITRE LE SUJET

1 **Colorie** les étiquettes des phrases dont le sujet est en gras.

Elle a fait **son lit**.

Le bébé marche à 4 pattes.

Théo aime danser.

Les enfants jouent **au loup**.

Tu as raté **ton train** !

Je rêve de voyager.

VÉRIFIER L'IDENTIFICATION DU SUJET

2 **Souligne** le sujet de la phrase. Tu peux t'aider de la phrase transformée avec les mots « c'est… qui » !

Exemple : *Mamie plante des rosiers.*
→ *C'est mamie qui plante des rosiers.*

Le pâtissier fait une buche.

→ C'est ________ qui ________________

Le vent souffle fort.

→ C'est ________ qui ________________

Rose range son sac.

→ C'est ________ qui ________________

JE M'ENTRAINE

Date ....

IDENTIFIER LE SUJET DE LA PHRASE

3 **Souligne** le sujet dans chaque phrase.
Tu peux entourer le verbe pour t'aider !

La cavalière grimpe sur son cheval.

Le ballon rentre dans le but.

Zoé et Olivia colorient leur dessin.

Ce chien aboie souvent le soir.

Les renards sont très malins.

COMPLÉTER DES PHRASES AVEC LE SUJET

4 **Complète** chaque phrase par un des sujets suivants :

Les sportifs • *Les oies* • *Ma tante* • *Le cuisinier* • *Les élèves*

________________ s'envolent pour les pays chauds.

________________ m'apporte des cadeaux.

________________ préparent leur course.

________________ allume le four.

________________ écrivent la date sur leur cahier.

JE M'ENTRAINE

Date ....

5 **Souligne** le sujet dans chaque phrase, puis **remplace**-le par un autre qui convient.
Exemple : *Les enfants remplissent leur bouteille d'eau.*
→ *Les élèves remplissent leur bouteille d'eau.*

Julie a débarrassé la table.

→ ____________ a débarrassé la table.

Les voyageurs monteront dans le train.

→ ____________ monteront dans le train.

La nageuse plongera dans l'eau.

→ ____________ plongera dans l'eau.

6 **Complète** en remettant le sujet à sa place pour que la phrase ait un sens.
Exemple : *Le poisson attrape l'ours.*
→ *L'ours attrape le poisson.*

Un nid fabrique l'oiseau.

→ ____________ fabrique ____________ .

Des gâteaux achètent Léa et Téo.

→ ____________ achètent ____________ .

Un éléphant dessine le maitre.

→ ____________ dessine ____________ .

JE M'ENTRAINE

Date ....

IDENTIFIER LE NOMBRE DU SUJET

7 **Coche** pour indiquer si le sujet est au singulier ou au pluriel.

	SINGULIER	PLURIEL
Mon mari est rentré de bonne heure.		
Lola fait la sieste dans sa chambre.		
Les coccinelles dévorent les pucerons.		
Le train entre dans la gare.		
Les loups se déplacent en meute.		

DÉFI ÉCRITURE

LE MONDE À L'ENVERS

8 Sur la planète Méli-Mélo, tout va de travers : les bonbons mangent des enfants, le magasin range la vendeuse... **Invente** à ton tour trois choses étranges, en t'aidant de ces débuts de phrases :

Les cheveux coiffent

Une fleur cueille

Une histoire lit

PARCOURS 3

JE M'ENTRAINE

Date ....

LE SUJET **1** 2 3 4

RECONNAITRE LE SUJET

1 **Colorie** les étiquettes des phrases dont tout le sujet est en gras.

Léo et Mia discutent. | **Mon chien** garde la maison.

Hier, elle a perdu une dent. | **Ma petite** sœur pleure.

Vous lisez des BD. | **Les pommes vertes** sont acides.

VÉRIFIER L'IDENTIFICATION DU SUJET

2 **Souligne** le sujet de la phrase. Tu peux t'aider de la phrase transformée avec les mots « c'est... qui » !

Exemple : *Mamie plante des rosiers.*
→ *C'est Mamie qui plante des rosiers.*

Inès et Adam sont bavards.

→ ____________________

Demain, ma classe visitera un musée.

→ ____________________

L'ours polaire mange des poissons.

→ ____________________

PARCOURS 3

JE M'ENTRAINE

Date ....

LE SUJET 1 **2** 3 4

IDENTIFIER LE SUJET DE LA PHRASE

3 **Souligne** le sujet. Tu peux entourer le verbe pour t'aider !

Des étoiles filantes traversent le ciel.

Dans la forêt, nous ramassons des châtaignes.

Ce matin, Léna apporte le courrier.

Maël et Sacha pédalent à toute allure.

Le chanteur célèbre répète ses textes.

Papa est rentré tôt du travail.

COMPLÉTER DES PHRASES AVEC UN SUJET ADAPTÉ

4 **Complète** chaque phrase avec un sujet qui convient.

__________ marchent en se dandinant.

__________ indique l'heure de la récréation.

__________ égoutte les pâtes avec une passoire.

__________ écrit une ordonnance pour son patient.

__________ emmène ses élèves à la bibliothèque.

PARCOURS 3

JE M'ENTRAINE

Date ....

LE SUJET 1 2 **3** 4

REMPLACER UN GN SUJET PAR UN PRONOM

5 **Souligne** le sujet dans chaque phrase, puis **remplace**-le par un pronom qui convient.

Exemple : *Les enfants remplissent leur bouteille d'eau.*
→ *Ils remplissent leur bouteille d'eau.*

Ma grande sœur fait couler son bain.

→ ______________________________

Les écoliers anglais portent des uniformes.

→ ______________________________

Le samedi, Maxime passe l'aspirateur.

→ ______________________________

ORDONNER LES GROUPES DANS LA PHRASE (SUJET, VERBE, COMPLÉMENT)

6 **Écris** des phrases en remettant les mots dans l'ordre. N'oublie pas de mettre la majuscule et le point !

aux dinosaures • Max et Tom • joueront

→ ______________________________

réchauffe • un grand feu • le salon

→ ______________________________

des avions de ligne • le ciel • traversent

→ ______________________________

PARCOURS 3

JE M'ENTRAINE

Date ....

LE SUJET 1 2 3 **4**

IDENTIFIER LA NATURE DU SUJET

7 **Coche** pour indiquer la nature du sujet de chaque phrase.

	GROUPE NOMINAL	PRONOM
Lundi, Thomas a regardé un film.		
Ce grand pâtissier explique sa recette.		
Mbappé a marqué plusieurs buts.		
Nous mangeons de la brioche.		
Ton sac de sport semble très lourd.		
Elle invite ses amies à sa fête.		

DÉFI ÉCRITURE

TOUT CHANGE

8 Dans la ville d'Alenvers, tout va de travers : les pompiers font cuire du pain, le boulanger fait des piqures, l'infirmière éteint le feu…
Invente à ton tour trois choses étranges, en t'aidant des sujets suivants :

Les policiers • Les maitresses • Les dentistes

ÉVALUATION 1

Prénom ....

Date ....

Compétences évaluées : Le sujet	Exercices	A+	A	PA	NA
Reconnaitre le sujet dans la phrase.	1, 2				
Identifier la relation sujet-verbe.	3				
Compléter des phrases avec un sujet adapté.	4				

1 **Colorie** uniquement les étiquettes des phrases dont le sujet est en gras.

- Les mouettes **s'envolent**.
- **Le requin** dévore sa proie.
- **Papi et Mamie** jardinent.
- **Nous** allons au cinéma.
- Elio démonte **son vélo**.
- Je sème **des graines**.

2 **Souligne** le sujet dans chaque phrase. Tu peux entourer le verbe pour t'aider !

L'écureuil grimpe sur la branche.

La fusée décolle de Guyane.

Elle a perdu sa carte de bus.

Maëlle prépare un gâteau au chocolat.

3 **Relie** chaque phrase au sujet qui convient.

... surveilleront la sortie des élèves. •	• Mon chien
... refuse de démarrer ce matin. •	• Les bucherons
... se repose dans sa niche. •	• La voiture
... couperont du bois pour l'hiver. •	• Les enseignants

4 **Écris** une phrase pour décrire chaque image. Le dessin représente le sujet.

a 

b 

c 

a

b

c

ÉVALUATION 2

Prénom ....

Date ....

Compétences évaluées : Le sujet	Exercices	A+	A	PA	NA
Reconnaitre le sujet dans la phrase.	1, 2				
Remplacer un groupe sujet par un pronom sujet (et inversement).	3				
Compléter des phrases avec un sujet adapté.	4				

1 **Colorie** les étiquettes des phrases dont le sujet est gras.

Jade et Manon vont à la bibliothèque.

Aujourd'hui, la neige fond rapidement.

La sonnerie annonce la fin de la récréation.

La fête foraine s'installe en ville.

Papa et **Maman** sont allés au restaurant.

L'école maternelle organise une fête.

2 **Souligne** le sujet dans chaque phrase. Tu peux entourer le verbe pour t'aider !

Les hommes préhistoriques ont appris à faire du feu.

Ils vivaient dans des abris à l'entrée des grottes.

Autrefois, les artisans gaulois fabriquaient des tonneaux.

Cléa et Faustin lisent un document sur le Moyen Âge.

3 **Relie** chaque phrase au groupe nominal qui peut remplacer son pronom sujet.

Elles ont fait de nombreuses victimes.	Aliénor d'Aquitaine
Ils portaient de lourdes armures.	Les chevaliers
Elle a épousé le roi de France.	Les épidémies
Il possédait un château fort.	Le seigneur

4 **Écris** une phrase pour décrire chaque image. Le dessin représente le sujet.

a 

b 

c 

a

b

c

19 LE VERBE

Compétences travaillées (programmes modifiés 2018)

Se repérer dans la phrase simple

- Reconnaitre les principaux constituants de la phrase : le verbe (connaissance des propriétés permettant de l'identifier).
- Différencier les principales classes de mots : le verbe.

Maitriser l'orthographe grammaticale de base

- Identifier le radical et la terminaison.
- Trouver l'infinitif d'un verbe conjugué.

FICHE ENSEIGNANT

Dans ce chapitre, les élèves sont amenés aussi bien à reconnaitre le verbe en tant que nature (mot isolé) que dans le cas d'un verbe conjugué (dans une phrase). On cherche donc à l'identifier, ainsi qu'à donner son infinitif (et une approche du groupe en CE2). Pour reconnaitre le verbe, on utilise diverses procédures.

<table>
<tr><td>Point notionnel</td><td colspan="2">Le verbe est l'élément essentiel de la phrase verbale. Les mots ou groupes de mots de la phrase s'articulent autour de lui. Le verbe exprime :
– soit l'action faite ou l'action subie par le sujet. Ex. : Jo mange. La gazelle est tuée par le lion.
– soit l'existence ou l'état du sujet. Ex. : Que la lumière soit ! Cet enfant est heureux.
⚠ Certaines locutions verbales jouent le rôle d'un verbe. Ex. : avoir besoin, faire défaut, tenir tête...
Le verbe varie en nombre (singulier/pluriel), en personne (1re, 2e, 3e) et en genre (masculin/féminin dans les temps composés) mais aussi en temps (présent, futur...) et en mode (indicatif, conditionnel...).
Le verbe est formé d'un radical et d'une désinence (terminaison). Le radical est porteur du sens (Ex. : danser, je dansais, nous danserons). La désinence sert à marquer le mode, le temps, la personne et le nombre.
La forme non conjuguée du verbe est appelée « infinitif ». En fonction de leurs désinences, les verbes sont classés en trois groupes :
– 1er groupe en -er (sauf aller) : 90 % des verbes soit environ 4 000 verbes ;
– 2e groupe en -ir (avec un radical modifié en -iss pour certaines formes) : environ 300 verbes ;
– 3e groupe : tous les autres verbes (en -ir, -oir, -re).
Pour reconnaitre le verbe :
– changer le temps de la phrase : le verbe est le seul mot qui change.
Ex. : Tu pars chez ta sœur. ➜ Hier, tu partais/es parti chez ta sœur.
– mettre la phrase à la forme négative. Ex. : Nous jouons dehors. ➜ Nous ne jouons pas dehors.</td></tr>
<tr><td rowspan="3">Différenciation</td><td>Parcours 1</td><td>• Reconnaitre un verbe (à l'infinitif).
• Repérer le verbe (temps simples) dans une phrase simple.
• Associer un verbe conjugué à son infinitif.</td></tr>
<tr><td>Parcours 2</td><td>• Reconnaitre un verbe (à l'infinitif).
• Repérer le verbe (temps simples) dans une phrase simple.
• Trouver l'infinitif du verbe. Distinguer le radical et la terminaison.
• Utiliser des verbes.</td></tr>
<tr><td>Parcours 3</td><td>• Reconnaitre un verbe (à l'infinitif ou conjugué).
• Identifier le verbe (temps simples et composé) dans une phrase simple.
• Trouver l'infinitif du verbe. Distinguer le radical et la terminaison.
• Utiliser des verbes.</td></tr>
<tr><td>Erreurs rencontrées</td><td colspan="2">• Impossibilité de l'élève à trouver l'infinitif du verbe ou proposition d'un infinitif erroné (Ex. : entender au lieu de entendre).
• Confusion pour les verbes en -ir entre les 2e et 3e groupes.</td></tr>
<tr><td>Remédiation</td><td colspan="2">• Oraliser les infinitifs en les faisant précéder de « il s'agit de... ».
• Passer par l'oralisation des critères de distinction entre les verbes en -ir des 2e et 3e groupes.
Ex. : on dit « nous sortons » et pas « nous sortissons ».</td></tr>
</table>

LEÇON

LE VERBE

- **Le verbe** indique ce qu'il se passe dans la phrase. Il peut être :
  – **conjugué.** Ex. : *Il range.*
  – **à l'infinitif.** Ex. : *ranger.*
- Pour **trouver l'infinitif d'un verbe,** on peut utiliser l'expression « il s'agit de... ».
  Ex. : *Il range sa chambre.* ➜ *Il s'agit de ranger sa chambre.*
- Le verbe est composé d'un **radical** et d'une **terminaison**.
  Ex. : *danser* = radical *dans-* + terminaison *-er*.
- Le verbe **change selon la personne et le temps** :
  Ex. : *Il joue dehors. / Ils jouent dehors.*
  Hier, il a joué dehors. / Ils ont joué dehors.
  Demain, il jouera dehors. / Ils joueront dehors.
- Les verbes sont classés en **trois groupes** en fonction de la terminaison de leur infinitif :

1er GROUPE : en *-er*	2e GROUPE : en *-ir* (*-issons* avec *nous* au présent)	3e GROUPE : en *-ir*, *-re*, *-oir* (+ *aller*, *être* et *avoir*)
manger, observer, arriver, utiliser...	*finir, choisir, nourrir...*	*venir, prendre, faire, dire, voir, pouvoir, vouloir...*

LEÇON ILLUSTRÉE

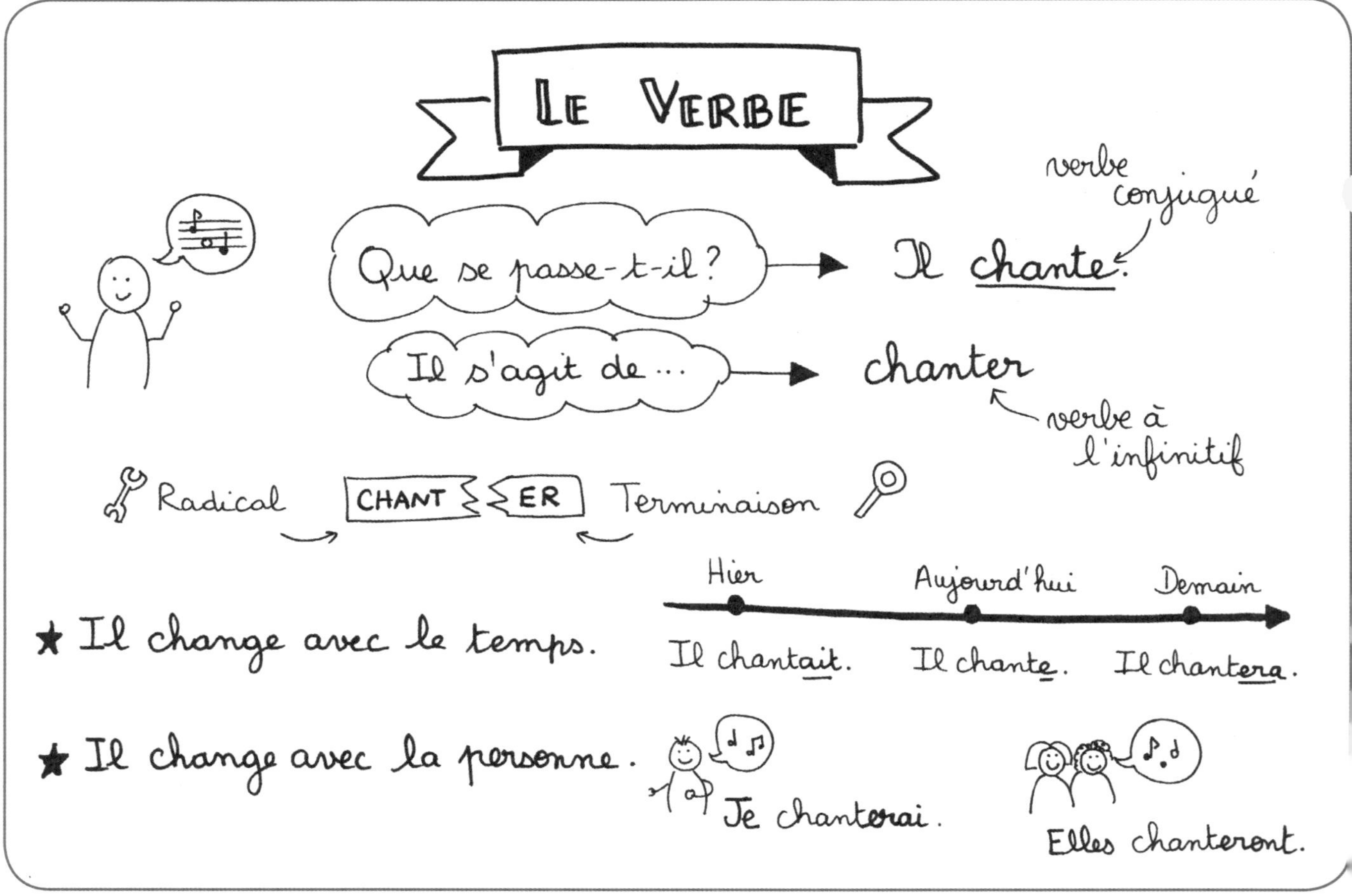

JE ME TESTE 1

Prénom ....

Date ....

RECONNAITRE LE VERBE (À L'INFINITIF)

1 **Colorie** uniquement les étiquettes contenant un verbe à l'infinitif.

soir	réciter	chat	avoir
finir	ballon	aborder	bondir
préférer	chocolat	faire	école

REPÉRER LE VERBE CONJUGUÉ

2 **Souligne** le verbe conjugué dans les couples de phrases suivants.

Le chat grimpe dans l'arbre. Le chat grimpera dans l'arbre.

Elle chasse les papillons. Elle chassait les papillons.

Un oiseau sautille dans le jardin. Un oiseau sautillera dans le jardin.

TROUVER L'INFINITIF D'UN VERBE CONJUGUÉ

3 **Relie** le verbe conjugué de chaque phrase à son infinitif.

Ils jouent. •	• finir
Tu fais tes devoirs. •	• jouer
Nous finissons notre thé. •	• être
Elle est adorable. •	• faire

RECONNAITRE LE RADICAL ET LA TERMINAISON

4 **Trouve** et **recopie** le verbe dans chaque phrase, puis **entoure** sa terminaison.

L'enfant crie dans la rue. → ______________________________

Nous crions de peur. → ______________________________

Je crierai de douleur. → ______________________________

JE ME TESTE 2

Prénom ....

Date ....

RECONNAITRE LE VERBE (À L'INFINITIF)

1 **Colorie** uniquement les étiquettes contenant un verbe à l'infinitif.

nager	noir	danger	mentir
loisir	espoir	avenir	manger
voir	soulager	vouloir	gravir

REPÉRER LE VERBE CONJUGUÉ

2 **Souligne** le verbe conjugué dans chaque phrase.

Maxime fait ses lacets seul.

Ils disent des bêtises.

Ma tante venait chaque samedi.

Je voulais un chocolat chaud.

Tu attrapes ton cartable.

Nous salissions nos vêtements.

TROUVER L'INFINITIF D'UN VERBE CONJUGUÉ

3 **Relie** chaque verbe conjugué à son infinitif.

nous avons vu •	• aller
je choisis •	• voir
elle prendra •	• regarder
tu allais •	• choisir
vous regardez •	• prendre

RECONNAITRE LE RADICAL ET LA TERMINAISON

4 **Sépare** le radical et la terminaison de chaque verbe par un trait, comme dans l'exemple.

Exemple : *dans | er.*

ranger	allons	dansent
porter	venons	jouent
imaginer	éternuons	continuent
commencer	jetons	lancent

JE M'ENTRAINE

Date ....

LE VERBE 1 2 3 4

RECONNAITRE LE VERBE (À L'INFINITIF)

1 Colorie uniquement les étiquettes contenant un verbe.

colorier — banc

chaise — dessiner

écrire — table

2 Barre l'intrus dans chaque liste.

cacher	noisette	pousser	surveiller
hérisson	bondir	couvrir	dormir
briller	illuminer	sapin	allumer
sauter	courir	tomber	flaque

JE M'ENTRAINE

Date ....

LE VERBE 1 2 3 4

REPÉRER LE VERBE CONJUGUÉ

3 Écris C pour chaque verbe conjugué et I pour chaque verbe à l'infinitif.

- fleurir → ....
- habitent → ....
- tailler → ....
- poser → ....
- restera → ....
- repasse → ....

4 Souligne le verbe conjugué dans chaque phrase.

La maman attend son enfant.

Le singe mangeait une banane.

Camille enfilera ses bottes.

L'animal traverse la route.

JE M'ENTRAINE

PARCOURS 1

Date ....

LE VERBE 1 2 **3** 4

TROUVER L'INFINITIF D'UN VERBE CONJUGUÉ

5 **Relie** chaque verbe conjugué à son infinitif.

j'attache	
nous bavardons	coller
tu colles	bavarder
elle bavarde	attacher
vous attachez	

6 **Écris** l'infinitif des verbes en gras dans ces phrases parmi les suivants :

jouer • chanter • préparer • regarder

Les lutins **préparent** les cadeaux. → ____________

Nous **jouons** de la musique. → ____________

La classe **chante** en chœur. → ____________

Tu **regardes** les étoiles. → ____________

JE M'ENTRAINE

PARCOURS 1

Date ....

LE VERBE 1 2 3 **4**

7 **Retrouve** et **recopie** les cinq verbes à l'infinitif contenus dans la grille.

A	V	O	I	R	X
Y	J	O	U	E	R
R	Ê	V	E	R	Z
K	A	I	M	E	R
F	I	N	I	R	E

1 ____________
2 ____________
3 ____________
4 ____________
5 ____________

DÉFI ÉCRITURE

LE PROGRAMME DE LA JOURNÉE

8 **Raconte** le programme de ta journée en utilisant des verbes à l'infinitif.

Exemple : *Aujourd'hui, je vais ...*

JE M'ENTRAINE

Date ....

LE VERBE **1** 2 3 4

RECONNAITRE LE VERBE (À L'INFINITIF)

1 **Colorie** uniquement les étiquettes contenant un verbe.

dévorer — ogre

lit — avaler

festin — cuire

cacher — enfant

2 **Barre** l'intrus dans chaque liste.

danser	patiner	luge	skier	neiger
rouler	ramper	sauter	grimper	robot
printemps	dormir	bondir	guérir	choisir
être	avoir	dire	froid	faire

JE M'ENTRAINE

Date ....

LE VERBE 1 **2** 3 4

REPÉRER LE VERBE CONJUGUÉ

3 **Souligne** le verbe conjugué dans chaque phrase.

Léontine avait de jolies lunettes.

Chloé prend des photos.

Je découpe des images.

Anatole décorera la classe.

TROUVER L'INFINITIF

4 **Écris** l'infinitif des verbes en gras dans ces phrases.

Tu **frissonnes**. → ____________________

Elles **disaient** leur secret. → ____________________

Vous **êtes** grandes. → ____________________

Nous **voyagerons**. → ____________________

Je **voulais** un animal. → ____________________

JE M'ENTRAINE

PARCOURS 2

Date ....

LE VERBE 1 2 **3** 4

RECONNAITRE LE RADICAL ET LA TERMINAISON

5 **Sépare** le radical et la terminaison de chaque verbe par un trait, comme dans l'exemple.

Exemple : *chang | er*

découper lancer siffloter

rencontrer nettoyer tailler

UTILISER DES VERBES

6 **Écris** un verbe à l'infinitif pour chaque dessin.

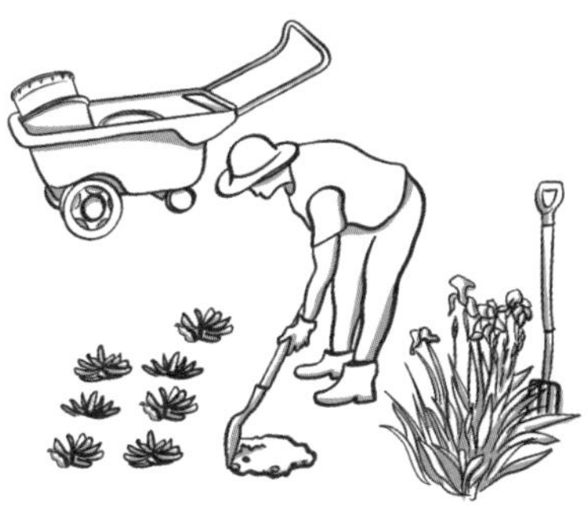

JE M'ENTRAINE

PARCOURS 2

Date ....

LE VERBE 1 2 3 **4**

7 **Recopie** chaque phrase en mettant le verbe manquant au bon endroit.

téléphones → Tu à ta mamie.

vont → Les élèves à la patinoire.

habitent → Mes grands-parents à Lille.

part → Ma sœur au Canada en février.

DÉFI ÉCRITURE

LA RENTRÉE

8 Aujourd'hui, c'est la rentrée. **Complète** la liste de ce que tu fais avant de te rendre à l'école, en utilisant des verbes à l'infinitif.

Exemple : *Avant d'aller à l'école, je dois...*

PARCOURS 3

JE M'ENTRAINE

Date ....

LE VERBE 1 2 3 4

RECONNAITRE LE VERBE (CONJUGUÉ OU À L'INFINITIF)

① **Colorie** uniquement les étiquettes contenant un verbe.

chantier — vouloir — pétrir

faire — être — nageoire

dire — pitié — volet

soulager — rideau — croire

② **Barre** l'intrus dans chaque liste.

danger	échanger	déranger	voyager	piéger
vouloir	voir	pouvoir	prévoir	tiroir
pouvons	voulons	additions	disons	faisons
pliez	chez	entourez	soulignez	rayez

PARCOURS 3

JE M'ENTRAINE

Date ....

LE VERBE 1 2 3 4

REPÉRER LE VERBE CONJUGUÉ

③ **Entoure** les verbes conjugués contenus dans ce texte.

Demain, je prendrai l'avion. Je prépare ma valise pour le grand voyage. Je range mes culottes, mes chaussettes, mes pulls et mes pantalons. J'ajoute un anorak. J'ai oublié de glisser une écharpe. Je la vois sur la table. Au Canada, il fera froid. Je peux fermer la valise maintenant. Tout est prêt !

TROUVER L'INFINITIF

④ **Souligne** le verbe conjugué dans ces phrases et **écris** son infinitif.

Tu pourras être fier de tes réussites ! → ____________

Il est venu à l'école la semaine dernière. → ____________

Nous sommes ravis de ta présence. → ____________

Hayden a fait des efforts. → ____________

Alice et Aurélie allaient à la piscine le mardi. → ____________

RECONNAITRE LE RADICAL ET LA TERMINAISON

5 **Ajoute** la terminaison manquante pour former l'infinitif de chacun de ces verbes.

arriv ___ en retard
part ___ le premier
tomb ___ malade
av ___ mal aux dents
parl ___ fort

sal ___ ses chaussures
se lav ___ les mains
roug ___ de honte
pren ___ la fuite
vis ___ la lune

6 **Entoure** le radical et **souligne** les terminaisons.

j'avance	elle rougit	nous prenions	vous mettez
j'avançais	elle rougira	nous prendrons	vous mettiez
j'avancerai	elle rougissait	nous prenons	vous mettrez

UTILISER DES VERBES

7 **Écris** le verbe à l'infinitif qui correspond à chaque nom.

Exemple : *la fin* → *finir*

le saut → ______________
le découpage → ______________
la pêche → ______________
le jeu → ______________
la colle → ______________
le dessin → ______________

DÉFI ÉCRITURE

LES GENDARMES ET LES VOLEURS

8 Des voleurs se sont introduits dans une maison et l'alarme a retenti. Les gendarmes arrivent sur place et se lancent à la poursuite des malfaiteurs.
Raconte ce qui se passe en utilisant des verbes à l'infinitif. Tu peux utiliser les verbes suivants : *se faufiler, courir, enjamber…*

Exemple : *Pour s'échapper, ils doivent…*

ÉVALUATION 1

Prénom ....

Date ....

Compétences évaluées : Le verbe	Exercices	A+	A	PA	NA
Différencier les principales classes de mots : le verbe.	1				
Reconnaitre le verbe dans la phrase.	2, 3				
Trouver l'infinitif d'un verbe conjugué.	3				
Identifier le radical et la terminaison.	4				

1 **Colorie** uniquement les étiquettes contenant un verbe à l'infinitif.

être — voiture — jouer — Paul — avoir

chaussette — venir — aller — écouter — maison

2 **Souligne** le verbe conjugué dans chaque phrase.

Je dis souvent des bêtises.

Les enfants utiliseront leur ardoise chaque jour.

Mon oncle faisait de délicieux gâteaux.

Vous avez sept frères et sœurs.

3 **Entoure** chaque verbe conjugué dans ces phrases et **relie**-le à son infinitif.

Elle tâche son pull. •	• venir
Ils sont malades. •	• tâcher
Vous venez aux vacances. •	• prendre
Tu prends le métro. •	• être

4 **Écris** l'infinitif du verbe pour chaque couple de phrase, puis **entoure** son radical et **souligne** sa terminaison.

Je marche. / Nous marchions. → ____________________

Elle travaille. / Vous travaillerez. → ____________________

Tu dessinais. / Tu dessines. → ____________________

ÉVALUATION 2

Prénom ....

Date ....

Compétences évaluées : Le verbe	Exercices	A+	A	PA	NA
Différencier les principales classes de mots : le verbe.	1				
Reconnaitre le verbe dans la phrase.	2, 3				
Trouver l'infinitif d'un verbe conjugué.	3				
Identifier le radical et la terminaison.	4				

1 **Colorie** uniquement les étiquettes contenant un verbe à l'infinitif.

pouvoir   baladeur   venir   rouleau   prendre

jupe   vouloir   coloriage   dire   Manon

voir   papillon   aller   plat   être

2 **Souligne** le verbe conjugué dans chaque phrase.

Pendant le match, l'attaquant ciblera le but.

Tu as pris un chemin différent hier.

Les chatons tétaient encore leur mère.

Au loin, les fillettes voient les montagnes enneigées.

3 **Entoure** le verbe conjugué dans chaque phrase et écris son infinitif.

Malo est un adorable garçon. ➜ ____________________

Le père viendra récupérer son enfant à la garderie. ➜ ____________________

Tu regardais trop la télévision. ➜ ____________________

Vous avez voulu un chiot pour Noël. ➜ ____________________

4 **Entoure** le radical et **souligne** la terminaison de chaque verbe.

manger	nous pouvons	vous venez
parler	nous voulons	vous allez
emboiter	nous faisons	vous avez
gommer	nous prenons	vous portez

20 LES COMPLÉMENTS

Compétences travaillées (programmes modifiés 2018)

- **Se repérer dans la phrase simple**
  – Reconnaitre les principaux constituants de la phrase : les compléments.

FICHE ENSEIGNANT

Au cycle 2, les compléments sont travaillés à travers des activités d'écriture et de jeux dans des phrases enrichies de compléments d'objet ou circonstanciels. On s'attache avant tout à faire varier le complément d'objet, et à faire varier le complément circonstanciel. Les compléments sont repérés au CE2 mais ni leur fonction exacte ni leur nature n'est précisée.

Point notionnel	La **phrase simple** (phrase minimale) est constituée d'un groupe sujet (GS) et d'un groupe verbal (GV). Elle peut être **enrichie par un ou des compléments circonstanciels** (appelés aussi « compléments de phrase »). – Le complément circonstanciel n'est **pas un groupe essentiel de la phrase**. Il peut notamment être **déplacé** en début de phrase ou **supprimé** sans que cela n'affecte le sens de la phrase. – Le complément circonstanciel apporte **des informations supplémentaires** dans la phrase telles que **le lieu**, **le temps**, **la cause**. (Ces termes ne sont pas enseignés en C2.) Ex. : *Johanne joue dehors*. ➜ « Complément circonstanciel de lieu » est la fonction du groupe *dehors*. Ex. : *À cause de la neige, les transports sont annulés*. ➜ « Complément circonstanciel de cause » est la fonction du groupe *à cause de la neige*. À l'intérieur du groupe verbal, on peut trouver un ou des **compléments d'objet** (appelés aussi « compléments de verbe ») liés au verbe transitif. Ce GV occupe la fonction de prédicat dans la phrase. – Le **complément d'objet** est **un groupe essentiel de la phrase**. Il ne peut **pas être déplacé ou supprimé** sans que cela n'affecte le sens de la phrase. – Il peut être **relié directement au verbe (COD) ou introduit par une préposition (COI).** Lorsque le verbe accepte deux compléments, le COI, appelé en second, est appelé « **complément d'objet second (COS)** ». Ex. : *Elle adore le chocolat noir* (COD). *Tu téléphones à ta copine* (COI). *Elle envoie un colis* (COD) *à sa sœur* (COS).	
Différenciation	**Parcours 1**	• Reconnaitre les compléments : le groupe complément est déjà identifié. • Utiliser les compléments : compléter une phrase avec des compléments proposés.
	Parcours 2	• Reconnaitre les compléments : un seul complément par phrase. • Utiliser les compléments : enrichir une phrase avec un complément, remplacer le complément.
	Parcours 3	• Reconnaitre les compléments : plusieurs compléments dans la phrase. • Utiliser les compléments : enrichir une phrase à partir d'une indication (où ? quand ? qui ?) avec un ou plusieurs compléments.
Erreurs rencontrées	• Confusion entre les différents groupes de la phrase : sujet, verbe, complément. • Repérage d'une seule partie du complément. Un seul mot est souligné, pris en compte, au lieu du groupe de mots.	
Remédiation	• Oraliser en supprimant les groupes qui peuvent l'être pour comprendre que la phrase a toujours du sens. • S'aider du questionnement pour repérer le sujet et le verbe puis les compléments.	

LEÇON

LES COMPLÉMENTS

- Dans la phrase, certains mots ou groupes de mots donnent des **informations sur le verbe**. Ils complètent le verbe. Ce sont des **compléments**. Ils peuvent être placés **avant** ou **après** le verbe.
  Ex. : *Sébastien adore le football. Au restaurant, nous nous régalons.*
- **Certains compléments peuvent être déplacés ou supprimés.**
  Ils répondent aux questions « où ? », « quand ? », « comment ? »...
  Ex. : *Chaque soir, je lis.*
  ➜ Le complément indique quand je lis.
- **Certains compléments ne peuvent être ni déplacés, ni supprimés.**
  Ils répondent aux questions « qui ? / que ? / quoi ? », « à qui ? / à quoi ? »...
  Ex. : *Les pirates attaquent le navire.*
  ➜ Le complément indique ce que les pirates attaquent.

⚠ On peut trouver **plusieurs compléments** dans une même phrase.
Ex. : *Chaque soir, je lis une histoire de pirates.*

LEÇON ILLUSTRÉE

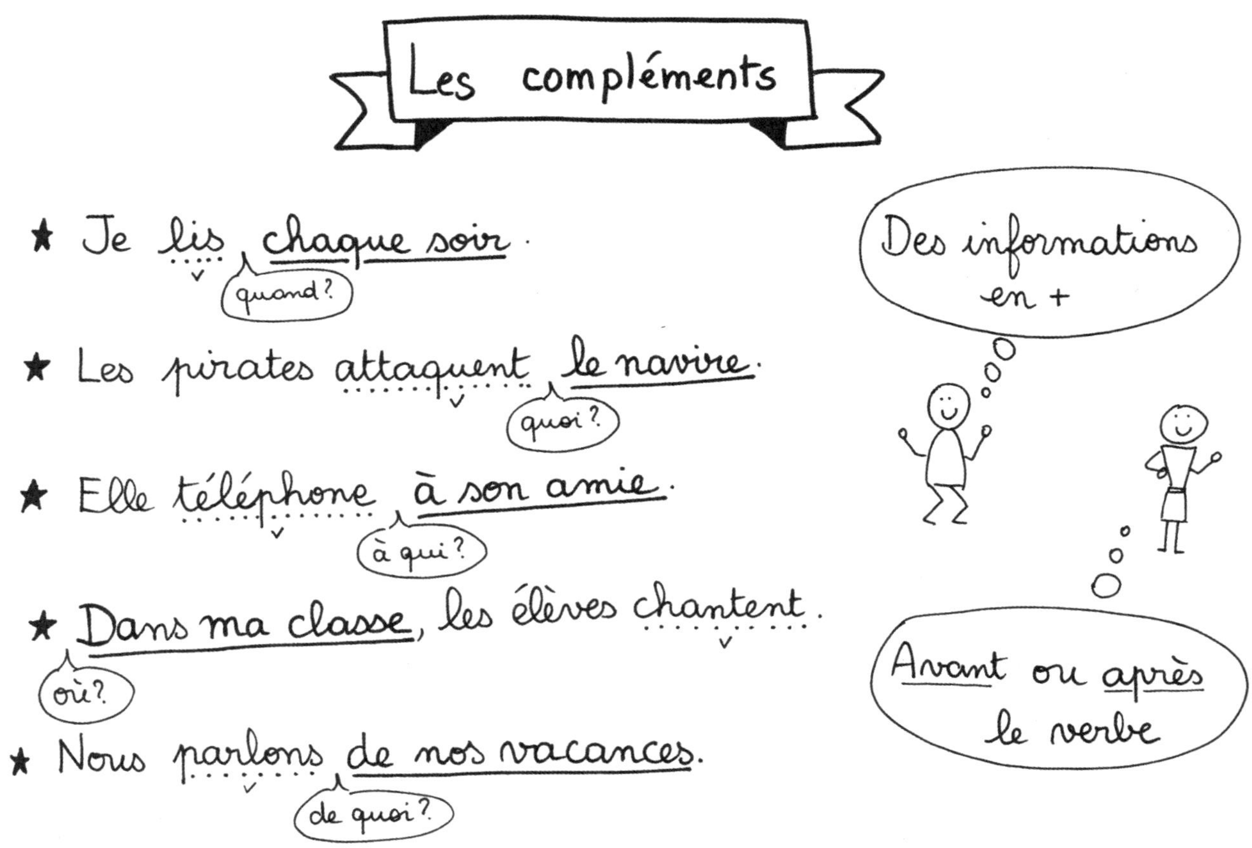

JE ME TESTE 1

Prénom ....

Date ....

RECONNAITRE LES COMPLÉMENTS

1 **Colorie** uniquement les étiquettes contenant des mots ou groupes de mots qui peuvent être des compléments.

nous chantons | sur le chemin | elle souriait

à la poupée | un colis | demain

2 **Souligne** les compléments contenus dans ces phrases. Tu peux t'aider du verbe en gras.

Maman **boit** son thé.

Nous **recopions** un poème.

Hier, j'**ai pleuré**.

Tu **te promènes** dans les bois.

UTILISER LES COMPLÉMENTS

3 **Complète** ces phrases avec un complément qui convient.

Les élèves assistent à ______________________________ .

Cendrillon a rencontré ______________________________ .

Les filles jouent au ______________________________ .

Nous aimons ______________________________ .

4 **Remplace** chaque complément en gras par un autre qui convient.

Le joueur frappe **le ballon**. → Le joueur frappe ______________________ .

Tu déposes **ta lettre** à la poste. → Tu déposes ______________________ à la poste.

Chaque matin, il arrive en courant. → ______________________ , il arrive en courant.

J'adore jouer **dans ma chambre**. → J'adore jouer ______________________ .

JE ME TESTE 2

Prénom ....

Date ....

RECONNAITRE LES COMPLÉMENTS

1 **Colorie** uniquement les étiquettes des phrases contenant un complément.

Mon petit frère s'agite.

Depuis ce matin, elle rêve à ses vacances.

La tempête se lève.

Au printemps, nous visiterons Rome.

Nous prenons nos repas dans la cuisine.

2 **Souligne** les compléments contenus dans ces phrases.

Mes parents achètent des légumes.

Demain, Julie téléphonera à son ami.

L'employé municipal répare le chauffage.

Chaque soir, ma grand-mère tricote des bonnets.

UTILISER LES COMPLÉMENTS

3 **Complète** ces phrases avec un complément qui répond à la question posée.

Avec ce beau temps, je pense déjà (*à quoi ?*) ______________________ .

(*Où ?*) ______________________ , le petit poucet a semé ses miettes.

Les jeunes chatons tètent encore (*qui ?*) ______________________ .

(*Quand ?*) ______________________ , nous préparerons notre valise.

4 **Remplace** chaque complément en gras par un autre qui convient.

En été, nous ouvrons les fenêtres. → ______________ , nous ouvrons les fenêtres.

Mon frère range **ses jouets**. → Mon frère range ______________________ .

Elle obéit **à sa grand-mère**. → Elle obéit ______________________ .

Dans le buisson, les oisillons chantent. → ______________ , les oisillons chantent.

RECONNAITRE LES COMPLÉMENTS

① **Colorie** le groupe complément dans chaque phrase.

Nous	écrivons	tous les jours.
Les élèves	recopient	dans leur cahier.
Ils	tracent	une ligne noire.

② **Coche** pour indiquer si le groupe en gras est un complément ou non.

	OUI	NON
Les pirates sont des hommes redoutables.		
Dans les livres, je vois **des pirates**.		
Elle adore **les licornes**.		

③ **Barre** le complément en gras quand il peut être supprimé ou déplacé.

Aymeric achète **un nouvel ordinateur**.

Mon père dort **sur le canapé**.

Dans un an, il partira.

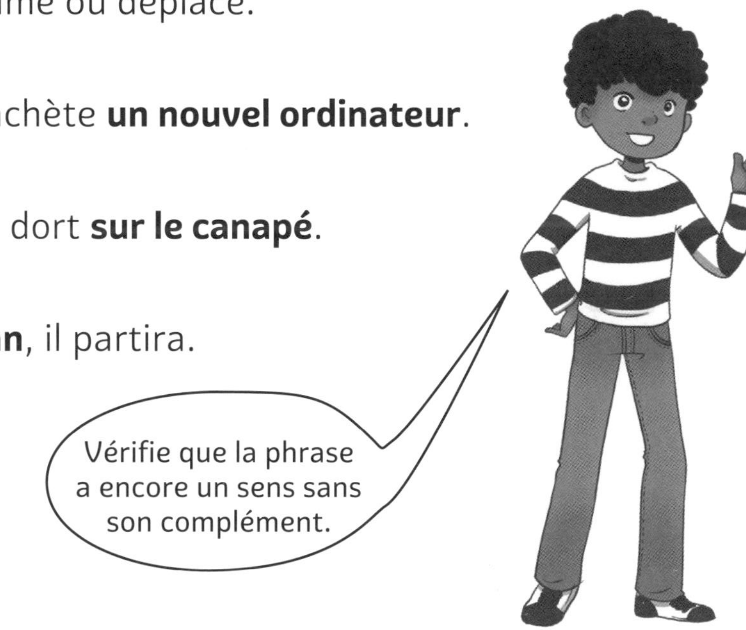

④ **Entoure** le complément en gras quand il ne peut être ni supprimé ni déplacé.

Camille enfile **son maillot de bain**.

Louise glisse **sur le toboggan**.

Un maitre-nageur surveille **les baigneurs**.

JE M'ENTRAINE

Date ....

LES COMPLÉMENTS 1 2 **3** 4

UTILISER LES COMPLÉMENTS

5 **Relie** chaque début de phrase au complément qui convient.

Le chat observe	sa chambre.
Johanne range	à sa mère.
Léo parle	de la guitare.
Mon amie joue	le rat.

6 **Colorie** le complément qui convient pour remplacer le groupe en gras dans chaque phrase.

La sorcière prépare **sa potion**.

une formule magique — à la pêche — sur la route

Chaque soir, elle se douche.

du savon — le matin — un peignoir

JE M'ENTRAINE

Date ....

LES COMPLÉMENTS 1 2 3 **4**

7 **Trace** un chemin pour former une phrase complète.

→ Dans	demain	elle
mon	sac	aime
un	je	dehors
nous	range	mes
jouer	rat	clés. →

DÉFI ÉCRITURE

PHRASES CROISÉES

8 **Écris** deux phrases complètes en utilisant un sujet, un verbe et un complément parmi les suivants.
Attention, n'oublie pas la majuscule et la ponctuation !

SUJET	VERBE	COMPLÉMENT
une sorcière	crache	la nuit
un fantôme	s'envole	dans le palais
un dragon	rôde	sous un arbre

RECONNAITRE LES COMPLÉMENTS

① **Entoure** le sujet et **souligne** le verbe dans chaque phrase, puis **colorie** le complément.

La nuit, Jeanne rêve.

Elle voit des licornes.

Les licornes volent dans les airs.

La fille sourit à sa peluche.

② **Coche** pour indiquer si le groupe en gras est un complément ou non.

	OUI	NON
Le roi porte **une couronne**.		
La couronne est en or.		
Mes parents regardent une série.		
Elle répond **à ses parents**.		

③ **Barre** le complément en gras quand il peut être supprimé ou déplacé.

Le piéton traverse **la rue**.

À minuit, le carillon sonne.

L'ours hiberne **dans sa grotte**.

La jeune fille enfile **un gilet**.

④ **Entoure** le complément en gras quand il ne peut être ni supprimé ni déplacé.

Le sportif renonce **à la victoire**.

Mon chien ronge **un os**.

Les élèves sursautent **sur leur chaise**.

Ton frère renverse **sa tasse de chocolat**.

JE M'ENTRAINE

Date ....

UTILISER LES COMPLÉMENTS

5 **Complète** chaque phrase avec un des compléments suivants :

à la tombola • *à midi* • *des tickets* • *l'année prochaine*

Pour la fête de l'école, j'ai acheté ______________________ .

Mon grand-père a gagné ______________________ .

Le tirage a eu lieu ______________________ .

______________________ , nous rejouerons.

6 **Réécris** ces phrases en remplaçant chaque complément en gras par un autre qui convient.

Depuis ce matin, le vent tourbillonne.

Elle manque **à ses amis**.

Jules nettoie **ses chaussures**.

JE M'ENTRAINE

Date ....

7 **Écris** une phrase en remettant les mots dans l'ordre.

découvrent • *tes amis* • *un musée*

près du feu • *s'installe* • *mon père*

DÉFI ÉCRITURE

PHRASES CROISÉES

8 **Écris** deux phrases en utilisant un sujet, un verbe et un complément parmi les suivants. Attention, n'oublie pas la majuscule et la ponctuation !

SUJET	VERBE	COMPLÉMENT
le pilote	participe	de direction
la voiture	attrape	le volant
l'équipage	change	à la course

RECONNAITRE LES COMPLÉMENTS

1 **Entoure** le sujet et **souligne** le verbe dans chaque phrase, puis **colorie** les compléments.

Depuis le lever du jour, l'animal rôde dans la forêt.

Un élève lève la main.

Timothée offre un cadeau à son copain.

Hier soir, au cinéma, j'ai vu un film exceptionnel.

2 **Relie** chaque phrase à la question à laquelle répond le complément.

Nous déjeunons ensemble **demain**.	
À la cantine, j'adore les frites.	Où ?
Il pense **à sa grand-mère**.	Quand ?
Elle débarrasse **la table**.	Quoi ?
Depuis deux jours, vous frissonnez.	À qui ?
Nous enlevons **nos chaussures**.	

3 **Réécris** chaque phrase en déplaçant le complément qui peut l'être.

Sur la plage, je mange des glaces.

Un voleur a cambriolé notre maison la nuit dernière.

4 **Entoure** chaque complément qui ne peut être ni supprimé ni déplacé.

Le dromadaire porte une bosse sur son dos.

À la fin du mois, Paul fêtera son anniversaire.

Tout à coup, Léa a appelé sa mère.

Lucie monte sa valise dans son appartement.

JE M'ENTRAINE

Date ....

LES COMPLÉMENTS 1 2 **3** 4

UTILISER LES COMPLÉMENTS

5 **Complète** ces phrases avec un complément qui répond à chaque question posée.

J'écris une carte (*à qui ?*) ________________________ .

(*Où ?*) ____________ , j'ai acheté (*quoi ?*) ____________ .

(*Quand ?*) ________________________ nous verrons (*qui ?*) ________________________ .

Elle rêve (*de quoi ?*) ________________________ (*quand ?*) ________________________ .

6 **Réécris** ces phrases en remplaçant chaque complément en gras par un autre qui convient.

Chez le fleuriste, il commande **un bouquet**.

La semaine dernière, il a perdu **son doudou**.

Les élèves participent **à une course**.

JE M'ENTRAINE

Date ....

LES COMPLÉMENTS 1 2 3 **4**

7 **Écris** une phrase en remettant les mots proposés dans l'ordre.

sur le sol • les autruches • leurs œufs • pondent

l'animal • en hauteur • attrape • des fruits

les dents • te brosses • tu • après les repas

DÉFI ÉCRITURE

PHRASES COMPLÈTES

8 **Écris** trois phrases en respectant les modèles suivants. Attention, n'oublie pas la majuscule et la ponctuation !

- *sujet + verbe + complément*
- *complément + sujet + verbe + complément*
- *complément + complément + sujet + verbe*

ÉVALUATION 1

Prénom ....

Date ....

Compétences évaluées : Les compléments	Exercices	A+	A	PA	NA
Reconnaitre les principaux constituants de la phrase : les compléments.	1, 2				
Utiliser des compléments.	3, 4				

1 **Colorie** uniquement les étiquettes contenant des phrases dans lesquelles le groupe en gras est un complément.

Dans huit jours, nous décollons.

Cassie a perdu ses lunettes.

Ils **partiront** devant nous.

Lubin entend **des voix**.

Kevin pense **à son chiot**.

Tu t'allonges **sur ton lit**.

2 **Entoure** le sujet et **souligne** le verbe dans chaque phrase, puis **colorie** le complément.

Les gazelles courent dans la savane.

Les mécaniciens changent les roues.

La semaine dernière, Églantine dansait.

Nos parents écrivent à leurs amis.

3 **Complète** chaque phrase avec un des compléments suivants :

à 22 heures • *des salades* • à la caisse • à la balle

Le jardinier plante ______________________ .

Les clients paient ______________________ .

Le restaurant ferme ______________________ .

Les enfants jouent ______________________ .

4 **Complète** chaque phrase en remplaçant le complément en gras par un autre qui convient.

Karim observe **les animaux**. → Karim observe ______________________ .

Sur le chemin, il a mangé. → ______________________ , il a mangé.

Il a décidé **de dormir**. → Il a décidé ______________________ .

Rémi cuisine **chaque soir**. → Rémi cuisine ______________________ .

ÉVALUATION 2

Prénom ....

Date ....

Compétences évaluées : Les compléments	Exercices	A+	A	PA	NA
Reconnaitre les principaux constituants de la phrase : les compléments.	1, 2, 3				
Utiliser des compléments.	4				

1 **Entoure** le sujet et **souligne** le verbe dans chaque phrase, puis **colorie** le ou les compléments.

Depuis plusieurs mois, ce maçon bâtit une grande maison.

Romane et Léo adorent les films d'horreur.

Chaque semaine, à la piscine, elles parlent de leurs aventures.

L'été, je ramasse des coquillages sur la plage.

2 **Relie** chaque phrase à la question à laquelle répond le complément en gras.

Le piéton glisse **sur le trottoir**. •	
Raiponce rêve **à son prince charmant**. •	• Où ?
Le maitre donne **des leçons**. •	• Quand ?
Les boulangers travaillent **la nuit**. •	• Quoi ?
Mamie est allongée **sous son plaid**. •	• À qui ?
J'achète du pain **à la boulangerie**. •	

3 **Barre** dans chaque phrase le ou les compléments qui peuvent être déplacés ou supprimés et **entoure** celui qui ne peut être ni déplacé ni supprimé.

Dans la classe, le maitre observe les deux nouvelles élèves.

Aujourd'hui, à 8 heures, les enfants quittent leur colonie de vacances.

Vous penserez à votre grand-mère ce soir.

Dans les bois, on entend des bruits étranges la nuit.

UTILISER LES COMPLÉMENTS

4 **Complète** ces phrases avec un complément qui répond à chaque question posée.

(*Quand ?*) ______________________, j'ai vu (*qui ?*) ______________________.

(*Où ?*) ______________________, je pense (*à quoi ?*) ______________________.

(*Quand ?*) ______________________, ils ont accroché (*quoi ?*) ______________________.

La gazelle échappe (*à qui ?*) ______________________ (*où ?*) ______________________.

21 LES TYPES DE PHRASES

Compétences travaillées (programmes modifiés 2018)

Se repérer dans la phrase simple
- Reconnaitre les trois types de phrases : déclaratives, interrogatives et impératives.
- Utiliser la ponctuation de fin de phrase (. ! ?).

FICHE ENSEIGNANT

Avec les programmes 2018, la phrase exclamative est désormais classée dans les formes de phrases (cf. chapitre 22 Les formes de phrases). Elle ne fait donc pas partie de ce chapitre. Plus d'informations sur ce point précis des programmes via ce lien : https://litteratureportesouvertes.wordpress.com/2018/08/22/types-et-formes-de-phrase-quelles-differences

<table>
<tr><td>Point notionnel</td><td colspan="2">Il existe trois types de phrases :
– la phrase déclarative :
C'est une phrase qui donne simplement de l'information. Elle se termine par un point (.) ou des points de suspension (...).
Ex. : Il fait beau aujourd'hui. J'ai oublié quelque chose...
– la phrase interrogative :
Elle permet de poser une question et se termine par un point d'interrogation (?).
Ex. : Comment t'appelles-tu ?
– la phrase impérative :
La phrase injonctive ou impérative sert à donner des ordres, des conseils ou une interdiction. Le verbe est conjugué à l'impératif. (Le verbe peut être aussi au subjonctif ou à l'infinitif, mais cela n'est pas travaillé en cycle 2.)
La phrase peut se terminer par un point (.) ou par un point d'exclamation (!).
Ex. : Je veux que tu ranges ! Écoute bien cette leçon.
Les types de phrases se cumulent avec :
– la forme exclamative. Ex. : Qu'ils sont beaux !
– la forme négative. Ex. : Ne devrais-tu pas changer de chaussures ? Je n'aime pas les concombres. Ne tourne pas à droite !</td></tr>
<tr><td rowspan="3">Différenciation</td><td>Parcours 1</td><td>• Reconnaitre les phrases déclaratives et interrogatives.
• Construire des phrases interrogatives : ajouter le point d'interrogation.
• Reconnaitre la phrase impérative avec le point d'exclamation.</td></tr>
<tr><td>Parcours 2</td><td>• Reconnaitre les phrases déclaratives et interrogatives.
• Construire des phrases interrogatives : choisir le bon mot interrogatif (combien, quand, qui...).
• Reconnaitre et utiliser la forme impérative avec le point d'exclamation et le point.</td></tr>
<tr><td>Parcours 3</td><td>• Reconnaitre les trois types de phrases.
• Utiliser les signes de ponctuation.
• Utiliser les types de phrases.</td></tr>
<tr><td>Erreurs rencontrées</td><td colspan="2">• Difficulté à repérer une phrase impérative qui se termine par un point.
• Confusion entre phrase déclarative et impérative à cause des difficultés à mettre le ton à voix haute et/ou parce qu'elles peuvent toutes les deux finir par un point.
• Difficulté à différencier les points d'exclamation et d'interrogation.</td></tr>
<tr><td>Remédiation</td><td colspan="2">• Mettre au point des activités ritualisées pour l'identification de la phrase simple en s'appuyant sur :
– la ponctuation (point et majuscule) ;
– des questions (De qui/quoi parle-t-on ? Qu'est-ce qu'on en dit ?) ;
– la lecture à voix haute pour saisir l'unité de sens.</td></tr>
</table>

LEÇON

LES TYPES DE PHRASES

Il existe 3 types de phrases : **déclarative**, **interrogative** et **impérative**.

- **La phrase déclarative** permet de **donner une simple information**.
  Elle se termine par **un point (.) ou des points de suspension (...)**.
  Ex. : *Mon chien s'appelle Denki. Parfois, il fait des bêtises...*

- **La phrase interrogative** permet de **poser une question**.
  Elle se termine par un **point d'interrogation (?)**.
  Elle commence souvent par un **mot interrogatif** : *comment, qui, quoi, combien...* ou par *est-ce que...*
  Ex. : *Comment s'appelle ton chien ? Est-ce qu'il aime jouer ?*
  Elle peut aussi commencer par le verbe dont la place est inversée avec le sujet.
  Ex. : *Aime-t-il jouer ?*

- **La phrase impérative** : permet de **donner un ordre ou un conseil**.
  Elle se termine par **un point** ou **un point d'exclamation (!)** pour insister.
  Ex. : *Arrête d'aboyer ! Reviens ici.*

LEÇON ILLUSTRÉE

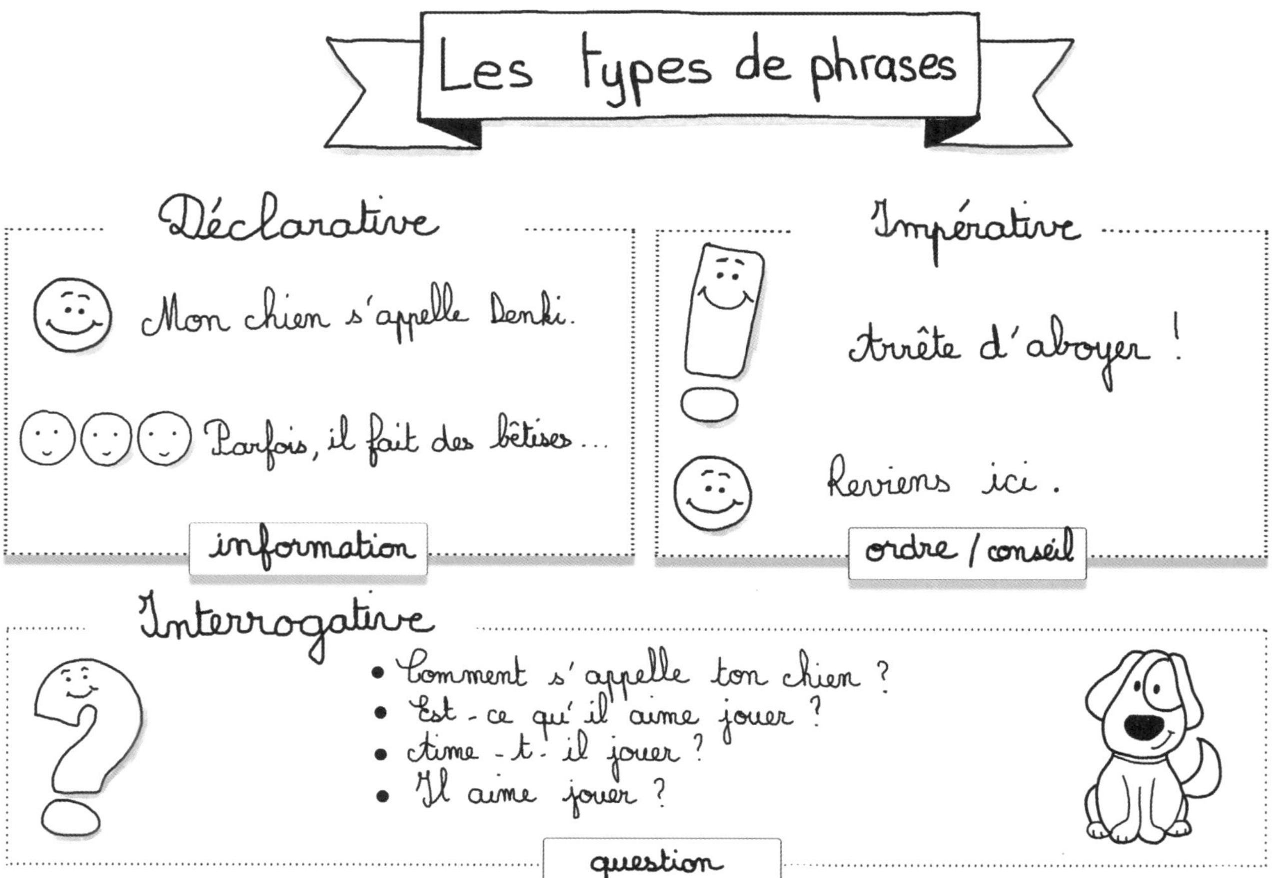

JE ME TESTE 1

Prénom ....

Date ....

RECONNAITRE LA PHRASE DÉCLARATIVE ET LA PHRASE INTERROGATIVE

1 **Coche** pour indiquer le type de phrase : déclarative ou interrogative.

	DÉCLARATIVE	INTERROGATIVE
La maitresse raconte une histoire.		
As-tu aimé ce livre ?		
Pourras-tu me le prêter ?		
J'aime les histoires de sorciers.		

CONSTRUIRE UNE PHRASE INTERROGATIVE

2 **Complète** ces phrases avec le mot interrogatif qui convient à la réponse proposée.

– ______________ vas-tu au foot ? – Je vais au foot **tous les samedis**.

– ______________ pars-tu en vacances ? – Je pars **en Espagne**.

– ______________ a oublié son cartable dans la classe ? – C'est **Loïs** !

RECONNAITRE LA PHRASE IMPÉRATIVE

3 **Colorie** uniquement les étiquettes contenant des phrases impératives.

Je joue avec mes amis. | Dépêche-toi de mettre ton manteau !

Range ta chambre ! | Combien de tartines veux-tu ?

UTILISER LA PONCTUATION DE FIN DE PHRASE

4 **Ajoute** la ponctuation qui convient : ? ou . .

Pourquoi es-tu fâché ☐ Le train part à 9 heures ☐

Que veux-tu manger ce soir ☐ La boulangerie est ouverte tous les jours ☐

JE ME TESTE 2

Prénom ....

Date ....

RECONNAITRE LA PHRASE DÉCLARATIVE ET LA PHRASE INTERROGATIVE

1 **Coche** pour indiquer le type de phrase : déclarative ou interrogative.

	DÉCLARATIVE	INTERROGATIVE
As-tu entendu ce bruit ?		
Comment allez-vous réparer cette bêtise ?		
Léandre n'a pas terminé son travail.		
Cet hiver, il a beaucoup plu.		

CONSTRUIRE UNE PHRASE INTERROGATIVE

2 **Pose** la question qui va avec la réponse proposée.

Le film commence **à 21 heures**.

J'ai mangé **deux** bonbons.

Moi, maitresse, je veux bien réciter ma poésie.

RECONNAITRE LA PHRASE IMPÉRATIVE

3 **Colorie** uniquement les étiquettes contenant des phrases impératives.

Fais demi-tour ! | Mon frère a oublié son agenda. | Célia, reviens vite !

Combien as-tu de billes ? | Rangez vos affaires. | L'exercice est-il difficile ?

4 **Ajoute** la ponctuation qui convient : ?, ., ! ou ...

Est-ce que tu as lavé tes dents ☐

Marion a préparé un gâteau ☐

Ils jouaient tranquillement, quand tout à coup ☐

Pose ce couteau ☐

RECONNAITRE LA PHRASE DÉCLARATIVE ET LA PHRASE INTERROGATIVE

① **Colorie** uniquement les étiquettes contenant des phrases interrogatives.

Quelle heure est-il ? | Mamie cueille des fleurs.

Le chat dort dans son panier.

Je mange à la cantine. | As-tu froid ?

Combien coute l'entrée au musée ?

② **Ajoute** la ponctuation qui convient.

Paul attend le bus ☐

Qui a gagné ☐

Où est le chat ☐

Le skieur descend la piste ☐

CONSTRUIRE UNE PHRASE INTERROGATIVE

③ **Relie** la question à la réponse correspondante.

Quel sport fais-tu ? •	• Non, j'ai bien mangé.
As-tu encore faim ? •	• Il part huit jours.
Combien de jours part-il en vacances ? •	• Je fais du roller.

④ **Complète** ces phrases avec les mots interrogatifs suivants :

combien • *quand* • *qui* • *où*

__________ a terminé son travail ?

__________ as-tu vu ce film ?

__________ est-il caché ?

__________ de minutes as-tu attendu ?

5 **Retrouve** et **recopie** les cinq mots interrogatifs contenus dans la grille.

O	U	A	Q	U	I	I	Y
I	C	O	M	B	I	E	N
P	Q	U	E	L	R	V	C
B	D	Q	U	A	N	D	X
Q	U	O	I	U	Q	P	G

1 ____________
2 ____________
3 ____________
4 ____________
5 ____________

RECONNAITRE LA PHRASE IMPÉRATIVE

6 **Colorie** uniquement les étiquettes contenant des phrases impératives.

Mila se lève tôt. | Qui veut distribuer les feuilles ?

Souligne le titre ! | Mange ton assiette !

Mets ton pyjama ! | Où es-tu ?

Le bureau de poste est fermé.

Papa fait les courses. | Viens ici !

UTILISER LES SIGNES DE PONCTUATION

7 **Colorie** la ponctuation qui convient.

Va nourrir les poules ? !

Quel animal pond des œufs ? !

Où est ton cahier ? !

Mets ton bonnet ? !

DÉFI ÉCRITURE

LA BÊTISE

9 **Imagine** et **écris** la question que pose le maitre aux enfants de sa classe.

JE M'ENTRAINE

Date ....

RECONNAITRE LA PHRASE DÉCLARATIVE ET LA PHRASE INTERROGATIVE

1 **Colorie** en bleu les phrases déclaratives et en jaune les phrases interrogatives. Attention aux pièges !

Nous préparons une soupe.

Qui veut être le loup ?

Quels légumes avez-vous mis ?

Allez dans le camp adverse !

Qui a aimé cette soupe ?

Combien d'enfants as-tu attrapé ?

Nao n'aime pas les légumes.

Reste ici !

Les deux équipes ont gagné.

CONSTRUIRE UNE PHRASE INTERROGATIVE

2 **Entoure** les marques de la phrase interrogative (le mot interrogatif et le signe de ponctuation).

Qui vient à ton anniversaire ?

Pourquoi étais-tu absent ?

Combien de livres avez-vous lus ?

Quelle heure est-il ?

JE M'ENTRAINE

Date ....

3 **Relie** chaque question à la réponse correspondante.

Comment vas-tu ?	Il a froid.
Combien coute ce jeu ?	Je suis fatigué.
Où allez-vous ?	À la patinoire.
Pourquoi tremble-t-il ?	Il coute 29 euros.

4 **Complète** ces phrases avec les mots interrogatifs de ton choix.

__________ temps fait-il ?

__________ range-t-elle les crayons ?

__________ de fois êtes-vous partis à l'étranger ?

__________ regardes-tu ?

JE M'ENTRAINE

Date ....

RECONNAITRE LES TYPES DE PHRASES

⑤ **Relie** chaque phrase au type qui lui correspond.

La maison est sale.	
N'oublie pas ton bonnet.	déclarative
Venez voir !	impérative
Elle va bien mieux.	

UTILISER LES SIGNES DE PONCTUATION

⑥ **Colorie** uniquement les étiquettes dont les phrases utilisent un signe de ponctuation correct.

- Quel âge avez-vous.
- Mets ton casque ?
- Apporte-moi mon livre, s'il te plait !
- Va chercher le courrier ?
- Les enfants, allez voir la plage !
- Il y a un arc-en-ciel.
- Peux-tu me gratter le dos ?
- Pousse ton sac du passage.

JE M'ENTRAINE

Date ....

⑦ **Recopie** ces phrases en corrigeant la ponctuation.

Quel est ton dessert préféré !

Viens ici tout de suite ?

J'ai rangé ma chambre ?

DÉFI ÉCRITURE

LE ZOO

⑧ **Choisis** un animal et **écris** quatre questions que tu pourrais poser au soigneur pour mieux le connaitre.

PARCOURS 3 JE M'ENTRAINE

Date ....

RECONNAITRE LES TYPES DE PHRASES

1 **Colorie** en bleu les phrases déclaratives, en jaune les phrases interrogatives et en rouge les phrases impératives.

Que fais-tu ? | Maman veut aller au cinéma.

Avez-vous aimé le film ? | Enlève ton manteau !

Il ouvre la boite mais elle est vide…

Ils n'ont plus de place. | Dépêche-toi !

Appelle la salle. | Qui m'accompagne au cinéma ?

CONSTRUIRE DES PHRASES INTERROGATIVES

2 **Coche** pour indiquer si le mot interrogatif utilisé est correct.

	OUI	NON
Qui t'appelles-tu ?		
Pourquoi a-t-elle peur ?		
Quel jour es-tu né ?		
Combien ça va ?		

PARCOURS 3 JE M'ENTRAINE

Date ....

3 **Complète** ces phrases avec des mots interrogatifs qui conviennent.

__________ de bougies dois-je mettre sur le gâteau ?

__________ parfum de glace as-tu choisi ?

__________ a terminé cet exercice ?

__________ allez-vous ?

4 **Écris** la question qui correspond à la réponse proposée.

Mon livre préféré est ***Harry Potter***.

J'ai **treize** billes.

Moi, j'ai déjà pris l'avion.

CONSTRUIRE UNE PHRASE IMPÉRATIVE

5 **Relie** chaque phrase déclarative à la phrase impérative qui lui correspond.

Elle se dépêche de ranger.	Reviens là !
Il fait attention.	Va doucement !
Il avance doucement sur son skateboard.	Dépêche-toi de ranger !
Héloïse demande à son chien de revenir.	Fais attention !

6 **Colorie** en bleu les phrases déclaratives, en jaune les phrases interrogatives et en rouge les phrases impératives.

Invite les voisins à diner. | Mets ton pyjama !

Vous parlez trop fort !

À quelle heure le train part-il ?

Les tournesols sont mes fleurs préférées.

Va chercher tes lunettes ! | Léo est en CE1.

Depuis quand dessines-tu ?

7 **Complète** ce texte avec les signes de ponctuation.

Manon part à l'école ☐
Sa maman vérifie son cartable ☐
– As-tu pris ton agenda ☐
Manon a pensé à tout ☐ Elle part de la maison ☐
– Reviens ☐ Je n'ai pas eu mon bisou ☐

DÉFI ÉCRITURE

LA RENCONTRE

8 **Écris** un court dialogue (de cinq à sept phrases) entre deux enfants qui viennent de se rencontrer. Ils peuvent se demander leur prénom, leur âge, leurs loisirs...

ÉVALUATION 1

Prénom ....

Date ....

Compétences évaluées : Les types de phrases	Exercices	A+	A	PA	NA
Reconnaitre les types de phrases.	1, 2				
Savoir utiliser les mots interrogatifs et les signes de ponctuation.	3, 4				

1 **Colorie** en bleu les phrases déclaratives, en jaune les phrases interrogatives et en rouge les phrases impératives.

La pluie tombe depuis ce matin. | Le chien dort dans sa niche.

Fais tes lacets ! | Es-tu sûr de toi ? | As-tu bien dormi ?

Les vagues nous éclaboussent. | Rentre vite après l'école !

2 **Coche** pour indiquer si les phrases sont interrogatives ou impératives.

	INTERROGATIVE	IMPÉRATIVE
Apporte ce document à la directrice.		
Veux-tu aller à la piscine ?		
Combien coute cette bande dessinée ?		
Rattrape le ballon !		

3 **Complète** chaque phrase avec le mot interrogatif qui convient.

________________ a déjà visité le château de Versailles ?

________________ as-tu trouvé cette bille ?

________________ est le sujet de cette phrase ?

________________ de bougies as-tu soufflé ?

4 **Complète** les phrases avec les signes de ponctuation qui conviennent.

Il se couche à 20 heures ☐ | Qui a osé me réveiller ☐

Rentre vite chez toi ☐ | Êtes-vous amis ☐

ÉVALUATION 2

Prénom ....

Date ....

Compétences évaluées : Les types de phrases	Exercices	A+	A	PA	NA
Reconnaitre les types de phrases .	1				
Construire différents types de phrases.	2, 3, 4				

1 Colorie en bleu les phrases déclaratives, en jaune les phrases interrogatives et en rouge les phrases impératives.

N'abandonne pas !

Quel a été le résultat de votre match ?

Comment avez-vous deviné ?

Surveille ton petit frère.

Alexis ne peut pas venir à ma fête.

Il aurait dû être là quand...

Retourne te coucher.

Est-ce que tu as fini ?

2 Écris la question qui correspond à la réponse proposée.

Cela coute 15 euros.

J'habite à Nantes.

Je vais bien, merci.

Non, je n'aime pas les brocolis.

3 Écris une phrase selon le type de phrases proposé.

- une phrase déclarative :
- une phrase interrogative :
- une phrase impérative :

22 LES FORMES DE PHRASES

Compétences travaillées (programmes modifiés 2018)

- **Se repérer dans la phrase simple**
  – Reconnaitre les formes négative et exclamative et savoir effectuer des transformations.

FICHE ENSEIGNANT

Avec les programmes 2018, la phrase exclamative (qui relevait jusqu'alors des types de phrase) est désormais classée dans les formes de phrases. Plus d'informations sur ce point précis des programmes sont disponibles via ce lien : https://litteratureportesouvertes.wordpress.com/2018/08/22/types-et-formes-de-phrase-quelles-differences.

<table>
<tr><td>Point notionnel</td><td colspan="2">Il existe trois formes de phrase.
– La forme affirmative :
Une phrase qui n'est pas négative est affirmative.
Ex. : Je vais bien. Ils chantent sous la pluie.
– La forme négative :
Une phrase négative sert à nier ou à réfuter l'énoncé affirmatif correspondant.
Ex. : Tu n'es pas drôle. Je n'aime pas ce ton.
– La forme exclamative :
La phrase exclamative sert à exprimer l'affectivité du locuteur : une émotion ou un sentiment.
Elle se caractérise à l'écrit par le point d'exclamation, qui ne lui est pas réservé.
Elle peut se cumuler avec les formes affirmative ou négative.
Ex. : Comme elle est jolie ! Que de vent !

Les formes se cumulent avec les types de phrases (déclarative, interrogative, impérative).
– Une phrase peut être interrogative et négative.
Ex. : Comment ne t'es-tu pas trompé de chemin ?
– Une phrase peut être impérative, exclamative et négative.
Ex. : Ne joue pas avec les allumettes !</td></tr>
<tr><td rowspan="3">Différenciation</td><td>Parcours 1</td><td>• Reconnaitre les formes affirmative et négative.
• Associer les formes affirmative et négative.
• Construire des phrases négatives : ajouter les négations.
• Reconnaitre la forme exclamative : reconnaitre le point d'exclamation.</td></tr>
<tr><td>Parcours 2</td><td>• Reconnaitre les formes affirmative et négative.
• Associer les formes affirmative et négative.
• Passer de la forme affirmative à la forme négative ou inversement.
• Reconnaitre et utiliser la forme exclamative.</td></tr>
<tr><td>Parcours 3</td><td>• Reconnaitre les trois formes de phrase.
• Utiliser les marques de la négation.
• Utiliser les trois formes de phrase.</td></tr>
<tr><td>Erreurs rencontrées</td><td colspan="2">• Oubli d'une partie des mots de la négation lors du repérage ou de la construction, puisqu'à l'oral il est fréquent d'omettre ne (Ex. : Je X veux pas partir).
• Difficulté à différencier les points d'exclamation et d'interrogation.
• Confusion entre les formes affirmative et négative lorsque que le sens de la phrase est affirmatif ou négatif (Ex. : La boite aux lettres est vide. ➜ sens négatif, mais forme affirmative).</td></tr>
<tr><td>Remédiation</td><td colspan="2">• Utiliser l'astuce qui permet de repérer la négation en traçant des « lunettes » de chaque côté du verbe : chaque verre contient un mot de la négation. Ex. : Je (ne) pense (plus) à partir.
• Oraliser les phrases pour saisir la nuance entre les différents types et formes.</td></tr>
</table>

LEÇON

LES FORMES DE PHRASES

Une phrase peut s'écrire sous différentes formes : **affirmative**, **négative** ou **exclamative**.

Tu bouges de ta chaise.	*Tu ne bouges pas de ta chaise.*	*Qu'elle est belle, cette chaise !*
affirmative	**négative**	**exclamative**

- **Une phrase à la forme négative sert à dire « non ».**
  Pour la former, on ajoute deux mots de négation : *ne...pas, ne...plus, ne...rien, ne...jamais.*
  Ex. : *Je **ne** veux **plus** de soupe.*

- **Une phrase à la forme exclamative exprime une émotion** (joie, surprise, colère...).
  Elle se termine toujours par un point d'exclamation : [!].
  Ex. : *Quelle frayeur !*

⚠ **Une phrase peut être à la fois négative et exclamative !**
Ex. : *Ne bouge pas de ta chaise !*

LEÇON ILLUSTRÉE

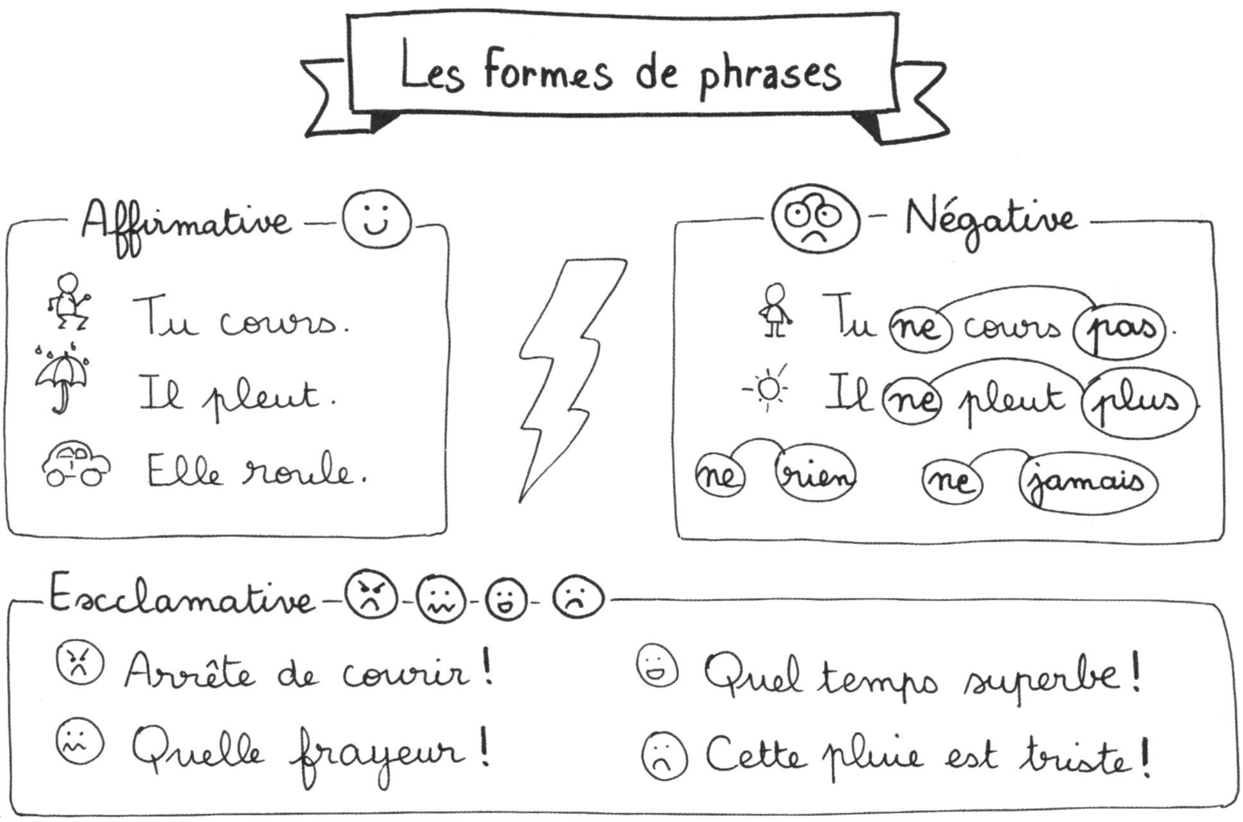

JE ME TESTE 1

Prénom ....

Date ....

RECONNAITRE LA FORME AFFIRMATIVE ET NÉGATIVE

1 **Coche** pour indiquer la forme de la phrase : affirmative ou négative.

	AFFIRMATIVE	NÉGATIVE
Le facteur n'est pas passé.		
Le colis est livré.		
La boite aux lettres est vide.		
Je ne vois pas ton courrier.		

PASSER DE LA FORME AFFIRMATIVE À LA FORME NÉGATIVE

2 **Complète** chaque phrase avec des marques de négation pour passer de la forme affirmative à la forme négative.

Anatole ____ chante ________ sous la douche.

Il ____ sait ________ faire son shampoing tout seul.

Le chien ____ attrape ________ la balle.

Il ____ pourra ________ jouer avec son robot.

RECONNAITRE ET UTILISER LA FORME EXCLAMATIVE

3 **Colorie** uniquement les étiquettes contenant des phrases exclamatives.

Tu exagères !

Quel chemin devons-nous prendre ?

Ton résultat n'est pas correct.

Cette histoire est incroyable !

4 **Complète** chaque phrase avec la ponctuation qui convient : ? ou !.

Joue avec moi ☐

Viens-tu demain ☐

Est-ce que tu as froid ☐

Pars vite ☐

JE ME TESTE 2

Prénom ....

Date ....

RECONNAITRE LA FORME AFFIRMATIVE ET NÉGATIVE

1 **Coche** pour indiquer si la forme de la phrase est affirmative ou négative.

	AFFIRMATIVE	NÉGATIVE
Cet enfant n'est jamais d'accord.		
Elle refuse de manger des épinards.		
Je déteste les cornichons.		
Tu ne veux rien changer.		

PASSER DE LA FORME AFFIRMATIVE À LA FORME NÉGATIVE

2 **Réécris** chaque phrase en la mettant à la forme négative.

La piscine est fermée.

Nous prenons toujours le bus.

Tu as perdu quelque chose.

RECONNAITRE ET UTILISER LA FORME EXCLAMATIVE

3 **Colorie** uniquement les étiquettes contenant des phrases exclamatives.

Sais-tu patiner ?

Sors les poubelles !

Délicieuse, cette salade !

Elle n'a jamais vu de panda.

Il fait gris aujourd'hui.

Stop !

4 **Complète** chaque phrase avec la ponctuation qui convient : ? ou !.

J'adore le chocolat ☐

Est-ce que tu préfères les noix ou les amandes ☐

Ce dessin est magnifique ☐

As-tu le temps de réciter ton poème ☐

JE M'ENTRAINE

Date ....

RECONNAITRE LA FORME AFFIRMATIVE ET NÉGATIVE

1 **Colorie** uniquement les étiquettes contenant des phrases à la forme négative.

Amélie n'arrive jamais à l'heure. | Aimes-tu les radis ?

Comme c'est beau ! | Tu ne sèches pas tes cheveux.

Ils prennent une douche. | Je n'ai plus faim.

Jade regarde trop la télé. | N'y va pas !

2 **Entoure** les marques de négation dans chaque phrase.

Amalia ne trouve rien dans cette boutique.

Les trains ne circulent plus ce soir.

Je n'attendrai pas la fin du spectacle.

Noa ne croit jamais ses parents.

JE M'ENTRAINE

Date ....

ASSOCIER LA FORME AFFIRMATIVE ET NÉGATIVE

3 **Relie** chaque forme affirmative à la forme négative qui lui correspond.

Il court. ●	● Il ne court jamais.
Il court encore. ●	● Il ne court pas.
Il court toujours. ●	● Il ne court plus.

CONSTRUIRE DES PHRASES NÉGATIVES : AJOUTER LES NÉGATIONS

4 **Complète** chaque phrase à la forme négative avec les mots suivants :

ne ... pas ● *ne ... plus* ● *ne ... jamais* ● *ne ... rien*

Alan ____ retrouve ____________ dans son sac.

Je ____ sauterai ____________ de moi-même d'en haut.

La maitresse ____ répètera ____________ une autre fois.

Les élèves ____ partiront ____________ en sortie scolaire.

JE M'ENTRAINE

Date ....

5 **Retrouve** et **recopie** les cinq mots de négation contenus dans la grille.

J	A	M	A	I	S
P	R	I	E	N	N
A	K	Q	N	C	E
S	P	L	U	S	X

1. ______________
2. ______________
3. ______________
4. ______________
5. ______________

RECONNAITRE LA FORME EXCLAMATIVE

6 **Colorie** uniquement les étiquettes contenant des phrases exclamatives.

Non ! — Je pars demain.

Je ne dirai rien ! — C'est trop fort !

Que dit-il ? — Tu es en vacances.

Aïe ! J'ai mal ! — Est-ce fini ?

JE M'ENTRAINE

Date ....

7 **Colorie** dans chaque phrase la ponctuation qui convient.

Mon père a oublié son téléphone [?] [!]

Est-ce que tu veux jouer avec moi [?] [!]

Quelle sonnerie horrible [?] [!]

Allons-y [?] [!]

DÉFI ÉCRITURE

LA MAUVAISE HUMEUR

8 Tu te réveilles de mauvaise humeur et rien ne te fait envie. **Écris** trois phrases pour dire ce que tu ne veux pas faire, manger ou boire en utilisant des phrases négatives.

05:28

JE M'ENTRAINE

PARCOURS 2

Date ....

LES FORMES DE PHRASES **1** 2 3 4

RECONNAITRE LA FORME AFFIRMATIVE ET NÉGATIVE

1 Colorie en bleu les phrases à la forme négative et en jaune les phrases à la forme affirmative.

Le moineau sautille. | Il n'y a plus d'eau.

Sarah ne regarde jamais la télévision.

Viendras-tu demain ? | Gare à toi !

Les clignotants ne fonctionnent pas.

Je ne vois rien. | Je me coucherai tard.

Le voisin n'est pas chez lui.

Les pompiers éteignent les incendies.

2 Entoure les marques de négation dans chaque phrase.

La lune ne brille pas ce soir.

Tu ne prends jamais de chocolat chaud.

Nous ne pourrons plus nous baigner maintenant.

Ma grand-mère ne range rien.

JE M'ENTRAINE

PARCOURS 2

Date ....

LES FORMES DE PHRASES 1 **2** 3 4

ASSOCIER LA FORME AFFIRMATIVE ET NÉGATIVE

3 Relie chaque forme affirmative à la forme négative qui lui correspond.

Elle range. •	• Elle ne range plus.
Elle range toujours. •	• Elle ne range rien.
Elle range encore. •	• Elle ne range pas.
Elle range quelque chose. •	• Elle ne range jamais.

PASSER DE LA FORME AFFIRMATIVE À LA FORME NÉGATIVE OU INVERSEMENT

4 Complète chaque phrase à la forme négative avec les mots suivants :

ne ... pas • *ne ... plus* • *ne ... jamais* • *ne ... rien*

Attention, utilise une seule fois chaque paire !

Je ____ ai ______ compris à cette histoire.

Il ____ faut __________ mentir à ses amis.

Aujourd'hui, il ____ pleut __________ .

Là, elle ____ a ____ froid avec le chauffage.

JE M'ENTRAINE

Date ....

5 **Réécris** ces phrases en les mettant à la forme affirmative.

Ces légumes ne sont pas bons.

____

Mon petit frère ne pleure plus.

____

La porte ne se ferme jamais.

____

RECONNAITRE LA FORME EXCLAMATIVE

6 **Colorie** uniquement les étiquettes contenant des phrases exclamatives.

Elle compte sa monnaie. | Est-ce que tu sors ce soir ?

Ne dis plus rien ! | As-tu pris ta lampe torche ?

Quel endroit étrange ! | Stop !

Zut ! Je me suis trompé ! | Vous avez sept ans.

JE M'ENTRAINE

Date ....

7 **Colorie** dans chaque phrase la ponctuation qui convient.

Ne cours pas [?] [!]

Il enfile un bonnet de bain [?] [!]

Sauteras-tu du grand plongeoir [?] [!]

Attention, savonne-toi bien [?] [!]

DÉFI ÉCRITURE

LA PISCINE

8 Tu vas à la piscine avec ta classe. Bien sûr, il y a un règlement à respecter. **Écris** trois phrases pour dire ce qu'il est interdit de faire, en utilisant des phrases négatives.

JE M'ENTRAINE

Date ....

RECONNAITRE LES FORMES DE PHRASE

① **Colorie** en bleu les phrases à la forme négative, en jaune les phrases à la forme affirmative et en rouge les phrases à la forme exclamative.

Je ne pars jamais loin. | Elle hait le chou-fleur.

Que tu es belle ! | Vous n'allez plus au cinéma.

Ces enfants sourient. | Ouf !

La voiture est en panne. | Viens ici !

Tu vas voir. | Le bébé ne pleure plus.

② **Entoure** les marques de négation dans chaque phrase.

La plage n'est pas autorisée aux chiens.

Il ne reste rien à manger dans le réfrigérateur.

Elle n'oublie jamais de faire ses leçons.

Le chat ne peut plus sauter de l'arbre.

JE M'ENTRAINE

Date ....

UTILISER LES MARQUES DE LA NÉGATION

③ **Coche** pour dire si oui ou non les phrases négatives sont correctes.

	OUI	NON
J'en peux plus.		
Le pain n'est pas frais.		
Tom n'aime pas la moutarde.		
Je veux pas de carottes.		
Ne jouez pas n'importe où !		

④ **Complète** chaque phrase à la forme négative avec les mots de négation qui conviennent.

Agathe ____ mange ____________ de viande rouge.

Mon oncle ____ met ________ de sucre dans son café.

Il ____ est __________ trop tard pour changer d'avis.

Tu ____ as __________ compris.

JE M'ENTRAINE

PARCOURS 3

Date ....

LES FORMES DE PHRASES 1 2 3 4

5 **Réécris** ces phrases en les mettant à la forme affirmative.

Ma tante n'ose plus râler.

Tom n'aperçoit personne au loin.

Les maitresses n'aiment pas répéter.

UTILISER LES FORMES DE PHRASES

6 **Réponds** à chaque question en utilisant une phrase négative. Attention, utilise des mots de négation différents à chaque fois !

A-t-elle encore besoin de la notice ?

Irons-nous en vacances cet été ?

As-tu déjà utilisé ton vélo ?

JE M'ENTRAINE

PARCOURS 3

Date ....

LES FORMES DE PHRASES 1 2 3 4

7 **Colorie** dans chaque phrase la ponctuation qui convient.

Certains animaux hibernent l'hiver ? !

Comment as-tu réussi ? !

Faites moins de bruit ? !

Comme c'est amusant ? !

DÉFI ÉCRITURE

MA CHAMBRE EN CHANTIER

8 Ton petit frère est entré dans ta chambre et a tout dérangé. Tu découvres le chantier. **Écris** trois phrases exclamatives qui montre ta surprise, ton amusement ou ta colère devant ce spectacle.

ÉVALUATION 1

Prénom ....

Date ....

Compétences évaluées : Les formes de phrases	Exercices	A+	A	PA	NA
Reconnaitre les formes négative et exclamative.	1, 2				
Savoir effectuer des transformations.	3, 4				

1 **Colorie** en bleu les phrases à la forme négative et en jaune les phrases à la forme affirmative.

La rivière coule doucement. | La pluie ne s'arrête plus.

Ce temps n'est pas agréable. | Ton parapluie est gigantesque.

Je déteste les averses. | Ne saute pas dans les flaques.

2 **Coche** pour indiquer si les phrases sont à la forme exclamative.

	OUI	NON
Quel enfant étonnant !		
J'adore aller à la plage.		
Ce matelas est confortable.		
Arrêtez-vous !		

3 **Entoure** les mots de négation et **réécris** ces phrases en les mettant à la forme affirmative.

Les pompiers n'ont pas éteint le feu.

Tu n'es jamais à l'heure.

Elle ne doit plus avancer.

4 **Complète** chaque phrases avec des mots de négation. Attention, utilise des mots différents pour chaque phrase !

Tu ____ crains ________ le froid. Gaby ____ a ______ encore perdu de dent.

Nous ____ avons ________ acheté. Mes vêtements ____ sont ______ propres.

ÉVALUATION 2

Prénom ....

Date ....

Compétences évaluées : Les formes de phrases	Exercices	A+	A	PA	NA
Reconnaitre les formes négative et exclamative.	1				
Savoir effectuer des transformations.	2, 3				

1 Colorie en bleu les phrases à la forme négative, en jaune les phrases à la forme affirmative et en rouge les phrases à la forme exclamative.

Donne-toi à fond ! | La course est finie. | Je n'ai pas vu mon frère.

Les coureurs ne sont pas tous arrivés. | Quel spectacle ! | Tom a fini second.

Les spectateurs applaudissent. | On ne voit rien avec la foule.

2 Réécris ces phrases en les mettant à la forme négative.

Il ouvre son dictionnaire.

Emma a encore faim.

J'attends quelqu'un.

Nous prenons toujours le métro.

3 Écris une réponse à chaque question en utilisant une phrase négative. Attention, utilise des mots de négation différents à chaque fois !

As-tu compris quelque chose ?

Sont-elles des meilleures amies ?

Es-tu déjà allé en Espagne ?

CONJUGAISON
MÉMORISER L'ORTHOGRAPHE GRAMMATICALE DE BASE

SOCLE COMMUN

Domaine 1 : Les langages pour penser et communiquer

« Comprendre, s'exprimer en utilisant la langue française à l'oral et à l'écrit
Au cycle 2, l'apprentissage de la langue française s'exerce à l'oral, en lecture et en écriture. L'acquisition d'une aisance à l'oral, **l'accès à la langue écrite en réception et en production s'accompagnent de l'étude du fonctionnement de la langue** et permettent de produire des énoncés oraux maitrisés, des écrits simples, organisés, ponctués, de plus en plus complexes et de commencer à exercer **une vigilance orthographique**.
Tous les enseignements concourent à la maitrise de la langue. »

Domaine 2 : Les méthodes et outils pour apprendre

« Tous les enseignements concourent à développer les compétences méthodologiques pour améliorer l'efficacité des apprentissages et favoriser la réussite de tous les élèves. Savoir apprendre une leçon ou une poésie, **utiliser des écrits intermédiaires**, **relire un texte**, **une consigne**, **utiliser des outils de référence**, fréquenter des bibliothèques et des centres de documentation pour rechercher de l'information, utiliser l'ordinateur, etc., sont autant de pratiques à acquérir pour permettre de mieux organiser son travail. »
« En français, extraire des informations d'un texte, d'une ressource documentaire permet de répondre aux interrogations, aux besoins, aux curiosités ; la familiarisation avec quelques logiciels (traitement de texte avec correcteur orthographique, dispositif d'écriture collaborative, etc.) aide à rédiger et à se relire. »

PROGRAMMES MODIFIÉS 2018

« Les objectifs essentiels de l'étude de la langue au cycle 2 sont liés à la lecture et à l'écriture. Les connaissances acquises permettent de traiter des problèmes de compréhension et des problèmes orthographiques.
Dès le cycle 2, l'enseignement de la langue est mené de manière structurée et progressive : la leçon de grammaire et de vocabulaire (découverte par l'élève d'une notion grammaticale ou d'un mot, de son sens, éventuellement de son histoire) doit être pratiquée dans le cadre de séances régulières qui leur sont spécifiquement consacrées. Les élèves y apprennent progressivement à pratiquer des observations et à se repérer dans la phrase.
Ils prennent conscience du fonctionnement de la langue pour en acquérir les notions fondamentales.
L'étude de la langue s'appuie sur l'observation et la manipulation d'énoncés oraux et écrits issus de corpus soigneusement constitués. C'est à partir de ces activités qu'il convient de structurer les apprentissages et de formuler des règles. Une dernière phase consiste à automatiser et mémoriser les compétences acquises.
S'ils sont fréquents dans l'usage, les phénomènes irréguliers doivent être mémorisés. »

Attendus de fin de cycle :

- raisonner pour réaliser les accords dans le groupe nominal d'une part (déterminant, nom, adjectif), entre le verbe et son sujet d'autre part (cas simples : sujet placé avant le verbe et proche de lui ; sujet composé d'un groupe nominal comportant au plus un adjectif) ;
- utiliser ses connaissances sur la langue pour mieux s'exprimer à l'oral, pour mieux comprendre des mots et des textes, pour améliorer des textes écrits.

Dans *1, 2, 3... Parcours Étude de la langue CE*	Repères annuels de progressivité	
	CE1	**CE2**
LES TEMPS SIMPLES		
23 **Le présent** 24 **L'imparfait** 25 **Le futur** 26 **Présent, imparfait, futur : les régularités**	Les élèves observent et comparent des régularités (conjugaisons) pour conduire des points de repères liés aux personnes (les finales en *–s* ou *–x*, *–ons*, *–ez*, *–nt*). Ils repèrent la relation sujet-verbe dans des situations simples. Ils sont sensibilisés aux marques inaudibles (*–e*), pluriel des verbes à la 3e personne (*–nt*) par comparaison, par exemple aux marques du singulier homophones (*chante-chantes*). Les élèves transforment des énoncés pour rendre audibles et visibles les variations liées aux temps des verbes (**présent**, **imparfait**, **futur** et passé composé). Ils repèrent que les formes verbales identiques à l'oral sont différentes à l'écrit : *tu vas/il va, je pars/il part, je viens/il vient*... Une première mémorisation des formes verbales est attendue à l'oral. Elles s'institutionnalisent progressivement à l'écrit par l'élaboration de « tableaux de conjugaison ». Les élèves les mémorisent et les mobilisent en situation d'écrits autonomes. À la fin de l'année, les élèves proposent à l'oral des formes verbales correctes du **présent**, de l'**imparfait**, du **futur** et du passé composé pour les verbes *être* et *avoir*, ceux du 1er groupe et les 8 verbes irréguliers du 3e groupe. Ils orthographient correctement les formes verbales au **présent**, à l'**imparfait** et au **futur** des verbes *être* et *avoir* et ceux du 1er groupe.	En appui sur l'oralisation correcte des formes verbales, les élèves consolident l'orthographe du **présent**, de l'**imparfait**, du **futur** et du passé composé pour les verbes du 1er groupe et les verbes irréguliers du 3e groupe : *faire, aller, dire, venir, pouvoir, voir, vouloir, prendre*. Ils repèrent par regroupements les formes verbales identiques (exemple : *prendre, venir* et *vouloir* ont les mêmes terminaisons au **futur**). À la fin de l'année, les élèves orthographient correctement les formes verbales du **présent**, de l'**imparfait**, du **futur** et du passé composé pour les verbes du 1er groupe et les 8 verbes irréguliers du 3e groupe.
LES TEMPS COMPOSÉS		
27 **Le passé composé**	À la fin de l'année, les élèves proposent à l'oral des formes verbales correctes du présent, de l'imparfait, du futur et du **passé composé** pour les verbes *être* et *avoir*, ceux du 1er groupe et les 8 verbes irréguliers du 3e groupe.	À la fin de l'année, les élèves orthographient correctement les formes verbales du présent, de l'imparfait, du futur et du **passé composé** pour les verbes du 1er groupe et les 8 verbes irréguliers du 3e groupe.
28 **Passé, présent, futur** **Les temps simples et composés (CE2)**	À la fin de l'année, les élèves proposent à l'oral des formes verbales correctes du présent, de l'imparfait, du futur et du **passé composé** pour les verbes *être* et *avoir*, ceux du 1er groupe et les 8 verbes irréguliers du 3e groupe. Ils orthographient correctement les formes verbales au présent, à l'imparfait et au futur des verbes *être* et *avoir* et ceux du 1er groupe.	Ils distinguent **temps simples** et **temps composés**.

JEUX POUR RITUELS ET ATELIERS

LES JEUX À L'ORAL

Morpion de conjugaison Biblio MANUELS	• **But** : par équipe de 3 ou 4 joueurs, se mettre d'accord sur le choix d'une case afin d'y inscrire le verbe correctement conjugué en fonction des indications données (personne/infinitif). Si le verbe est correct, on marque le point. Il faut aligner 4 verbes correctement conjugués pour remporter la partie. • **Mise en place** : en atelier ou en collectif. • **Fréquence** : rituel quotidien ou hebdomadaire. • **Objectif** : restituer et composer des conjugaisons de verbes, connaitre les temps.
Pigeon-vole Biblio MANUELS	• **But** : attraper les mots correspondant à une nature donnée : le verbe. Ou attraper les verbes d'un groupe défini. La nature/le groupe cherché(e) est annoncé(e) en début de partie. Les élèves ferment les yeux. L'enseignant énonce des mots. Si le mot entendu correspond à la nature ou au groupe demandé(e), ils lèvent la main pour « attraper » le mot. Les élèves peuvent garder trace de leur score sur leurs doigts ou le reporter sur leur ardoise. • **Mise en place** : en collectif. • **Fréquence** : rituel quotidien ou hebdomadaire. • **Objectif** : repérer les verbes, leur groupe.

LES JEUX À IMPRIMER

Loto de conjugaison Biblio MANUELS	• **But** : les cartes de jeux sont composées d'un pronom et d'un verbe à l'infinitif pour être utilisables avec tous les temps. Choisir les cartes correspondant au temps souhaité. On pioche une carte qu'on lit à voix haute. Les élèves posent un pion s'ils ont le verbe et la personne correspondante. On peut jouer en ligne ou sur des cartes complètes. • **Mise en place** : en atelier ou en collectif. • **Fréquence** : régulièrement pour rebrasser les temps étudiés. • **Objectif** : conjuguer aux temps étudiés.
7 familles de conjugaison Biblio MANUELS	• **But** : reconstituer le plus de familles possible. On peut varier les temps et les verbes. • **Mise en place** : en atelier. • **Fréquence** : selon les besoins. • **Objectif** : rebrasser les temps étudiés.
Trivial Pursuit de conjugaison 	• **But** : il faut collecter une carte « potion » de chaque couleur en répondant à des questions, afin de composer la potion de la sorcière. Le jeu s'adapte à tous les niveaux, en ajoutant/retirant des cartes selon que les notions ont été étudiées ou non. • **Mise en place** : en atelier. • **Fréquence** : selon les besoins. • **Objectif** : travailler le présent, le futur, le passé composé ; le sujet et le verbe, l'infinitif du verbe. **Source** : http://lutinbazar.fr/un-trivial-pursuit-de-grammaire-conjugaison/

LES JEUX DU COMMERCE

Conjudingo CE1 	• **But** : 3 jeux différents avec des cartes « radical » et « terminaisons » à associer : mistigri, rami, bataille. • **Mise en place** : en atelier. • **Fréquence** : selon les besoins. • **Objectif** : travailler les auxiliaires, verbes du 1er groupe et du 3e groupe aux présent, futur et passé composé.
Conjudingo CE2 	• **But** : 3 jeux différents avec des cartes « radical » et « terminaisons » à associer : mistigri, rami, bataille. • **Mise en place** : en atelier. • **Fréquence** : selon les besoins. • **Objectif** : travailler les auxiliaires, verbes du 1er groupe et du 3e groupe aux présent, futur et imparfait.
Il était temps 	• **But** : trouver les bonnes combinaisons sujet/verbe/terminaison/ complément pour que la conjugaison et le sens de la phrase correspondent à l'action prévue par la quête de son chevalier. • **Mise en place** : en atelier. • **Fréquence** : selon les besoins. • **Objectif** : travailler la conjugaison et la construction de phrase.

23 LE PRÉSENT

Compétences travaillées (programmes modifiés 2018)

- **Se repérer dans la phrase simple**
  – Reconnaitre les principaux constituants de la phrase : le verbe (connaissances des propriétés permettant de l'identifier).
  – Différencier les principales classes de mots : le verbe.
- **Maitriser l'orthographe grammaticale de base**
  – Identifier la relation sujet-verbe (identification dans des situations simples).
  – Identifier le radical et la terminaison.
  – Trouver l'infinitif d'un verbe conjugué.
  – Mémoriser le présent pour *être* et *avoir* ; les verbes du 1er groupe ; les verbes irréguliers du 3e groupe : *faire, aller, dire, venir, pouvoir, voir, vouloir, prendre.*

FICHE ENSEIGNANT

Point notionnel	Le présent est **le temps le plus employé à l'oral et à l'écrit**. Sa valeur temporelle diffère en fonction du contexte. Le présent de l'indicatif **permet d'exprimer** : – **Une action qui se déroule au moment où l'on parle**. Ex. : *Pierre court dans le jardin.* – **Une valeur permanente** (vérité générale), comme dans les proverbes, les règles. Ex. : *Après la pluie vient le beau temps.* – **Une habitude**. Ex. : *Elle fait du judo tous les jeudis.* – **Une action dans un contexte passé**, présent historique ou de narration. Ex. : *Napoléon gagne la bataille d'Austerlitz en 1805. La signature de l'Armistice, le 11 novembre 1918, marque la fin de la Première Guerre mondiale.* – **Une action conditionnelle** dans un contexte futur. Ex. : *Si tu sors le chien, il sera content.* – **Une action située dans un passé récent ou futur proche**, selon le contexte (présence d'un complément de temps). Ex. : *Il rentre de vacances demain. / Il rentre de vacances à l'instant.*	
Différenciation	**Parcours 1**	• Les formes verbales à restituer sont : *être*, *avoir* et les verbes du 1er groupe. • Les sujets sont des pronoms.
	Parcours 2	• Les formes verbales à restituer sont : *être*, *avoir* et les verbes du 1er groupe. • Une approche des verbes fréquents du 3e groupe est proposée : *faire, aller, dire, venir, pouvoir, vouloir, prendre.* • Les sujets sont des pronoms et des groupes nominaux simples.
	Parcours 3	• Les formes verbales à restituer sont : *être*, *avoir*, les verbes du 1er groupe et les verbes fréquents du 3e groupe : *faire, aller, dire, venir, pouvoir, vouloir, prendre.* • Les sujets sont des pronoms et des groupes nominaux.
Erreurs rencontrées	• Oubli d'accord lorsque la terminaison ne s'entend pas. Ex. : *ils mange* au lieu de *ils mangent* ; *tu parle* au lieu de *tu parles.* • Confusion entre les verbes à la 3e personne du pluriel et les noms et adjectifs au pluriel. Ex. : *ils manges* au lieu de *ils mangent.* • Verbes irréguliers : erreurs de conjugaison. Ex. : *vous faisez* au lieu de *vous faites*, *vous disez* au lieu de *vous dites*, etc.	
Remédiation	• Pour les erreurs concernant les verbes irréguliers : passer par l'oralisation avant la transcription écrite. • Les outils usuels de la classe (livret de conjugaison, dictionnaire, grammaire, affichage) sont des appuis pour les élèves, dans le travail de construction des formes verbales, mais aussi dans la vérification de celles-ci. Il est nécessaire d'accompagner les élèves dans leur utilisation, les aider à s'y repérer, prendre les indices nécessaires. • Un jeu de cartes permettant d'associer des verbes sous forme de radical et de terminaisons pourra être utilisé. Ex. : *nous dans... + ons.*	

LEÇON

LE PRÉSENT

- Les verbes du **1er groupe** se terminent par *–er* à l'infinitif.
Ils se conjuguent tous comme le verbe *chanter* :

je chant**e**	nous chant**ons**
tu chant**es**	vous chant**ez**
il, elle, on chant**e**	ils, elles chant**ent**

- Les verbes du **3e groupe** : *être, avoir, faire, aller, dire, venir, pouvoir, voir, vouloir, prendre...*

– Avec **tu**, les verbes se terminent par **–s**. Ex. : *tu es, tu as, tu fais...*
⚠ Sauf *pouvoir* et *vouloir* ➜ *tu peux ; tu veux.*

– Avec **nous**, les verbes se terminent par ***–ons***. Ex. : *nous avons, nous allons, nous disons...*
⚠ Sauf *être* ➜ *nous sommes.*

– Avec **vous**, les verbes se terminent par ***–ez***. Ex. : *vous venez, vous pouvez, vous prenez...*
⚠ Sauf *être* ➜ *vous êtes* ; *dire* ➜ *vous dites* ; *faire* ➜ *vous faites.*

– Avec **ils** ou **elles**, les verbes se terminent par ***–ent***. Ex. : *ils prennent, ils veulent, ils peuvent...*
⚠ Sauf *avoir* ➜ *ils ont* ; *être* ➜ *ils sont* ; *faire* ➜ *ils font* ; *aller* ➜ *ils vont.*

LEÇON ILLUSTRÉE

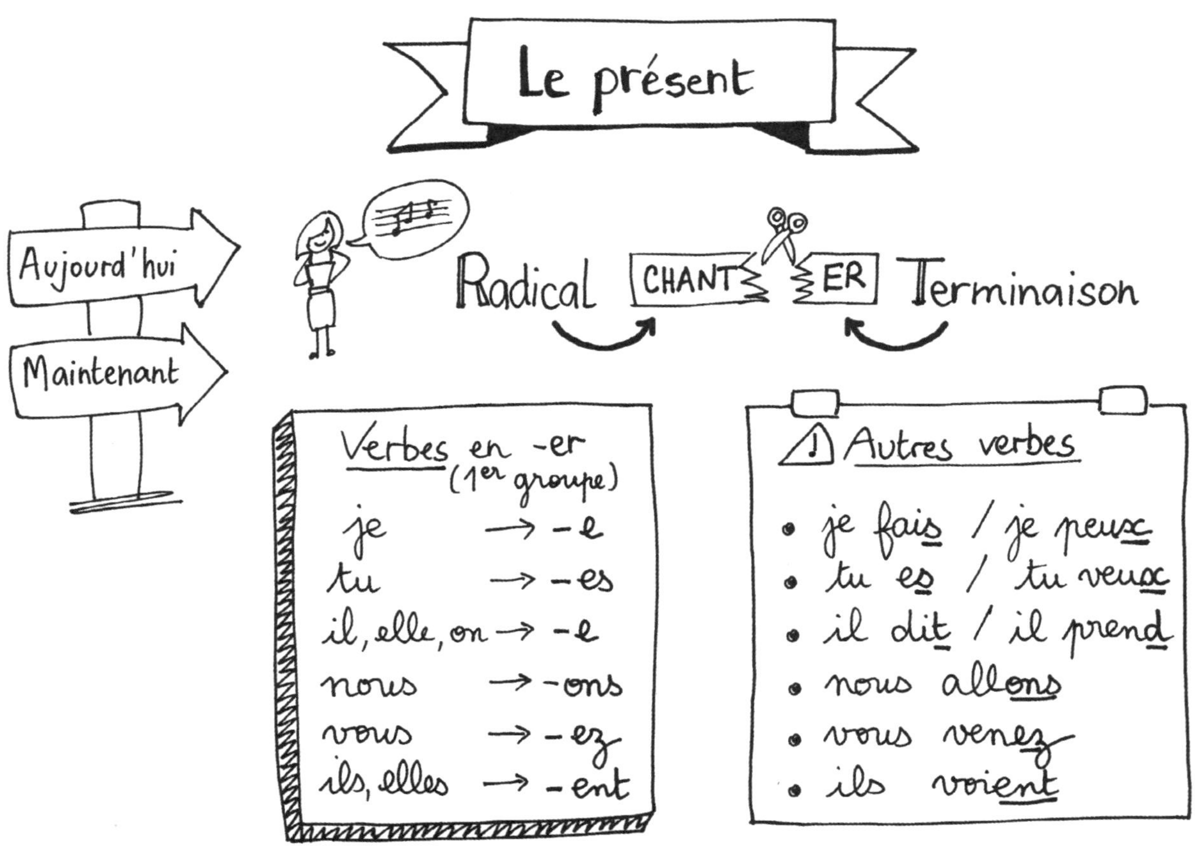

JE ME TESTE 1

Prénom ....

Date ....

CONNAITRE LES RÉGULARITÉS DES MARQUES DE TEMPS

1 **Colorie** uniquement les étiquettes contenant un verbe au présent.

Tu vas à Angers. | Nous réciterons notre poème. | Elle imitait son chat.

Vous avez deux frères. | J'étais malade hier. | Elles jouent au ballon.

TROUVER L'INFINITIF D'UN VERBE CONJUGUÉ

2 **Relie** chaque verbe conjugué à son infinitif.

elle attrape •	• aller
tu es •	• attraper
nous allons •	• avoir
vous avez •	• être

MÉMORISER LE PRÉSENT POUR *ÊTRE* ET *AVOIR*, LES VERBES DU 1er GROUPE ET LES VERBES IRRÉGULIERS DU 3e GROUPE

3 **Écris** les verbes de ces phrases en les conjuguant au présent.

Le matin, mon réveil (*sonner*) ______________ .

Je (*sauter*) ______________ de mon lit.

J'(*avaler*) ______________ mon chocolat chaud et mes tartines.

Il (*arriver*) ______________ à l'heure à l'école.

CHOISIR LA FORME VERBALE RESPECTANT L'ACCORD AVEC LE SUJET

4 **Recopie** ces phrases en conjuguant les verbes au présent.

Cette année, je suis grand. J'ai sept ans. Je vais à l'école seul.

Cette année, il ______________ grand. Il ______________ sept ans.
Il ______________ à l'école seul.

Cette année, tu ______________ grand. Tu ______________ sept ans.
Tu ______________ à l'école seul.

JE ME TESTE 2

Prénom ....

Date ....

CONNAITRE LES RÉGULARITÉS DES MARQUES DE TEMPS

1 **Colorie** uniquement les étiquettes contenant un verbe au présent.

Mon chien adore sa balle. | Jeanne aimait ses cheveux bouclés. | Tu crieras dehors. | Nous venons à ta rencontre. | Les randonneurs avanceront sur le sentier. | Je joue du piano. | Carmen avait une belle voix. | Vous vouliez voir un ours.

TROUVER L'INFINITIF D'UN VERBE CONJUGUÉ

2 **Relie** chaque verbe conjugué à son infinitif.

nous faisons •	• être
vous dites •	• avoir
elles ont •	• faire
ils sont •	• dire

MÉMORISER LE PRÉSENT POUR *ÊTRE* ET *AVOIR*, LES VERBES DU 1er GROUPE ET LES VERBES IRRÉGULIERS DU 3e GROUPE

3 **Écris** les verbes de ce texte en les conjuguant au présent.

Aujourd'hui, le petit chaperon rouge (être) ______ dans la forêt. Elle (aller) ______ chez sa grand-mère. En chemin, un loup (venir) ______ à sa rencontre. Elle (dire) ______ à l'animal de partir. Le loup (prendre) ______ un autre chemin. La fillette (pouvoir) ______ reprendre sa route.

4 **Recopie** ces phrases en conjuguant les verbes au présent.

Aujourd'hui, je souffle des bougies. Je fais un vœu. Je mange le gâteau.

Aujourd'hui, elle

Aujourd'hui, elles

JE M'ENTRAINE

Date ....

LE PRÉSENT **1** 2 3 4

RECONNAITRE LE VERBE CONJUGUÉ AU PRÉSENT

1 **Colorie** uniquement les étiquettes contenant un verbe au présent.

Hier, je jouais dehors. | Tu as une jolie trousse.

Demain, ils parleront à leur amie.

Il y a deux jours, nous adoptions un chat.

Elle est malade. | Vous aimez les lasagnes.

CONNAITRE LES RÉGULARITÉS DE PERSONNE : VERBES DU 1er GROUPE

2 **Relie** chaque pronom personnel au reste de la phrase qui lui correspond.

Vous •	• décore ma chambre.
Ils •	• roulons vers l'école.
Je •	• se lavent les mains.
Nous •	• préparez le repas.

JE M'ENTRAINE

Date ....

LE PRÉSENT 1 **2** 3 4

3 **Colorie** la forme verbale qui convient.

Exemple : *Elle* *danse* / *dansent*.

Tu corriges / corrigeons ton cahier.

Vous jouons / jouez avec votre chien.

Il mange / mangent ses légumes.

Je donne / donnez la main pour traverser.

Nous enjambons / enjambez le muret.

CONNAITRE LES RÉGULARITÉS DE PERSONNE : VERBES *ÊTRE* ET *AVOIR*

4 **Relie** chaque pronom personnel au reste de la phrase qui lui correspond.

Tu •	• êtes mes meilleurs amis.
Elles •	• as rendez-vous avec ton copain.
Vous •	• sont championnes de football.
On •	• est à la piscine.

PARCOURS 1

JE M'ENTRAINE

Date ....

LE PRÉSENT 1 2 **3** 4

MÉMORISER LE PRÉSENT POUR *ÊTRE* ET *AVOIR*, LES VERBES DU 1er GROUPE

5 **Complète** les phrases avec le pronom qui convient.

______ sommes contents de votre visite.

Ce matin, ______ suis à l'heure à l'école.

______ a de la chance.

______ ont mal à la tête.

______ avez un lapin.

Aujourd'hui, ______ es en pleine forme.

6 **Remplis** la grille en conjuguant les verbes au présent avec le sujet proposé. Tu découvriras le mot secret dans la colonne grisée.

① *bricoler* → tu
② *arriver* → on
③ *avoir* → nous
④ *éviter* → vous
⑤ *être* → elles

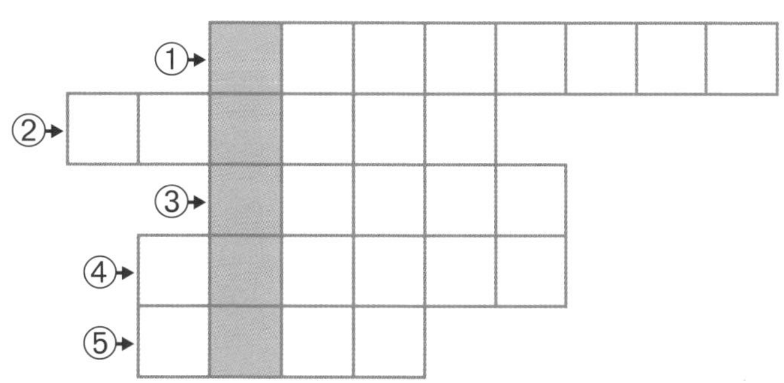

Mot secret : ....

PARCOURS 1

JE M'ENTRAINE

Date ....

LE PRÉSENT 1 2 3 **4**

7 **Complète** les verbes de ce texte en remplaçant *elle* par *elles*.

Camille monte au grenier. Elle fouille dans les cartons. Elle trouve un trésor. Elle est ravie. Elle a un grand sourire.

Camille et Anna mont____ au grenier.
Elles fouill____ dans les cartons. Elles
trouv____ un trésor. Elles ____ ravies.
Elles ____ un grand sourire.

DÉFI ÉCRITURE

TON SPECTACLE

8 Ta classe organise un spectacle pour la fête de l'école. **Écris** deux phrases pour le raconter en utilisant des verbes du 1er groupe (*chanter, danser, écouter*), ainsi que les verbes *être* et *avoir*.

Exemple : *Les élèves écoutent la maitresse. Ils chantent une chanson. Pierre danse...*

PARCOURS 2

JE M'ENTRAINE

Date ....

RECONNAITRE LE VERBE CONJUGUÉ AU PRÉSENT

1 **Colorie** uniquement les étiquettes contenant un verbe au présent.

J'écoute de la musique. | Elles prendront l'avion.

Agathe a dansé toute la soirée.

Tu diras la vérité. | Ma grand-mère lit le journal.

Le garçon saute dans les flaques.

Vous avez besoin d'aide. | Le cheval avance.

CONNAITRE LES RÉGULARITÉS DE PERSONNE : VERBES DU 1er GROUPE

2 **Relie** chaque sujet au reste de la phrase qui correspond.

Nous •	• caches ton journal intime.
Ton père •	• discutent avec leurs amis.
Tu •	• roule trop vite.
Léo et Aaron •	• pleurons devant le film.

PARCOURS 2

JE M'ENTRAINE

Date ....

3 **Complète** la terminaison des verbes au présent.

Les élèves particip ______ à une rencontre sportive.

Je pass ______ la balle à mon coéquipier.

L'arbitre siffl ______ la touche.

Les enfants encourag ______ leurs camarades.

À la fin, vous rang ______ le matériel.

Enfin, nous rentr ______ tous avec le sourire.

CONNAITRE LES RÉGULARITÉS DE PERSONNE : VERBES *ÊTRE* ET *AVOIR*

4 **Relie** chaque pronom personnel au verbe qui lui correspond.

Tu •	• a de jolies bouclettes.
Elles •	• es en retard aujourd'hui.
Vous •	• êtes polis.
Elle •	• ont un match important.

JE M'ENTRAINE

Date ....

5 **Complète** les phrases avec le verbe *être* ou le verbe *avoir* au présent.

Tu ______ envie d'un nouveau livre.

Nous ______ tort d'être en colère.

Mes sœurs ______ en pleine forme.

Je ______ triste de ne pas voir mes amis.

Léontine ______ toujours de bonne humeur.

Vous ______ besoin de vacances.

MÉMORISER LE PRÉSENT POUR *ÊTRE* ET *AVOIR*, LES VERBES DU 1er ET DU 3e GROUPE

6 **Remplis** la grille en conjuguant les verbes au présent avec le sujet proposé. Tu découvriras le mot secret dans la colonne grisée.

① *faire* → tu
② *vouloir* → je
③ *pouvoir* → nous
④ *aller* → vous
⑤ *raconter* → tu

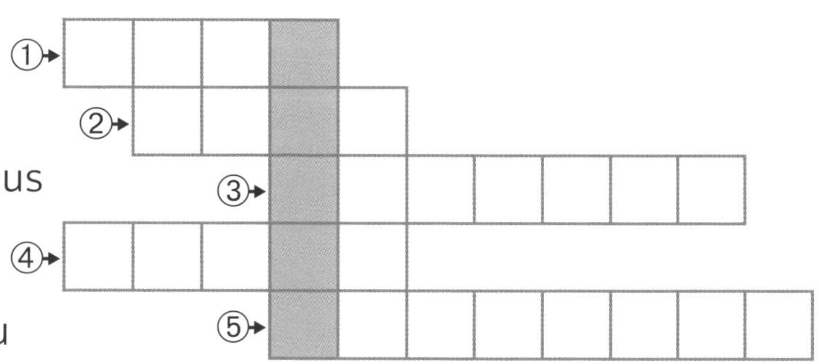

Mot secret : ....

JE M'ENTRAINE

Date ....

7 **Écris** les verbes de ce texte au pluriel en remplaçant *elle* par *elles*.

Marie est une petite chatte blanche. Elle va dans le jardin. Elle joue avec le tuyau d'arrosage. Elle fait des bêtises. Elle a une griffe coincée.

Marie et Pilou ______ des petites chattes blanches. Elles ______ dans le jardin. Elles ______ avec le tuyau d'arrosage. Elles ______ des bêtises. Elles ______ une griffe coincée.

DÉFI ÉCRITURE

LA FÊTE FORAINE

8 Aujourd'hui, tes parents t'accompagnent à la fête foraine. **Écris** trois phrases pour raconter ta visite en utilisant des verbes du 1er groupe (*manger, crier, monter*...), ainsi que les verbes *être, avoir, aller, faire* ou *dire*...

Exemple : *J'arrive à la fête foraine. Je monte dans le train fantôme. J'ai peur. Je crie...*

PARCOURS 3

JE M'ENTRAINE

Date ....

LE PRÉSENT **1** 2 3 4

RECONNAITRE LE VERBE CONJUGUÉ AU PRÉSENT

① **Colorie** uniquement les étiquettes contenant un verbe au présent.

- Je veux sortir.
- Tu laisseras ta voiture.
- L'adorable chiot fait la moue.
- Elles vont à Londres.
- Léonie jouera de la harpe.
- Romane vient avec moi.
- Nous avions mal aux oreilles.
- Vous ne dites rien.
- Ils prenaient leur temps.

CONNAITRE LES RÉGULARITÉS DE PERSONNE : VERBES DU 1er GROUPE ; *ÊTRE* ET *AVOIR*

② **Relie** chaque sujet au reste de la phrase qui correspond.

Les sorcières •	• a très faim.
Vous •	• récitent leurs formules.
L'ogre •	• mélangeons la potion.
Je •	• versez la bave d'escargot.
Nous •	• suis en appétit.

PARCOURS 3

JE M'ENTRAINE

Date ....

LE PRÉSENT 1 **2** 3 4

③ **Colorie** la forme verbale qui convient.

Les candidats patientent / patiente / patientes .

L'arbitre annonces / annoncent / annonce le résultat final.

Tu parles / parle / parlent de tes aventures à ton ami.

Damien chantes / chante / chantent sous la douche.

Je préfères / préfèrent / préfère partir plus tôt ce soir.

Manon et Chloé écoute / écoutent / écoutes la maitresse.

CONNAITRE LES RÉGULARITÉS DE PERSONNE : VERBES *ÊTRE* ET *AVOIR*

④ **Complète** les phrases en conjuguant les verbes au présent.

Nous (*écouter*) ________________ de la musique.

Elles (*être*) ________________ ravies de participer à cette soirée.

Pour la fête, ils (*préparer*) ________________ une danse.

À cause du bruit, vous (*avoir*) ________________ mal à la tête.

Je (*regarder*) ________________ la ligne d'arrivée.

Thomas et Mathieu (*avoir*) ________________ des devoirs.

JE M'ENTRAINE

PARCOURS 3

Date ....

LE PRÉSENT 1 2 **3** 4

MÉMORISER LE PRÉSENT POUR *ÊTRE* ET *AVOIR*, LES VERBES DU 1er ET DU 3e GROUPE

5 **Remplis** la grille en conjuguant les verbes au présent avec le sujet proposé. Tu découvriras le mot secret dans la colonne grisée.

① *aimer* → ils

② *avoir* → nous

③ *garder* → tu

④ *venir* → je

⑤ *quitter* → elle

⑥ *pouvoir* → elles

⑦ *dire* → vous

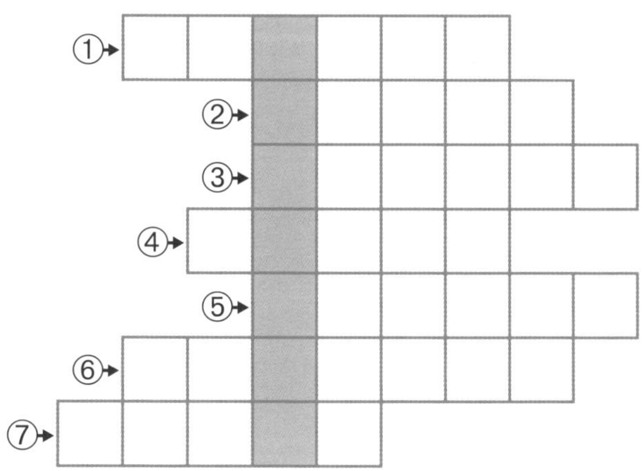

Mot secret : ....

6 **Complète** les phrases en conjuguant les verbes au présent.

Nous (*venir*) ______________ à sa rencontre.

Elles (*aller*) ______________ à la patinoire ce soir.

Tu (*faire*) ______________ tes devoirs.

Alice (*prendre*) ______________ le train pour aller à la soirée.

Je (*dire*) ______________ à ma copine de m'attendre.

JE M'ENTRAINE

PARCOURS 3

Date ....

LE PRÉSENT 1 2 3 **4**

7 **Réécris** ce texte au pluriel en remplaçant *je* par *nous*.

Aujourd'hui, je suis en forme. J'attrape ma luge. Je vais sur les pistes. Je peux monter et descendre autant que je veux. Je n'ai pas froid.

Aujourd'hui, nous

DÉFI ÉCRITURE

CONCOURS DE POTION

8 Tu assistes à un concours de potions organisé par le club des sorcières. **Écris** quatre phrases pour commenter leurs actions en direct en utilisant les verbes de ton choix au présent.

Exemple : *Barbarella attrape deux poils d'ours. Elle les plonge dans le chaudron. Dans sa marmite, elle fait fondre de la bave d'escargot et du jus de chaussettes...*

ÉVALUATION 1

Prénom ....

Date ....

Compétences évaluées : Le présent	Exercices	A+	A	PA	NA
Mémoriser le présent pour *être* et *avoir*.	1, 2				
Mémoriser le présent pour les verbes du 1er groupe.	1, 3, 4				

1 Colorie uniquement les étiquettes contenant un verbe au présent.

Killian tire au but. | Elle rangera ses affaires. | J'ai sommeil.

Nous étions en vacances. | Tu es adorable. | Vous aurez un vélo neuf.

2 Complète ce tableau de conjugaison.

Aujourd'hui, ...	ÊTRE	AVOIR
elle		
vous		
ils, elles		

3 Complète la terminaison des verbes en les conjuguant au présent.

Son pull brill _____ à la lumière.

Nous march _____ sur un joli sentier de forêt.

Je jou _____ dans un nouveau club de tennis.

Vous demand _____ de l'aide.

Tu téléphon _____ à tes amis le weekend.

Pour Halloween, les enfants défil _____ dans les rues.

4 Recopie ces phrases en remplaçant le sujet par ceux proposés.

Ce matin, elle avale un chocolat. Elle regarde l'heure et file à toute vitesse.

Ce matin, elles

Ce matin, nous

ÉVALUATION 2

Prénom ....

Date ....

Compétences évaluées : Le présent	Exercices	A+	A	PA	NA
Mémoriser le présent pour *être* et *avoir*.	1, 2				
Mémoriser le présent pour les verbes du 1er groupe.	1, 2, 3, 4				
Mémoriser le présent pour les verbes irréguliers du 3e groupe.	2, 3, 4				

1 **Colorie** uniquement les étiquettes contenant un verbe au présent.

Mon ami aimait les blagues. | Tu es un clown. | Paul fera le pitre.

Je nage le mardi soir. | Marina est sportive. | Nous resterons plus tard.

Le bébé respire fort. | Vous prendrez votre sac. | Ils ont un gentil chien.

2 **Complète** ce tableau de conjugaison.

Aujourd'hui, ...	FAIRE	ALLER	ÊTRE	AVOIR
je				
tu				
nous				

3 **Complète** les phrases en conjuguant les verbes au présent.

Pat et Phil (*commenter*) ____________ une course de voitures.

Tu (*pouvoir*) ____________ regarder le film.

Je (*vouloir*) ____________ de nouvelles chaussures.

Le pilote (*tourner*) ____________ autour de la piste.

Nous (*venir*) ____________ te chercher à 19 heures.

Vous (*faire*) ____________ de la planche à voile.

4 **Recopie** cette phrase en remplaçant le sujet par ceux proposés.

Tous les ans, je vais en vacances et je prends l'avion.

Tous les ans, tu

Tous les ans, elles

Tous les ans, nous

24 L'IMPARFAIT

Compétences travaillées (programmes modifiés 2018)

- **Se repérer dans la phrase simple**
  – Reconnaitre les principaux constituants de la phrase : le verbe (connaissances des propriétés permettant de l'identifier).
  – Différencier les principales classes de mots : le verbe.
- **Maitriser l'orthographe grammaticale de base**
  – Identifier la relation sujet-verbe (identification dans des situations simples).
  – Identifier le radical et la terminaison.
  – Trouver l'infinitif d'un verbe conjugué.
  – Mémoriser l'imparfait pour : *être* et *avoir* ; les verbes du 1er groupe ; les verbes irréguliers du 3e groupe : *faire, aller, dire, venir, pouvoir, voir, vouloir, prendre.*

FICHE ENSEIGNANT

En cycle 2, on fait découvrir l'imparfait aux élèves. Il est nommé quand il est rencontré au cours de lectures faites en classe, et on élabore ainsi des tableaux de conjugaison par la collecte progressive de formes verbales fréquentes. Une fois structuré, on pourra demander aux élèves de mémoriser les formes les plus usuelles.

Point notionnel	L'imparfait est un **temps du passé souvent employé avec le passé composé.** À l'imparfait, l'action du verbe n'indique **ni début ni fin**. L'imparfait est employé pour : – des **actions habituelles dans le passé**. Ex. : *Mon papy allait aussi à l'école le samedi.* – différentes **actions se déroulant ensemble en continu**. Ex. **:** *Quand il arrivait dans la classe, la maitresse écrivait la date et les élèves sortaient leur cahier du jour.* – **décrire dans un texte au passé**. Ex. : *Le troll occupait toute la largeur de la pièce, il sentait la vase, son nez était couvert de poils et ses yeux louchaient.* – **le discours indirect au passé**. Ex. : *On se demandait où il habitait.* – pour **un fait hypothétique**, avec le conditionnel. Ex. : *S'il ne dormait pas dans la pièce du haut, le bébé se serait réveillé.*	
Différenciation	**Parcours 1**	• Les formes verbales à restituer sont : *être, avoir* et les verbes du 1er groupe. • Les sujets sont des pronoms.
	Parcours 2	• Les formes verbales à restituer sont : *être, avoir*, les verbes du 1er groupe et les verbes fréquents du 3e groupe au programme. • Les sujets sont des pronoms et des groupes nominaux simples (déterminant + nom ou nom propre).
	Parcours 3	• Les formes verbales à restituer sont : *être, avoir*, les verbes du 1er groupe et les verbes fréquents du 3e groupe au programme. • Les sujets sont des pronoms et des groupes nominaux (déterminant + nom, déterminant + nom + adjectif, nom propre).
Erreurs rencontrées	• Oubli de prise en compte de la terminaison lorsque celle-ci ne s'entend pas. Ex. : *elles avait* au lieu de *elles avaient* ; *tu venai* au lieu de *tu venais.* • Confusion pour les verbes à la 3e personne du pluriel avec le pluriel des noms et adjectifs. Ex. : *elles avais* au lieu de *elles avaient.* • Oubli du -*s* avec *je* par confusion entre l'imparfait et le futur, qui se termine aussi par le son [ɛ]. Ex. : *je disai* au lieu de *je disais,* par analogie avec *je dirai.* • Erreurs liées aux verbes irréguliers. Ex. : *tu fesais* au lieu de *tu faisais.* À mémoriser absolument !	
Remédiation	• Les outils usuels de la classe (livret de conjugaison, affichage) sont des appuis pour les élèves, dans le travail de construction des formes verbales mais aussi dans la vérification. • Un jeu de cartes (cf. le domino de conjugaison dans la version numérique du fichier) permettant d'associer des verbes (radical et terminaisons) pourra être utilisé.	

LEÇON

L'IMPARFAIT

- L'imparfait est **un temps du passé**. Il permet de **dire ce qui se passait** il y a longtemps, hier, la semaine dernière...

je chant**ais**	nous chant**ions**
tu chant**ais**	vous chant**iez**
ils, elle, on chant**ait**	ils, elles chant**aient**

- Tous les verbes ont **les mêmes terminaisons** :
  - **Avec *je* et *tu*,** les verbes se terminent par -***ais***.
    Exemple : *je parlais, tu finissais, je faisais, tu prenais...*
  - **Avec *il*, *elle* et *on*,** les verbes se terminent par - ***ait***.
    Exemple : *il était, elle aimait, on grandissait, il allait...*
  - **Avec *nous*,** les verbes se terminent par -***ions***.
    Exemple : *nous avions, nous rangions, nous disions...*
  - **Avec *vous*,** les verbes se terminent par -***iez***.
    Exemple : *vous marchiez, vous grossissiez, vous veniez, vous pouviez...*
  - **Avec *ils* ou *elles*,** les verbes se terminent par -***aient***.
    Exemple : *ils oubliaient, elles prenaient, ils voulaient, elles pouvaient...*

LEÇON ILLUSTRÉE

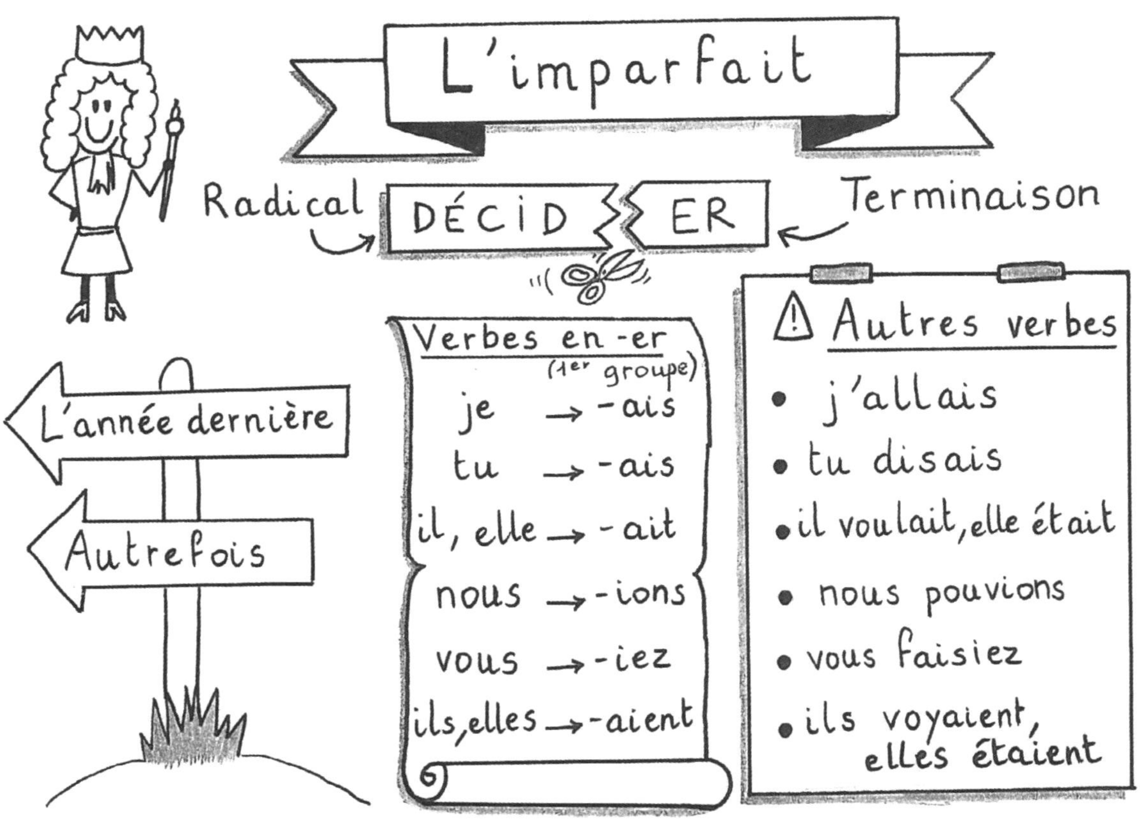

JE ME TESTE 1

Prénom ....

Date ....

CONNAITRE LES RÉGULARITÉS DES MARQUES DE TEMPS

1 **Colorie** uniquement les étiquettes contenant des verbes à l'imparfait.

Vous parlez vite ! | Ce bébé pleurait beaucoup. | Ils ouvrent les volets.

Elle aimait bien ce livre-là. | Tu étais en retard hier. | Je pense à elle.

TROUVER L'INFINITIF D'UN VERBE CONJUGUÉ

2 **Associe** chaque verbe conjugué à son infinitif.

j'écoutais •	• être
il avait •	• avancer
nous avancions •	• écouter
tu étais •	• avoir

MÉMORISER L'IMPARFAIT POUR *ÊTRE* ET *AVOIR*, LES VERBES DU 1er GROUPE ET LES VERBES IRRÉGULIERS DU 3e GROUPE

3 **Écris** les verbes de ces phrases en les conjuguant à l'imparfait.

Ma mère (*croiser*) ____________ souvent la voisine en rentrant du travail.

L'an dernier, tu (*vouloir*) ____________ écrire au Père Noël.

Elles (*ramasser*) ____________ les châtaignes dans la forêt.

Il (*bavarder*) ____________ souvent avec sa voisine.

4 **Complète** ces phrases en tenant compte des sujets indiqués.

Autrefois, dans cette région, le loup était présent. Il habitait dans les forêts.

Autrefois, dans cette région, les loups ____________ présents. Ils ____________ dans les forêts.

JE ME TESTE 2

Prénom ....

Date ....

CONNAITRE LES RÉGULARITÉS DES MARQUES DE TEMPS

1 **Colorie** uniquement les étiquettes contenant des verbes à l'imparfait.

L'ogre sentait les enfants. | Mamie ne prend jamais le bus.

Elle avait trop chaud. | Les élèves partent en classe de mer.

Cette fête marquait le début de l'été. | Je vais à l'école à pieds.

J'apprenais le piano. | Nous faisions des dessins.

CONNAITRE LES RÉGULARITÉS DES MARQUES DE TEMPS ET DE PERSONNE

2 **Relie** chaque verbe conjugué à son infinitif.

ils voyaient •	• avoir
nous allions •	• voir
elle avait •	• venir
je venais •	• aller

MÉMORISER L'IMPARFAIT POUR *ÊTRE* ET *AVOIR*, LES VERBES DU 1er GROUPE ET LES VERBES IRRÉGULIERS DU 3e GROUPE

3 **Écris** les verbes de ce texte en les conjuguant à l'imparfait.

Quand ma mamie était petite, ses parents (*avoir*) ____________ une ferme. Ils (*posséder*) ____________ quelques cochons, des lapins et des vaches laitières. Ma mamie (*livrer*) ____________ le lait aux voisins. Quand elle (*aller*) ____________ chez eux, elle (*porter*) ____________ de lourds bidons.

4 **Complète** ces phrases en conjuguant les verbes à l'imparfait.

J'aime beaucoup l'hiver. Je reste au chaud sous un plaid et je regarde des films.

Quand j'étais petit, j' ____________ beaucoup l'hiver. Je ____________ au chaud sous un plaid et je ____________ des films.

Quand elle était petite, elle ____________ beaucoup l'hiver. Elle ____________ au chaud sous un plaid et elle ____________ des films.

PARCOURS 1

JE M'ENTRAINE

Date ....

RECONNAITRE LE VERBE CONJUGUÉ À L'IMPARFAIT

1 **Colorie** uniquement les étiquettes contenant un verbe à l'imparfait.

Tu dessines des maisons. | Vous parlez trop fort.

Autrefois, elles lavaient le linge à la main.

Hier soir, je rangeais ma chambre.

Il dort encore. | Nous sommes fatigués.

CONNAITRE LES RÉGULARITÉS DE PERSONNE : VERBES DU 1er GROUPE

2 **Relie** chaque pronom personnel au reste de la phrase qui correspond.

Nous	mangions des spaghettis.
Tu	décoraient leur chambre
Il	découpais des images.
Elles	marchait souvent en forêt.

PARCOURS 1

JE M'ENTRAINE

Date ....

3 **Colorie** la forme qui convient.

Exemple : *Il* *pleurait* / *pleuraient*.

J' étais / était en retard ce matin.

Auparavant, nous avons / avions un petit chat gris.

L'été dernier, ils regardait / regardaient le fleuve.

Hier soir, elle préparait / préparaient un gâteau.

CONNAITRE LES RÉGULARITÉS DE PERSONNE : VERBES *ÊTRE* ET *AVOIR*

4 **Relie** chaque pronom personnel au reste de la phrase qui lui correspond.

J'	était souvent dans la lune.
Vous	étiez dans la même classe.
Ils	avais un nouveau cartable.
On	avaient des leçons à apprendre.

JE M'ENTRAINE

Date ....

RECONNAITRE LE VERBE CONJUGUÉ À L'IMPARFAIT

⑤ Complète chaque phrase avec un pronom qui convient.

_______ avais mal à la tête.

_______ aviez des exercices à faire.

_______ étaient à un concert.

_______ avait une maison à la campagne.

_______ étais aux sports d'hiver.

_______ étions inscrites à la gym.

Les pronoms :
je (j')
tu
il, elle, on
nous
vous
ils, elles

MÉMORISER L'IMPARFAIT POUR *ÊTRE* ET *AVOIR*, LES VERBES DU 1er GROUPE

⑥ Remplis la grille en conjuguant les verbes à l'imparfait avec le sujet proposé. Tu découvriras le mot secret dans la colonne grisée.

① *garder* → je

② *avoir* → on

③ *glisser* → vous

④ *enfermer* → nous

⑤ *céder* → ils

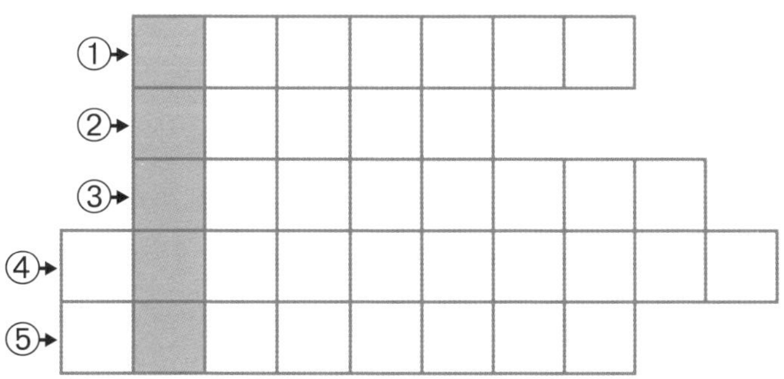

Mot secret : ....

JE M'ENTRAINE

Date ....

⑦ Complète les verbes de ce texte en remplaçant *ils* par *il*.

Autrefois, les Gaulois **habitaient** *dans des maisons en torchis. Ils* **cultivaient** *du blé et ils* **élevaient** *des porcs. Ils* **fabriquaient** *des poteries. Ils* **étaient** *habiles.*

Autrefois, le Gaulois _______ dans une maison en torchis. Il _______ du blé et il _______ des porcs. Il _______ des poteries. Il _______ habile.

DÉFI ÉCRITURE

MOI, BÉBÉ

⑧ Écris trois phrases pour raconter ce que tu faisais quand tu étais bébé, en utilisant des verbes du 1er groupe (*pleurer*, *manger*, *marcher*, *parler*...) ainsi que les verbes *être* et *avoir*.

Exemple : *J'avais un doudou lapin. Il avait des oreilles bleues. Je pleurais beaucoup...*

PARCOURS 2

JE M'ENTRAINE

Date ....

L'IMPARFAIT **1** 2 3 4

RECONNAITRE LE VERBE CONJUGUÉ À L'IMPARFAIT

1 **Colorie** uniquement les étiquettes contenant un verbe à l'imparfait.

- Tu regardais cette série.
- Vous creusez un trou.
- Johanna ne parle pas anglais.
- Il ne disait rien.
- Nous marchions vite.
- Le policier travaille tard.
- Les enfants apportaient leur gouter.
- J'aime danser.

CONNAITRE LES RÉGULARITÉS DE PERSONNE : VERBES DU 1er GROUPE

2 **Relie** chaque sujet au reste de la phrase qui correspond.

Mamie •	• sautiez dans les flaques.
Je •	• rêvaient d'avoir un chien.
Lise et Noé •	• gardais tous mes cahiers de CP.
Vous •	• calculait très vite.

PARCOURS 2

JE M'ENTRAINE

Date ....

L'IMPARFAIT 1 **2** 3 4

3 **Complète** la terminaison des verbes à l'imparfait.

Nous lav ______ nos mains avec un savon jaune.

Vous ramass ______ les feuilles mortes.

Les voitures laiss ______ passer l'ambulance.

Hier, je prépar ______ ma valise.

L'an dernier, tu arriv ______ souvent en retard.

Autrefois, un roi habit ______ dans ce palais.

CONNAITRE LES RÉGULARITÉS DE PERSONNE : VERBES *ÊTRE* ET *AVOIR*

4 **Relie** chaque pronom personnel au reste de la phrase qui lui correspond.

Nous •	• étaient impatientes de les voir.
Elles •	• avait une grosse bosse sur le front.
Tu •	• avions une voiture de collection.
Il •	• étais au premier rang.

PARCOURS 2

JE M'ENTRAINE

Date ....

L'IMPARFAIT 1 2 **3** 4

5 **Complète** les phrases avec le verbe *être* ou le verbe *avoir* à l'imparfait.

Mon chat ________ des petites pattes noires.

Tu ________ de très bonne humeur.

Nous ________ une bonne nouvelle à annoncer.

Mes cousins ________ toujours patients avec moi.

J' ________ 6 ans quand ma sœur est née.

Fatou ________ en vacances en Vendée.

MÉMORISER L'IMPARFAIT POUR *ÊTRE* ET *AVOIR*, LES VERBES DU 1er ET DU 3e GROUPE

6 **Remplis** la grille en conjuguant les verbes à l'imparfait avec le sujet proposé. Tu découvriras le mot secret dans la colonne grisée.

① *baisser* → il

② *avoir* → nous

③ *venir* → vous

④ *garder* → tu

⑤ *pouvoir* → elles

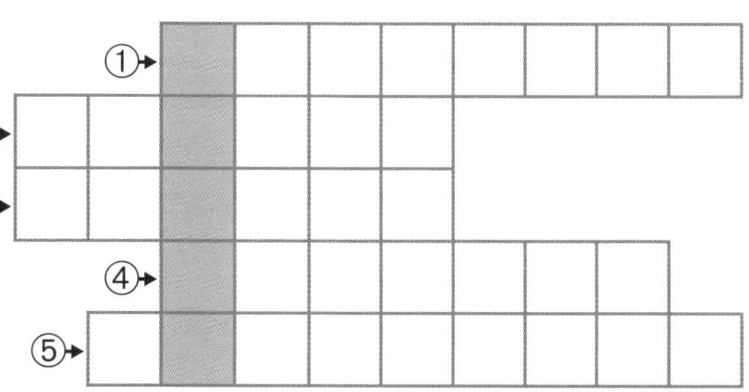

Mot secret : ....

PARCOURS 2

JE M'ENTRAINE

Date ....

L'IMPARFAIT 1 2 3 **4**

7 **Écris** les verbes de ce texte en tenant compte des sujets indiqués.

En mars dernier, j'étais dans une réserve en Afrique. Je regardais un singe. Il sautait d'arbres en arbres. Il restait en hauteur. Un petit jouait près de sa maman.

En mars dernier, nous ________ dans une réserve en Afrique.
Nous ________ des singes.
Ils ________ d'arbres en arbres.
Ils ________ en hauteur. Des petits ________ près de leur maman.

DÉFI ÉCRITURE

LES DINOSAURES

8 **Écris** trois phrases pour raconter comment les dinosaures vivaient, en utilisant des verbes du 1er groupe (*manger*, *marcher*, *attaquer*...) ainsi que les verbes *être*, *avoir*, *aller*, *faire* ou *dire*.

Exemple : *Les brontosaures étaient géants. Ils mangeaient de l'herbe. Ils se déplaçaient lentement.*

PARCOURS 3

JE M'ENTRAINE

Date ....

L'IMPARFAIT **1** 2 3 4

RECONNAITRE LE VERBE CONJUGUÉ À L'IMPARFAIT

① **Colorie** uniquement les étiquettes contenant un verbe à l'imparfait.

Nous tombions souvent. | Elle regardait son reflet. | J'aime la pluie. | Le facteur passe vers midi. | Mon frère entrait sans frapper. | Ils font du bruit. | Vous étiez guéris. | Je réveillais mes parents. | Georges saute à pieds joints.

CONNAITRE LES RÉGULARITÉS DE PERSONNE : VERBES DU 1er GROUPE ; *ÊTRE* ET *AVOIR*

② **Relie** chaque sujet au reste de la phrase qui correspond.

Vous •	• jouions au jeu des 7 familles.
Nous •	• rentraient de la mine.
Les sept nains •	• arriviez toujours à l'heure.
Tu •	• visitais le musée Grévin.
La petite fée •	• était triste de voir le lapin blessé.

PARCOURS 3

JE M'ENTRAINE

Date ....

L'IMPARFAIT 1 **2** 3 4

③ **Colorie** la forme verbale qui convient.

Mia racontais / racontait / racontaient son voyage.

Elsa coiffait / coiffaient / coiffais souvent ses poupées.

Je promenait / promenaient / promenais mon chien.

Gustave avait / avaient / avais de la fièvre hier soir.

Mes voisins lavaient / lavais / lavait leur voiture.

Tu commençait / commençais / commençaient à t'ennuyer.

④ **Complète** les phrases en conjuguant les verbes à l'imparfait.

Vous (*rouler*) ______________ beaucoup trop vite.

Lucas et Hugo (*avoir*) ______________ très envie de parler.

Chaque soir, la maitresse (*donner*) ______________ un petit texte à lire.

Après le diner, je (*secouer*) ______________ la nappe dehors.

En CE1, tu (*souligner*) ______________ la date en rouge.

Léa (*être*) ______________ trop timide pour prendre la parole.

MÉMORISER L'IMPARFAIT POUR *ÊTRE* ET *AVOIR*, LES VERBES DU 1er ET DU 3e GROUPE

5 **Remplis** la grille en conjuguant les verbes à l'imparfait avec le sujet proposé. Tu découvriras le mot secret dans la colonne grisée.

① *espérer* → il
② *être* → ils
③ *aimer* → vous
④ *faire* → nous
⑤ *dire* → elle
⑥ *venir* → tu
⑦ *prendre* → Je

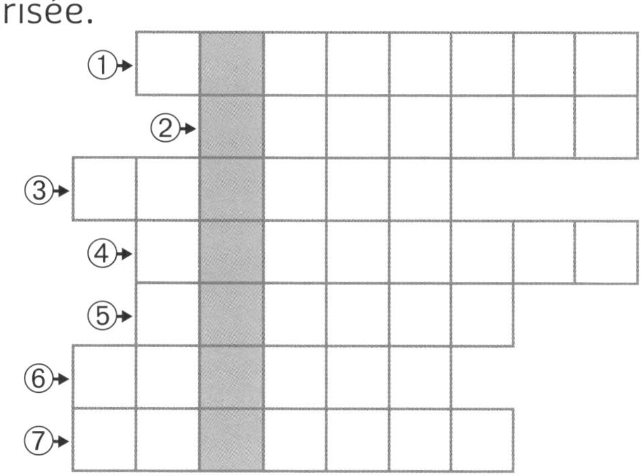

Mot secret : ....

6 **Complète** les phrases en conjuguant les verbes à l'imparfait.

Vous (*dire*) ____________ probablement la vérité.

Ils (*pouvoir*) ____________ aller au sport le lundi soir.

Il (*faire*) ____________ un délicieux fondant au chocolat.

Tu (*aller*) ____________ aux toilettes pendant la récréation.

Aurélie (*venir*) ____________ s'occuper des tablettes.

7 **Réécris** ce texte en le mettant à l'imparfait.

Hansel et Gretel arrivent devant une maison en pain d'épices. Ils ont très faim. Hansel regarde le toit. Il est en biscuit. Gretel veut casser une vitre. Mais la sorcière est aux aguets...

Hansel et Gretel

DÉFI ÉCRITURE

MISS SORCIÈRE DE L'ANNÉE

8 Au pays des sorcières, avait lieu un concours de miss. La plus laide était désignée comme gagnante !
Écris deux ou trois phrases pour décrire une candidate en utilisant des verbes à l'imparfait.

Exemple : *Carabosse arrivait sur son balai. Elle portait une robe en toile d'araignées.*

ÉVALUATION 1

Prénom ....

Date ....

Compétences évaluées : L'imparfait	Exercices	A+	A	PA	NA
Mémoriser l'imparfait pour *être* et *avoir*.	1, 2, 4				
Mémoriser l'imparfait pour les verbes du 1er groupe.	1, 3, 4				

1 **Colorie** uniquement les étiquettes contenant un verbe à l'imparfait.

Il arrivait le premier. — Tu traces un cercle au compas.

Elle a très faim. — Je prenais le train de nuit.

Vous entriez sans bruit. — Ils partagent leur gouter.

2 **Complète** ce tableau de conjugaison.

Autrefois, ...	ÊTRE	AVOIR
elle		
vous		
ils, elles		

3 **Complète** la terminaison des verbes en les conjuguant à l'imparfait.

Le chien saut ______ de joie.

Vous arros ______ votre potager le soir.

Mes copines devin ______ toujours mes secrets.

Au printemps, tu éternu ______ à cause du pollen.

Nous décor ______ notre sapin avec des guirlandes.

J'arriv ______ juste à temps pour le début du film.

Le petit oisillon aval ______ les graines apportées par sa mère.

4 **Recopie** ces phrases en remplaçant par le sujet proposé.

Quand il était petit, il avait un lit à barreaux. Il réclamait son doudou.

Quand ils

ÉVALUATION 2

Prénom ....

Date ....

Compétences évaluées : L'imparfait	Exercices	A+	A	PA	NA
Mémoriser l'imparfait pour *être* et *avoir*.	1, 2				
Mémoriser l'imparfait pour les verbes du 1er groupe.	1, 3, 4				
Mémoriser l'imparfait pour les verbes irréguliers du 3e groupe.	1, 2, 3, 4				

1 Colorie uniquement les étiquettes contenant des verbes à l'imparfait.

Il vivait dans un chalet. | Je suis épuisée. | Gabriel fait souvent la vaisselle.

Elle court le samedi. | Ils fermaient les volets. | Vous félicitiez le maire.

Mon papi adorait le foot. | Nous récitions notre texte. | Elles ont la scarlatine.

2 Complète ce tableau de conjugaison.

Autrefois, ...	ÊTRE	AVOIR	DIRE	POUVOIR
je/j'				
tu				
nous				

3 Écris les verbes de ces phrases en les conjuguant à l'imparfait.

Ils (*discuter*) ______________ pendant des heures.

Vous (*prendre*) ______________ un virage dangereux.

Tu (*aller*) ______________ en Espagne chaque été.

Maëva (*participer*) ______________ à ce cross pour la troisième fois.

Vous (*faire*) ______________ sans arrêt des histoires.

Je (*réclamer*) ______________ leur attention.

Tu (*vouloir*) ______________ apprendre à skier.

4 Recopie ces phrases en les mettant à l'imparfait et en remplaçant par les sujets proposés.

Chaque année, mon oncle vient à Noël. Il arrive en train. Il apporte des cadeaux.

Chaque année, mes tantes

25 LE FUTUR

Compétences travaillées (programmes modifiés 2018)

- **Se repérer dans la phrase simple**
  – Reconnaitre les principaux constituants de la phrase : le verbe (connaissances des propriétés permettant de l'identifier).
  – Différencier les principales classes de mots : le verbe.
- **Maitriser l'orthographe grammaticale de base**
  – Identifier la relation sujet-verbe (identification dans des situations simples).
  – Identifier le radical et la terminaison.
  – Trouver l'infinitif d'un verbe conjugué.
  – Mémoriser le futur pour : *être* et *avoir* ; les verbes du 1er groupe ; les verbes irréguliers du 3e groupe : *faire, aller, dire, venir, pouvoir, voir, vouloir, prendre.*

FICHE ENSEIGNANT

Dans ce dossier, nous allons aborder un nouveau temps : le futur. Les élèves vont devoir construire la notion d'action qui se déroule dans l'avenir. C'est un temps qu'ils utilisent largement à l'oral mais qui va demander une structuration à l'écrit : repérage du temps dans les lectures, identification des régularités des formes verbales fréquentes et apprentissages des verbes irréguliers demandés au cycle 2.

Point notionnel	Le futur est **un temps simple**. Il est **employé pour** : – exprimer **une action dans l'avenir**. Ex. : *Demain, j'irai au cinéma. L'année prochaine, je serai en CM1.* – exprimer **une injonction, plus modérée qu'à l'impératif**. Ex. : *Demain, vous n'oublierez pas votre sac de piscine !* – **promettre**. Ex. : *La ville organisera un carnaval tous les ans.* – exprimer **une vérité générale**. Ex. : *On ne sera jamais assez prudent.* – pour **des suppositions**. Ex. : *Elle est en retard, elle aura sûrement raté son bus.* – pour **des faits historiques**. Ex. : *La fin de la seconde guerre se terminera en 1945.*	
Différenciation	**Parcours 1**	• Les formes verbales à restituer sont : *être, avoir* et les verbes du 1er groupe. • Les sujets sont des pronoms.
	Parcours 2	• Les formes verbales à restituer sont : *être, avoir*, les verbes du 1er groupe, ainsi qu'une approche des verbes irréguliers du 3e groupe : *faire, aller, dire, venir, pouvoir, vouloir, prendre.* • Les sujets sont des pronoms et des groupes nominaux simples (déterminant + nom ou nom propre).
	Parcours 3	• Les formes verbales à restituer sont : *être, avoir*, les verbes du 1er groupe et les verbes irréguliers du 3e groupe : *faire, aller, dire, venir, pouvoir, vouloir, prendre.* • Les sujets sont des pronoms et des groupes nominaux (déterminant + nom, déterminant + nom + adjectif, nom(s) propre(s)).
Erreurs rencontrées	• Oubli de prise en compte de la terminaison lorsque celle-ci ne s'entend pas. Ex. : *tu aura* au lieu de *tu auras.* • Confusion pour les verbes entre la 1e et la 3e personne du pluriel. Ex. : *elles aurons* au lieu de *elles auront.* • Utilisation de la terminaison en *-ais* à la 1e personne du singulier par confusion entre l'imparfait et le futur (même son [ɛ]). Ex. : *je mangerais* au lieu de *je mangerai,* par analogie avec *je mangeais.* • Erreurs liées aux *e* muets dans certains verbes à cause de la mauvaise identification de l'infinitif. Ex. : *tu jouras* au lieu de *tu joueras.*	
Remédiation	• Consulter les outils usuels de la classe (livret de conjugaison, affichage). Ce sont des appuis pour les élèves dans le travail de construction des formes verbales mais aussi dans la vérification. Les encourager à bien identifier l'infinitif complet afin d'éviter l'oubli du *e* muet. • Mettre en place des jeux de manipulation et d'entrainement (cf. le morpion de conjugaison dans la version numérique du fichier) afin de faciliter la mémorisation.	

LEÇON

LE FUTUR

- Le futur permet de parler **d'une action qui n'est pas encore arrivée.**
  Pour s'aider, on peut employer des mots comme : *demain, bientôt, dans un an…*
- **Les verbes en -*er*** se construisent tous de la même manière : **verbe à l'infinitif + terminaison**.

je parler**ai**	nous parler**ons**
tu parler**as**	vous parler**ez**
il, elle, on parler**a**	ils, elles parler**ont**

- **Les autres verbes** (*être*, *avoir*, *faire*, *aller*, *venir*, *vouloir*, *voir* et *pouvoir*) sont **irréguliers.**
  Le radical change mais les terminaisons restent identiques :

-ai, -as, -a, -ons, -ez, -ont

être ➜ *je ser**ai**, tu ser**as**, il ser**a**…*
faire ➜ *je fer**ai**, tu fer**as**, il fer**a**…*
venir ➜ *je viendr**ai**, tu viendr**as**, il viendr**a**…*
voir ➜ *je verr**ai**, tu verr**as**, il verr**a**…*
avoir ➜ *j'aur**ai**, tu aur**as**, il aur**a**…*
aller ➜ *j'ir**ai**, tu ir**as**, il ir**a**…*
vouloir ➜ *je voudr**ai**, tu voudr**as**, il voudr**a**…*
pouvoir ➜ *je pourr**ai**, tu pourr**as**, il pourr**a**…*

LEÇON ILLUSTRÉE

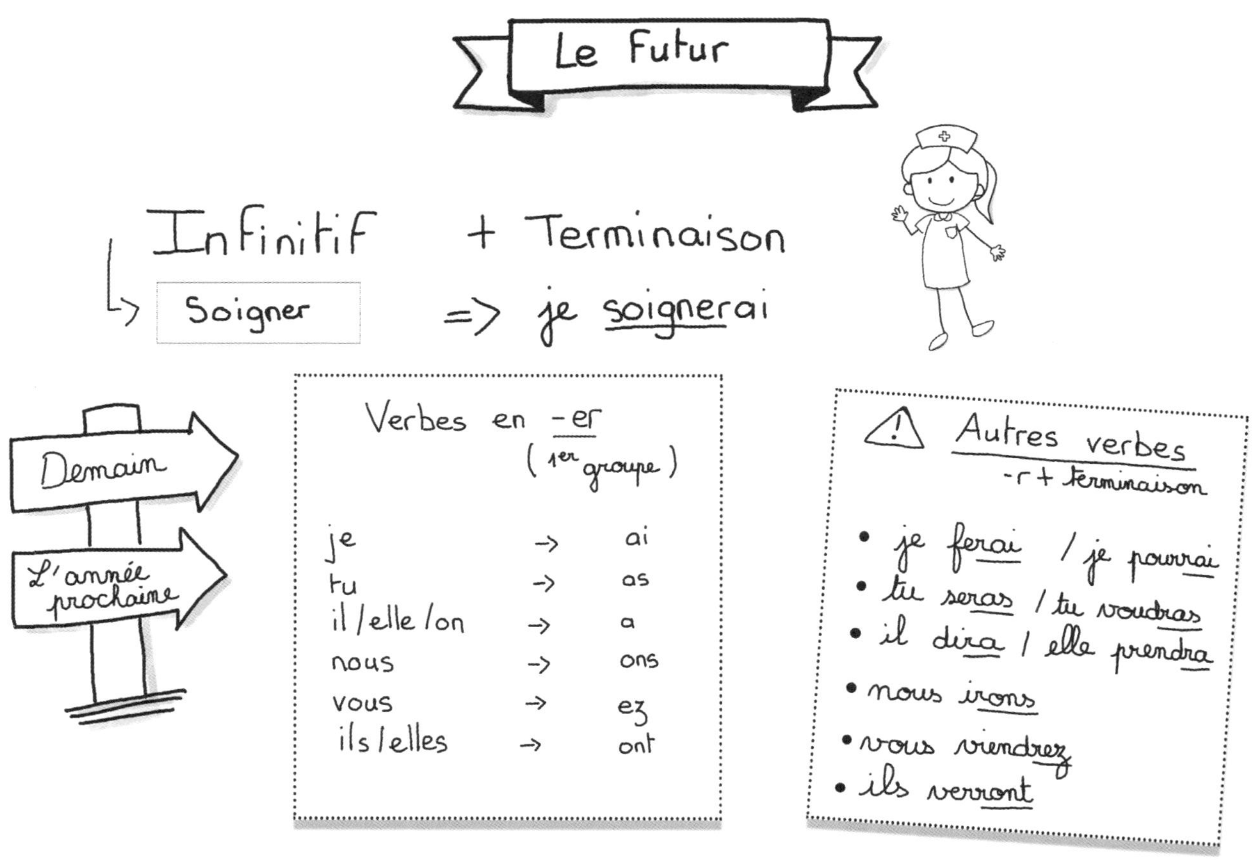

JE ME TESTE 1

Prénom ....

Date ....

CONNAITRE LES RÉGULARITÉS DES MARQUES DE TEMPS

1 **Colorie** uniquement les étiquettes contenant des verbes au futur.

Il rencontrera ses correspondants. | Je ramassais les cahiers.

Ils collent la feuille. | Vous partagerez les bonbons.

Elle dansait dans sa chambre. | Tu réciteras ta poésie.

TROUVER L'INFINITIF D'UN VERBE CONJUGUÉ

2 **Relie** chaque verbe conjugué à son infinitif.

nous raconterons •	• chanter
elle chantera •	• raconter
tu auras •	• allumer
j'allumerai •	• avoir

MÉMORISER LE FUTUR POUR *ÊTRE* ET *AVOIR*, LES VERBES DU 1er GROUPE ET LES VERBES IRRÉGULIERS DU 3e GROUPE

3 **Écris** les verbes de ces phrases en les conjuguant au futur.

Dans le futur, le spationaute (*explorer*) ______________ une nouvelle planète.

La semaine prochaine, tu (*changer*) ______________ l'étiquette du mois.

Demain, elles (*inventer*) ______________ de nouveaux jeux sur la cour.

Mercredi, il (*travailler*) ______________ ses tables de multiplications.

4 **Complète** ces phrases en tenant compte des sujets indiqués.

Demain, je serai en retard. Je rattraperai le travail de la matinée.

Demain, il ______________ en retard. Il ______________ le travail de la matinée.

JE ME TESTE 2

Prénom ....

Date ....

CONNAITRE LES RÉGULARITÉS DES MARQUES DE TEMPS

1 **Colorie** uniquement les étiquettes contenant des verbes au futur.

La semaine prochaine, vous serez à la piscine. | Tu manges lentement.

Nous rions beaucoup. | Vous direz bonjour poliment. | Elle t'invitera chez elle.

Ils racontaient une histoire. | J'apprendrai mes leçons. | Elle est tombée.

CONNAITRE LES RÉGULARITÉS DES MARQUES DE TEMPS ET DE PERSONNE

2 **Relie** chaque verbe conjugué à son infinitif.

tu viendras •	• faire
nous verrons •	• voir
je serai •	• être
ils feront •	• venir

MÉMORISER LE FUTUR POUR *ÊTRE* ET *AVOIR*, LES VERBES DU 1er GROUPE ET LES VERBES IRRÉGULIERS DU 3e GROUPE

3 **Écris** les verbes de ce texte en les conjuguant au futur.

Quand elle (*avoir*) ______________ 25 ans, Léonie (*travailler*) ______________ dans une bibliothèque. Les enfants (*demander*) ______________ des conseils pour trouver un livre de sorciers. Elle (*pouvoir*) ______________ commander les nouveautés. Ce qu'elle (*préférer*) ______________, ce (*être*) ______________ raconter des contes le mercredi.

4 **Recopie** ces phrases en conjuguant les verbes au futur.

Je suis un explorateur. Je vais dans la savane africaine. Je fais des photos de mes découvertes.

Quand je serai grand, je

Quand il sera grand, il

JE M'ENTRAINE

Date ....

LE FUTUR **1** 2 3 4

RECONNAITRE LE VERBE CONJUGUÉ AU FUTUR

1 **Colorie** uniquement les étiquettes contenant un verbe au futur.

Tu parlais très fort. | Demain, nous jouerons au ballon.

Il se présente. | Vous sautez de joie !

Le mois prochain, ils seront en vacances.

Je cultiverai des tomates. | Elle a sauté dans une flaque.

CONNAITRE LES RÉGULARITÉS DE PERSONNE : VERBES DU 1er GROUPE

2 **Relie** chaque pronom personnel au reste de la phrase qui lui correspond.

Vous	emporteras ce gâteau chez elle.
Il	visiteront le musée du Louvre.
Tu	regarderez les étoiles dans le ciel.
Elles	coiffera sa petite sœur.

JE M'ENTRAINE

Date ....

LE FUTUR 1 **2** 3 4

3 **Colorie** la forme qui convient.

Exemple : *Il* *dansera* / *danserai* .

Elle auront / aura un nouveau manteau.

Demain, nous chanterons / chanteront à la chorale.

Ce soir, j' aurai / aurait un flan pour le dessert.

Cet été, tu voyagera / voyageras en Corse.

Les terminaisons :
-ai,
-as,
-a,
-ons,
-ez,
-ont

CONNAITRE LES RÉGULARITÉS DE PERSONNE : VERBES *ÊTRE* ET *AVOIR*

4 **Relie** chaque pronom personnel et le verbe qui lui correspond.

Ils	seras à l'anniversaire de Hugo.
Vous	aura froid si on ne prend pas nos gants.
On	seront bientôt au collège.
Tu	aurez de l'argent de poche à dix ans.

JE M'ENTRAINE

Date ....

LE FUTUR 1 2 **3** 4

⑤ Complète les phrases avec un pronom qui convient.

________ auras un petit frère bientôt.

________ serons en retard au rendez-vous.

________ seront quinze au stage de basket.

________ aura de la chance d'y arriver.

________ aurai une nouvelle médaille.

________ serez tous là demain.

Les pronoms :
je (j')
tu
il, elle, on
nous
vous
ils, elles

MÉMORISER LE FUTUR POUR *ÊTRE* ET *AVOIR*, LES VERBES DU 1er GROUPE

⑥ Remplis la grille en conjuguant les verbes au futur avec le sujet proposé. Tu découvriras le mot secret dans la colonne grisée.

① *serrer* → tu

② *chuchoter* → vous

③ *posséder* → je

④ *être* → nous

⑤ *réviser* → ils

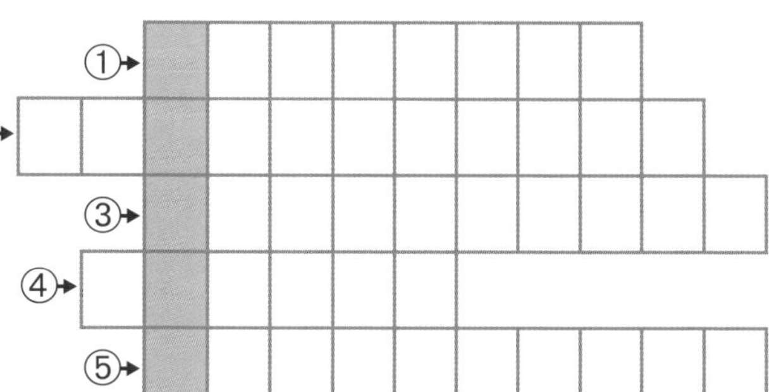

Mot secret : ....

JE M'ENTRAINE

Date ....

LE FUTUR 1 2 3 **4**

⑦ Complète les verbes de ce texte en remplaçant *ils* par *il*.

Dans le futur, les élèves travailleront *seulement avec des ordinateurs. Ils* auront *des robots pour professeurs et ils* écouteront *des enregistrements. Les élèves* seront *dans des classes flottantes et* mangeront *des pommes roses.*

Dans le futur, l'élève ________
seulement avec des ordinateurs.
Il ________ des robots pour professeurs
et il ________ des enregistrements.
L'élève ________ dans des classes
flottantes et ________ des pommes roses.

DÉFI ÉCRITURE

MES FUTURES VACANCES

⑧ Écris trois phrases pour dire ce que tu aimerais faire pendant les prochaines vacances, en utilisant des verbes du 1er groupe (*voyager*, *regarder*, *dessiner*, *se promener*), ainsi que les verbes *être* et *avoir* au futur.

Exemple : *Je voyagerai. Je visiterai le Japon et je mangerai des plats asiatiques.*

PARCOURS 2

JE M'ENTRAINE

Date ....

RECONNAITRE LE VERBE CONJUGUÉ AU FUTUR

① **Colorie** uniquement les étiquettes contenant un verbe au futur.

Tu joueras au foot demain. | Je réciterai ma poésie.

Élisa parle avec ses amies. | Il n'a pas bougé !

Nous serons présents à ton spectacle.

Le mois prochain, vous découvrirez l'Alsace.

Les enfants changent très vite. | Léo jouait au tennis.

CONNAITRE LES RÉGULARITÉS DE PERSONNE : VERBES DU 1er GROUPE

② **Relie** chaque sujet au reste de la phrase qui correspond.

Sophie •	• lancerons la balle très loin.
Je •	• danseront à la fête d'école.
Nous •	• regarderai mon film préféré.
Milo et Lucie •	• mangera à la cantine.

PARCOURS 2

JE M'ENTRAINE

Date ....

③ **Complète** la terminaison des verbes au futur.

Vous attraper ______ le bouquet de la mariée.

Nous caresser ______ le chien des voisins.

Les sirènes résonner ______ toute la matinée.

Demain, je préparer ______ un gâteau.

L'an prochain, Alix déménager ______ en Belgique.

Bientôt, tu planter ______ des tomates dans le jardin.

CONNAITRE LES RÉGULARITÉS DE PERSONNE : VERBES *ÊTRE* ET *AVOIR*

④ **Relie** chaque pronom personnel au reste de la phrase qui lui correspond.

Vous •	• aura le premier prix de lecture.
Elle •	• serai à la montage cet hiver.
Je •	• aurez trente minutes pour finir.
Ils •	• seront heureux de gagner ce match.

JE M'ENTRAINE

PARCOURS 2

Date ....

LE FUTUR 1 2 **3** 4

5 **Complète** les phrases avec le verbe *être* ou *avoir* au futur.

Je ________ avec mon petit frère.

Mon copain ________ bientôt le même jeu que moi.

Vous ________ toujours les bienvenus.

Tu ________ un nouvel ami.

Les spectateurs ________ impressionnés par ce numéro.

Nous ________ une belle surprise en rentrant.

MÉMORISER LE FUTUR POUR *ÊTRE* ET *AVOIR*, LES VERBES DU 1er ET DU 3e GROUPE

6 **Remplis** la grille en conjuguant les verbes au futur avec le sujet proposé. Tu découvriras le mot secret dans la colonne grisée.

① *soulever* → elle

② *prendre* → nous

③ *pouvoir* → ils

④ *crouler* → je

⑤ *toucher* → vous

①→									
②→									
③→									
④→									
⑤→									

Mot secret : ....

JE M'ENTRAINE

PARCOURS 2

Date ....

LE FUTUR 1 2 3 **4**

7 **Écris** les verbes de ce texte en tenant compte des sujets indiqués.

Au printemps, je défilerai pour le carnaval. Je prendrai la tête du cortège. Ma sœur dansera avec moi pour la première fois, car elle aura dix ans. Je serai fière d'elle.

Au printemps, nous ________ pour le carnaval. Nous ________ la tête du cortège. Mes sœurs ________ avec nous pour la première fois, car elles ________ dix ans. Nous ________ fières d'elles.

DÉFI ÉCRITURE

VISITE DANS L'ESPACE

8 Imagine-toi dans le futur : nous pourrons voyager facilement dans l'espace. **Écris** quatre phrases pour raconter ce que tu feras, en utilisant des verbes du 1er groupe (*manger*, *marcher*, *attaquer*), ainsi que les verbes *être*, *avoir*, *aller*, *faire*, *dire* au futur.

Exemple : *Je prendrai une fusée. Je visiterai la galaxie.*

JE M'ENTRAINE

Date ....

RECONNAITRE LE VERBE CONJUGUÉ AU FUTUR

1 **Colorie** uniquement les étiquettes contenant un verbe au futur.

- Je parle beaucoup.
- Tu t'impatientais.
- Léon viendra à la gare.
- Elle sera sur le podium.
- Vous aurez une récréation.
- Léo court vite.
- Vous aviez tort.
- Ils voudront une glace.
- Nous réparions ton vélo.
- On sera au musée.

CONNAITRE LES RÉGULARITÉS DE PERSONNE : VERBES DU 1er GROUPE ; *ÊTRE* ET *AVOIR*

2 **Relie** chaque sujet au reste de la phrase qui correspond.

Vous	prépareront des groupes.
Je	aurez des baskets.
Les enseignants	remplirons le formulaire.
Nous	sera complet.
Le spectacle	jouerai au basket.

JE M'ENTRAINE

Date ....

3 **Colorie** la forme verbale qui convient.

Colin partageras / partagerai / partagera son gouter.

Je serez / serai / serais au premier rang.

Vous finirez / finirons / finirai ce travail demain.

Les voitures roulerons / rouleront / roulerez plus vite.

Tu auras / aura / aurai une belle surprise.

Nous danseront / danserez / danserons toute la nuit.

4 **Complète** les phrases en conjuguant les verbes au futur.

Tu (*accompagner*) ________ ton frère à l'école.

La coccinelle (*voler*) ________ dans le ciel.

Demain, Mehdi et Léna (*être*) ________ à l'école.

Après le diner, vous (*débarrasser*) ________ .

Bientôt, j'(*avoir*) ________ un petit chien.

Anouk (*jouer*) ________ à la balle au prisonnier.

PARCOURS 3

JE M'ENTRAINE

Date ....

LE FUTUR 1 2 **3** 4

MÉMORISER LE FUTUR POUR *ÊTRE* ET *AVOIR*, LES VERBES DU 1er ET DU 3e GROUPE

5 Remplis la grille en conjuguant les verbes au futur avec le sujet proposé. Tu découvriras le mot secret dans la colonne grisée.

① *prendre* → elles
② *avoir* → j'
③ *faire* → nous
④ *fermer* → vous
⑤ *saler* → ils
⑥ *aller* → tu
⑦ *trier* → il

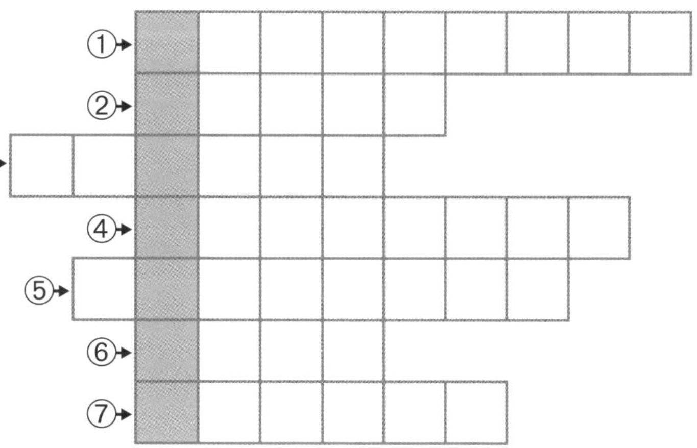

Mot secret : ....

6 Complète les phrases en conjuguant les verbes au futur.

Tu (*pouvoir*) ______________ gouter dans une heure.

Nous (*faire*) ______________ un bricolage de Noël.

Julian (*avoir*) ______________ bientôt huit ans.

Elles (*dire*) ______________ une poésie apprise ensemble.

Tu (*prendre*) ______________ ton bonnet pour sortir.

PARCOURS 3

JE M'ENTRAINE

Date ....

LE FUTUR 1 2 3 **4**

7 Réécris ce texte en mettant les verbes au futur.

> *Mes cousins viennent nous rendre visite. Je prépare un bon gâteau. Nous jouons puis nous prenons le gouter. Enfin, leurs parents viennent les chercher. Nous nous sommes bien amusés ensemble !*

Mes cousins

DÉFI ÉCRITURE

DANS 50 ANS...

8 Imagine-toi dans 50 ans : tu es toujours en forme et tu fais plein d'activités. **Écris** cinq phrases pour raconter tout ce que tu feras, en utilisant des verbes au futur.

Exemple : *Dans 50 ans, j'aurai 58 ans. Je ferai toujours du roller et je passerai mes journées à faire des gâteaux pour toute ma famille.*

ÉVALUATION 1

Prénom ....

Date ....

Compétences évaluées : Le futur	Exercices	A+	A	PA	NA
Mémoriser le futur pour *être* et *avoir*.	1, 2				
Mémoriser le futur pour les verbes du 1er groupe.	1, 3, 4				

1 **Colorie** uniquement les étiquettes contenant un verbe au futur.

Hugo mangeait une tarte. | Tu organiseras une fête. | Elle trouvera un billet. | Je cuisine un poulet rôti. | Un comédien dira une fable. | Gabriel est arrivé !

2 **Complète** ce tableau de conjugaison.

Demain, ...	ÊTRE	AVOIR
elle		
vous		
ils, elles		

3 **Complète** la terminaison des verbes en les conjuguant au futur.

Tu pratiquer ______ le violon.

Vous arriver ______ par le train.

Je retourner ______ à la mer cet été.

En juin, nous fêter ______ la fête de la musique.

Mes tantes inviter ______ toute la famille pour les 90 ans de mamie.

Le chaton jouer ______ avec la pelote de laine.

On trouver ______ un oiseau blessé dans le jardin.

4 **Complète** ces phrases en remplaçant par les sujets proposés.

Quand il aura dix ans, nous visiterons Londres. Il sera ravi de découvrir cette belle ville.

Quand ils ______ dix ans, vous ______ Londres.
Ils ______ ravis de découvrir cette belle ville.

ÉVALUATION 2

Prénom ....

Date ....

Compétences évaluées : Le futur	Exercices	A+	A	PA	NA
Mémoriser le futur pour *être* et *avoir*.	1, 2				
Mémoriser le futur pour les verbes du 1er groupe et les verbes irréguliers du 3e groupe.	1, 2, 3, 4				

1 Colorie uniquement les étiquettes contenant des verbes au futur.

Mathis dégustera son gouter. | Ils skieront toute la journée. | Il s'endort tard.

Elles dansaient. | Vous direz bonjour à vos parents. | Tu partiras demain.

Le public réclamait une autre chanson. | Les écureuils sont curieux. | J'ai faim.

2 Complète ce tableau de conjugaison.

Demain, ...	ÊTRE	AVOIR	FAIRE	ALLER
je/j'				
tu				
nous				

3 Écris les verbes de ces phrases en les conjuguant au futur.

Nous (*pouvoir*) ____________________ gagner le prochain match.

Vous (*prendre*) ____________________ votre sac de piscine.

Je (*venir*) ____________________ te voir chanter à la chorale de fin d'année.

Antoine (*distribuer*) ____________________ le courrier.

Tu (*être*) ____________________ bien attentif.

Les spectateurs (*vouloir*) ____________________ un autographe.

4 Recopie ces phrases en mettant les verbes au futur.

Les élèves vont en classe de neige. Ils skient toute la journée. Le soir, l'animateur raconte une histoire. Les élèves mangent une gaufre. Le séjour est très agréable.

26 PRÉSENT, IMPARFAIT, FUTUR : LES RÉGULARITÉS

Compétences travaillées (programmes modifiés 2018)

▸ **Se repérer dans la phrase simple**

– Reconnaitre les principaux constituants de la phrase : le verbe (connaissances des propriétés permettant de l'identifier).
– Différencier les principales classes de mots : le verbe.

▸ **Maitriser l'orthographe grammaticale de base**

– Identifier la relation sujet-verbe (identification dans des situations simples).
– Identifier le radical et la terminaison.
– Trouver l'infinitif d'un verbe conjugué.
– Mémoriser le futur pour : *être* et *avoir* ; les verbes du 1er groupe ; les verbes irréguliers du 3e groupe : *faire*, *aller*, *dire*, *venir*, *pouvoir*, *voir*, *vouloir*, *prendre*.

FICHE ENSEIGNANT

Ce chapitre a un double objectif : réinvestir les trois temps simples déjà abordés dans des chapitres précédents, mais aussi permettre aux élèves de repérer les régularités de personne. Par exemple, l'élève doit pouvoir écrire systématiquement un *-s* à la fin des verbes conjugués à la 2e personne du singulier (sauf pour *pouvoir* et *vouloir*). C'est le principe de la conjugaison horizontale expliquée par François Kleczewski sur son blog : https://lewebpedagogique.com/conjugaisonhorizontalece1/

Point notionnel

Le verbe est **la classe qui présente le plus grand nombre de formes variables**.
On rassemble en général les verbes par **groupes** afin de simplifier leur mémorisation. Malgré cela, le nombre de formes à mémoriser par les élèves reste très important : les verbes *être* et *avoir*, les verbes du 1er groupe et les 8 verbes du 3e groupe, ce qui fait au total 11 verbes x 24 formes (les 4 temps exigés au cycle 2, conjugués aux 6 personnes), soit 264 formes de verbes ! Il est donc très **important de travailler sur les régularités de ces formes**, et pas seulement en abordant chaque temps séparément. Voici les lettres finales des verbes conjugués demandés au cycle 2 :

1e personne du singulier	2e personne du singulier	3e personne du singulier
-e, -s, -x, -ai	**-s, -x**	**-e, -t, -a, -d**
1e personne du pluriel	**2e personne du pluriel**	**3e personne du pluriel**
-ons, -s	**-ez, -s**	**-nt**

Ainsi, le nombre d'occurrences à mémoriser est bien plus réduit sous cette forme.

Différenciation

Parcours 1	• Les formes verbales à restituer sont : *être*, *avoir* et les verbes du 1er groupe. • Les sujets sont des pronoms.
Parcours 2	• Les formes verbales à restituer sont : *être*, *avoir*, les verbes du 1er groupe, ainsi qu'une approche des verbes irréguliers du 3e groupe au programme. • Les sujets sont des pronoms et des groupes nominaux simples (déterminant + nom ou nom propre).
Parcours 3	• Les formes verbales à restituer sont : *être*, *avoir*, les verbes du 1er groupe et les verbes irréguliers du 3e groupe au programme. • Les sujets sont des pronoms et des groupes nominaux (déterminant + nom, déterminant + nom + adjectif, nom propre).

Erreurs rencontrées

- Confusion entre les terminaisons des verbes dont les différences écrites ne sont pas audibles. Par exemple, confusion entre le *-ons* à la 2e personne du pluriel et le *-ont* avec la 3e personne du pluriel (au futur, notamment).
- Confusion entre la forme du pluriel des noms et adjectifs (*-s*) et celles des verbes (*-nt*).

Remédiation

- Un travail de mémorisation des régularités sur les verbes doit être effectué par le biais de rituels. On invitera les élèves à utiliser les outils usuels de la classe (comme le livret de conjugaison dans la version numérique du fichier) pour construire et vérifier une forme verbale.
- Un affichage à réaliser avec les élèves peut aussi être un bon outil de travail.

LEÇON

PRÉSENT, IMPARFAIT, FUTUR : LES RÉGULARITÉS

➤ Quand on écrit des verbes au **présent**, à l'**imparfait** et au **futur**, **la terminaison varie en fonction de la personne.**

On observe les **régularités** suivantes :

je/j'	tu	il, elle, on
-e, -x, -s, -ai	***-s, -x***	***-d, -a, -t, -e***
-e : je mang**e**, je cri**e** **-x** : je peu**x**, je veu**x** **-s** : je sui**s**, je voi**s** **-ai** : je manger**ai**, j'ir**ai**	**-s** : tu voi**s**, tu prenai**s** **-x** : tu peu**x**, tu veu**x**	**-d** : on pren**d** **-a** : elle manger**a**, il ir**a** **-t** : il peu**t**, elle disai**t** **-e** : elle mang**e**, il cri**e**

nous	vous	ils, elles
-ons, -s	***-ez, -s***	***-nt***
-ons : nous ir**ons**, nous preni**ons** **-s** : nous somme**s**	**-ez** : vous ir**ez**, vous vouli**ez** **-s** : vous ête**s**, vous faite**s**	**-nt** : ils mange**nt**, elles iro**nt**

LEÇON ILLUSTRÉE

JE ME TESTE 1

Prénom ....

Date ....

CONNAITRE LES RÉGULARITÉS DE PERSONNE DES 1e ET 2e PERSONNES DU PLURIEL

1 **Colorie** uniquement les étiquettes contenant des verbes conjugués avec *nous*.

escaladez | demandions | serons | photographierez

avons | débranchiez | distribuions | visitez

Avec quel pronom sujet sont conjugués les autres verbes ? ....

CONNAITRE LES RÉGULARITÉS DE PERSONNE DES 1e ET 2e PERSONNES DU SINGULIER

2 **Relie** chaque pronom sujet au verbe qui convient.

je •

tu •

• déménager**ai**

• e**s**

• gagn**e**

• sursautera**s**

CONNAITRE LES RÉGULARITÉS DE PERSONNE DE LA 3e PERSONNE DU SINGULIER

3 **Complète** les verbes de ces phrases avec *-e*, *-a* ou *-t*.

Maintenant, il coup __ les branches qui dépassent.

Elle plantai __ des carottes et des radis dans son potager.

La nuit prochaine, elle observer __ les étoiles.

En ce moment, elle arros __ les fleurs de son jardin.

CONNAITRE LES RÉGULARITÉS DE PERSONNE DE LA 3e PERSONNE DU PLURIEL

4 **Complète** ces phrases en tenant compte des sujets indiqués.

*Maxime **avait** très faim depuis ce matin. Maintenant, il **dévore** son gouter.*

Les enfants ______________ très faim depuis ce matin.
Maintenant, ils ______________ leur gouter.

JE ME TESTE 2

Prénom ....

Date ....

CONNAITRE LES RÉGULARITÉS DE PERSONNE DES 1e ET 2e PERSONNES DU PLURIEL

1 **Colorie** uniquement les étiquettes contenant des verbes conjugués avec *vous*.

grondiez | ferons | parlerez | proposons

étiez | continuez | laverons | viendrez

Avec quel pronom sujet sont conjugués les autres verbes ? ....

CONNAITRE LES RÉGULARITÉS DE PERSONNE DES 1e ET 2e PERSONNES DU SINGULIER

2 **Relie** chaque pronom sujet au verbe qui convient.

	adorera**s**
j'	**ai**
tu	entre**s**
	ir**ai**

CONNAITRE LES RÉGULARITÉS DE PERSONNE DE LA 3e PERSONNE DU SINGULIER

3 **Complète** les verbes de ces phrases avec *-e*, *-a*, *-t* ou *-d*.

Elle marcher __ sur la pointe des pieds pour ne pas le réveiller.

Mon frère pren __ son scooter pour aller au collège.

L'année dernière, Zoé oubliai __ souvent son cahier de liaison.

Mon petit frère donn __ toujours la main à maman dans la rue.

CONNAITRE LES RÉGULARITÉS DE PERSONNE DE LA 3e PERSONNE DU PLURIEL

4 **Complète** ces phrases en tenant compte des sujets indiqués.

Ma maman ***cherche*** *ses clés. Elle* ***demandera*** *un double au concierge.*

Mes parents ______________________ leurs clés.

Ils ______________________ un double au concierge.

CONNAITRE LES RÉGULARITÉS DES 1e ET 2e PERSONNES DU PLURIEL

① **Relie** chaque sujet au reste de la phrase qui lui correspond.

	épluchons les carottes.
Nous	jouez avec le chat.
Vous	achèterez une BD.
	glissions sur les pistes.

② **Complète** les verbes en tenant compte du temps et des sujets indiqués.

Maintenant, vous **rentrez** directement à la maison.

→ Maintenant, nous rentr _____ directement à la maison.

Plus tard, nous **porterons** des cartons.

→ Plus tard, vous porter _____ des cartons.

Plus tard, nous **laverons** nos dents.

→ Maintenant, nous lav _____ nos dents.

CONNAITRE LES RÉGULARITÉS DES 1e ET 2e PERSONNES DU SINGULIER

③ **Complète** les verbes de ces phrases avec *-e* ou *-s*.

Tu étai __ en retard tous les matins.

Je préfèr __ prendre des pâtes.

Je discut __ avec mes amies.

Tu promènera __ ton chien dans le quartier.

J'expliquai __ mon problème à la maitresse.

④ **Complète** les phrases en tenant compte du temps et des sujets indiqués.

Demain, je **serai** un peu timide.

→ Demain, tu __________ un peu timide.

Maintenant, tu **colories** sans dépasser.

→ Maintenant, je __________ sans dépasser.

Avant, tu **habitais** à la campagne.

→ Maintenant, tu __________ en ville.

JE M'ENTRAINE Date ....

PARCOURS 1

PRÉSENT, IMPARFAIT, FUTUR : LES RÉGULARITÉS 1 2 **3** 4

CONNAITRE LES RÉGULARITÉS DE LA 3ᵉ PERSONNE DU SINGULIER

5 **Colorie** la forme qui convient.

Exemple : *Il* *chantait* / *chantaient* .

Elle semble / semblent en colère.

L'an dernier, ils avait / avaient des correspondants.

Demain, il regarderont / regardera un film.

Elles visitent / visite une exposition.

Il racontait / racontaient souvent son voyage.

6 **Complète** les phrases en tenant compte des sujets indiqués.

Elle **mange** au restaurant le lundi.

→ Elles ______________ au restaurant le lundi.

Ils **posaient** une opération.

→ Il ______________ une opération.

En 2028, ils **organiseront** les Jeux olympiques.

→ En 2028, elle ______________ les Jeux olympiques.

JE M'ENTRAINE Date ....

PARCOURS 1

PRÉSENT, IMPARFAIT, FUTUR : LES RÉGULARITÉS 1 2 3 **4**

7 **Colorie** selon le code couleur.

je/j'	tu	il/elle	nous	vous	ils/elles
rose	jaune	bleu	rouge	orange	vert

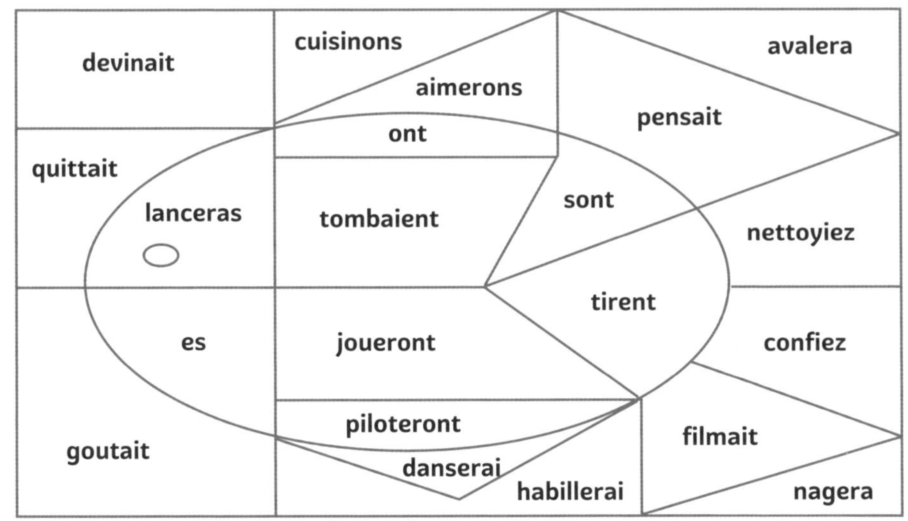

DÉFI ÉCRITURE

UNE VIE DE DOUDOU

8 **Complète** ces phrases pour raconter la vie de ton doudou en utilisant des verbes à l'imparfait, au présent et au futur.

Quand j'étais petit, mon doudou...
Maintenant, il...
Plus tard, il..

JE M'ENTRAINE Date ....

CONNAITRE LES RÉGULARITÉS DES 1e ET 2e PERSONNES DU PLURIEL

1 **Relie** chaque sujet au reste de la phrase qui lui correspond.

	marchiez dans la forêt.
Nous	débutons les vacances.
	tracerez une marelle.
Vous	étudions les dinosaures.
	préparerez une surprise.

2 **Complète** les phrases en tenant compte du temps et des sujets indiqués.

Plus tard, nous **réclamerons** de l'aide.

→ Plus tard, vous ______________ de l'aide.

Avant, vous **terminiez** un puzzle de 1 000 pièces.

→ Avant, nous ______________ un puzzle de 1 000 pièces.

Ce matin, vous **arrivez** les premiers.

→ Demain, vous ______________ les premiers.

JE M'ENTRAINE Date ....

CONNAITRE LES RÉGULARITÉS DES 1e ET 2e PERSONNES AU SINGULIER

3 **Complète** les verbes de ces phrases avec *-e*, *-ai* ou *-s*.

Cet été, tu voyagera __ en avion.

Tu a __ une belle trousse en cuir.

En classe, j'écout __ la maitresse.

Tu éternue __ sans arrêt à cause du pollen.

En CP, j'inventai __ souvent des histoires.

Je prendr __ ma douche après le diner.

4 **Complète** les phrases en tenant compte du temps et des sujets indiqués.

Tu **auras** de la chance une prochaine fois.

→ J' ______________ de la chance une prochaine fois.

Je **découpe** une étiquette en ce moment.

→ Tu ______________ une étiquette en ce moment.

Lundi prochain, je **ferai** un cross.

→ L'an dernier, je ______________ un cross.

JE M'ENTRAINE Date ....

PARCOURS 2

PRÉSENT, IMPARFAIT, FUTUR : LES RÉGULARITÉS 1 2 3 4

CONNAITRE LES RÉGULARITÉS DE LA 3e PERSONNES DU SINGULIER

5 **Colorie** la forme qui convient.

Mardi, Noé plongera / plongeront dans le grand bain.

Elle rencontraient / rencontrait un ami à la gare.

Autrefois, le roi habitait / habitaient au Louvre.

Elles viennent / vient souvent à pied à l'école.

Mes frères parle / parlent de leur jeu vidéo préféré.

Ils sont / est souvent en colère.

6 **Complète** les phrases en tenant compte du temps et des sujets indiqués.

Autrefois, ils **ramassaient** les cartables.

→ Autrefois, il ____________________ les cartables.

Pour l'instant, elle **admire** les tableaux du peintre.

→ Pour l'instant, elles ____________________ les tableaux du peintre.

Hier, elles **prenaient** leur passeport.

→ Bientôt, elle ____________________ son passeport.

JE M'ENTRAINE Date ....

PARCOURS 2

PRÉSENT, IMPARFAIT, FUTUR : LES RÉGULARITÉS 1 2 3 4

7 **Colorie** selon le code couleur.

je/j'	tu	il/elle	nous	vous	ils/elles
jaune	rouge	marron	vert	bleu	gris

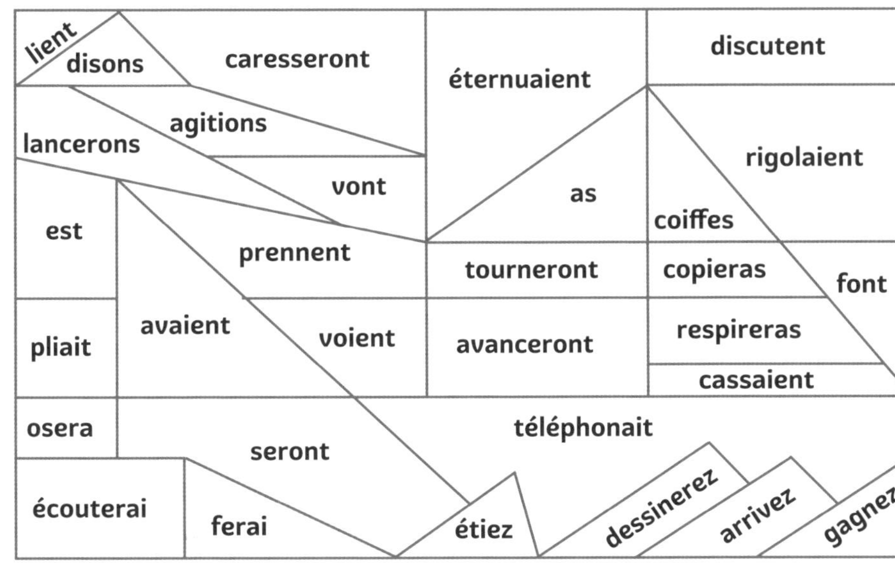

DÉFI ÉCRITURE

AU RYTHME DES SAISONS

8 La marmotte est heureuse car c'est le printemps. **Écris** trois phrases pour raconter ce qu'elle faisait pendant l'hiver, ce qu'elle peut faire maintenant et ce qu'elle fera en été, en utilisant des verbes à l'imparfait, au présent et au futur.

PARCOURS 3

JE M'ENTRAINE

Date ....

PRÉSENT, IMPARFAIT, FUTUR : LES RÉGULARITÉS **1** 2 3 4

CONNAITRE LES RÉGULARITÉS DES 1e ET 2e PERSONNES DU PLURIEL

1 **Relie** chaque sujet au reste de la phrase qui lui correspond.

	poserez du papier peint.
Nous	criions très fort.
	débarrasserons la table.
Vous	annoncez leur arrivée.
	faisiez la vaisselle.

2 **Écris** les verbes de ce texte en les mettant au présent et en remplaçant *nous* par *vous*.

Hier, nous **rangions** la salle de jeux. Nous **ramassions** les pièces éparpillées. Nous **empilions** les boites sur les étagères. Nous **étions** ravis de retrouver de la place.

Aujourd'hui, vous ________ la salle de jeux. Vous ________ les pièces éparpillées. Vous ________ les boites sur les étagères. Vous ________ ravis de retrouver de la place.

PARCOURS 3

JE M'ENTRAINE

Date ....

PRÉSENT, IMPARFAIT, FUTUR : LES RÉGULARITÉS 1 **2** 3 4

CONNAITRE LES RÉGULARITÉS DES 1e ET 2e PERSONNES AU SINGULIER

3 **Complète** les verbes de ces phrases avec *-e*, *-ai*, *-s* ou *-x*.

Je n'arrêtai __ jamais de lire.

Je peu __ te proposer un autre moment.

Tu séparera __ les voitures et les figurines.

Cette nuit, je marcher ___ à tâtons dans le couloir.

Tu entrai __ dans la boutique par curiosité.

Est-ce que tu veu __ prendre l'air ?

4 **Écris** les verbes de ce texte en les mettant au futur et en remplaçant *je* par *tu*.

Ce matin, je **vais** bien. J'**ai** confiance en moi, je **suis** prêt à apprendre plein de nouvelles choses. Je **prends** mon cartable et je **fais** un gros bisou à ma maman.

Demain, tu ________ bien. Tu ________ confiance en toi, tu ________ prêt à apprendre plein de nouvelles choses. Tu ________ ton cartable et tu ________ un gros bisou à ta maman.

CONNAITRE LES RÉGULARITÉS DE LA 3e PERSONNE DU SINGULIER

5 **Colorie** la forme qui convient.

Ma grande sœur saute / sautes de joie. Elle réclamait / réclamaient cela depuis des mois. C'est promis, Mamie emmènerai / emmènera toute la famille dans un parc aquatique. La grande piscine est / es unique en Europe. Mes parents s'amuseront / s'amusera au sauna. Ma cousine prendrons / prendra des photos.

6 **Écris** les verbes de ce texte en les mettant à l'imparfait et en remplaçant *ils* par *il*.

Pendant le séjour, ils **proposeront** une course d'orientation. Ils **disposeront** des balises dans la forêt. Ils **feront** des groupes de 4. Ils **donneront** une boussole à chaque équipe. Ils **expliqueront** bien les consignes.

L'été dernier, il ______ une course d'orientation. Il ______ des balises dans la forêt. Il ______ des groupes de 4. Il ______ une boussole à chaque équipe. Il ______ bien les consignes.

7 **Colorie** selon le code couleur.

je/j'	tu	il/elle	nous	vous	ils/elles
jaune	orange	rose	violet	marron	bleu

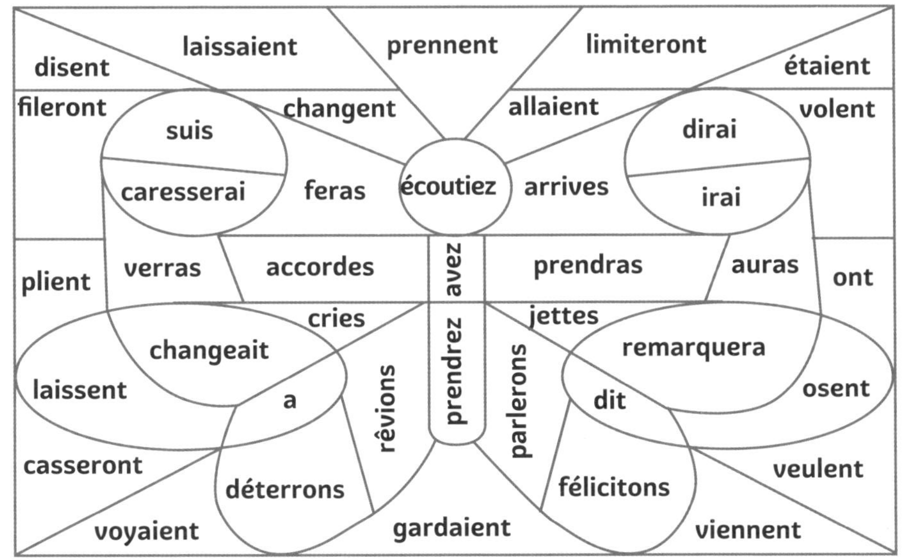

DÉFI ÉCRITURE

LA VIE DE MILLIONNAIRE

8 Monsieur Latuile vivait dans la rue. Mais aujourd'hui, il a trouvé un ticket de loto gagnant. **Écris** trois phrases pour raconter son aventure et ses projets, en utilisant des verbes à l'imparfait, au présent et au futur.

ÉVALUATION 1

Prénom ....

Date ....

Compétences évaluées : Présent, imparfait, futur : les régularités	Exercices	A+	A	PA	NA
Mémoriser les régularités de personne pour les 1e et 2e personnes du singulier et du pluriel.	1, 2				
Mémoriser les régularités de personne à la 3e personne du singulier et du pluriel.	3, 4				

1 **Colorie** en orange les verbes conjugués avec *nous* et en vert ceux conjugués avec *vous*.

parlerez — passez — demandions — aimerons

restons — pensons — arriviez — semblez

2 **Coche** la forme verbale correcte pour chaque phrase.

Tu (*avoir*) bientôt huit ans. ☐ auras ☐ aurai

J'(*entrer*) souvent sans frapper. ☐ entrait ☐ entrais

Je (*porter*) des lunettes. ☐ portes ☐ porte

Tu (*chercher*) ton cahier. ☐ cherches ☐ cherche

3 **Complète** les verbes de ces phrases avec *-e*, *-a* ou *-t*.

Maintenant, Kayna appell __ la maitresse pour avoir une explication.

Il disai __ que sa maman viendrait le chercher.

Benjamin montrer __ ses nouvelles cartes à ses copains.

La neige tomb __ à gros flocons depuis ce matin.

Elle veu __ toujours être au premier rang.

4 **Complète** ces phrases en remplaçant par les sujets proposés et en conjuguant au temps indiqué.

*Elle **allait** à l'école à pied, en primaire. Maintenant, elle **circule** à vélo.*

Elles ______________ à l'école à pied, en primaire.

Maintenant, elles ______________ à vélo.

ÉVALUATION 2

Prénom ....

Date ....

Compétences évaluées : Présent, imparfait, futur : les régularités	Exercices	A+	A	PA	NA
Mémoriser les régularités de personne pour les 1e et 2e personnes du singulier et du pluriel.	1, 2				
Mémoriser les régularités de personne à la 3e personne du singulier et du pluriel.	3, 4				

1 **Colorie** en orange les verbes conjugués avec *nous* et en vert ceux conjugués avec *vous*.

arrêterons	dites	gonflons	commencez	marcherez
leverez	écoutons	montiez	prenions	pourrons

2 **Coche** la forme verbale correcte pour chaque phrase.

Je (*vouloir*) me reposer ce matin.	☐ veut	☐ veux
Tu (*jouer*) au rugby samedi.	☐ jouera	☐ joueras
Tu (*voir*) les feux d'artifices.	☐ voyais	☐ voyait
Je (*garder*) mon petit frère.	☐ garde	☐ gardes

3 **Complète** les verbes de ces phrases avec *-e*, *-a*, *-t* ou *-d*.

L'an prochain, ma grande sœur quitter __ la maison pour ses études.

Louis pren __ son bus, comme tous les matins.

Aujourd'hui, mon lapin nain mang __ des topinambours.

Cette année, elle continu __ à aller aux entrainements de foot.

Il peu __ jongler avec trois balles pendant plusieurs minutes.

4 **Recopie** ces phrases en remplaçant par les sujets proposés et en conjuguant au temps indiqué.

Cette année, Théo ***fête*** *Noël chez son oncle. L'an prochain, il* ***viendra*** *chez nous.*

Cette année, Théo et Mona

L'an prochain, ils

27 PASSÉ, PRÉSENT, FUTUR

Compétences travaillées (programmes modifiés 2018)
- **Maitriser l'orthographe grammaticale de base**
  – Distinguer temps simples et temps composés.

FICHE ENSEIGNANT

Dans ce chapitre, pour les parcours 1 et 2, le travail est ciblé autour du fait de situer des actions dans le temps. Pour le parcours 3, un travail sur la distinction entre les temps simples et temps composés est proposé en prolongement de ces acquis.

<table>
<tr><td>Point notionnel</td><td colspan="2">Le temps du verbe situe l'action dans l'une des trois époques : passé, présent, avenir.
Dans le mode indicatif, les différents temps permettent de situer précisément l'action verbale. Attention, le temps employé ne garantit pas toujours sa situation dans la bonne époque.
Ex. : Je pars demain. ➜ L'action est située dans l'avenir, mais c'est le temps présent qui est utilisé.

La temporalité est indiquée par :
– les désinences verbales. Ex. : -ait, -e, etc.
– les auxiliaires. Ex. : sont, aura, etc.
– les marqueurs temporels (compléments de temps, adverbes, groupes nominaux avec ou sans préposition). Ex. : hier, demain, en 2050…

Les verbes peuvent se présenter sous deux formes :
– simple : radical + terminaison.
Ex. : chant + ait
chant ↖ radical qui porte le sens du verbe ; ait ↖ désinence verbale de l'indicatif et 3e personne du singulier
– composée : auxiliaire + participe passé.
Ex. : a chanté — a : auxiliaire ; chanté : participe passé
Ex. : es venu — es : auxiliaire ; venu : participe passé</td></tr>
<tr><td rowspan="3">Différenciation</td><td>Parcours 1</td><td>• Classer les indicateurs temporels.
• Compléter une phrase avec un indicateur temporel.
• Reconnaitre le passé, le présent, le futur.</td></tr>
<tr><td>Parcours 2</td><td>• Repérer et classer les indicateurs temporels.
• Compléter une phrase avec un indicateur temporel ou la forme verbale correcte.
• Reconnaitre le passé, le présent, le futur.</td></tr>
<tr><td>Parcours 3</td><td>• Repérer et classer les indicateurs temporels.
• Compléter une phrase avec un indicateur temporel ou la forme verbale correcte.
• Reconnaitre le passé, le présent, le futur.
• Différencier temps simples et temps composés.
• Manipuler des verbes à différents temps.</td></tr>
<tr><td>Erreurs rencontrées</td><td colspan="2">• L'élève ne reconnait pas les marqueurs temporels et ne fait pas le lien entre temps et marqueur.
• Dans les phrases sans marqueur temporel, l'élève ne reconnait pas le temps, ne sait pas situer la temporalité de l'action.
• Pour le parcours 3, l'élève ne distingue pas les deux parties des verbes conjugués à un temps composé. Il se contente de repérer l'auxiliaire ou le participe passé.</td></tr>
<tr><td>Remédiation</td><td colspan="2">• Ajouter un marqueur temporel à l'oral lorsque la phrase écrite n'en a pas, discerner ce qui se dit ou non pour trouver le bon marqueur : hier / aujourd'hui / demain.
• Pour retrouver les participes passés dans un temps composé, faire chercher l'infinitif du verbe pour repérer l'action. Ex. : Il a mangé ➜ « il s'agit de » manger ➜ l'action principale est « manger » et non « avoir ».</td></tr>
</table>

LEÇON

PASSÉ, PRÉSENT, FUTUR

- Dans une phrase, **le verbe conjugué indique à quel moment l'action se déroule**.

  – **Au passé**, les évènements ont déjà eu lieu.
  Ex. : *Pour son anniversaire, il a reçu une caméra.*

  – **Au présent**, l'action est en train de se dérouler.
  Ex. : *Nous écrivons la date.*

  – **Au futur**, l'action va avoir lieu, mais elle n'est pas encore arrivée.
  Ex. : *Ma grand-mère prendra le train.*

- Certains mots permettent de **préciser le moment de l'action**.

Passé	Présent	Futur
hier, l'année dernière, autrefois…	*aujourd'hui, en ce moment, maintenant…*	*demain, la semaine prochaine, bientôt…*

LEÇON ILLUSTRÉE

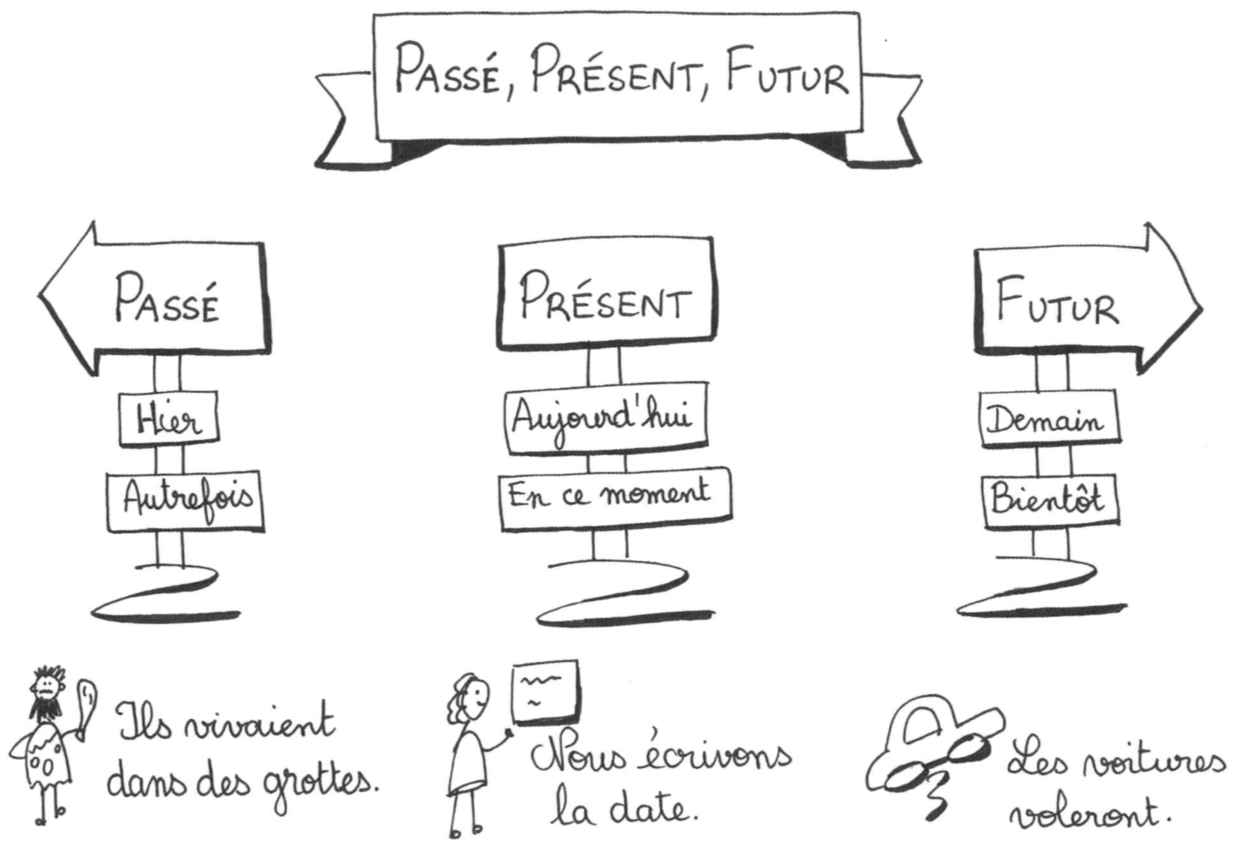

JE ME TESTE 1

Prénom ....

Date ....

CLASSER LES INDICATEURS TEMPORELS

1 **Colorie** en jaune les mots ou groupes de mots indiquant le passé, en bleu ceux indiquant le présent et en vert ceux indiquant le futur.

aujourd'hui	l'an dernier	hier	avant
bientôt	maintenant	dans huit jours	demain

COMPLÉTER UNE PHRASE AVEC UN INDICATEUR TEMPOREL

2 **Relie** chaque groupe de mots à la phrase qui correspond.

	les hommes chassaient le mammouth.
Autrefois,	je ferai mes devoirs.
Après le gouter,	les élèves décorent la classe.
En ce moment,	j'attends mon frère.
	on écrivait avec une plume.

COMPLÉTER UNE PHRASE AVEC LA FORME VERBALE CORRECTE

3 **Colorie** la forme verbale qui convient.

En décembre dernier, elle [a soufflé] / [souffle] / [soufflera] ses bougies.

Demain, je [suis parti] / [pars] / [partirai] à l'école à pied.

L'été prochain, ils [ont pris] / [prennent] / [prendront] des leçons de natation.

En ce moment, tu [as lu] / [lis] / [liras] ton livre préféré.

RECONNAITRE LE PASSÉ, LE PRÉSENT, LE FUTUR

4 **Coche** pour indiquer si chaque phrase est au présent, au passé ou au futur.

	PASSÉ	PRÉSENT	FUTUR
Je me suis levée très tôt.			
Le petit déjeuner était délicieux.			
Vous prendrez le bus.			
Elle grignote des tartines à la confiture.			

JE ME TESTE 2

Prénom ....

Date ....

CLASSER LES INDICATEURS TEMPORELS

1 **Colorie** en jaune les mots ou groupes de mots indiquant le passé, en bleu ceux indiquant le présent et en vert ceux indiquant le futur.

à l'instant | dans quelques minutes | mercredi dernier | plus tard

l'hiver précédent | avant-hier | demain | en ce moment

COMPLÉTER UNE PHRASE AVEC UN INDICATEUR TEMPOREL OU UNE FORME VERBALE CORRECTE

2 **Complète** ces phrases avec un des mots ou groupes de mots suivants :

actuellement • l'année prochaine • il y a huit jours • ce soir

____________________, tu prendras un bain chaud.

____________________, vous aurez huit ans.

____________________, sa famille était en vacances au Portugal.

____________________, elle prépare une surprise pour ses parents.

RECONNAITRE LE PASSÉ, LE PRÉSENT, LE FUTUR

3 **Coche** pour indiquer si chaque phrase est au présent, au passé ou au futur.

	PASSÉ	PRÉSENT	FUTUR
Nous finirons tard.			
Je travaillerai dur.			
Ma sœur a perdu une dent.			
Ils corrigent leurs cahiers.			

DISTINGUER TEMPS SIMPLES ET TEMPS COMPOSÉS

4 **Entoure** dans chaque couple de phrases celle qui est conjuguée à un temps composé.

Elle a voulu un chaton. / Elle veut un chaton.

Nous rentrons de vacances. / Nous sommes rentrés de vacances.

Ils ont dansé toute la nuit. / Ils dansaient toute la nuit.

Tu as gagné ton match. / Tu gagneras ton match.

PARCOURS 1

JE M'ENTRAINE

Date ....

CLASSER LES INDICATEURS TEMPORELS

1 **Colorie** uniquement les étiquettes contenant un mot ou groupe de mots indiquant le présent.

aujourd'hui | dans quinze jours

maintenant | autrefois | l'année dernière

hier matin | tout de suite | après

demain | en ce moment | avant

2 **Entoure** uniquement les phrases dont le mot ou groupe de mots en gras indique le passé.

Le mois dernier, je suis allé au cinéma.

Ma mère prépare des cookies **ce matin**.

Autrefois, les seigneurs habitaient dans des châteaux.

Mon frère a fait un horrible cauchemar **la nuit dernière**.

Dans un an, nous serons au CE2.

PARCOURS 1

JE M'ENTRAINE

Date ....

3 **Barre** les mots ou groupes de mots en gras quand ils n'indiquent pas le futur.

À l'avenir, tu ne pourras plus faire cela.

Tu dois ranger **tout de suite**.

Tu n'oublieras pas de sortir les poubelles **lundi prochain**.

Plus tôt, il essuyait la vaisselle.

Dans tes affaires, **demain**, tu trouveras des chaussettes.

UTILISER LES INDICATEURS TEMPORELS

4 **Relie** chaque groupe de mots au reste de la phrase qui lui correspond.

	il a acheté des croissants.
Plus tôt,	nous ferons un tour à vélo.
Plus tard,	elles mangent un gâteau.
En ce moment,	vous regarderez un film.
	tu répares la voiture.

JE M'ENTRAINE

Date ....

5 **Complète** ces phrases avec un mot ou groupe de mots indicateur de temps.

J'ai marché dans la forêt ______________________ .

______________________ , elle sera pilote de moto.

______________________ , les Bleus ont gagné la coupe du monde.

Tu nettoies la voiture ______________________ .

______________________ , le soleil a brillé.

RECONNAITRE LE PASSÉ, LE PRÉSENT, LE FUTUR

6 **Indique** PA si les phrases sont au passé, PR si elles sont au présent ou F si elles sont au futur. Tu peux t'aider des mots en gras !

Avant de sortir, nous avons pris nos manteaux. → ....

Jeudi prochain, les élèves iront voir un spectacle. → ....

Ce matin, ils visitent la caserne des pompiers. → ....

La rencontre sportive est annulée **aujourd'hui**. → ....

Il faisait un temps agréable **ces derniers jours**. → ....

JE M'ENTRAINE

Date ....

7 **Complète** ces phrases avec les verbes proposés :

marchent • ont marché • marcheront

Demain, les randonneurs ______________________ .

Plus tôt, les randonneurs ______________________ .

Ce midi, les randonneurs ______________________ .

attaquent • attaquaient • attaqueront

Autrefois, les pirates ______________ les navires.

Dans cent ans, les pirates ______________ les navires.

À l'instant, les pirates ______________ les navires.

DÉFI ÉCRITURE

LA LAMPE CASSÉE

8 En entrant dans la pièce, ta maman aperçoit une lampe cassée au sol. **Écris** trois phrases pour raconter ce qui s'est passé avant cet incident, ce qui se passe maintenant et ce qui va se passer après.

Avant que la lampe se casse,

PARCOURS 2

JE M'ENTRAINE

Date ....

PASSÉ, PRÉSENT, FUTUR **1** 2 3 4

REPÉRER ET CLASSER LES INDICATEURS TEMPORELS

1 **Entoure** dans chaque phrase le mot ou groupe de mots indicateur de temps.

Demain, ils feront une balade dans les bois.

Les enfants préparent une chasse au trésor maintenant.

Hier, ils ont écrit des indices.

Après la sortie, Tom rentrera chez lui avec un copain.

Le copain de Tom arrive à l'instant.

2 **Relie** les mots ou groupes de mots au temps associé.

il y a un siècle •	
dans un mois •	
à présent •	• passé
la veille •	• présent
la semaine passée •	• futur
le lendemain •	

PARCOURS 2

JE M'ENTRAINE

Date ....

PASSÉ, PRÉSENT, FUTUR 1 **2** 3 4

UTILISER LES INDICATEURS TEMPORELS

3 **Relie** chaque groupe de mots au reste de la phrase qui lui correspond.

	• un élève sonne la cloche.
Dans cinq minutes, •	• les élèves se rangeront.
Il y a une heure, •	• elles ont fermé la porte.
Tout de suite, •	• vous partirez en car.
	• le car démarre.

4 **Complète** ces phrases avec un mot ou groupe de mots indicateur de temps.

______________________, nous entrons en classe.

Ils prépareront leur cartable ______________________.

______________________, les filles ont joué au football.

Vous passerez votre permis ______________________.

Il faisait chaud ______________________.

PARCOURS 2
JE M'ENTRAINE
Date ....

PASSÉ, PRÉSENT, FUTUR 1 2 **3** 4

5 **Colorie** la forme verbale qui convient. Tu peux entourer les mots ou groupes de mots indicateurs de temps pour t'aider !

La semaine dernière, ma poule [pond] / [a pondu] un œuf.

Ils [ont ramassé] / [ramasseront] des noix samedi prochain.

En ce moment, un avion [survolera] / [survole] l'école.

Dans quelques années, tu [prendras] / [prenais] le train seul.

Actuellement, je [vois] / [voyais] mes grands-parents.

RECONNAITRE LE PASSÉ, LE PRÉSENT ET LE FUTUR

6 **Souligne** les mots indicateurs de temps, puis **indique** [PA] si les phrases sont au passé, [PR] si elles sont au présent ou [F] si elles sont au futur.

La dent d'Inès tombera dans quelques jours. → ....

L'automne dernier, l'écureuil a fait ses réserves. → ....

À l'instant, elle imprime ses fiches. → ....

Dans quelques années, les voitures voleront. → ....

Avant, ma grand-mère aimait tricoter. → ....

PARCOURS 2
JE M'ENTRAINE
Date ....

PASSÉ, PRÉSENT, FUTUR 1 2 3 **4**

7 **Réécris** les phrases suivantes en les mettant au présent et au futur.

Hier, elle a mangé au restaurant.

Aujourd'hui,
Demain,

La semaine dernière, vous avez fait une sortie.

Aujourd'hui,
Demain,

DÉFI ÉCRITURE
MON ENFANCE

8 **Écris** trois phrases pour dire ce que tu faisais quand tu étais petit, ce que tu fais maintenant et ce que tu feras plus tard.

Quand j'étais petit,

JE M'ENTRAINE

Date ....

REPÉRER ET CLASSER LES INDICATEURS TEMPORELS

① **Entoure** le mot ou le groupe de mots qui indique le temps dans ces phrases, puis **relie**-le au temps associé.

Jadis, le roi portait une couronne.	
Elle se lave en ce moment.	passé
Dans quelques jours, tu en riras.	présent
Avant, nous avons gouté.	futur
Après le repas, vous jouerez.	

UTILISER LES INDICATEURS TEMPORELS

② **Complète** ces phrases avec un indicateur temporel.

__________________ , il pleuvra certainement.

J'ai appelé mon chat un bon moment __________________ .

__________________ , mes frères ont donné un concert.

Nous sommes en avance __________________ .

La maitresse a corrigé les cahiers __________________ .

JE M'ENTRAINE

Date ....

③ **Complète** ces phrases en fonction du début qui est proposé.

La prochaine fois,

Les jours précédents,

Actuellement,

RECONNAITRE LE PASSÉ, LE PRÉSENT ET LE FUTUR

④ **Coche** pour indiquer si chaque phrase est au passé, au présent ou au futur, puis **entoure** le ou les mots qui t'ont permis de choisir.

	PASSÉ	PRÉSENT	FUTUR
Je souligne la date.			
Elle écrira au milieu de la ligne.			
Nous avons recopié le poème.			
Vous sauterez une ligne.			
Tu prenais soin de tes affaires.			

PARCOURS 3

JE M'ENTRAINE

Date ....

PASSÉ, PRÉSENT, FUTUR 1 2 **3** 4

DISTINGUER TEMPS SIMPLES / TEMPS COMPOSÉS

5 **Classe** les verbes suivants dans le tableau :

elles ont vu • *tu voulais* • *ils ont mangé*
nous dansons • *j'ai chanté* • *elle court*
vous prépariez • *on est parti*

TEMPS SIMPLE	TEMPS COMPOSÉ
....	....
....	....
....	....
....	....

6 **Souligne** les verbes conjugués à un temps simple et **entoure** les verbes conjugués à un temps composé.

La maitresse appelle les élèves. Elle explique les règles du jeu. Tout le monde prend place. Pendant la partie, Tom est tombé. La maitresse a appelé la directrice. L'enfant a eu peur. La directrice a mis un pansement. Finalement, tout va bien.

PARCOURS 3

JE M'ENTRAINE

Date ....

PASSÉ, PRÉSENT, FUTUR 1 2 3 **4**

MANIPULER DES VERBES À DIFFÉRENTS TEMPS

7 **Associe** les verbes qui ont le même infinitif.

nous ramperons •	• il a été
ils déplacent •	• j'avais déplacé
je prends •	• elle a eu
vous avez •	• nous avons pris
tu es •	• ils ont rampé
elle disait •	• vous avez dit

DÉFI ÉCRITURE

LE TEMPS PASSE

8 **Écris** trois phrases pour dire quel moyen de transport on utilisait, avec quoi on écrivait et comment on s'habillait autrefois, puis ce qu'il en est aujourd'hui et ce qu'il en sera du futur.

Jadis,
De nos jours,
A l'avenir,

ÉVALUATION 1

Prénom ....

Date ....

Compétences évaluées : Passé, présent, futur	Exercices	A+	A	PA	NA
Reconnaitre et utiliser des marqueurs temporels.	1, 2, 3				
Reconnaitre le passé, le présent, le futur.	4				

1 **Relie** chaque groupe de mots à la phrase qui convient.

	vous irez chez le coiffeur.
Hier,	le camion était en panne.
Demain,	tu joues aux petits chevaux.
En ce moment,	nous lirons un nouveau livre.
	j'apprends ma leçon.

2 **Colorie** la forme verbale qui convient.

Avant, tu as fermé / ferme / fermera les volets.

En ce moment, elle portait / porte / portera une robe.

L'année prochaine, vous avez appris / apprenez / apprendrez vos tables.

Hier, on ne voyait / voit / verras pas grand-chose.

3 **Complète** ces phrases avec les mots suivants :

plus tard • hier matin • en ce moment • à l'instant • plus tôt

______________________, la lionne chassait dans la savane.

Elle nourrira son chat ______________________.

______________________, notre père a changé les draps.

La maitresse ouvre la fenêtre ______________________.

______________________, Lisa répète sa leçon.

4 **Coche** pour indiquer si chaque phrase est au présent, au passé ou au futur.

	PASSÉ	PRÉSENT	FUTUR
J'éplucherai les légumes.			
Elle allumait la lumière.			
Nous discutons.			
Tu as raconté des bêtises.			

ÉVALUATION 2

Prénom ....

Date ....

Compétences évaluées : Passé, présent, futur	Exercices	A+	A	PA	NA
Reconnaitre le passé, le présent, le futur.	1, 2				
Distinguer temps simples et temps composés.	3, 4				

1 **Coche** pour indiquer si chaque phrase est au présent, au passé ou au futur.

	PASSÉ	PRÉSENT	FUTUR
Le chevalier a participé à un tournoi.			
Dans quelques jours, je présenterai mon exposé.			
Camille adore les romans d'aventure.			
Louis jouait de la trompette hier.			
L'araignée tisse sa toile.			

2 **Complète** les phrases avec un mot ou groupe de mots indicateur de temps.

________________________, elle plantera des salades.

________________________, tu as recollé la lampe brisée.

Vous mettrez le rôti au four ________________________.

________________________, mon papa regardait un film.

________________________, l'enfant appelle sa maman.

3 **Colorie** la forme verbale qui convient.

À la fin de l'année scolaire, je changeais / change / changerai d'école.

Aux dernières vacances, nous avons visité / visitons / visiterons l'Alsace.

En début de matinée, tu as sali / salis / saliras tes chaussures.

Mardi prochain, elles nageaient / nagent / nageront.

Cet élève a fait / fait / fera des efforts en ce moment.

4 **Entoure** les verbes conjugués à un temps composé et **souligne** les verbes conjugués à un temps simple.

- La cantinière a renversé de l'eau.
- Je déteste la musique classique.
- Marie postera une carte à sa tata.
- Le chat miaulait tous les soirs.
- Vous avez tiré une bonne carte.
- Nous avons marché sur la plage ce matin.

28 LE PASSÉ COMPOSÉ

Compétences travaillées (programmes modifiés 2018)

- **Se repérer dans la phrase simple**
  – Reconnaitre les principaux constituants de la phrase : le verbe (connaissances des propriétés permettant de l'identifier)
  – Différencier les principales classes de mots : le verbe.
- **Maitriser l'orthographe grammaticale de base**
  – Identifier la relation sujet-verbe (identification dans des situations simples).
  – Identifier le radical et la terminaison.
  – Trouver l'infinitif d'un verbe conjugué.
  – Mémoriser le passé composé pour *être* et *avoir* ; les verbes du 1er groupe ; les verbes irréguliers du 3e groupe : *faire, aller, dire, venir, pouvoir, voir, vouloir, prendre*.

FICHE ENSEIGNANT

Le passé composé est un temps plus complexe pour le cycle 2, car il implique de bien maitriser les verbes *être* et *avoir* au présent et la notion de temps composé est introduite. Les accords du participe passé ne sont pas au programme du cycle 2 ; c'est pourquoi ils ne sont proposés que dans l'identification et non dans la production.

Point notionnel	**Le passé composé** évoque principalement **un événement passé, achevé au moment où l'on parle**. Ce temps est **relié au présent** (il y a parfois une suite ou des résultats dans le présent). – Il évoque **un fait de premier plan** (par opposition à l'imparfait qui indique un fait secondaire). Ex. : *Je partais quand le facteur a sonné à la porte.* – Le passé composé marque la **succession chronologique des actions**. Ex. : *Hier, j'ai passé la journée avec mon amie, nous avons déjeuné et nous sommes rentrées.* – On utilise souvent le passé composé **à l'oral** comme on le ferait avec le passé simple à l'écrit. Ex. : *Christophe Colomb a découvert l'Amérique en 1492.* Le passé composé se construit avec l'**auxiliaire** (*être* ou *avoir*) conjugué au présent de l'indicatif et du **participe passé** du verbe conjugué. Les verbes se conjuguent majoritairement avec l'auxiliaire *avoir*. Les verbes pronominaux ainsi que certains verbes évoquant un état ou un changement d'état se conjuguent avec l'auxiliaire *être*. Ex. : *Je me suis promené. Tu es parti à Londres avec ta famille.*	
Différenciation	**Parcours 1**	• Les formes verbales à restituer sont : *être*, *avoir* et les verbes du 1er groupe. • Les sujets sont des pronoms. • Il n'y a pas d'accord avec l'auxiliaire être.
	Parcours 2	• Les formes verbales à restituer sont : *être*, *avoir*, les verbes du 1er groupe, ainsi qu'une approche des verbes irréguliers du 3e groupe au programme. • Les sujets sont des pronoms et des groupes nominaux simples (déterminant + nom ou nom propre). • Les accords ne sont proposés que lorsque le verbe est à identifier.
	Parcours 3	• Les formes verbales à restituer sont : *être*, *avoir*, verbes du 1er groupe et les verbes irréguliers du 3e groupe au programme. • Les sujets sont des pronoms et des groupes nominaux (déterminant + nom, déterminant + nom + adjectif, nom propre). • Les accords ne sont proposés que lorsque le verbe est à identifier.
Erreurs rencontrées	• Identification du seul auxiliaire dans le repérage du verbe, au détriment du participe passé. • Difficulté pour choisir l'auxiliaire. De plus, certains élèves font la confusion à l'oral. Ex. : *j'ai tombé*, au lieu de *je suis tombé*.	
Remédiation	• Les outils usuels de la classe (livret de conjugaison, affichage) sont des appuis pour les élèves dans le travail de construction des formes verbales mais aussi dans la vérification. • Mettre en place des jeux de manipulation et d'entrainement (comme le morpion de conjugaison dans la version numérique du fichier) afin de faciliter la mémorisation. • Il sera important de travailler l'oral afin d'automatiser des tournures de phrases correctes.	

LEÇON

LE PASSÉ COMPOSÉ

Le passé composé sert à **parler du passé**. On l'utilise aussi **pour raconter des histoires**.

- **Il se construit avec deux mots** :

l'auxiliaire *être* ou *avoir* au présent + le verbe conjugué au participe passé

Ex. : J'ai chanté devant un public.

auxiliaire (ai) — participé passé (chanté)

- **Les participes passés des verbes en -*er*** se terminent par -*é*.

parler ➜ parlé
manger ➜ mangé
tomber ➜ tombé
ramasser ➜ ramassé
crier ➜ crié
voler ➜ volé

- **Les participes passés des autres verbes** comme *être*, *avoir*, *faire*, *dire*, *venir*, *vouloir*, *voir* ou *prendre* sont irréguliers.

être ➜ été
faire ➜ fait
venir ➜ venu
voir ➜ vu
avoir ➜ eu
dire ➜ dit
vouloir ➜ voulu
prendre ➜ pris

LEÇON ILLUSTRÉE

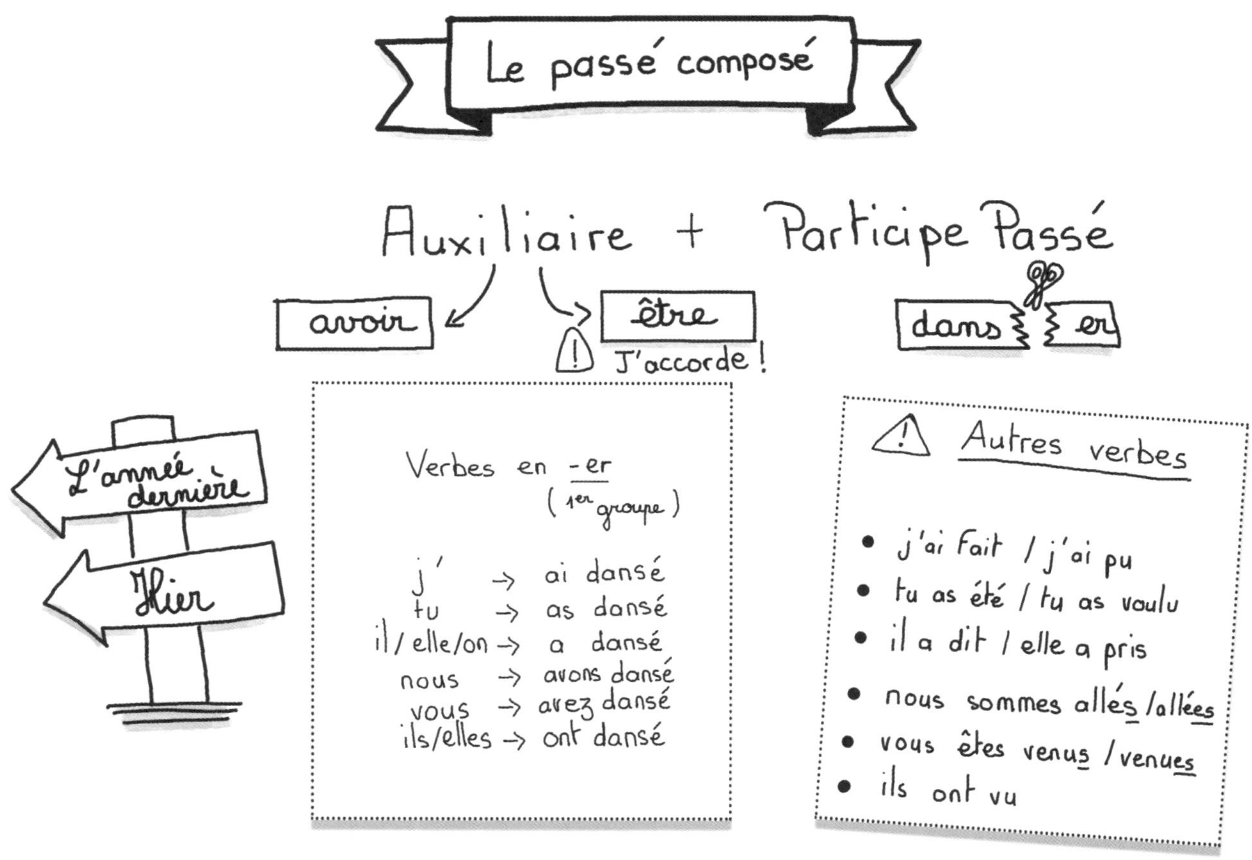

JE ME TESTE 1

Prénom ....

Date ....

CONNAITRE LES RÉGULARITÉS DES MARQUES DE TEMPS

1 **Colorie** uniquement les étiquettes contenant des verbes au passé composé.

J'ai rencontré mes voisins. | Il révise sa poésie. | Nous sommes tombés.

Tu visiteras Londres. | Elles ont dansé toute la nuit.

Elle marchait depuis longtemps. | Vous avez oublié votre cahier.

TROUVER L'INFINITIF D'UN VERBE CONJUGUÉ

2 **Relie** chaque verbe conjugué à son infinitif.

tu as eu •	• bouder
vous avez boudé •	• ranger
ils ont nagé •	• avoir
j'ai rangé •	• nager

MÉMORISER LE PASSÉ COMPOSÉ POUR *ÊTRE* ET *AVOIR*, LES VERBES DU 1er GROUPE ET LES VERBES IRRÉGULIERS DU 3e GROUPE

3 **Écris** les verbes de ces phrases en les conjuguant au passé composé.

J'(*acheter*) ________ ________________ un cadeau pour ton anniversaire.

Hier, nous (*partager*) ________ ________________ notre gouter.

Tu (*dessiner*) ________ ________________ ta famille.

Elles (*regarder*) ________ ________________ leur dessin animé préféré.

4 **Complète** ces phrases en tenant compte des sujets indiqués.

La semaine dernière, j'ai voyagé en Angleterre. J'ai visité les studios Harry Potter.

La semaine dernière, il ________ ________________ en Angleterre. Il ________ ________________ les studios Harry Potter.

JE ME TESTE 2

Prénom ....

Date ....

CONNAITRE LES RÉGULARITÉS DES MARQUES DE TEMPS

1 Colorie uniquement les étiquettes contenant des verbes au passé composé.

Je soufflerai sur ta maison. | Tu as cuisiné un bon repas.

Elle a glissé. | Nous étions au cirque. | Elle a présenté son exposé.

J'irai au sport demain. | Elles ont eu très peur ! | J'étais à la piscine.

CONNAITRE LES RÉGULARITÉS DES MARQUES DE TEMPS ET DE PERSONNE

2 Relie chaque verbe conjugué à son infinitif.

j'ai fait •	• prendre
nous sommes allés •	• aller
j'ai été •	• faire
elles ont pris •	• être

MÉMORISER LE PASSÉ COMPOSÉ POUR *ÊTRE* ET *AVOIR*, LES VERBES DU 1er GROUPE ET LES VERBES IRRÉGULIERS DU 3e GROUPE

3 Écris les verbes de ce texte en les conjuguant au passé composé.

La sorcière (décider) ____________ de transformer les habitants du village en souris. Elle (prendre) ____________ sa baguette magique. Les villageois (avoir) ____________ très peur et (pouvoir) ____________ se cacher dans le château. Tout le monde (être) ____________ sauvé.

4 Recopie ces phrases en conjuguant les verbes au passé composé.

Le maitre voit Achille seul dans la cour. Il dit au garçon de venir le voir. Il prend sa température. Il appelle son papa. Il arrive vite et ramène Achille chez lui.

Le maitre

JE M'ENTRAINE

Date ....

LE PASSÉ COMPOSÉ 1 2 3 4

RECONNAITRE LE VERBE CONJUGUÉ AU PASSÉ COMPOSÉ

① **Colorie** uniquement les étiquettes contenant un verbe au passé composé.

La semaine dernière, vous avez déménagé.

Nous transportons les cartons.

Tu décoreras ta chambre.

Ils ont visité des maisons pendant un an.

J'ai oublié d'éteindre.

Elle a rangé ses tiroirs.

CONNAITRE LES RÉGULARITÉS DE PERSONNE : VERBES DU 1er GROUPE

② **Relie** chaque sujet au reste de la phrase qui lui correspond.

Nous	ont joué à un jeu de société.
Elles	suis tombée dans le jardin.
Il	a acheté un livre.
Je	avons gouté la confiture de mamie.

JE M'ENTRAINE

Date ....

LE PASSÉ COMPOSÉ 1 2 3 4

③ **Colorie** l'auxiliaire qui convient.

Exemple : *Il* est / a *chanté.*

Nous sommes / avons dansé toute la soirée.

Hier soir, tu es / as rentré tard de l'école.

L'avion s' est / a envolé pour la Corse.

L'été dernier, ils sont / ont voyagé en Irlande.

CONNAITRE LES RÉGULARITÉS DE PERSONNE : VERBES *ÊTRE* ET *AVOIR*

④ **Relie** chaque sujet au reste de la phrase qui lui correspond.

Ils	a été malade hier.
Vous	ont été très contents de ce voyage.
Elle	as eu une belle surprise.
Tu	avez eu de l'argent de poche.

JE M'ENTRAINE Date ....

PARCOURS 1

LE PASSÉ COMPOSÉ 1 2 **3** 4

5 **Complète** ces phrases avec un pronom qui convient.

______ avez eu froid à la patinoire.

______ ont eu très peur pendant le film.

______ ai été surprise de le voir.

______ as eu les félicitations de ton professeur.

______ ont été heureux de leur match.

______ avons eu des bonbons pour Halloween.

Les pronoms :
je (j')
tu
il, elle, on
nous
vous
ils, elles

MÉMORISER LE PASSÉ COMPOSÉ POUR *ÊTRE* ET *AVOIR*, LES VERBES DU 1er GROUPE

6 **Remplis** la grille avec le participé passé des verbes conjugués au passé composé. Tu découvriras le mot secret dans la colonne grisée.

① *faner* → elles ont ...
② *placer* → tu as ...
③ *être* → j'ai ...
④ *avoir* → vous avez ...
⑤ *rigoler* → nous avons ...

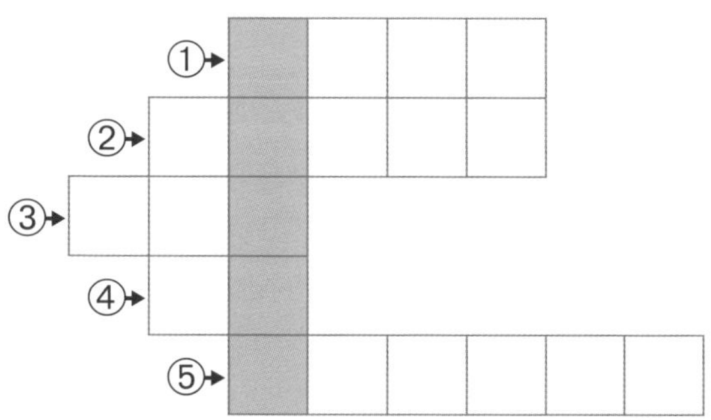

Mot secret : ....

JE M'ENTRAINE Date ....

PARCOURS 1

LE PASSÉ COMPOSÉ 1 2 3 **4**

7 **Complète** ces phrases en tenant compte des sujets indiqués.

*L'année dernière, tu **as visité** Paris. Tu **as aimé** cette ville.*

L'année dernière, j' ______ ______ Paris. J' ______ ______ cette ville.

L'année dernière, vous ______ ______ Paris. Vous ______ ______ cette ville.

L'année dernière, ils ______ ______ Paris. Ils ______ ______ cette ville.

DÉFI ÉCRITURE

TES PLUS BELLES VACANCES

8 **Écris** trois phrases pour raconter les plus belles vacances de ta vie, en utilisant des verbes du 1er groupe (*voyager*, *regarder*, *nager*, *manger*, *marcher*...) ainsi que les verbes *être* et *avoir*.

Exemple : *J'ai visité Londres. J'ai mangé des plats anglais et j'ai marché dans Hyde Park.*

PARCOURS 2

JE M'ENTRAINE

Date ....

LE PASSÉ COMPOSÉ **1** 2 3 4

RECONNAITRE LE VERBE CONJUGUÉ AU PASSÉ COMPOSÉ

1 **Colorie** uniquement les étiquettes contenant un verbe au passé composé.

- Sophie a sauvé un chaton.
- Vous avez très faim.
- Vous serez en Bretagne cet été.
- J'ai été très sage ce soir.
- On a vu un arc-en-ciel.
- L'année dernière, nous étions en CP.
- Hier, tu as réalisé un gâteau délicieux.
- Émile et Lio ont pris le train.

CONNAITRE LES RÉGULARITÉS DE PERSONNE : VERBES DU 1er GROUPE

2 **Relie** chaque sujet au reste de la phrase qui correspond.

Tu	ont déménagé vers le sud.
Isabelle	avez attrapé un gros rhume.
Les oiseaux	a enseigné il y a vingt ans.
Vous	as envoyé une carte à Sam.

PARCOURS 2

JE M'ENTRAINE

Date ....

LE PASSÉ COMPOSÉ 1 **2** 3 4

3 **Complète** chaque verbe au passé composé avec l'auxiliaire *être* ou *avoir* au présent.

Hier, tu ______ mangé chez tes grands parents.

Il ______ tombé en courant.

Nous __________ passés par les petites routes.

Les élèves _______ cherché une solution.

Vous _______ rentrés très tard de votre voyage.

J' ______ écouté une très belle musique.

CONNAITRE LES RÉGULARITÉS DE PERSONNE : VERBES *ÊTRE* ET *AVOIR*

4 **Relie** chaque sujet au reste de la phrase qui lui correspond.

Vous	ont été heureuses de cette nouvelle.
Nous	ai eu la fève de la galette.
J'	avons été les premiers du tournoi.
Elles	avez eu une grosse frayeur !

JE M'ENTRAINE Date ....

PARCOURS 2

LE PASSÉ COMPOSÉ 1 2 **3** 4

5 **Complète** les phrases avec les verbes *être* ou *avoir* conjugués au passé composé.

Il ______________ une petite sœur hier.

Mes parents ______________ en retard.

Vous ______________ des frites à la cantine.

Tu ______________ huit ans.

J' ______________ rapide à finir mon travail.

Nous ______________ des invités à diner.

MÉMORISER LE PRÉSENT POUR *ÊTRE* ET *AVOIR*, LES VERBES DU 1er ET DU 3e GROUPE

6 **Remplis** la grille avec le participé passé des verbes conjugués au passé composé. Tu découvriras le mot secret dans la colonne grisée.

① *faire* → j'ai ...
② *vouloir* → nous avons ...
③ *prendre* → tu as ...
④ *oublier* → j'ai ...
⑤ *venir* → il est ...

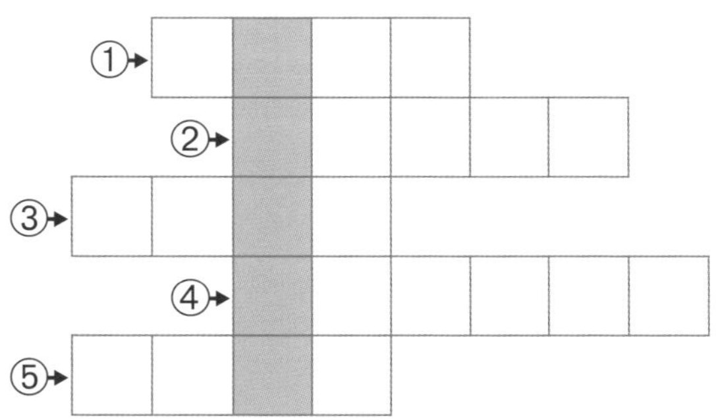

Mot secret : ....

JE M'ENTRAINE Date ....

PARCOURS 2

LE PASSÉ COMPOSÉ 1 2 3 **4**

7 **Complète** ce texte en tenant compte des sujets indiqués.

*Dimanche, nous **avons eu** envie de partir à la mer. Papa **a fait** les valises et il **a pris** une carte pour le voyage. Antoine **a voulu** emmener le chat mais papa **a dit** qu'il devait rester ici.*

Dimanche, vous ______________ envie de partir à la mer. Vos parents ______________ les valises et ils ______________ une carte pour le voyage. Tu ______________ emmener le chat mais tes parents ______________ qu'il devait rester ici.

DÉFI ÉCRITURE

UNE JOURNÉE À LA MER

8 **Écris** trois phrases pour raconter une journée à la mer, en utilisant des verbes du 1er groupe (*manger, nager, jouer, ramasser, se promener*...) et les verbes *être, avoir, aller, faire, dire*...

Exemple : *Je suis allé à la mer. J'ai mangé une glace et j'ai creusé dans le sable.*

PARCOURS 3

JE M'ENTRAINE

Date ....

RECONNAITRE LE VERBE CONJUGUÉ AU PASSÉ COMPOSÉ

1 Colorie uniquement les étiquettes contenant un verbe au passé composé.

- Tu n'as rien mangé !
- Vous aviez raison.
- Ethan est allé au cinéma.
- J'ai eu un bouquet.
- Nous pourrons prendre le métro.
- Les tortues se déplacent lentement.
- Nous avons invité Léo.
- Elle a joué sur la plage.

CONNAITRE LES RÉGULARITÉS DE PERSONNE : VERBES DU 1er GROUPE ; *ÊTRE* ET *AVOIR*

2 Relie chaque sujet au reste de la phrase qui lui correspond.

Tu •	• a été malade.
Je •	• ont dévoré toutes les salades.
Ta cousine •	• avons eu une lettre de nos amis
Nous •	• suis tombé de cheval.
Les lapins •	• as participé à un match de basket.

PARCOURS 3

JE M'ENTRAINE

Date ....

3 Colorie l'auxiliaire qui convient.

Vous [avez] / [êtes] / [avons] passés par la forêt.

Tu [a] / [es] / [as] ramassé des jolies fleurs.

Des champignons [sont] / [ont] / [a] poussé dans la pelouse.

Je n'[est] / [es] / [ai] pas encore acheté ce livre.

Nous nous [sommes] / [avons] / [a] promenés au bord de la mer.

Valentine [as] / [a] / [est] cherché sa bille pendant une heure.

4 Complète ces phrases en conjuguant les verbes au passé composé.

Le vent (*souffler*) ______________ très fort.

Paul (*être*) ______________ content de gagner sa partie.

Hier soir, j'(*rencontrer*) ______________ une amie à la bibliothèque.

Pendant la tempête, le vieux cabanon (*tomber*) ______________ .

Tu (*avoir*) ______________ une grosse bosse.

Je (*entrer*) ______________ le dernier.

MÉMORISER LE PRÉSENT POUR *ÊTRE* ET *AVOIR*, LES VERBES DU 1er ET DU 3e GROUPE

5 Remplis la grille avec le participé passé des verbes conjugués au passé composé. Tu découvriras le mot secret dans la colonne grisée.

① *venir* → je suis ...
② *vouloir* → il a ...
③ *dire* → vous avez ...
④ *faire* → tu as ...
⑤ *pouvoir* → nous avons ...
⑥ *prendre* → on a ...
⑦ *avoir* → elles ont ...

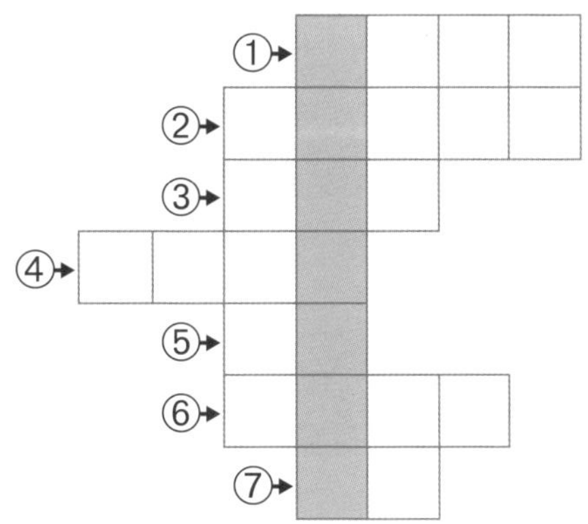

Mot secret : ....

6 Complète les phrases en conjuguant les verbes au passé composé.

L'oisillon (*prendre*) ________________ son envol.

J'(*être*) ________________ surpris de voir mes copains !

Hugo (*aller*) ________________ à l'école tout seul.

Ils (*prendre*) ________________ des pommes pour le gouter.

Nous (*faire*) ________________ un très bon exposé.

Vous (*dire*) ________________ bonjour au facteur.

7 Réécris ce texte en le mettant au passé composé.

La classe prépare des crêpes pour le carnaval. La maitresse fait les courses et affiche la recette. Les élèves cassent les œufs, ajoutent le reste et mélangent. « Vous êtes de bons cuisiniers ! Toute l'école adore vos crêpes. »

DÉFI ÉCRITURE

L'ARTICLE DE JOURNAL

8 Écris un court article de journal sur un évènement qui a eu lieu en classe ou à l'école. Attention, les verbes doivent être au passé composé !

Exemple : *La semaine dernière, les élèves de CE2 sont allés au cinéma. Ils ont vu le film* Le cirque de Charlie Chaplin*...*

ÉVALUATION 1

Prénom ....

Date ....

Compétences évaluées : Le passé composé	Exercices	A+	A	PA	NA
Mémoriser le passé composé pour *être* et *avoir*.	1, 2				
Mémoriser le passé composé pour les verbes du 1er groupe.	1, 3, 4				

1 Colorie uniquement les étiquettes contenant un verbe au passé composé.

Elle a planté des graines. | Je mangeais vite. | Tu as eu très mal.

Il est resté dormir chez son copain. | Nous partons à la mer. | J'ai chaud !

2 Complète ce tableau de conjugaison.

Hier, ...	ÊTRE	AVOIR
elle		
vous		
ils, elles		

3 Complète les verbes de ces phrases au passé composé avec l'auxiliaire qui convient.

Je ________ tombée près du lac.

Vous ________ déménagé la semaine dernière.

Tu ______ joué dans le parc.

L'année dernière, nous __________ montés en haut de la tour Eiffel.

Mes parents ________ bricolé dans le garage.

Le chien ________ creusé un trou dans le jardin.

Il ________ arrivé le premier à mon anniversaire.

4 Complète cette phrase en remplaçant par les sujets proposés.

La semaine dernière, j'ai ramassé des fleurs. J'ai préparé un bouquet pour ma maman. Elle a été très contente.

La semaine dernière, tu ______ ______________ des fleurs.

Tu ______ ______________ un bouquet pour tes parents.

Ils ______ ______________ très contents.

ÉVALUATION 2

Prénom ....

Date ....

Compétences évaluées : Le passé composé	Exercices	A+	A	PA	NA
Mémoriser le passé composé pour *être* et *avoir*.	1, 2				
Mémoriser le passé composé pour les verbes du 1er groupe et les irréguliers du 3e groupe.	1, 2, 3, 4				

1 **Colorie** uniquement les étiquettes contenant des verbes au passé composé.

Tu as fait tes devoirs. | Vous êtes allés en Provence. | J'ai un rhume.

Nous aurons neuf ans. | Ils partagent leurs bonbons. | Elle a vu un concert.

Tu as eu de belles baskets. | Le renard se sauvera. | Je suis arrivé en retard.

2 **Complète** ce tableau de conjugaison.

Hier, ...	ÊTRE	AVOIR	PRENDRE	VOULOIR
je/j'				
tu				
nous				

3 **Écris** les verbes de ces phrases en les conjuguant au passé composé.

Je (*venir*) ______________________ avec mes parents.

Nous (*faire*) ______________________ une randonnée à la montagne.

Walid (*deviner*) ______________________ ma cachette.

Tu (*monter*) ______________________ à cheval pour la première fois.

Ces grands arbres (*être*) ______________________ plus beaux.

Vous (*avoir*) ______________________ des livres à Noël.

4 **Recopie** ces phrases en les mettant au passé composé.

La classe fait son cours de gymnastique. L'éducateur présente les ateliers. Quand Paul monte sur la poutre, il a peur. Ses amis encouragent le garçon.

VOCABULAIRE
CONSTRUIRE LE LEXIQUE

SOCLE COMMUN

Domaine 1 : Les langages pour penser et communiquer
« Comprendre, s'exprimer en utilisant la langue française à l'oral et à l'écrit.
Au cycle 2, l'apprentissage de la langue française s'exerce à l'oral, en lecture et en écriture. L'acquisition d'une aisance à l'oral, **l'accès à la langue écrite en réception et en production s'accompagnent de l'étude du fonctionnement de la langue** et permettent de produire des énoncés oraux maitrisés, des écrits simples, organisés, ponctués, de plus en plus complexes et de commencer à exercer **une vigilance orthographique**.
Tous les enseignements concourent à la maitrise de la langue. »

Domaine 2 : Les méthodes et outils pour apprendre
« Tous les enseignements concourent à développer les compétences méthodologiques pour améliorer l'efficacité des apprentissages et favoriser la réussite de tous les élèves. Savoir apprendre une leçon ou une poésie, **utiliser des écrits intermédiaires, relire un texte, une consigne, utiliser des outils de référence**, fréquenter des bibliothèques et des centres de documentation pour rechercher de l'information, utiliser l'ordinateur, etc., sont autant de pratiques à acquérir pour permettre de mieux organiser son travail. »
« En français, extraire des informations d'un texte, d'une ressource documentaire permet de répondre aux interrogations, aux besoins, aux curiosités ; la familiarisation avec quelques logiciels (traitement de texte avec correcteur orthographique, dispositif d'écriture collaborative, etc.) aide à rédiger et à se relire. »

PROGRAMMES MODIFIÉS 2018

« Les objectifs essentiels de l'étude de la langue au cycle 2 sont liés à la lecture et à l'écriture. Les connaissances acquises permettent de traiter des problèmes de compréhension et des problèmes orthographiques.
Dès le cycle 2, l'enseignement de la langue est mené de manière structurée et progressive : la leçon de grammaire et de vocabulaire (découverte par l'élève d'une notion grammaticale ou d'un mot, de son sens, éventuellement de son histoire) doit être pratiquée dans le cadre de séances régulières qui leur sont spécifiquement consacrées.
Les élèves y apprennent progressivement à pratiquer des observations et à se repérer dans la phrase. Ils prennent conscience du fonctionnement de la langue pour en acquérir les notions fondamentales.
L'étude de la langue s'appuie sur l'observation et la manipulation d'énoncés oraux et écrits issus de corpus soigneusement constitués. C'est à partir de ces activités qu'il convient de structurer les apprentissages et de formuler des règles. Une dernière phase consiste à automatiser et mémoriser les compétences acquises. S'ils sont fréquents dans l'usage, les phénomènes irréguliers doivent être mémorisés. »

Attendus de fin de cycle :
- orthographier les mots les plus fréquents (notamment en situation scolaire) et les mots invariables mémorisés ;
- utiliser ses connaissances sur la langue pour mieux s'exprimer à l'oral, pour mieux comprendre des mots et des textes, pour améliorer des textes écrits.

Dans 1, 2, 3... Parcours Étude de la langue CE	Repères annuels de progressivité	
	CE1	CE2
29 **Le dictionnaire**	Les élèves catégorisent plus précisément des mots afin de percevoir leurs relations. Ils constituent des outils qui évoluent tout au long de l'année et dont l'emploi est conjugué progressivement à celui du dictionnaire. À partir de la période 3, les élèves apprennent à utiliser **le dictionnaire** et à s'y repérer. Ils découvrent l'article et ses différents constituants (classe grammaticale, genre, définition, exemple, synonyme, antonyme).	Les élèves consultent seuls **le dictionnaire**. Ils se repèrent dans un article. Ils différencient la définition de l'exemple. Ils donnent la classe grammaticale, des synonymes et des antonymes du mot recherché. Le dictionnaire est utilisé au service de l'amélioration des écrits.
30 **Les synonymes et antonymes, les familles de mots, les niveaux de langue, le champ lexical autour de trois thèmes : l'école, la vie quotidienne, les émotions.**	Tout au long de l'année, les élèves perçoivent : – les relations liées au sens (**antonymes/ synonymes**) sur des classes grammaticales identiques (adjectifs, verbes...) ; – les relations liées à la forme (**mots de la même famille**). Ils structurent, enrichissent et mobilisent le vocabulaire étudié au service de la compréhension et de l'orthographe. Ils commencent à développer des stratégies pour découvrir le sens de mots inconnus en s'appuyant sur leur morphologie. Les élèves perçoivent **les niveaux de langue** familier et courant, les nomment. Ils découvrent le niveau soutenu.	Tout au long de l'année, les élèves mobilisent à l'oral comme à l'écrit : – les relations liées au sens (**antonymes/ synonymes**) sur des classes grammaticales identiques (adjectifs, verbes...) ; – les relations liées à la forme (**mots de la même famille**). Ils enrichissent et mobilisent régulièrement en situation de lecture et d'écriture les outils lexicaux constitués. Ils utilisent des stratégies pour découvrir seuls le sens de mots inconnus (déduire et comprendre le sens de « *déforestation* » à partir de sa construction par exemple). Les élèves perçoivent **les niveaux de langue** (familier, courant et soutenu) à l'oral comme à l'écrit.

JEUX POUR RITUELS ET ATELIERS

LES JEUX À L'ORAL

Jeu du dictionnaire Biblio MANUELS	• **But :** trouver le plus vite possible les trois mots donnés par l'enseignant. Les élèves les plus rapides gagnent respectivement 5, 3 ou 1 point qu'ils consignent dans un tableau de score. • **Mise en place :** en atelier ou collectif. • **Fréquence :** challenge rituel quotidien ou hebdomadaire. • **Objectif :** travailler sur l'utilisation du dictionnaire.
Maison des mots Biblio MANUELS	• **But :** en un temps donné, sur un support en forme de maison, trouver le plus de mots appartenant à la famille du mot choisi, en s'aidant ou non du dictionnaire. • **Mise en place :** en atelier ou collectif. • **Fréquence :** rituel hebdomadaire. • **Objectif :** travailler sur les familles de mots.

LES JEUX À IMPRIMER

Centre des mots : « la rentrée » 	• **But :** tirer une carte consigne (en tout, il y a18 cartes consignes différentes : écrire les mots sur l'ordinateur, à la craie, plusieurs fois, les yeux fermés, etc.) et l'utiliser avec le centre des mots sur le thème de la rentrée. • **Mise en place :** en atelier ou collectif. • **Fréquence :** rituel hebdomadaire. • **Objectif :** travailler le vocabulaire de l'école. **Source :** http://maisquefaitlamaitresse.com/centre-des-mots-la-rentree/
Motamo 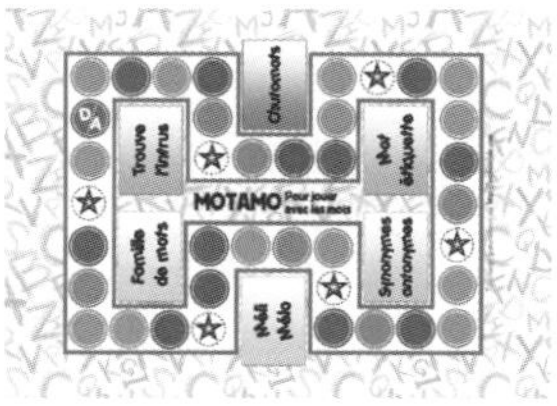	• **But :** jeu de plateau avec des cartes défi (dire le mot étiquette qui correspond à une liste de mots, trouver le mot qui n'est pas de la même famille que les autres, celui qui ne fait pas partie de la même catégorie que les autres, recomposer un mot en s'aidant de sa catégorie, de sa première lettre et de ses autres lettres en désordre, dire le synonyme ou l'antonyme d'un mot donné, faire deviner un mot sans dire les trois mots interdits). • **Mise en place :** en atelier. • **Fréquence :** selon les besoins. • **Objectif :** travailler sur les notions de mot étiquette, famille de mots, intrus, synonymes et antonymes. **Source :** http://cycle2.orpheecole.com/2011/11/jeu-fabriques-motamo-jeu-de-vocabulaire-pour-ce1/
Lexico 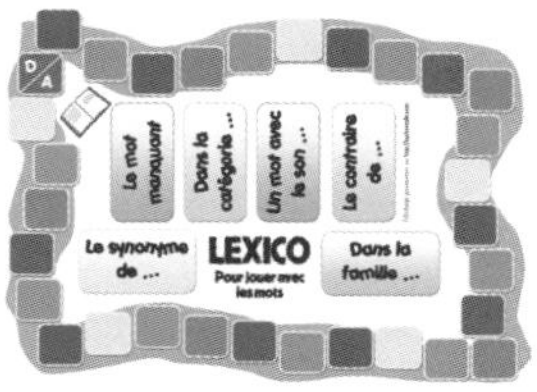	• **But :** jeu de plateau avec des cartes défi (retrouver le mot qui manque, trouver un mot faisant partie d'une catégorie nommée, dire un mot contenant le son demandé, trouver le contraire d'un mot donné, trouver le synonyme d'un mot donné, dire un mot de la même famille qu'un mot donné). • **Mise en place :** en atelier. • **Fréquence :** selon les besoins. • **Objectif :** travailler sur les notions de mot manquant, catégorie, sons, synonymes et antonymes, famille de mots. **Source :** http://cycle2.orpheecole.com/2011/11/jeux-fabriques-lexico-jeu-de-vocabulaire-pour-ce1/
Domino des contraires Biblio MANUELS	• **But :** être le premier à poser tous ses dominos. Même règle que pour les dominos classiques. Les deux dominos posés côte à côte doivent être des antonymes. • **Mise en place :** en atelier. • **Fréquence :** selon besoins. • **Objectif :** étendre son vocabulaire autour de mots antonymes.
7 familles de synonymes Biblio MANUELS	• **But :** être le premier à composer le plus de familles possibles et se défausser de toutes ses cartes. Selon la règle classique du jeu de 7 familles. • **Mise en place :** en atelier. • **Fréquence :** selon les besoins. • **Objectif :** étendre son vocabulaire autour de mots synonymes.

Jeu des préfixes Biblio MANUELS	• **But :** replacer les mots en les associant à un préfixe possible. • **Mise en place :** en atelier. • **Fréquence :** selon les besoins. • **Objectif :** travailler sur la composition des mots par préfixe.
7 familles de mots 	• **But :** être le premier à composer le plus de familles possible et se défausser de toutes ses cartes. Selon la règle classique du jeu de 7 familles • **Mise en place :** en atelier. • **Fréquence :** selon les besoins. • **Objectif :** étendre son vocabulaire autour des familles de mots. **Source :** https://leblogducancre.com/le-jeu-des-7-familles-de-mots/

LES JEUX DU COMMERCE

Vocadingo CP-CM1 	• **But :** trouver les mots à partir de devinettes, définitions, anagramme... • **Mise en place :** en atelier ou collectif. • **Fréquence :** rituel hebdomadaire. • **Objectif :** étendre son vocabulaire.
Synodingo 	• **But :** associer des mots ayant approximativement le même sens. Différentes règles proposées pour jouer par groupe ou en classe entière. • **Mise en place :** en atelier ou collectif. • **Fréquence :** rituel hebdomadaire. • **Objectif :** travailler les notions de synonyme et de contraire (ou antonyme), étendre son vocabulaire
Ronde des émotions 	• **But :** jeu de cartes pour reconnaitre, mimer, ressentir et réfléchir aux principales émotions. 7 émotions sont présentes dans le jeu (la colère, la joie, la peur, la tristesse, la honte, la surprise et la tendresse). • **Mise en place :** en atelier ou collectif. • **Fréquence :** rituel hebdomadaire. • **Objectif :** travailler le vocabulaire des émotions.

29 LE DICTIONNAIRE

Compétences travaillées (programmes modifiés 2018)

- **Construire le lexique**
  – Être capable de consulter un dictionnaire et de se repérer dans un article, sur papier ou en version numérique.

FICHE ENSEIGNANT

Dans ce chapitre, les exercices proposés permettent aux élèves d'apprendre à utiliser le dictionnaire.
Un travail sur l'ordre alphabétique est proposé en début de parcours, réel préalable à l'apprentissage de la recherche dans le dictionnaire. Les élèves sont aussi amenés à identifier et à utiliser les différents éléments d'un article de dictionnaire (définition, exemple, abréviation...). L'usage du dictionnaire, papier ou numérique, doit faire l'objet d'un apprentissage au cycle 2 afin de développer et approfondir son utilisation au cycle 3.

Point notionnel	Le dictionnaire est **un ouvrage de référence contenant un ensemble des mots d'une langue ou d'un domaine d'activité présentés par ordre alphabétique**. Pour chaque mot sont proposés : – une définition ; – une explication ou une correspondance : synonyme, antonyme, cooccurrence (présence simultanée de deux ou plusieurs éléments dans le même énoncé - Ex. au mot *femme : femme enceinte, jeune femme, épouser une femme*...), traduction ou étymologie ; – un exemple ou une citation. Le dictionnaire **permet de vérifier l'orthographe et le sens d'un mot**. Certains mots ont plusieurs sens, ils sont polysémiques. ⚠ **Il ne faut pas confondre polysémie et homonymie**. Deux mots homonymes ont la même forme (phonique et/ou graphique) mais sont des mots totalement différents, c'est-à-dire qu'ils n'ont pas la même étymologie, pas le même sens. Ex. : Le mot *virus* désigne à la fois un organisme microscopique qui cause ou une maladie et un programme caché qui peut empêcher un ordinateur de fonctionner correctement.	
Différenciation	**Parcours 1**	• Ranger dans l'ordre alphabétique 3 à 5 lettres ou mots dont les premières lettres sont différentes. • Chercher des mots dans le dictionnaire et retrouver leur définition, leur nature, etc.
	Parcours 2	• Ranger dans l'ordre alphabétique 3 à 5 mots dont une ou deux lettres d'attaque sont identiques. • Insérer un mot dans une liste rangée dans l'ordre alphabétique. • Chercher des mots (plus complexes) dans le dictionnaire et retrouver leur définition, leur nature, etc.
	Parcours 3	• Ranger dans l'ordre alphabétique 5 à 7 mots dont plusieurs lettres d'attaque sont identiques. • Insérer un mot dans une liste rangée dans l'ordre alphabétique. • Chercher des mots (de plus en plus complexes) dans le dictionnaire et retrouver leur définition, leur nature, etc.
Erreurs rencontrées	• Confusion dans le rangement dans l'ordre alphabétique due à une méconnaissance de l'ordre alphabétique (oubli de lettres ou mauvais positionnement). • Difficulté à trouver les mots recherchés dans le dictionnaire, notamment s'ils ont plusieurs lettres d'attaque identiques.	
Remédiation	• Un affichage de classe, type alphabet, est important pour que les élèves s'y réfèrent.	

LEÇON

LE DICTIONNAIRE

- L'alphabet comporte 26 lettres. Dans un dictionnaire, les mots sont rangés dans **cet ordre alphabétique** :

a b c d e f g h i j k l m n o p q r s t u v w x y z

Pour trouver un mot, il faut regarder **l'ordre des lettres** qui le composent : d'abord la 1re lettre, puis si les mots commencent par la même lettre, la 2e, la 3e, etc.
Ex. : dans le dictionnaire, *chat* est avant *cheval* car, si les deux 1e lettres *ch* sont les mêmes, le *a* de *chat* est avant le *e* de *cheval*.

- **Présentation dans le dictionnaire** :
En haut des pages, on trouve les **mots repères** : ils indiquent le premier et le dernier mot de la double page.
Un article de dictionnaire donne **l'orthographe** et le sens d'un mot (**la définition**).
Il indique aussi **la nature** (et **le genre**) du mot et donne **une phrase exemple.**

⚠ **Attention** :
– dans un dictionnaire, les noms sont au singulier et les verbes à l'infinitif !
– un mot peut avoir plusieurs sens et donc plusieurs définitions. Chaque sens est numéroté.

LEÇON ILLUSTRÉE

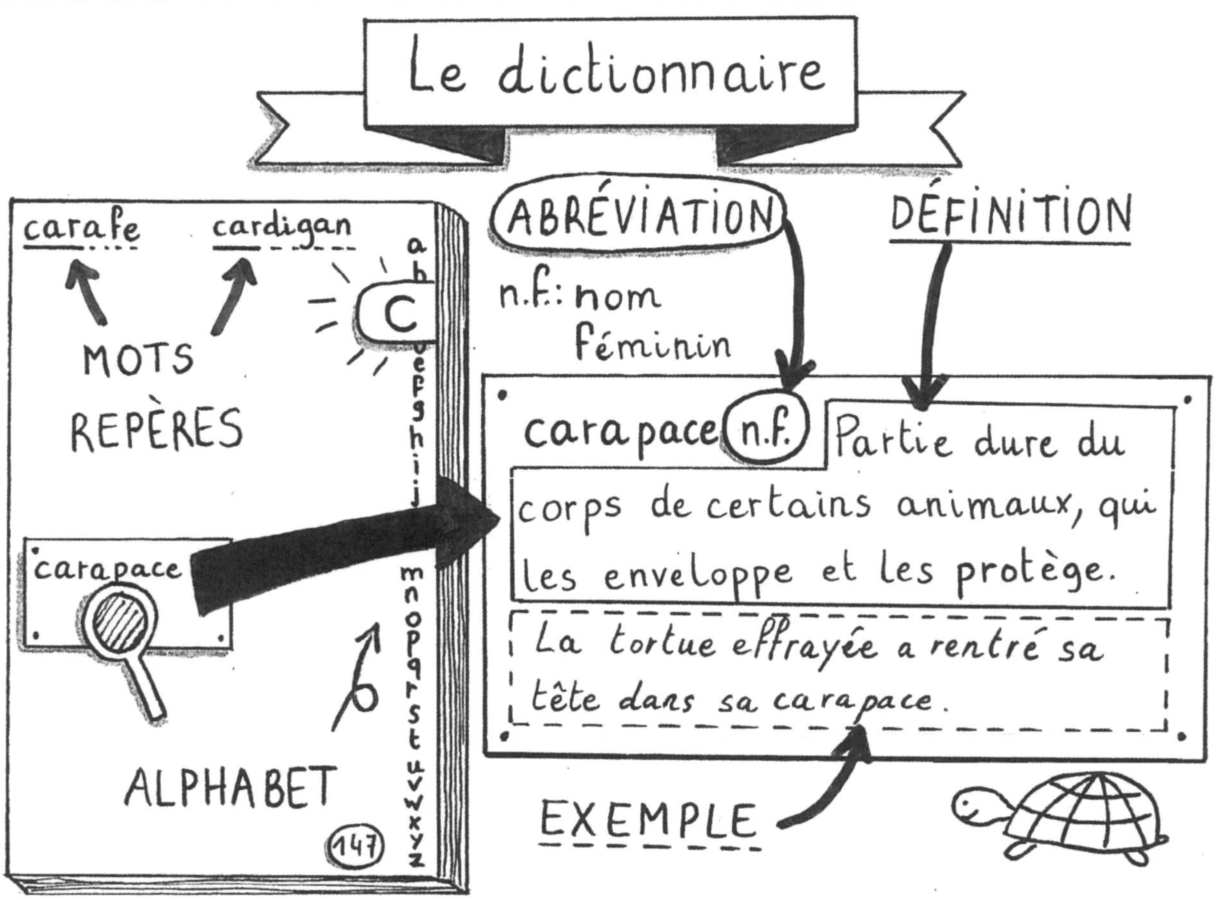

JE ME TESTE 1

Prénom ....

Date ....

CONNAITRE L'ORDRE ALPHABÉTIQUE

1 **Colorie** les étiquettes contenant des séries de lettres dans l'ordre alphabétique.

a b c d	m n o l p	r s t v	e f g
z x y	g h i j	j k l	u v w

RANGER DES MOTS DANS L'ORDRE ALPHABÉTIQUE

2 **Range** les mots de chaque série dans l'ordre alphabétique.

jour • *temps* • *mer*

main • *chose* • *vie*

moment • *enfant* • *tête*

UTILISER LE DICTIONNAIRE

3 **Trouve** dans le dictionnaire un mot placé entre ces couples de mots.

ami • ________________ • amour

bande • ________________ • barbe

dehors • ________________ • demain

LIRE UN ARTICLE DE DICTIONNAIRE

4 **Colorie** en bleu la nature du mot, en vert la définition du sens 1 et en rouge l'exemple du sens 2 dans cet article de dictionnaire.

chercher **v.** (conjug. 3) **1.** Essayer de trouver, de découvrir. *Elle cherche ses lunettes partout. Ils cherchent du travail.* **2.** *Chercher à*, c'est essayer de faire quelque chose. *Le prisonnier cherche à s'échapper.* → ② **tenter. 3.** *Aller chercher quelqu'un* ou *quelque chose*, c'est le ramener ou le rapporter. *Il est allé chercher sa fille à l'école.*

JE ME TESTE 2

Prénom ....

Date ....

LE DICTIONNAIRE

CONNAITRE L'ORDRE ALPHABÉTIQUE

1 **Colorie** les étiquettes contenant des séries dans l'ordre alphabétique.

w x y z	s t r q u	k l m n o	c d e f g	o p m n
g h i j f	b c d e a	u v w x	p r s t	a b c e f

RANGER DES MOTS DANS L'ORDRE ALPHABÉTIQUE

2 **Range** les mots de chaque série dans l'ordre alphabétique.

enfant • énergie • endroit • envie

forme • forêt • fortune • force

plaine • place • plaisir • planche

UTILISER LE DICTIONNAIRE

3 **Trouve** dans le dictionnaire trois mots placés entre ces mots repères.

popcorn • ______________ • ______________ • ______________ • portable

rock • ______________ • ______________ • ______________ • roman

LIRE UN ARTICLE DE DICTIONNAIRE

4 **Colorie** en bleu le genre du nom, en vert la définition du sens 2 et en rouge l'exemple du sens 1 dans cet article de dictionnaire.

> **baguette** n. f. **1.** Petit bâton mince. *La baguette du chef d'orchestre. Les Asiatiques mangent avec des baguettes. Les fées ont une baguette magique.* **2.** Pain long et mince. **3.** *Mener quelqu'un à la baguette,* avec autorité.

JE M'ENTRAINE

Date ....

LE DICTIONNAIRE **1** 2 3 4

CONNAITRE L'ORDRE ALPHABÉTIQUE

1 **Complète** chaque série avec la lettre qui manque.

- a __ c d
- __ q r s
- i __ k l
- s t __
- w __ y z
- __ u v
- __ e f
- e f __ h
- l m __ o

2 **Coche** pour dire si chaque phrase sur l'ordre alphabétique est vraie ou fausse.

	VRAI	FAUX
b est après **a**.		
y est avant **x**.		
e est avant **f**.		
h est après **i**.		

JE M'ENTRAINE

Date ....

LE DICTIONNAIRE 1 **2** 3 4

RANGER DES LETTRES ET DES MOTS DANS L'ORDRE ALPHABÉTIQUE

3 **Range** chaque série de lettres dans l'ordre alphabétique.

p i l c → ______________

x q y t → ______________

d b h e → ______________

m c n s → ______________

4 **Entoure** uniquement les séries dont les mots sont rangés dans l'ordre alphabétique.

arbre • banc • carte

faim • chute • dos

oiseau • nuage • prince

malade • soirée • vérité

cœur • eau • garçon

JE M'ENTRAINE

Date ....

LE DICTIONNAIRE 1 2 3 4

UTILISER LE DICTIONNAIRE

5 **Écris** à quelle lettre tu trouves les mots suivants dans le dictionnaire.

rose • rouge • route → à la lettre ....

seconde • secours • secret → à la lettre ....

voisin • voiture • vol → à la lettre ....

envie • ensemble • être → à la lettre ....

6 **Complète** le tableau en cherchant ces mots dans le dictionnaire.

MOT AVANT	MOT À CHERCHER	MOT APRÈS
	fumée	
	étage	
	jardin	
	parole	

JE M'ENTRAINE

Date ....

LE DICTIONNAIRE 1 2 3 4

LIRE UN ARTICLE DE DICTIONNAIRE

7 **Relie** chaque mot à sa définition.

ampoule	Fait de tomber.
bille	Petite boule de verre ou de terre pour jouer.
chute	Dispositif d'éclairage, tube lumineux.

DÉFI ÉCRITURE

LE TOUR DU MONDE

9 **Trouve** cinq noms de pays et **range**-les dans l'ordre alphabétique. Tu peux ensuite chercher leur drapeau pour illustrer ta production !

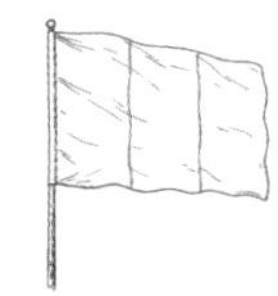

JE M'ENTRAINE

Date ....

CONNAITRE L'ORDRE ALPHABÉTIQUE

1 **Complète** chaque série avec les lettres qui manquent.

- a __ __ d
- p __ __ s
- __ __ k __
- s __ __ v
- w __ y __
- __ u __
- c __ e __
- __ f __ __
- __ m __ o

2 **Barre** l'intrus dans chaque liste. Il n'est pas à sa place dans l'ordre alphabétique !

danser	plonger	nager	oser
roche	route	rue	rame
page	papier	paix	palais
son	sorte	sou	sol

JE M'ENTRAINE

Date ....

RANGER DES LETTRES ET DES MOTS DANS L'ORDRE ALPHABÉTIQUE

3 **Range** chaque série de mots dans l'ordre alphabétique.

suite • rang • titre

port • place • pied • premier

habitude • hauteur • hasard • haine

4 **Complète** la liste avec ces mots à la place qui convient :

monde • marche • maison • midi

machine • madame • ____________ • mal •
malheur • ____________ • mari • masse •
____________ • milieu • ministre • minute • mode •
mois • moment • ____________

JE M'ENTRAINE

Date ....

UTILISER LE DICTIONNAIRE

5 **Entoure** dans chaque liste les mots qui se trouvent entre les couples de mots indiqués.

- *objet-ombre :*

  oiseau • obéir • odeur • ouvrage

  officier • ordre • olive

- *faute-fleur :*

  figure • faveur • faim • ferme

  famille • fatigue • fenêtre

6 **Complète** le tableau en cherchant les mots suivants dans le dictionnaire.

MOT AVANT	MOT À CHERCHER	MOT APRÈS
	herbe	
	folie	
	paquet	
	chef	

JE M'ENTRAINE

Date ....

LIRE UN ARTICLE DE DICTIONNAIRE

7 **Cherche** les mots suivants dans le dictionnaire et **recopie** la phrase d'exemple.

mie

soir

DÉFI ÉCRITURE

LISTE DE COURSE

7 **Complète** la liste des achats que tes parents doivent faire au supermarché avec cinq mots. Attention, cette liste doit être dans l'ordre alphabétique !

Ex. : *Ma liste de courses : un **a**vocat, deux **b**ananes...*

PARCOURS 3
JE M'ENTRAINE
Date ....

LE DICTIONNAIRE **1** 2 3 4

CONNAITRE L'ORDRE ALPHABÉTIQUE

① **Barre** l'intrus dans chaque liste. Il n'est pas à sa place !

abricot	datte	banane	carotte	endive

calme	centre	ciel	classe	chance

général	geste	genou	genre	gens

entrée	énergie	enfant	ennemi	ensemble	envie

RANGER DES LETTRES ET DES MOTS DANS L'ORDRE ALPHABÉTIQUE

② **Range** les mots de chaque série dans l'ordre alphabétique.

articuler • appliquer • attention • avoir • autant

tige • tissu • tir • titre • tibia • tic

PARCOURS 3
JE M'ENTRAINE
Date ....

LE DICTIONNAIRE 1 **2** 3 4

③ **Complète** la liste avec ces mots à la place qui convient :

armée • arc • accent • anglais • art • action

abandonner • abri • ______ • accompagner •
accord • ______ • admettre • adresser •
______ • angoisse • année • annoncer • arbre •
______ • ardeur • argent • ______ •
arrêter • arrivée • ______ • aspect • asseoir •
avis • avoir

UTILISER LE DICTIONNAIRE

④ **Écris** trois mots qui peuvent se trouver entre les couple de mots.

• *bataille-bureau :*

______ • ______ • ______

• *sable-secours :*

______ • ______ • ______

JE M'ENTRAINE

Date ....

5 **Complète** le tableau en utilisant le dictionnaire.

MOT À CHERCHER	MOTS REPÈRES	JE TROUVE LE MOT		
		à cette page	après	avant
sentier	septembre-sérieux			
esprit	esprit-essentiel			
cesser	cependant-certain			
enfance	endroit-enfant			

LIRE UN ARTICLE DE DICTIONNAIRE

6 **Cherche** le mot « lettre » dans le dictionnaire et réponds aux questions suivantes.

Combien de sens a ce mot ? ______

À quel sens correspond la phrase exemple « il a répondu à ma lettre » ? ______

Quelle est la nature du mot ? ______

JE M'ENTRAINE

Date ....

7 **Cherche** les mots suivants dans le dictionnaire et **écris** deux phrases dans lesquelles ils auront deux sens différents. Tu peux recopier les phrases d'exemples !

- *palais :*

Sens 1 →

Sens 2 →

- *souris :*

Sens 1 →

Sens 2 →

DÉFI ÉCRITURE

MINI DICTIONNAIRE

8 **Dresse** la liste de ton matériel, des matières que tu étudies et de tout ce qui te fait penser à l'école (une quinzaine de mots), puis **range** ces mots dans l'ordre alphabétique pour créer un mini-dictionnaire de l'école !

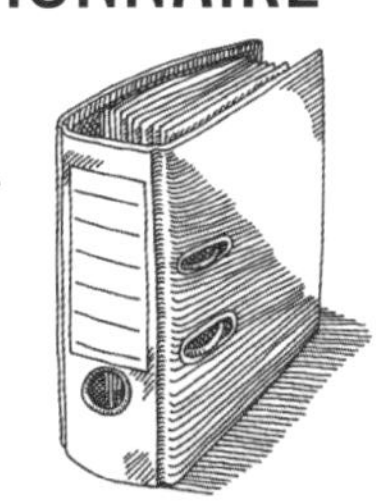

ÉVALUATION 1

Prénom ....

Date ....

Compétences évaluées : Le dictionnaire	Exercices	A+	A	PA	NA
Connaitre l'ordre alphabétique.	1				
Ranger des mots dans l'ordre alphabétique.	2				
Utiliser le dictionnaire.	3, 4				

1 **Complète** les lettres manquantes dans les séries.

v __ __ y z   a __ __ d __   __ r __ t __   __ m n __ __   f __ __ i __

2 **Range** les mots de chaque série dans l'ordre alphabétique.

doux • précis • clair • noir

annoncer • aimer • agiter • allumer

chant • chiffre • choix • cheveu • chute

3 **Trouve** dans le dictionnaire deux mots placés entre ces couples de mots.

chemin • ______________ • ______________ • clé

français • ______________ • ______________ • fumée

joue • ______________ • ______________ • justice

4 **Colorie** en bleu le genre du nom, en vert la définition et en rouge l'exemple dans cet article de dictionnaire.

> **mensonge** **n. m.** Chose fausse dite dans l'intention de tromper. *Paul a dit un mensonge,* il a menti.

ÉVALUATION 2

Prénom ....

Date ....

Compétences évaluées : Le dictionnaire	Exercices	A+	A	PA	NA
Connaitre l'ordre alphabétique.	1				
Ranger des mots dans l'ordre alphabétique.	2				
Utiliser le dictionnaire.	3, 4				

1 **Barre** l'intrus dans chaque liste. Il n'est pas à sa place !

blanc	bleu	blond	bon	beau
endormir	entourer	enfermer	engager	enlever
escalier	espace	espèce	esprit	espoir

2 **Range** les mots de chaque série dans l'ordre alphabétique.

vieil • vide • visible • violent • vivant

accepter • accomplir • accuser • accorder • accrocher

appartement • apparaitre • appareil • apparence • appartenir

3 **Trouve** dans le dictionnaire trois mots placés entre ces mots repères.

chaine • ______ • ______ • ______ • chambardement

naïvement • ______ • ______ • ______ • natal

fade • ______ • ______ • ______ • faire

4 **Colorie** en bleu le genre du nom, en vert la définition du sens 2 et en rouge l'exemple du sens 1 dans cet article de dictionnaire.

rat **n. m.** **1.** Petit rongeur à museau pointu et longue queue, plus gros que la souris. → aussi **2** **rate.** *Il y a des rats dans les égouts. – Être fait comme un rat,* être pris au piège. **2.** *Les petits rats de l'Opéra,* les jeunes élèves de l'école de danse de l'Opéra. ∎ homonyme : **ras.**
▶ Autres mots de la famille : **2** **rate, raton.**

30 LE LEXIQUE

LES CHAMPS LEXICAUX, LES SYNONYMES ET ANTONYMES, LES FAMILLES DE MOTS, LES NIVEAUX DE LANGUE

Compétences travaillées (programmes modifiés 2018)

- **Construire le lexique**
  – Mobiliser des mots en fonction des lectures et des activités conduites, pour mieux parler, mieux comprendre, mieux écrire ;
  – Savoir trouver des synonymes, des antonymes, des mots de la même famille lexicale, sans que ces notions ne constituent des objets d'apprentissage ;
  – Percevoir les niveaux de langue familier, courant, soutenu.
- **S'initier à l'orthographe lexicale**
  – Mémoriser l'orthographe du lexique le plus couramment employé :
  • vocabulaire des activités scolaires et des domaines disciplinaires ;
  • vocabulaire de l'univers familier à l'élève : maison, famille, jeu, vie quotidienne.

FICHE ENSEIGNANT

Les recommandations officielles précisent clairement que la synonymie, l'antonymie et les familles de mots ne peuvent constituer des objets d'apprentissage spécifique, c'est pourquoi ce chapitre a une présentation particulière dans ce fichier. Le vocabulaire proposé est constitué de mots issus de l'univers familier à l'élève, regroupés par thèmes : l'école, la vie quotidienne, les émotions. À travers ces thèmes, les notions de lexique détaillées dans le point notionnel ci-dessous sont traitées de manière groupée dans trois « sous-chapitres ». Comme ceux-ci ont une structure commune, un « Je me teste » unique permet d'évaluer les élèves avant que les parcours leur soient proposés. Ils sont ensuite construits sur des critères de différenciation communs.

Point notionnel

Les champs lexicaux :

Un champ lexical rassemble des mots autour **d'une notion, d'un thème, d'un domaine**. Les mots regroupés en champ lexical ont la même nature. À l'école élémentaire, par abus de langage, on utilise le terme « champ lexical » pour désigner **un champ associatif** et créer des corolles lexicales en regroupant des mots de natures différentes.
Ex. : On dit que les termes *chien, niche, laisse, aboyer* appartiennent au même champ lexical du chien. Or on retrouve des noms et verbes dans ce groupement, on devrait donc plutôt parler de « champ associatif ».

Les synonymes et les antonymes :

La synonymie est une relation d'**équivalence entre deux ou plusieurs mots**. Les mots qui ont des sens proches sont dits « synonymes ».
Ex. : *gros* est un synonyme de *énorme*.
L'antonymie est une relation d'**opposition entre deux ou plusieurs mots**. Tous les mots ne possèdent pas de contraires.
Ex. : *gros* est un antonyme de *maigre*.

Les familles lexicales :

Une famille de mots est l'**ensemble des mots dérivés**, par suffixe ou par préfixe, **d'un même mot de base.** Les mots d'une même famille ont un lien formel : ils ont tous le même radical, même s'il subit parfois quelques modifications. Ils ont également un lien du point de vue du sens.
Ex. : ***gros**, **gros**se, **gros**seur, **gros**sir, **gros**sissement, dé**gros**sir.*

Les niveaux de langue :

On distingue traditionnellement **trois niveaux (ou « registres ») de langue** : le registre **familier**, le registre **courant** et le registre **soutenu**.
Ex. : *une baraque* ➔ familier, *une maison* ➔ courant, *une demeure* ➔ soutenu. ...

FICHE ENSEIGNANT

Différenciation	**Parcours 1**	• Les mots proposés font partie de l'univers très familier de l'élève. • L'élève doit identifier un champ lexical parmi des mots isolés. • L'élève doit relier un mot à son synonyme/antonyme. • L'élève doit repérer des mots d'une même famille.
	Parcours 2	• Les mots proposés font partie de l'univers familier de l'élève. • L'élève doit identifier un champ lexical parmi des mots isolés. • L'élève doit relier un mot à son synonyme/antonyme. • L'élève doit entourer le radical dans des mots d'une même famille.
	Parcours 3	• Les mots proposés font partie d'un univers moins familier de l'élève. • L'élève doit identifier un champ lexical dans un texte. • L'élève doit identifier le synonyme et former l'antonyme d'un mot à l'aide de préfixes. • L'élève doit classer les mots selon la famille de mots à laquelle ils appartiennent.
Erreurs rencontrées	• Difficulté de langage : certains élèves butent encore dans la construction de phrases, l'accès au sens et au lexique est de ce fait compliqué pour eux . • Pauvreté du lexique et/ou difficulté à le mémoriser d'où difficulté à construire le sens, à trouver des mots antonymes ou synonymes, à identifier champ lexical ou famille de mots, etc.	
Remédiation	• Travailler le lexique à l'oral, reformuler au quotidien, varier le langage et reprendre les élèves sur leurs difficultés de langage. • Pour mémoriser et enrichir le lexique, amener l'élève à l'utiliser plusieurs fois dans des contextes variés. • Utiliser une corolle lexicale pour organiser sa pensée. • Proposer d'avoir recours au dictionnaire pour vérifier les mots les moins fréquents.	

LEÇON

Leçon illustrée à retrouver dans la version numérique du fichier

Biblio MANUELS

LE LEXIQUE

Les champs lexicaux :

C'est un ensemble de mots qui appartiennent au **même thème**.
Ex. : Champ lexical de la rue : *voiture, trottoir, piétons, bruyant, marcher, conduire, s'arrêter...*

Les synonymes et les antonymes :

– Les **synonymes** sont des mots de **sens proche**. Ils sont aussi de la même classe grammaticale. Ex. : *immense* est un synonyme de *géant*.
– Les **antonymes** sont des mots de **sens contraire**. Ils sont aussi de la même classe grammaticale. Ex. : *immense* est un antonyme de *minuscule*.

Les familles de mots :

Une famille de mots rassemble **un mot de base et des mots dérivés** formés à partir de ce mot.
Ex. : Famille du mot *dent* : ***dent**iste*, ***dent**aire*, ***dent**ifrice*, ***dent**ition*, ***dent**ier*, *é**dent**é*...

Les niveaux de langue :

Il existe trois niveaux de langue : le langage **familier**, le langage **courant** et le langage **soutenu**.
Ex. : *une godasse* ➜ familier, *une chaussure* ➜ courant, *un soulier* ➜ soutenu.

JE ME TESTE 1

Prénom ....

Date ....

IDENTIFIER DES MOTS D'UN MÊME CHAMP LEXICAL

1 **Colorie** uniquement les étiquettes contenant des mots appartenant au champ lexical du jardin.

plante | fleur | histoire | mer | jardinier | semer

arroser | cuisine | arbre | se promener | herbe

IDENTIFIER DES SYNONYMES ET DES ANTONYMES

2 **Coche** pour indiquer si les mots en gras dans chaque phrase sont des synonymes ou des antonymes.

	SYNONYMES	ANTONYMES
Nous allons visiter un **jardin**. Nous allons visiter un **parc**.		
La terre est très **sèche**. La terre est **humide**.		
Papi **bêche** la terre. Papi **gratte** la terre.		
Je **plante** des fleurs. J'**arrache** des fleurs.		

IDENTIFIER DES MOTS DE LA MÊME FAMILLE

3 **Colorie** chaque famille de mots de la même couleur. Il y a deux familles !

terrain	arrosoir	terreux	enterrer
arroser	déterrer	arrosage	arroseur

CONNAITRE LES REGISTRES DE LANGUE

4 **Relie** chaque phrase au niveau de langue qui lui correspond.

Ma petite sœur adore les **patates** ! •

Ma grand-mère cultive des **pommes de terre**. •

J'ai **jeté** les mauvaises herbes à la déchetterie. •

J'ai **balancé** l'herbe dans les déchets verts. •

• familier

• courant

JE ME TESTE ②

Prénom ....

Date ....

IDENTIFIER DES MOTS D'UN MÊME CHAMP LEXICAL

1 **Colorie** uniquement les étiquettes contenant des mots appartenant au champ lexical de la famille.

parents | voisins | ancêtre | amis | généalogie

tante | enseignants | fratrie | descendant | cousins

IDENTIFIER DES SYNONYMES ET DES ANTONYMES

2 **Écris** un synonyme ou un antonyme du mot en gras dans chaque phrase.

	SYNONYMES	ANTONYMES
Voici les **descendants** de mes grands-parents.		
Mon cousin est plus **âgé** que moi.		
Mon **papi** vient me chercher.		
Nous avons une **petite** famille.		

IDENTIFIER DES MOTS DE LA MÊME FAMILLE

3 **Entoure** les mots qui appartiennent à chaque famille.

frère	père	mère	famille
fratrie	paternel	maternelle	familial
fracture	pastel	mer	fameux
fraternel	paternité	matériel	familier
fraternité	parterre	maternité	fortune

CONNAITRE LES REGISTRES DE LANGUE

4 **Relie** chaque phrase au niveau de langue qui lui correspond.

Mon **grand-père** collectionne les voitures. •

Mon **papi** aime nous faire des gâteaux. •

Mon **aïeul** fêtera ses 70 ans dans deux semaines. •

Mon **pépé** adore la mousse au chocolat ! •

• familier

• courant

• soutenu

LE LEXIQUE DE L'ÉCOLE

IDENTIFIER LES MOTS SE RAPPORTANT À UN CHAMP LEXICAL

① **Colorie** uniquement les étiquettes des mots appartenant au champ lexical de l'école.

cartable	maison	classe
règle	chat	bureau
tableau	magasin	directeur
cahier	trousse	parents

② **Barre** l'intrus dans chaque liste.

salon	classe	cour	cantine
livre	crayon	fourchette	gomme
enseignant	boulanger	élève	écolier
poésie	musique	sport	télévision

MOBILISER LES SYNONYMES ET LES ANTONYMES D'UN MOT

③ **Entoure** le synonyme du mot en gras.

L'**écolier** prépare son cartable.
→ élève / enseignant

Paul a perdu son **manuel**.
→ stylo / livre

Marion **efface** son calcul.
→ gomme / refait

Le **maitre** raconte une histoire.
→ monsieur / professeur

④ **Relie** chaque mot à son antonyme (contraire).

facile	agité
sage	silencieux
bruyant	difficile
bon	mauvais

JE M'ENTRAINE

Date ....

IDENTIFIER ET UTILISER LES MOTS DE LA MÊME FAMILLE

5 **Colorie** chaque famille de mots de la même couleur. Il y a deux familles !

couleur	dessin	colorier	coloriage
dessinateur	coloriste	dessinatrice	dessiner

6 **Réponds** aux devinettes pour retrouver un mot de la même famille que celui en gras.

On m'appelle pour **peindre** les murs, qui suis-je ?

→ le _ _ _ _ _ _ _

Je vais à l'**école**, qui suis-je ?

→ un _ _ _ _ _ _ _

On m'utilise pour **classer** ses feuilles, qui suis-je ?

→ un _ _ _ _ _ _ _

JE M'ENTRAINE

Date ....

7 **Relie** chaque mot courant au mot familier qui lui correspond.

enfant •	• ouais
travail •	• gamin
livre •	• boulot
oui •	• bouquin

DÉFI ÉCRITURE

LE MATÉRIEL DE CLASSE

8 **Liste** le matériel que l'on trouve dans la classe. Tu dois en trouver au moins huit !

PARCOURS 2

JE M'ENTRAINE

Date ....

LE LEXIQUE DE L'ÉCOLE **1** 2 3 4

IDENTIFIER LES MOTS SE RAPPORTANT À UN CHAMP LEXICAL

1 **Colorie** uniquement les étiquettes des mots appartenant au champ lexical de l'école.

professeur	récréation	estrade
cantine	rue	leçons
étudier	bureau	tableau
tractopelle	hôpital	agenda

2 **Barre** l'intrus dans chaque liste.

agrafeuse	ciseaux	couverts	trombone
géographie	français	histoire	maçonnerie
courir	souligner	entourer	résoudre
erreur	maladie	évaluation	apprentissage
maitre	inspecteur	directrice	fleuriste

PARCOURS 2

JE M'ENTRAINE

Date ....

LE LEXIQUE DE L'ÉCOLE 1 **2** 3 4

MOBILISER LES SYNONYMES ET LES ANTONYMES D'UN MOT

3 **Entoure** le synonyme du mot en gras.

Cet exercice est **compliqué**.
→ facile / difficile

L'élève est assis à son **pupitre**.
→ bureau / estrade

Clémentine **barre** son mot.
→ souligne / raye

Lucas a bien **appris** sa leçon.
→ retenu / oublié

4 **Relie** chaque mot à son antonyme (contraire).

retenir	déranger
ranger	ennuyeux
additionner	oublier
intéressant	paresseux
travailleur	soustraire

5 **Entoure** le radical de ces mots de la famille de *écrire*, puis **écris** un mot pour compléter la liste.

- écrire
- écritoire
- écrit
- écrivaine
- écrivain
- ____________

6 **Réponds** aux devinettes pour retrouver un mot de la même famille que celui en gras. Attention, il y a un tiret par lettre !

Je **dirige** l'école, qui suis-je ?

→ le _ _ _ _ _ _ _ _ _

Je te permets de **colorier**, qui suis-je ?

→ le crayon de _ _ _ _ _ _ _

Il y a beaucoup de **bavardages** dans cette classe, les élèves sont ... ?

→ des _ _ _ _ _ _ _

7 **Coche** pour indiquer le registre de langue qui correspond à chaque phrase.

	COURANT	FAMILIER
Le prof est vachement sévère.		
Le professeur corrige les cahiers.		
Nous étudions un nouveau livre.		
J'ai découvert un super bouquin.		
Arthur n'a pas envie de bosser.		
Les élèves travaillent dur pour réussir.		

DÉFI ÉCRITURE
ACTIVITÉ AVEC LA CLASSE

8 **Écris** un texte d'au moins trois phrases pour raconter l'activité réalisée dans cette classe.

PARCOURS 3

JE M'ENTRAINE

Date ....

IDENTIFIER LES MOTS SE RAPPORTANT À UN CHAMP LEXICAL

1 Entoure dans ce texte les mots appartenant au champ lexical de l'école.

Aujourd'hui, c'est le premier jour d'école. Capucine va découvrir sa nouvelle maitresse. Elle a préparé son cartable avec une trousse, son agenda et une règle. Elle y a aussi glissé son doudou, mais c'est son secret. Capucine est une élève discrète : elle a peur d'être seule pendant la récréation. Son pire cauchemar serait de devoir parler devant tous les écoliers face au tableau.

2 Barre l'intrus dans chaque liste.

collège	lycée	université	caserne
tailler	réparer	gommer	tracer
classeur	cahier	manuel	livre de recettes
étude	loisir	consigne	exercice
menuiserie	photocopie	papier	encre

PARCOURS 3

JE M'ENTRAINE

Date ....

MOBILISER LES SYNONYMES ET LES ANTONYMES D'UN MOT

3 Écris le synonyme du mot en gras dans chaque phrase parmi les suivants :

soigné • *concentré* • *intéressé* • *discret*

Alex est très **motivé** par cette activité.

→ ____________________

Tom a rendu au professeur un travail **appliqué**.

→ ____________________

Cet élève n'est pas **attentif**.

→ ____________________

Marouann ne parle pas beaucoup, il est **réservé**.

→ ____________________

4 Ajoute un préfixe parmi ceux proposés pour trouver le contraire de chaque mot :

dé- | il- | dés- | im- | mal-

Exemple : *faire* → ***dé**faire*

- ordre → ______ordre
- adroit → ______adroit
- ranger → ______ranger
- lisible → ______lisible
- possible → ______possible

PARCOURS 3

JE M'ENTRAINE

Date ....

LE LEXIQUE DE L'ÉCOLE 1 2 **3** 4

5 **Classe** dans le tableau les mots suivants en fonction de leur famille :

nommer • dénombrer • nombreux • nominal

nominatif • innombrable

NOM	NOMBRE
....	....
....	....
....	....

6 **Complète** ces familles avec un ou deux mots qui conviennent. Tu peux t'aider du radical en gras !

peindre • **pein**ture • ______________ • ______________

dessin • **dessin**ateur • ______________ • ______________

colorier • **colori**ste • ______________ • ______________

école • s**col**aire • ______________ • ______________

PARCOURS 3

JE M'ENTRAINE

Date ....

LE LEXIQUE DE L'ÉCOLE 1 2 3 **4**

7 **Écris** un mot courant ou un mot familier correspondant au mot en gras de chaque phrase.

SOUTENU	COURANT	FAMILIER
Il **se hâte** de finir son travail.		
Joy vient en **automobile**.		
J'adore cet **ouvrage**.		
Max **étudie** tous les soirs.		
Ils **excellent** en sport.		
Cet **enseignant** est sévère.		

DÉFI ÉCRITURE

L'ÉCOLE BUISSONNIÈRE

8 **Écris** une phrase en utilisant l'expression « l'école buissonnière ». Tu peux en chercher le sens dans un dictionnaire !

ÉVALUATION 1

Prénom ....

Date ....

Compétences évaluées : Le lexique de l'école	Exercices	A+	A	PA	NA
Identifier des mots appartenant à un même champ lexical.	1				
Utiliser des synonymes et des antonymes.	2				
Identifier des mots appartenant à une même famille lexicale.	3				
Percevoir les niveaux de langue familier, courant, soutenu.	4				

1 **Barre** l'intrus dans chaque liste. Il n'appartient pas au même champ lexical !

un tableau un bureau un lit une estrade une chaise	une gomme un crayon une trousse des ciseaux un peigne	un élève un maitre une surveillante un fleuriste une directrice

2 **Coche** pour indiquer si les mots en gras dans chaque phrase sont des synonymes ou des antonymes.

	SYNONYMES	ANTONYMES
Alix **étudie** les adjectifs. Alix **apprend** les adjectifs.		
Camille est **sage**. Camille est **agitée**.		
Mehdi est **étourdi**. Mehdi est **concentré**.		
Barre l'intrus. **Raye** l'intrus.		

3 **Entoure** les mots qui appartiennent à chaque famille.

écrire : écriture • écriteau • crier • écrivaine • cristaux

travail : travailler • bosser • travailleur • travaux • chercheur

compter : nombre • compteur • recompter • comptable • conte

copier : copie • tricher • recopier • copain • copieur

4 **Relie** chaque phrase au niveau de langue qui lui correspond.

Je vais jouer avec mes potes. •

Mes amis et moi, nous jouons aux billes. •

La maitresse nous lit un livre. •

J'ai vraiment adoré ce bouquin. •

• familier

• courant

ÉVALUATION 2

Prénom ....

Date ....

Compétences évaluées : Le lexique de l'école	Exercices	A+	A	PA	NA
Identifier des mots appartenant à un même champ lexical.	1				
Utiliser des synonymes et des antonymes.	2				
Identifier des mots appartenant à une même famille lexicale.	3				
Percevoir les niveaux de langue familier, courant, soutenu.	4				

1 **Barre** l'intrus dans chaque liste, puis **complète** chacune avec un autre mot.

relier	un classeur	des nombres
lire	un panier	des syllabes
écrire	un porte-vues	des panneaux
souligner	un agenda	des mots
manger	des cahiers	des phrases
....	....	....

2 **Écris** un synonyme ou un antonyme pour chaque mot en gras.

	SYNONYME	ANTONYME
Samia **efface** son erreur.		
Timéo **rentre** dans la classe.		
Le **professeur** lui explique la multiplication.		
Les élèves de cette classe sont très **sages**.		

3 **Complète** chaque liste avec des mots qui appartiennent à la même famille.

lire • lecture • ______________ • ______________

colle • collage • ______________ • ______________

chant • chanter • ______________ • ______________

bavard • ______________ • ______________

4 **Relie** chaque phrase au niveau de langue qui lui correspond.

Dépêche-toi de finir ton exercice. •

J'aimerais que tu intensifies ta vitesse de travail. •

Grouille-toi de finir ton boulot. •

Pourrais-tu accélérer un peu, s'il te plait. •

• familier

• courant

• soutenu

PARCOURS 1

JE M'ENTRAINE

Date ....

LE LEXIQUE DE LA VIE QUOTIDIENNE

IDENTIFIER LES MOTS SE RAPPORTANT À UN CHAMP LEXICAL

1. **Colorie** uniquement les étiquettes des mots appartenant au champ lexical du corps.

le nez	le cœur	un muscle
les cheveux	la tour	le front
l'index	des gants	un enfant
une fille	la langue	la botte

2. **Barre** l'intrus dans chaque liste.

feuille	sapin	tulipe	oreille
pull	noix	chaussettes	jupe
robe	frites	tomate	gaufre
poupée	robot	jambon	puzzle

PARCOURS 1

JE M'ENTRAINE

Date ....

MOBILISER LES SYNONYMES ET LES ANTONYMES D'UN MOT

3. **Trace** un chemin en coloriant les synonymes du mot *manger*.

→ diner	sentir	nettoyer
se nourrir	attraper	croquer →
s'alimenter	grignoter	déjeuner
boire	avaler	cracher

4. **Relie** chaque mot à son contraire.

sortir •	• descendre
monter •	• s'ennuyer
aimer •	• détester
s'amuser •	• se réveiller
s'endormir •	• rentrer

JE M'ENTRAINE

Date ....

5 **Entoure** dans la grille les cinq mots de la famille de *terre*. Il y en a dans les deux sens !

T	T	E	R	R	I	E	R	L
E	C	A	R	O	T	T	E	B
R	K	A	T	T	E	R	I	R
R	C	H	E	V	A	U	X	W
A	E	N	T	E	R	R	E	R
I	P	A	R	E	N	T	S	Z
N	T	E	R	R	A	S	S	E

6 **Réponds** aux devinettes pour retrouver un mot de la même famille que celui en gras. Attention, il y a un tiret par lettre pour ta réponse !

Je peux y prendre un **bain**, qui suis-je ?

→ la _ _ _ _ _ _ _ _ _

Je suis un bébé **chien**, qui suis-je ?

→ un _ _ _ _ _

Je suis un fruit qui pousse sur un **poirier**, qui suis-je ?

→ une _ _ _ _ _

JE M'ENTRAINE

Date ....

7 **Coche** pour indiquer le registre de langue qui correspond à chaque phrase.

	COURANT	FAMILIER
Mon chat a la trouille de l'aspirateur.		
Ton chien a peur du facteur.		
Il faut laisser ses chaussures ici.		
Enlève vite tes godasses !		
Tes fringues trainent par terre !		
Ramasse ces vêtements.		

DÉFI ÉCRITURE

UN MOT, PLUSIEURS SENS

8 **Écris** une phrase où le mot en gras sera employé dans un autre sens.

Les élèves de maternelle apprennent cette **lettre**.

La princesse admire sa robe dans la **glace**.

JE M'ENTRAINE

Date ....

LE LEXIQUE DE LA VIE QUOTIDIENNE **1** 2 3 4

IDENTIFIER LES MOTS SE RAPPORTANT À UN CHAMP LEXICAL

① **Colorie** uniquement les étiquettes des mots appartenant au champ lexical du sport.

courir	construire	musclée
une gymnaste	le judo	une raquette
la peinture	le stade	du savon
les baskets	dormir	nager

② **Barre** l'intrus dans chaque liste.

buffet	lit	armoire	shampoing
table	lecture	couture	dessin
dé	pions	peinture	dominos
train	échecs	voiture	avion
plage	sable	bus	parasol

JE M'ENTRAINE

Date ....

LE LEXIQUE DE LA VIE QUOTIDIENNE 1 **2** 3 4

MOBILISER LES SYNONYMES ET LES ANTONYMES D'UN MOT

③ **Trace** un chemin en coloriant les synonymes du mot *lumineux*.

nuageux	neigeux	éclatant →
gris	rayonnant	brillant
→ clair	ensoleillé	intelligent
luisant	éclairé	poli

④ **Relie** chaque mot à son contraire.

accélérer •	• salir
nettoyer •	• emmêler
s'assoir •	• ralentir
coiffer •	• perdre
gagner •	• se lever

JE M'ENTRAINE

PARCOURS 2

Date ....

LE LEXIQUE DE LA VIE QUOTIDIENNE 1 2 **3** 4

5 **Entoure** le radical de ces mots de la famille de *chaud*, puis **écris** un mot pour compléter la liste.

- chauffage
- réchaud
- chaudière
- chauffer
- chauffagiste
- ____________

6 **Réponds** aux devinettes pour retrouver un mot de la même famille que celui en gras.

Je suis une sportive qui pratique la **natation**, qui suis-je ?

→ une _ _ _ _ _ _ _

Je me plante dans le sable pour protéger du **soleil**, qui suis-je ?

→ un _ _ _ _ _ _ _

Je suis une personne qui vend des **fleurs**, qui suis-je ?

→ un _ _ _ _ _ _ _ _ _

JE M'ENTRAINE

PARCOURS 2

Date ....

LE LEXIQUE DE LA VIE QUOTIDIENNE 1 2 3 **4**

7 **Coche** pour indiquer le registre de langue qui correspond à chaque phrase.

	COURANT	FAMILIER
Papa a prêté sa voiture.		
Cette bagnole ne vaut pas un clou.		
Maman, elle m'a piqué ma tablette !		
Ma sœur a pris mon téléphone.		
Je ne supporte pas ce bruit.		
Ces gosses font du boucan.		

DÉFI ÉCRITURE — UN MOT, PLUSIEURS SENS

8 **Écris** une phrase où le mot en gras sera employé dans un autre sens.

En montagne, les enfants prennent un grand **bol** d'air.

Ce matin, n'oublie pas ton parapluie, il pleut des **cordes** !

PARCOURS 3

JE M'ENTRAINE

Date ....

LE LEXIQUE DE LA VIE QUOTIDIENNE 1 2 3 4

IDENTIFIER LES MOTS SE RAPPORTANT À UN CHAMP LEXICAL

1 **Entoure** dans ce texte les mots appartenant au champ lexical du ménage.

Ce matin, Hicham commence à passer l'aspirateur sur le tapis du salon. Il a demandé à son fils d'enlever la poussière à l'aide d'un plumeau. Pendant ce temps, Juliette nettoie les vitres à l'aide d'un chiffon humide. Ensuite, ils laveront le sol avec la serpillère.

2 **Barre** l'intrus dans chaque liste.

toile	violon	harpe	flute
BD	harmonica	roman	conte
plaie	désinfecter	compresse	éponge
payer	acheter	dépenser	enlever
louche	monnaie	fouet	poêle

PARCOURS 3

JE M'ENTRAINE

Date ....

LE LEXIQUE DE LA VIE QUOTIDIENNE 1 2 3 4

MOBILISER LES SYNONYMES ET LES ANTONYMES D'UN MOT

3 **Trace** un chemin en coloriant les synonymes du mot *mesurer*.

→

évaluer	prévenir	aider
déterminer	estimer	présenter
vendre	peser	doser
coudre	porter	quantifier

→

4 **Ajoute** un préfixe parmi ceux proposés pour trouver le contraire de chaque mot :

dé- mal- in- im- dés-

Exemple : *faire* → ***dé**faire*

- supportable → ______ supportable
- monter → ______ monter
- obéir → ______ obéir
- poli → ______ poli
- patient → ______ patient

PARCOURS 3

JE M'ENTRAINE

Date ....

LE LEXIQUE DE LA VIE QUOTIDIENNE 1 2 **3** 4

5 **Classe** dans le tableau les mots suivants en fonction de leur famille :

comptable • *raconter* • *conte* • *conteuse*

décompter • *compteur*

COMPTER	CONTER
....	....
....	....
....	....

6 **Complète** ces familles avec un ou deux mots qui conviennent. Tu peux t'aider du radical en gras !

lavable • **lav**ement • ____________ • ____________

feuilleter • ef**feuille**r • ____________ • ____________

piqure • **piqu**et • ____________ • ____________

vendeur • re**vend**re • ____________ • ____________

journal • au**jour**d'hui • ____________ • ____________

PARCOURS 3

JE M'ENTRAINE

Date ....

LE LEXIQUE DE LA VIE QUOTIDIENNE 1 2 3 **4**

7 **Écris** un mot courant ou un mot soutenu du mot en gras dans chaque phrase.

FAMILIER	COURANT	SOUTENU
Cette plaie saigne **vachement**.		
J'ai vraiment mal au **bide** !		
J'ai été **patraque** toute la nuit.		
Iris **se traine** à l'école.		
Il joue **hyper bien** du piano.		
Mon **pote** Léo est balèze.		

DÉFI ÉCRITURE

UN MOT, PLUSIEURS SENS

8 **Écris** une phrase où le mot en gras sera employé dans un autre sens.

Il a eu une heure de colle et sa mère lui a passé un **savon**.

Camille **dévore** tous les livres qui lui tombent sous la main.

ÉVALUATION 1

Prénom ....

Date ....

Compétences évaluées : Le lexique de la vie quotidienne	Exercices	A+	A	PA	NA
Identifier des mots appartenant à un même champ lexical.	1				
Utiliser des synonymes et des antonymes.	2				
Identifier des mots appartenant à une même famille lexicale.	3				
Percevoir les niveaux de langue familier, courant, soutenu.	4				

1 **Barre** l'intrus dans chaque liste. Il n'appartient pas au même champ lexical !

une chaise un tabouret un fauteuil un bâton un siège	le loto les dominos la veste le memory les dames	le bus la tarte le tramway le métro la voiture

2 **Coche** pour indiquer si les mots en gras dans chaque phrase sont des synonymes ou des antonymes.

	SYNONYMES	ANTONYMES
Le bateau **flotte**. Le bateau **coule**.		
Le maçon **démolit** le mur. Le maçon **détruit** le mur.		
Le ciel est **clair**. Le ciel est **nuageux**.		
Paul franchit **la barrière**. Paul franchit **l'obstacle**.		

3 **Entoure** les mots qui appartiennent à chaque famille.

rang : ranger • rancune • déranger • rangement • rendre

danse : dedans • danseur • danseuse • dentiste • danser

vent : éventail • venteux • avantage • ventilateur • paravent

plante : planter • pantalon • replanter • plantation • plein

4 **Relie** chaque phrase au niveau de langue qui lui correspond.

Je suis crevé quand je rentre du boulot. •

Tu es fatigué car tu as travaillé dur. •

La maison de mes voisins est ancienne. •

Cette baraque est vraiment moche. •

• familier

• courant

ÉVALUATION 2

Prénom ....

Date ....

Compétences évaluées : Le lexique de la vie quotidienne	Exercices	A+	A	PA	NA
Identifier des mots appartenant à un même champ lexical.	1				
Utiliser des synonymes et des antonymes.	2				
Identifier des mots appartenant à une même famille lexicale.	3				
Percevoir les niveaux de langue familier, courant, soutenu.	4				

1 **Barre** l'intrus dans chaque liste, puis **complète** chacune avec un autre mot.

une balance	la flute	un plumeau
un jour	l'accordéon	un chiffon
un mois	une pendule	la serpillère
les secondes	la trompette	un tuba
l'année	un piano	l'éponge
....	....	....

2 **Écris** un synonyme ou un antonyme pour chaque mot en gras.

	SYNONYME	ANTONYME
Papa **nettoie** ses lunettes.		
Alexia a pris un livre trop **compliqué** pour elle.		
Mon petit frère se blesse **régulièrement**.		
Dedans, il y a **énormément** de monde.		

3 **Complète** chaque liste avec des mots qui appartiennent à la même famille.

fabrication • fabriquant • ____________________ • ____________________

découper • coupure • ____________________ • ____________________

s'affaiblir • faiblement • ____________________ • ____________________

démaquiller • maquilleur • ____________________ • ____________________

4 **Relie** chaque phrase au niveau de langue qui lui correspond.

- Fais gaffe à ce truc ou maman va piquer une crise ! •
- Ce vase asiatique coute excessivement cher. •
- Papa a offert à maman un livre de collection. •
- Cet objet est répertorié dans cet ouvrage de référence. •

- • familier
- • courant
- • soutenu

LE LEXIQUE DES ÉMOTIONS

IDENTIFIER LES MOTS SE RAPPORTANT À UN CHAMP LEXICAL

① **Colorie** seulement les mots appartenant au champ lexical des émotions.

joie	content	histoire
tristesse	école	copain
bonheur	colère	tomber
champion	amoureux	chagrin

② **Barre** l'intrus dans chaque liste.

peur	heureux	petit	content
chagrin	inquiet	stressé	couleur
marcher	pleurer	rire	s'agacer
joie	soirée	tristesse	ravi

MOBILISER LES SYNONYMES ET LES ANTONYMES D'UN MOT

③ **Entoure** le synonyme du mot en gras.

Sami est **énervé**.

→ agacé / triste

Je suis **ravie** de te voir.

→ heureuse / déçue

Simon est **content** de retrouver son chien.

→ effondré / joyeux

Louis est **terrifié** par les serpents.

→ terrorisé / excité

④ **Relie** chaque mot à son contraire.

heureux •	• courageux
aimer •	• triste
peureux •	• haïr
content •	• mécontent

JE M'ENTRAINE

Date ....

IDENTIFIER ET UTILISER LES MOTS DE LA MÊME FAMILLE

5 **Colorie** chaque famille de mots de la même couleur. Il y a deux familles !

colère	colérique	angoisse	décolérer
angoissé	angoissante	coléreux	angoisser

6 **Entoure** dans chaque phrase l'émotion qui correspond à la situation.

Tristan a peur des araignées, des serpents, du noir, des chiens.

→ Il est effrayé / joyeux.

Raslaine ne le sait pas mais ses parents lui préparent une fête.

→ Il va être déçu / surpris.

Alyssa déménage dans une autre ville.

→ Sa meilleure amie est triste / amusée.

JE M'ENTRAINE

Date ....

CONNAITRE LES REGISTRES DE LANGUE

7 **Relie** chaque expression à l'émotion qui convient.

- Il est en pétard.
- Il est mort de trouille.
- Il a la frousse.
- Il est fou de rage.

- la peur
- la colère

DÉFI ÉCRITURE

LES PETITS BONHEURS

8 **Écris** trois phrases qui décrivent ce qui te rend heureux.

Je suis heureux quand…

IDENTIFIER LES MOTS SE RAPPORTANT À UN CHAMP LEXICAL

① **Colorie** seulement les mots appartenant au champ lexical des émotions.

furieux	timide	réussite
peine	surpris	courir
colérique	effrayé	panique
faim	blond	chaussure
fier	jalousie	maladie

② **Barre** l'intrus dans chaque liste.

peur	terreur	chaleur	effroi
rire	chanter	sourire	rigoler
attentive	inquiète	angoissée	paniquée
joie	gaieté	bonheur	yoga
rayonnant	bruyant	satisfait	enchanté

MOBILISER LES SYNONYMES ET LES ANTONYMES D'UN MOT

③ **Entoure** le synonyme du mot en gras.

Élisa **raffole** de cette pâtisserie.

→ adore / déteste

Samia a beaucoup de **chagrin**.

→ tendresse / peine

Maman passe un examen, elle est **stressée**.

→ fière / angoissée

Jérôme est **fou de** son chat.

→ attaché à / fâché contre

④ **Relie** chaque mot à son contraire.

inquiet •	• joie
doute •	• ennuyé
chagrin •	• confiant
intéressé •	• insatisfait
satisfait •	• certitude

IDENTIFIER ET UTILISER LES MOTS DE LA MÊME FAMILLE

5 **Entoure** le radical de ces mots de la famille des émotions, puis **écris** un mot pour compléter la liste.

• horreur	• attrister
• horrifié	• triste
• horriblement	• tristement
• ____________	• ____________

6 **Écris** pour chaque phrase l'émotion qui correspond à la situation parmi les suivants :

peur • colère • fierté

Lilou est arrivée première au cross de l'école.

→ ____________

Impossible de dormir cette nuit : Antonin entend des bruits étranges.

→ ____________

Hugo a été bousculé, il s'emporte dans la cour.

→ ____________

CONNAITRE LES REGISTRES DE LANGUE

7 **Coche** pour indiquer le registre de langue qui correspond à chaque phrase.

	COURANT	FAMILIER
J'ai vraiment la frousse des araignées.		
Elia a peur des gros chiens.		
Papa est en colère car j'ai fait une bêtise.		
Je lui ai piqué un jouet, il est en rogne.		
Nous avons beaucoup ri pendant le film.		
On a bien rigolé à l'anniv' de Chloé !		

DÉFI ÉCRITURE

LA GRANDE FIERTÉ

8 **Écris** trois phrases pour raconter un évènement où tu as ressenti de la fierté. Cela peut être une réussite en classe, une victoire en sport, une bonne action…

JE M'ENTRAINE

Date ....

IDENTIFIER LES MOTS SE RAPPORTANT À UN CHAMP LEXICAL

1 **Entoure** dans ce texte les mots appartenant au champ lexical des émotions.

Quand Léo rentre de l'école, c'est la panique à la maison. Tout le monde est très inquiet : Médor a disparu ! Alicia pleure, elle est inconsolable. Papa, rassurant, part à sa recherche et promet de le retrouver. Il est décidé. Il fait le tour du quartier, quand même un peu inquiet, quand tout à coup, il aperçoit Médor dans le parc. Tout excité, le chien fonce sur son maitre. À la maison, c'est le soulagement, tout le monde pleure de joie !

2 **Barre** l'intrus dans chaque liste.

gaieté	enthousiasme	ravissement	compétition
fureur	froid	indignation	colère
fantôme	inquiétude	frayeur	affolement
chagrin	peine	tristesse	blessure
enchanté	courageux	joyeux	radieux

JE M'ENTRAINE

Date ....

MOBILISER LES SYNONYMES D'UN MOT

3 **Écris** le synonyme du mot en gras dans chaque phrase parmi les suivants :

surpris • *se réjouit* • *s'inquiète* • *en colère*

Mathéo **jubile** à l'idée de partir à New York.

→ ____________________

Samuel a cassé son téléphone, il est **furibond**.

→ ____________________

Maman ne retrouve plus ses clés, elle **s'affole**.

→ ____________________

Elouan est **abasourdi** par sa victoire.

→ ____________________

4 **Complète** les expressions avec le mot qui convient :

peur • *joie* • *colère*

- mourir de ____________
- trembler de ____________
- pleurer de ____________
- avoir la ____________ de vivre
- avoir une ____________ bleue.
- être dans une ____________ noire

PARCOURS 3

JE M'ENTRAINE

Date ....

LE LEXIQUE DES ÉMOTIONS 1 2 **3** 4

IDENTIFIER ET UTILISER LES MOTS DE LA MÊME FAMILLE

5 **Classe** dans le tableau les mots suivants en fonction de leur famille :

fâcheux • *furieuse* • *furie* • *fâcherie* • *fâché* • *furieux*

FÂCHER	FUREUR
....	....
....	....
....	....

6 **Complète** ces familles avec un ou deux mots qui conviennent.

rage • **rage**ur • ______ • ______

agaçant • **agac**ement • ______ • ______

nerveux • **nerv**osité • ______ • ______

exaspération • **exaspérant** • ______ • ______

PARCOURS 3

JE M'ENTRAINE

Date ....

LE LEXIQUE DES ÉMOTIONS 1 2 3 **4**

CONNAITRE LES REGISTRES DE LANGUE

7 **Écris** un mot courant ou un mot familier du mot en gras dans chaque phrase.

SOUTENU	COURANT	FAMILIER
Max est **horripilé** par la situation.		
Sans son chien, elle est **effondrée**.		
Quelle blague, Mehdi est **hilare** !		
Je suis **euphorique** de partir.		
Ils **appréhendent** leur retour.		
Tu sembles très **embarrassée**.		

DÉFI ÉCRITURE

UN MOMENT DE FRAYEUR

8 **Écris** cinq phrases pour raconter un cauchemar ou un évènement qui t'a fait très peur, en utilisant des mots variés du champ lexical de la peur : *trembler*, *effrayé*, *affolé*, *redouter*, *la crainte*...

ÉVALUATION 1

Prénom ....

Date ....

Compétences évaluées : Le lexique des émotions	Exercices	A+	A	PA	NA
Identifier des mots appartenant à un même champ lexical.	1				
Utiliser des synonymes et des antonymes.	2				
Identifier des mots appartenant à une même famille lexicale.	3				
Percevoir les niveaux de langue familier, courant, soutenu.	4				

1 **Barre** l'intrus dans chaque liste. Il n'appartient pas au même champ lexical !

la peur la joie le corps la tristesse la colère	sangloter dormir rire trembler rigoler	effrayé heureux surpris dégouté tombé

2 **Coche** pour indiquer si les mots en gras dans chaque phrase sont des synonymes ou des antonymes.

	SYNONYMES	ANTONYMES
Sarah **tremble** de peur. Sarah **frissonne** de peur.		
Les enfants **rient** ! Les enfants **rigolent** !		
Malo est très **heureux**. Malo est très **triste**.		
Le voisin part **furieux**. Le voisin part **en colère**.		

3 **Entoure** les mots qui appartiennent à chaque famille.

triste : tristesse • traitement • attristé • tristement • tiède

rire : riant • rillette • rieur • sourire • ridicule

content : compter • mécontent • contenter • comptoir • mécontentement

colère : colérique • colorier • coléreux • décoller • décolérer

4 **Relie** chaque phrase au niveau de langue qui lui correspond.

Elle arrête pas de se marrer. •

Il rit sans pouvoir s'arrêter. •

Ton petit frère a la trouille. •

Que tu es peureux ! •

• familier

• courant

ÉVALUATION 2

Prénom ....

Date ....

Compétences évaluées : Le lexique des émotions	Exercices	A+	A	PA	NA
Identifier des mots appartenant à un même champ lexical.	1				
Utiliser des synonymes et des antonymes.	2				
Identifier des mots appartenant à une même famille lexicale.	3				
Percevoir les niveaux de langue familier, courant, soutenu.	4				

1 **Barre** l'intrus dans chaque liste, puis **complète** chacune avec un autre mot.

agacé	heureux	inquiet
mécontent	gai	affamé
frileux	enchanté	apeuré
irrité	ravi	effrayé
colérique	sportif	angoissé
....	....	....

2 **Écris** un synonyme ou un antonyme pour chaque mot en gras.

	SYNONYME	ANTONYME
Je suis **ravie** de te rencontrer.		
Héloïse va être **soulagée** par cette nouvelle.		
Mon papa s'est **emporté**.		
Je suis très **peiné** depuis hier.		

3 **Complète** chaque liste avec des mots qui appartiennent à la même famille.

fureur • ____________ • ____________

tristesse • attrister • ____________ • ____________

exaspération • exaspérant • ____________

décolérer • colérique • ____________ • ____________

4 **Relie** chaque phrase au niveau de langue qui lui correspond.

- Ce film m'effarouche au plus haut point.
- J'ai très peur de voir ce film.
- J'ai les pétoches de voir ce film.
- Ce film m'effraie un peu.

- familier
- courant
- soutenu

Annexes

Annexe 1

Liste de mots référents pour les consonnes doubles (par nature et par fréquence)

Pronom	Mot invariable	Nom	Verbe	Adjectif
elle	comme	un homme	falloir	possible
elles	aussi	une femme	mettre	immense
	mille	une fille	passer	nécessaire
	assez	la terre	donner	différent
	ailleurs	une ville	arriver	terrible
	personne	une année	connaitre	difficile
	dessus	une lettre	attendre	impossible
	comment	la guerre	appeler	immobile
	derrière	une affaire	arrêter	tranquille
	aussitôt	une pierre	commencer	meilleur
	tellement	la famille	permettre	puissant
		une oreille	assoir	
		une salle	quitter	
		million	offrir	
		un honneur	apprendre	
		un vieillard	pousser	
		une feuille	occuper	
		un effort	frapper	
		la classe	travailler	
		l'attention	essayer	
		un village	serrer	
		une expression	nommer	
		la lutte	remettre	
		la puissance	battre	
		un accord	apparaitre	
		un passage	souffrir	
		une somme	accepter	
		le succès	embrasser	
		une masse	cesser	
		la taille	ressembler	
		un inconnu	approcher	
		la connaissance	echapper	
		un ennemi	glisser	
		une flamme	briller	
		la poussière	suffire	
		un appartement	annoncer	
		un appel	assurer	
		l'arrière	appartenir	
		la jeunesse	posséder	
			réveiller	
			appuyer	
			promettre	
			abandonner	
			accompagner	
			adresser	
			attacher	
			réussir	

Annexe 2

Liste de mots référents avec la lettre *m* devant *m*, *b*, *p* (par nature)

Nom	Verbe	Mot invariable	Adjectif
une ombre	emballer	longtemps	ample
un timbre	emmener		impossible
un champion	tomber		simple
une ambulance	embrasser		pimpant
un pompier	emmitoufler		rembourré
un champignon	flamber		impoli
un vampire	ramper		amphibien
un tampon	dompter		sombre
une tempête	emmêler		nombreux
le printemps	camper		impeccable
un emploi			
un compagnon			
l'ambiance			
une pompe			
une lampe			
un lampadaire			
un compas			
un concombre			
une framboise			
un chimpanzé			
une tempe			
un symbole			
un tympan			
le temps			
une compote			
un nombre			
une chambre			
un membre			
du jambon			
un nombre			
un empire			
un empereur			
un dompteur			
une ombrelle			
un lampion			
un plombier			
un imprimeur			
une imprimante			
un imperméable			
une ampoule			
une bombe			
une colombe			
les impôts			
une empreinte			
septembre			
novembre			
décembre			

Annexe 3

Les mots en *-ail(le), -eil(le), -euil(le), -ouil(le)*

-ail	*-aille*	*-eil*	*-eille*
l’ail	la bataille	le réveil	une corbeille
du bétail	une caille	l’orgueil	une groseille
le corail	une paille	le recueil	une abeille
un épouvantail	la grisaille	un cercueil	la bouteille
un éventail	une médaille	un appareil	une corneille
le gouvernail	la muraille	un conseil	pareille
le portail	la pagaille	l’éveil	il surveille
le rail	la volaille	un orteil	la veille
un vitrail	la marmaille	pareil	l’oseille

-euil	*-euille*	*-ouil*	*-ouille*
un écureuil	une feuille	le fenouil	une nouille
un fauteuil		une bouilloire	une citrouille
le chevreuil		des gazouillis	la grenouille
le seuil			la rouille
un bouvreuil			la bouille
le cerfeuil			la trouille
un treuil			la ratatouille
			la débrouille
			la patrouille
			des chatouilles
			des gratouilles
			des léchouilles
			il fouille
			elle verrouille
			tu te débarbouilles
			je cafouille
			j’écrabouille
			elle gribouille
			il mâchouille

Annexe 4

Les lettres finales muettes (par fréquence)

Nous avons choisi de ne pas consacrer d'exercices à ces mots qui sont travaillés de manière transversale dans d'autres chapitres :

– dans le chapitre 15, car de nombreux mots invariables contiennent une lettre finale muette ;

– dans les chapitres 30 à 32, car le travail sur les familles lexicales permet de comprendre la présence de certaines lettres muettes en fin de mot.

Ces mots pourront être mémorisés par les élèves, par la constitution de listes. Ils peuvent aussi être utilisés pour écrire des phrases dictées du jour.

Voici un corpus de ces mots, rangés par ordre de fréquence.

Lettres finales muettes			
dans	devant	un fond	comment
par	un coup	l'effet	dès
pour	un mot	saint	un cas
vous	une nuit	ailleurs	haut
nous	vieux	long	un intérêt
tout	moins	seulement	profond
sans	vingt	un mois	l'argent
deux	depuis	un fils	autant
quand	pendant	le gouvernement	a travers
grand	un pied	le point	grand
petit	tant	un fait	un instant
dont	des gens	du vent	d'abord
temps	le pays	le front	surtout
sous	avant	une part	le sang
alors	un regard	mieux	cependant
après	un mort	près	plusieurs
toujours	l'esprit	souvent	la paix
puis	maintenant	dessus	un lit
jamais	dernier	droit	français
cent	un état	un bout	sept
un enfant	un corps	gros	tard
une fois	beaucoup	le bois	président
vers	un bras	doux	pourtant
très	blanc	longtemps	froid
moment	assez	fort	parfois
premier	un point	heureux	
trois	un bruit	une partie	
une voix	franc	un mouvement	

Annexe 5

Liste de mots invariables utilisés dans les exercices (par nature et par fréquence)

* Parcours 1 – ** Parcours 2 – *** Parcours 3

Adverbes			
ne*	assez*	bientôt**	certes
pas*	loin***	partout	brusquement
plus**	point	debout	avant**
bien**	presque***	plutôt***	etc
si*	ailleurs***	lentement	tantôt
là	seulement***	combien	haut
même	aujourd'hui***	hier**	davantage
tout	mieux	pourquoi**	devant***
encore***	autour**	également	delà
aussi***	souvent**	quelque	tôt**
peu***	dessus	demain**	avec**
alors*	longtemps***	aussitôt***	guère
toujours**	fort	ensuite***	absolument
jamais**	comme*	puis***	rapidement
non	comment***	ensemble	lors
très**	autant***	près***	autrement***
ainsi***	d'abord***	après**	parfaitement
moins***	surtout**	autrefois**	désormais
ici*	cependant	en*	complètement
oui	vite	doucement	naturellement
trop	tard**	soudain***	profondément
déjà***	pourtant***	depuis***	certainement
tant	ci	simplement	beau
enfin**	mal	environ	bas
maintenant***	parfois***	tellement	
beaucoup**	vraiment	dehors***	

Conjonctions			
et*	quand**	ni	puisque
que*	si*	parce que***	comment
comme*	puis	pourquoi**	soit
mais*	donc***	lorsque***	or
ou	car**	tandis que	

Interjections		
ah	oh	eh

Prépositions			
de	pour*	sans**	vers***
à*	par*	sous**	chez***
en*	sur*	après**	
dans*	avec*	entre**	

Parcours 1	Parcours 2	Parcours 3
à	après	ailleurs
alors	autour	ainsi
assez	autrefois	aujourd'hui
avec	avant	aussi
comme	avec	aussitôt
dans	beaucoup	autant
en	bien	autrement
et	bientôt	chez
ici	car	comment
mais	demain	d'abord
ne	enfin	dehors
par	entre	déjà
pas	hier	depuis
pour	jamais	devant
que	plus	donc
si	pourquoi	encore
sur	quand	ensuite
	sans	loin
	sous	longtemps
	souvent	lorsque
	surtout	maintenant
	tard	moins
	tôt	parce que
	toujours	parfois
	très	pendant
	voici	peu
		plutôt
		pourtant
		près
		presque
		puis
		selon
		seulement
		soudain
		vers
		voilà

Annexe 6

Alphabet pour transcription phonétique

VOYELLES		CONSONNES	
[i]	ép**i**, **i**l, l**y**re	[p]	**p**ère, sou**p**e
[e]	all**er**, bl**é**, ch**ez** (**e** fermé)	[t]	**t**erre, vi**t**e
[ɛ]	m**e**rci, l**ai**t, f**ê**te (**e** ouvert)	[k]	**c**ou, **qu**i, sa**c**, **k**épi
[a]	**a**mi, p**a**tte (**a** antérieur)	[b]	**b**on, ro**b**e
[ɑ]	p**â**te, p**as** (**a** postérieur)	[d]	**d**ans, ai**d**e
[ɔ]	f**o**rt, d**o**nner, s**o**l (**o** ouvert)	[g]	**g**are, ba**gu**e, **gu**i
[o]	m**o**t, d**ô**me (**o** fermé)	[f]	**f**eu, neu**f**, **ph**oto
[u]	gen**ou**, r**ou**e	[s]	**s**ale, **c**elui, **ç**a, de**ss**ous, ta**ss**e
[y]	r**u**e, vêt**u**	[ʃ]	**ch**at, ta**ch**e, **sch**éma
[ø]	p**eu**, d**eu**x	[v]	**v**ous, rê**v**e
[œ]	p**eu**r, m**eu**ble	[z]	**z**éro, mai**s**on, ro**s**e
[ə]	pr**e**mier (**e** caduc)	[ʒ]	**g**ilet, **j**e, **ge**ôle
[ɛ̃]	b**ain**, br**in**, pl**ein**	[l]	**l**ent, so**l**
[ɑ̃]	s**an**s, v**en**t	[R]	**r**ue, veni**r**
[ɔ̃]	b**on**té, t**on**, **om**bre	[m]	**m**ot, fla**mm**e
[œ̃]	l**un**di, br**un**, parf**um**	[n]	**n**ous, to**nn**e, a**n**imal
		[ɲ]	a**gn**eau, vi**gn**e
SEMI-CONSONNES		[ŋ]	campi**ng** (mots empruntés à l'anglais)
[j]	pa**ill**e, **y**eux, p**i**ed, pan**i**er	[x]	**j**ota (mots empruntés à l'espagnol) **kh**amsin (mots empruntés à l'arabe), etc.
[w]	**ou**i, f**ou**et, j**ou**a (et joie)	[h]	**h**op ! (exclamatif)
[ɥ]	h**u**ile, l**u**i	[ʻ]	(pas de liaison ni d'élision) le **h**éros, les **o**nze, un **y**aourt

CRÉDITS ILLUSTRATIONS

P24 illus1 ©NataV - stock.adobe.com reprise P26 ; illus2 ©Bluehousestudio - stock.adobe.com ; illus3 ©Handini_Atmodiwiryo - stock.adobe.com ; illus4 ©Style-o-Mat - stock.adobe.com reprise P33-P36-P47-P48-P104 ; illus5 ©unorobus - stock.adobe.com ; **P26** illus1 ©oooRENAooo - stock.adobe.com reprise P89 ; illus2 ©yutthaphan - stock.adobe.com ; illus3 ©EKATERINA - stock.adobe.com reprise P59 ; illus4 ©kaiwut - stock.adobe.com reprise P90 ;**P28** illus1 ©Ihor - stock.adobe.com ; illus2 ©Ralf Hettler - iStock.com ; illus3 ©viyadaistock - iStock.com ; illus4 ©Pimpay - iStock.com ; **P29** illus1 ©FrankRamspott - iStock.com ; illus2 ©ARNICAart - iStock.com ; illus3 ©owattaphotos - iStock.com ; **P30** illus1 ©Aluna1 - iStock.com reprise P66 ; illus2 ©IgorZakowski - iStock.com ; illus3 ©FrankRamspott - iStock.com ; **P33** illus1-7 ©khabarushka - stock.adobe.com ; illus2-8 ©typau - stock.adobe.com ; illus3 ©Oleksandr Babich - stock.adobe.com reprise P35 ; illus4 ©evgo1977 - stock.adobe.com ; illus5 ©Gstudio - stock.adobe.com reprise P36 ; illus6 ©Vecster - stock.adobe.com ; illus9 ©Maria.Epine - stock.adobe.com reprise P42-P72 ; illus10©jenesesimre - stock.adobe.com reprise P10 ; illus12 ©Morphart - stock.adobe.com reprise P42-48 ; illus13 ©kamenuka - stock.adobe.com reprise P42 ; **P35** illus1 ©ruskpp - stock.adobe.com ; illus3 ©Moriz - stock.adobe.com ; illus4 ©Cathy Pons - stock.adobe.com reprise P36 ; illus6 ©Evhenia Bondarets - stock.adobe.com ; illus7 ©dmitry375 - stock.adobe.com reprise P96 ; illus8 ©ksenyasavva - stock.adobe.com ; illus9 ©nicolasprimola - stock.adobe.com ; illus10 ©Morphart - stock.adobe.com ; **P36** Exo5 illus2 ©vil1605 - stock.adobe.com ; illus4 ©Franzi draws - stock.adobe.com reprise P48 ; illus5 ©unorobus - stock.adobe.com ; illus6 ©aluna1 - stock.adobe.com ; Exo7 illus1 ©patthana - stock.adobe.com reprise P106 ; illus2 ©unorobus - stock.adobe.com reprise P60 ; illus3 ©sabelskaya - stock.adobe.com ; Exo8 ©aluna1 - stock.adobe.com ; **P38** Exo7 illus1 ©Lenan - stock.adobe.com ; illus2 ©vectorgoods - stock.adobe.com reprise P41 ; illus3 ©Rada Covalenco - stock.adobe.com ; illus4 ©alya_haciyeva - stock.adobe.com ; **P40** ©mhatzapa - stock.adobe.com reprise P196 ; **P41** illus2 ©morningglory1285 - stock.adobe.com ; illus3 ©Svetlana Parshakova - stock.adobe.com ; illus4 ©Elnur - stock.adobe.com ; **P42** illus2 ©Elena - stock.adobe.com ; illus4 ©vectortatu - stock.adobe.com ; **P45** Exo 2 illus1 ©Grommik - stock.adobe.com reprise P46-P84 ; illus2 ©Olena - stock.adobe.com reprise P46-47 ; Exo 4 illus1 ©sdp_creations - stock.adobe.com ; illus2 ©Alexander Pokusay - stock.adobe.com reprise P164 ; illus3 ©Grommik - stock.adobe.com ; illus4 ©antimartina - stock.adobe.com ; **P46** illus1-2 ©borzebra - stock.adobe.com ; illus3 ©Marina Gorskaya - stock.adobe.com ; illus4 ©Aliaksandr Siamko - stock.adobe.com reprise P50 ; **P47** illus2 ©oksanase - stock.adobe.com ; illus4 ©aluna1 - stock.adobe.com ; **P48** Exo 5 illus1 ©FrankRamspott - iStock.com ; illus2 ©Yuri Schmidt - stock.adobe.com ; illus3 ©theblackrhino - stock.adobe.com ; illus5 ©Мария - stock.adobe.com ; illus6 ©sabelskaya - stock.adobe.com reprise P164 ; Exo 7 illus1 ©Серафима Манекина - stock.adobe.com ; illus3 ©grgroup - stock.adobe.com ; **P50** illus1 ©setory - iStock.com ; illus2 ©Kreatiw - stock.adobe.com ; illus3 ©ksenyasavva - stock.adobe.com ; illus4 ©funway5400 - stock.adobe.com ; **P53** illus1 ©Wiktoria Matynia- stock.adobe.com reprise P60 ; illus2 ©A-Digit - iStock.com reprise P154 ; illus3 Ph. CSA Images ©Archives Sejer ; illus4 ©Alfmaler - stock.adobe.com ; **P54** illus1 ©barbulat - stock.adobe.com ; illus2 Ph. pijama61 ©Archives Sejer ; illus3 ©Huy - stock.adobe.com ; illus4 ©Pavel Sevcov - stock.adobe.com reprise P96-P312 ; illus5 ©aluna1 - stock.adobe.com reprise P57-P207 ; **P57** Exo 1 illus1 ©solargaria - stock.adobe.com reprise P58-P65 ; illus2 ©owattaphotos - stock.adobe.com Reprise P58-P65 ; Exo 4 illus2 ©Digital Bazaar - stock.adobe.com reprise P284-P308 ; illus3 ©cuttlefish84 - stock.adobe.com ; illus4 ©evgo1977 - stock.adobe.com ; **P58** Exo 1 illus3 ©A-Digit - iStock.com reprise P59-P65-P209 ; Exo 3 illus1 ©Alexander Pokusay - stock.adobe.com reprise P65 ; illus2 ©oksanaSe - iStock.com ; illus3 ©EvojaPics - stock.adobe.com ; illus4 ©pijama61 - iStock.com reprise P60-P66-P246 ; **P59** illus1 ©veleri_kz - stock.adobe.com reprise P65 ; illus2 ©LokFung - iStock.com ; illus4 ©ksenyasavva - stock.adobe.com ; **P60** Exo 4 illus1-3 ©Mateusz - stock.adobe.com – 1 reprise P66 - 4 reprise P372 ; Exo 7 illus1 ©Christos Georghiou - stock.adobe.com ; illus2 ©aluna1 - stock.adobe.com reprise P346 ; illus3 ©shellystill - stock.adobe.com ; **P62** illus1 ©Kurt - stock.adobe.com ; illus2 ©oksanase - stock.adobe.com ; illus3 ©smth.design - stock.adobe.com ; illus4 ©FrankRamspott - iStock.com ; **P65** Exo 4 illus1 ©anatolir - stock.adobe.com ; illus2 ©Moschiorini - stock.adobe.com ; **P66** illus1 ©Alexander Pokusay - stock.adobe.com ; illus4 ©mercurysmile - iStock.com ; **P69** illus1 ©aluna1 - stock.adobe.com ; illus2 ©IIIKWPHOTOIII25 - stock.adobe.com ; illus3 ©lklyt - stock.adobe.com reprise P77 ; **P70** illus1 ©Val_Iva - iStock.com ; illus2 ©FrankRamspott - iStock.com reprise P74-P78 ; illus3 ©Erica Guilane-Nachez - stock.adobe.com ; **P72** illus1 ©Lidiia Koval - stock.adobe.com ; illus3 ©ksenya_savva - iStock.com ; illus4 ©LEOcrafts - iStock.com ; illus5 ©FrankRamspott - iStock.com ; illus6 ©mochipet - stock.adobe.com reprise P113 ; **P74** illus1 ©chege - stock.adobe.com ; illus2 ©FrankRamspott - iStock.com ; illus4 ©FrankRamspott - iStock.com ; **P76** illus1 ©Adrian Hillman - stock.adobe.com ; illus2 ©FrankRamspott - iStock.com reprise P78 ; illus3 ©Moriz - stock.adobe.com ; illus4 ©Christine Wulf- stock.adobe.com ; **P77** illus1 ©Morphart - stock.adobe.com ; illus2 ©Cannasue - iStock.com ; **P78** illus1 ©FrankRamspott - iStock.com ; illus2 ©bortonia - iStock.com reprise P160 ; **P84** illus2 ©channarongsds - stock.adobe.com reprise P90 ; illus3 ©zaricm - iStock.com ; illus4 ©JuliPaper - stock.adobe.com reprise P89-P160-P280 ; illus5 ©ollymolly - stock.adobe.com ; illus6 ©FrankRamspott - iStock.com ; **P86** illus1 ©Bloodlinewolf - iStock.com reprise P89 ; illus2 ©Alexander Pokusay - stock.adobe.com reprise P404 ; illus3 ©FrankRamspott - iStock.com ; illus4 ©LokFung - iStock.com ; **P88** illus1 ©Pokota Poco - iStock.com ; illus2 ©owattaphotos - iStock.com ; illus3 ©FrankRamspott - iStock.com ; illus4 ©bsd555 - stock.adobe.com ; **P90** illus3 ©Destina - stock.adobe.com ; **P96** Exo 5 illus1 ©cako74 - iStock.com ; illus2 ©Andrey1005 - stock.adobe.com ; illus3 ©FrankRamspott - iStock.com ; illus4 ©Destina - stock.adobe.com ; Exo 6 illus1 ©Igor - stock.adobe.com ; illus4 ©haikeisouko - stock.adobe.com ; **P98** illus1 ©alhontess - stock.adobe.com ; illus2 ©MarinaVorontsova - iStock.com ; illus3 ©Alexander Pokusay - stock.adobe.com ; illus4 ©saemilee - iStock.com ; **P99** Ph.FrankRamspott ©Archives Sejer ; illus2 ©FrankRamspott - iStock.com ; illus3 ©FrankRamspott - iStock.com ; illus4 ©Armation74 - iStock.com ; **P105** illus1 ©Olga Andreevna Shevchenko - iStock.com ; illus2 ©Janis Abolins - stock.adobe.com ; illus3 ©Receh Sultan - stock.adobe.com ; illus4 ©matamu - stock.adobe.com ; **P106** illus1 ©Siberian Art - stock.adobe.com ; illus2 ©ksenya_savva - iStock.com ; illus3 ©zeffirka84 - stock.adobe.com reprise P153 ; **P107** illus1 ©maribom- stock.adobe.com ; illus2 ©insima - stock.adobe.com ; illus3 ©DiViArts - stock.adobe.com ; illus4 ©rosinka - stock.adobe.com reprise P160 ; illus5 ©yuromanovich - stock.adobe.com ; **P108** illus1 ©Arcady - stock.adobe.com ; illus2 ©Armation74 - iStock.com reprise P109-P120 ; illus4 ©Oleksandr Babich - stock.adobe.com ; **P109** illus2 ©夏妃 吉野 - stock.adobe.com ; illus3 ©DGIM studio - stock.adobe.com reprise P114 ; illus4 Ph. Djvstock ©Archives Sejer ; **P110** illus1 ©FrankRamspott - iStock.com ; illus2 ©R.vector - stock.adobe.com ; illus3 ©Aliaksandr Siamko - stock.adobe.com ; **P113** illus1 ©Rawpixel Ltd - stock.adobe.com ; illus2 ©ksenyasavva - stock.adobe.com ; illus3 ©NaDo_Krasivo - stock.adobe.com ; **P114** illus1 ©Victor - stock.adobe.com ; illus3 ©Imagewriter - stock.adobe.com ; illus4 ©pijama61- iStock.com reprise P184 ; **P120** illus1 ©A-Digit - iStock.com ; illus2 ©kseniakr - stock.adobe.com ; **P132** illus1 ©snyGGG - stock.adobe.com ; illus2 ©schiva - iStock.com ; **P148** illus1 ©ksenyasavva - stock.adobe.com ; illus2 ©Jemastock - stock.adobe.com ; illus3 ©Veronika - stock.adobe.com ; illus4 ©arkadiwna - stock.adobe.com ; **P150** illus1 ©Alexey Bannykh - stock.adobe.com ; illus2 ©CSA Images - iStock.com ; illus3 ©gmast3r - iStock.com ; illus4 ©pijama61 - iStock.com ; **P153** illus1 ©Nadia x - stock.adobe.com ; illus2 ©Sybirko - stock.adobe.com ; **P154** illus2 ©pijama61 - iStock.com ; illus3 ©a3701027 - stock.adobe.com ; **P160** illus1 ©Ethan Aberg - stock.adobe.com ; illus4 ©Northern Owl - stock.adobe.com ; **P162** ©setory - stock.adobe.com reprise P374 ; **P164** illus2 ©owattaphotos ; illus4 ©uiliaaa ; illus5 ©olllikeballoon - stock.adobe.com ; illus6 ©olllikeballoon - stock.adobe.com reprise P284 ; **P186** ©pijama61- iStock.com ; **P188** illus a et b ©pijama61 - iStock.com ; illus c ©pijama61 - iStock.com ; illus d ©pijama61 - iStock.com ; **P189** illus1 ©pijama61 - iStock.com ; illus2 ©pijama61 - iStock.com ; **P198** Ph. Owattaphotos ©Archives Sejer ; **P200** Ph. FrankRamspott ©Archives Sejer ; **P207** illus1 ©bekkersara - stock.adobe.com reprise P388 ; illus2 ©berdsigns - stock.adobe.com ; illus3 © Татьяна Петрова - stock.adobe.com reprise P344 ; **P209** illus2 ©Catrin1309 - stock.adobe.com ; illus3 ©Ekaterina - stock.adobe.com ; P210 ©pijama61 - iStock.com ; **P237** illus1 et illus2 ©Salenta - stock.adobe.com ; illus3 ©sila5775 - stock.adobe.com ; illus4 ©Kateryna Novokhatnya - iStock.com ; **P238** illus1 ©Klara Viskova - stock.adobe.com ; illus2 ©fargon - stock.adobe.com ; illus3 ©gossip7 - stock.adobe.com ; **P246** illus1©a3701027 - stock.adobe.com ; illus2 ©A-Digit - iStock.com ; illus3 ©Tinkivinki - iStock.com ; **P282** ©pijama61- iStock.com ; **P298** ©Aliaksandr Siamko - stock.adobe.com ; **P300** ©ylivdesign - stock.adobe.com ; **P356** ©Kreatiw - stock.adobe.com reprise P358. ; **P360** © FrankRamspott - GettyImages.com ; **P372** ©Mateusz - stock.adobe.com ; **P374** ©setory - stock.adobe.com ; **P376** © FrankRamspott - iStock.com ; **P388** ©bekkersara - stock.adobe.com ; **P400** ©Grommik - stock.adobe.com ; **P404** ©Alexander Pokusay - stock.adobe.com

Ce livre est imprimé sur du papier
issu de forêts gérées durablement.

Code éditeur : 55224 - N° de projet : 10306797
Dépôt légal : août 2020 - Achevé d'imprimer en décembre 2024 par Digit'Offset (54)